Księga wyjścia

Mikołaj Grynberg

Księga wyjścia

Z posłowiem Piotra Osęki

wydawnictwo czarne

Wołowiec 2018

Projekt okładki Łukasz Zbieranowski / Fajne Chłopaki
Projekt typograficzny Robert Oleś / d2d.pl

Redakcja Justyna Dąbrowska
Korekta Ewa Ostafin / d2d.pl, Katarzyna Rycko / d2d.pl
Redakcja techniczna Robert Oleś / d2d.pl
Skład pismami ITC Charter i Secca Ewa Ostafin / d2d.pl

Książka wydana we współpracy z Muzeum Historii Żydów Polskich Polin oraz Stowarzyszeniem Żydowski Instytut Historyczny w Polsce.

Książkę wydrukowano na papierze Ecco-Book Cream 70 g/m², vol. 2,0, dystrybuowanym przez firmę Antalis Sp. z o.o.

ISBN 978-83-8049-641-5

Mojemu Tacie,
który nie zdążył przeczytać tej książki

Mikołaj: Tato, dlaczego nie wyjechaliśmy z Polski?

Marian: To jest dłuższa rozmowa.

To nie zwlekajmy.

8 marca sześćdziesiątego ósmego roku twoja mama miała spotkanie na Akademii Sztuk Pięknych na Krakowskim Przedmieściu. Gdy aktyw robotniczy zaczął pałować studentów na Uniwersytecie Warszawskim, część aktywu wkroczyła także na teren Akademii. Twoja mama zadzwoniła do mnie na wydział, żeby powiedzieć, że udało się jej uciec przez okno i że jest już bezpieczna. Wtedy poczułem strach. Składał się ze strachu o ciebie i o Danielę. To był pierwszy raz, kiedy zacząłem poważnie myśleć o wyjeździe z Polski. Wielu znajomych, tych, którzy wtedy zdecydowali się wyjechać, namawiało mnie na to. Zapewniali, że z moją pozycją zawodową łatwo znajdę pracę. Daniela nie chciała wyjeżdżać, ale powtarzała: jeśli ty chcesz, to może jedźmy do Francji. Mówiła biegle po francusku, miała tam rodzinę i przyjaciół rodziców, to było dla niej do przyjęcia. Dla mnie nie. Bałem się starych cywilizacji, okrzepniętych społeczeństw, w których po trzystu latach ciągle jeszcze jesteś nowy. A nowy zawsze jest outsiderem. Nie chciałem tego ani dla ciebie, ani dla nas. Uważałem, że trzeba jechać do młodych cywilizacji, takich jak Australia albo Kanada.

Izraela nie rozważaliście?

Nie.

Co się stało, że jednak nie wyjechaliśmy?

W pewnym momencie zdałem sobie sprawę, że żyję tylko dzięki temu, że moi rodzice uratowali mnie w czasie wojny. Gdyby nie oni, nigdy bym nie przeżył w getcie ani w aryjskich kryjówkach. W sześćdziesiątym ósmym roku mój tata miał sześćdziesiąt pięć lat, a mama ponad siedemdziesiąt. Oni już nigdzie nie mogli pojechać. Nie mogłem ich zostawić. Wiedziałem, że kiedy będą mnie potrzebować, nie może mnie zabraknąć. Ostateczną decyzję podjęliśmy z Danielą we dwoje. I zostaliśmy. Wtedy też postanowiliśmy, że nie możesz być sam, zdecydowaliśmy, że będziemy mieli drugie dziecko.

Mama odetchnęła?

To nie był czas na odetchnięcie. Powiedziałem ojcu, że podjęliśmy decyzję, że zostajemy. Na początku wyglądał na załamanego, bo uważał, że powinniśmy wyjechać. Dlaczego to robisz? – zapytał. W miarę jak mu tłumaczyłem, coś do niego zaczęło docierać. Myślę, że z czasem był nam bardzo wdzięczny.

Szymon i Małka Fisz

Kopenhaga, Dania

Przedstawcie się, poproszę.

Małka: Małka Fish, z domu Wajman. W Polsce „Małka" znaczy Małgorzata Alfreda Fish.

Szymon: Szymon Fish.

Fish pisane przez sh?

S.: W Polsce przez sz, a tutaj mieliśmy do wyboru Fisch albo Fish. Z wiadomych powodów wybraliśmy sh.

Czyli z jakich?

S.: Żeby nie wyglądało niemiecko.

Opowiecie…

M.: Szymek, zaczynaj.

S.: Urodziłem się w Akmolińsku, w Kazachstanie. Można powiedzieć, że byłem prezentem dla mojego ojca, który w czasie wojny stracił całą rodzinę. Przeżyły tylko dwie siostry mamy. Jedna z nich przechowała się w klasztorze i została zakonnicą. Po wojnie wyszła z klasztoru i skończyła szkołę pielęgniarską, ale nie mogła sobie znaleźć miejsca. Wróciła do zakonu i tam była do końca życia. Mogę teraz opowiedzieć ciekawą rzecz?

Pewnie.

S.: Myśmy z Małką zaczęli ze sobą chodzić po tym, jak byliśmy na kolonii żydowskiej. Moja mama uważała, że to jest mezalians, i uznała, że powinniśmy razem pójść do tej ciotki. Myślała, że jak Małka zobaczy zakonnicę, to od razu ze mnie zrezygnuje. Ciotka bardzo się na nasz widok ucieszyła. Popatrzyła na Małkę i mówi: Szymek, ty jesteś jedyny mądry w tej rodzinie. Zabierz swoją Małkę i wyjeżdżajcie do Izraela. Tu nie ma miejsca dla nas, Żydów.

M.: To był 1964 rok.

S.: Tak, bo miałem wtedy dziewiętnaście lat, a jestem z 1945 roku.

Wiedziałeś, że jesteś Żydem?

S.: My byliśmy bardzo żydowscy. Jak ja to mówię, jestem niewierzący, ale praktykujący. Ojciec zawsze mówił, że trzeba być dumnym z bycia Żydem. No to byłem.

Wiedziałeś od zawsze?

S.: Nie mogło być inaczej, mimo że nie jestem podobny do Żyda. To wszyscy Żydzi są do mnie podobni. Przeszedłem w Polsce wszystko, co Żyd miał do przejścia.

Co Żyd miał do przejścia w Polsce?

S.: Ochronę przed lecącymi kamieniami w drodze do szkoły.

W jakim mieście to było?

S.: W Legnicy. Zawsze w nas rzucali, ale my nie pozostawaliśmy im dłużni.

Wy, czyli kto?

S.: Żydzi idący do żydowskiej szkoły. Był czas, że ta szkoła liczyła około ośmiuset uczniów, większość to byli repatrianci. A potem, bardzo szybko, zaczęło być nas coraz mniej. Przyjeżdżali Żydzi z Rosji i bardzo szybko wyjeżdżali.

Moja siostra do dzisiaj mieszka w naszym mieszkaniu w Legnicy. Ja się wyprowadziłem, gdy poszedłem na studia. Maturę zrobiłem w Dzierżoniowie, w technikum. Wtedy były dwie szkoły elektrotechniczne w Polsce. Jedna w Warszawie – Kasprzak, druga w Dzierżoniowie – Diora. Chodziłem do tej drugiej, a mieszkałem w internacie, w czternastoosobowym pokoju. Byłem jedynym Żydem. W naszej klasie było nas dwóch. Na początku trzech, ale jeden po roku wyjechał do Izraela. Po trzech miesiącach pierwszej klasy podszedł do mnie kolega Staś i mówi tak: Szymek, nie gniewaj się. Ja już wiedziałem, że jak ktoś zaczyna od „nie gniewaj się", to będzie pytał o coś żydowskiego. Szymek, ty jesteś Żydem? Jestem – mówię. A Jurek Spektor jest Żydem? – pyta.

Jest – odpowiadam. A Dawid Kierner? – pyta dalej. To już jego musisz spytać – odpowiadam. Wszyscy trzej chodziliśmy do żydowskiej szkoły. Dawid był repatriantem i strasznie się bał swojego żydostwa, nawet zaczął chodzić do kościoła. Nie chciałem go wydać, niech sam odpowiada. I wiesz, co się z nim stało? Po pierwszej klasie to właśnie oni wyjechali do Izraela. A ja zrobiłem maturę w Dzierżoniowie w 1965 roku i potem zdałem na Politechnikę do Wrocławia. Małka tam mieszkała, a my już wtedy ze sobą chodziliśmy.

Byłeś wtedy Polakiem?

S.: No pewnie. W domu zostałem wychowany na Polaka. Polska była moją ojczyzną, system socjalistyczny był sprawiedliwy i wszyscy byli różni.

Różni?

S.: Chciałem powiedzieć równi.

Śmieszna pomyłka.

S.: Nieśmieszna. Naprawdę jeszcze wtedy wierzyłem w ten system. Jak miałem osiemnaście lat, to nawet się zapisałem do partii.

A kiedy przestałeś wierzyć?

S.: W 1967 roku wziąłem urlop dziekański i zacząłem pracować w Biurze Urządzeń Techniki Jądrowej jako technik. 7 marca 1968 urodził się nasz syn, a 8 marca zaczęły się te słynne zmiany. Zostałem skreślony z listy studentów.

Podali powód?

S.: Nie potrzebowali podawać. Rozwiązali Wydział Łączności (dzisiaj Wydział Elektroniki) i zrobili nowy nabór. Bardzo późno się o tym dowiedziałem, bo nie bywałem na Politechnice.

M.: Zapomniałeś powiedzieć, że wzięliśmy ślub.

S.: Tak, 15 kwietnia 1967 roku o godzinie osiemnastej w Pałacu Ślubów we Wrocławiu. Mieszkaliśmy z rodzicami Małki. Muszę jeszcze wrócić do Marca. Tam, gdzie pracowałem, przyszła milicja i zrobiła rewizję w moich rzeczach, a mnie wzięli na komisariat. Przetrzymali wiele godzin, zabronili mówić, o czym ze mną rozmawiali. Między wierszami dali znać, że się do mnie jeszcze dobiorą.

Dobrali się?

S.: Dostałem wezwanie do wojska. Małka w marcu urodziła, a mnie w kwietniu wzięli. Odpękałem tam dwa lata. Czterysta kilometrów od domu, w Trzebiatowie. Na mojej teczce, która dotarła do wojska, było napisane: „skreślony z listy studentów, marzec 68, dotrzeć". Zameldowałem się w jednostce. Byłem już przecież po studium wojskowym, po obozie wojskowym i po przysiędze. Bardzo im się spodobało, że jestem sportowcem. I wtedy zobaczyli moje papiery. Zaczęło się. Imię ojca? Mojżesz. Nazwisko ojca? Fisz. Macie rodzinę za granicą? Nie. Żonaci? Tak. Żona ma rodzinę za granicą? Ma. Gdzie? W Meksyku i w Argentynie. Zapadła cisza, bo żaden z tych pułkowników nie chciał mnie do swojej jednostki. W końcu pułkownik Gdaniec wziął mnie do siebie, do artylerii. Dajcie go mnie, ja z takimi od Lenino szedłem – powiedział. Gdy wszedłem na baterię, na wszystkich łóżkach były kartki z danymi. Na mojej było napisane: „Szymon Fisz, kanonier, syn Mojżesza". Tylko u nas były te kartki, po to, żeby mi dokuczać.

Dokuczali?

S.: Tylko oficerowie i podoficerowie. Wezwał mnie do siebie porucznik Musiał od spraw politycznych. Kanonier Fisz, wy się nie martwcie, my wiemy, że wy jesteście Żydem – powiedział. Tak jak ja bym to ukrywał. Nam nie robi różnicy, kto kim jest – dodał. To już wiedziałem, że im robi, bo inaczej by mnie przecież nie wzywał. Byłem dobrym sportowcem, umiałem czytać i pisać, jako jeden z niewielu. Pisałem raporty oficerom.

Ciężko było?

S.: Tak... Pierwsze pół roku było bardzo ciężkie. Byłem na granicy samobójstwa.

Co było najgorsze?

S.: Wszystko. Świat runął. Korzenie zniknęły. Okazało się, że nie jestem Polakiem. Straciłem grunt pod nogami, a tu jeszcze żona, dziecko. Nie miałem nawet z kim porozmawiać. Małka od początku starała się, by mnie zwolnili. W końcu się udało, żyję. Zamiast dwudziestu czterech miesięcy byłem w wojsku dwadzieścia trzy.

Po pierwszym pół roku było lżej?

S.: Tak, bo ja przedtem bardzo dobrze grałem w ping-ponga, to się przydałem w reprezentacji pułku oraz Pomorskiego Okręgu Wojskowego. Wygrywałem, oni zbierali punkty, oficerowie dostawali podwyżki i pułk stał lepiej.

Byłeś przydatny.

S.: Jak bida, to do Żyda.

Już wtedy myślałeś o wyjeździe?

S.: Wiedziałem, że trzeba będzie. Odkładałem te myśli... Nie znałem języków, bardzo się bałem.

M.: Bo byłeś tchórzem.

S.: Na szczęście miałem przewodniczkę. Tego dnia, kiedy miałem wrócić z wojska, Małka dostała wypowiedzenie z pracy. Mieliśmy już dwoje dzieci i zaczęliśmy się starać o wyjazd, ale nam powiedzieli, że nas nie wypuszczą, bo we Wrocławiu musi zostać chociaż jedna żydowska rodzina z dziećmi. Pracowałem, byłem po wojsku, po stażu, zacząłem starać się o podwyżkę. Pojechałem w delegację z moim szefem, inżynierem Kasprzakiem. Trochę wypiliśmy, jak to na delegacji. On się rozpłakał i mówi: panie Szymku, ja robiłem, co w mojej mocy, żeby dać panu podwyżkę, ale zakazali mi i powiedzieli: Żydzi nam są niepotrzebni, niech się zwalniają. Oni nie mogli mnie zwolnić, bo byłem jedynym żywicielem rodziny, ale wiedzieli, jak się mnie pozbyć. Uniosłem się honorem i odszedłem. Myślałem, że szybko znajdę nową pracę. Ale dopiero po czterech czy pięciu miesiącach coś znalazłem, i to przez pomyłkę.

Jak to „przez pomyłkę"?

S.: W PKP Wrocław otwierali nową centralę. Tam był inżynier Zieliński. Panie Szymku – mówi – my tych skurwysynów nauczymy. Ma pan trzy dni, żeby załatwić wszystkie formalności.

Dlaczego trzy dni?

S.: Bo za trzy dni wracał z urlopu naczelnik. Załatwiłem wszystko, włącznie z odczynem Wassermanna. Zdążyłem i dostałem pracę.

Który to był rok?

S.: 1970. W poprzedniej pracy dostawałem dziewięćset złotych bez żadnych dodatków, bo były restrykcje, żebym nie dostawał podwyżek. Tutaj na start dostałem więcej, plus dodatek na mundur kolejarski, deputat na węgiel, zniżki na przejazdy. Wtedy już byłem członkiem Okręgowego Związku Tenisa Stołowego. Trochę sędziowałem, miałem diety. Co chwila ktoś wchodził do mojego pokoju, patrzył i wychodził. Okazało się, że przychodzą zobaczyć, jak wygląda Żyd na kolei.

M.: Zarabiał na dietach, a na chleb nie mieliśmy.

S.: Ciągle składaliśmy o wyjazd i ciągle dostawaliśmy odmowy. Chcieliśmy jechać do Izraela. W końcu Małka sama pojechała do Danii.

M.: O tym to już ja opowiem. A może wcześniej coś o sobie dodam?

Oczywiście.

M.: Urodziłam się w 1946 roku we Wrocławiu, ale zrobili mnie w Uzbekistanie. Rodzice mówili w domu po żydowsku, żebyśmy z siostrami nie wiedziały, o czym rozmawiają. Dlatego rozumiemy po żydowsku. Mam dwie siostry. Berta miała pięć i pół roku, kiedy dojechaliśmy do Wrocławia, a Gicia dwa i pół. Wszystkie chodziłyśmy we Wrocławiu do żydowskiej szkoły, a ja i Gicia jeszcze do żydowskiego przedszkola. Żyliśmy w żydowskim świecie.

Miałaś bezpieczniejszą drogę do szkoły niż Szymek, bez kamieni?

M.: Nic nie rozumiesz. Droga do żydowskiej szkoły w Polsce musiała prowadzić przez kamienie.

Codziennie?

M.: Nie było innej drogi. Z jednej strony był przystanek tramwajowy, było wiadomo, że tam będą wysiadać żydowskie dzieci. Druga grupa przychodziła tak jak ja, od Lwowskiej do Pereca. Doskonale wiedzieli, kto tamtędy chodzi.

Blisko podchodzili?

M.: Blisko, dalej, różnie. Powiem ci, że gorsze od kamieni, które rzucali, były wyzwiska. „Parszywe żydy!", „Do Palestyny!". Szczuli nas psami. Staraliśmy się poruszać grupami, bo w pojedynkę to było naprawdę bardzo ciężko.

Żyliśmy w malutkich rodzinach. Przecież prawie nikt nie przeżył wojny. Moja mama miała siostrę w Meksyku, a brata w Argentynie. Gdy przychodziły od nich listy, to było święto. Siadaliśmy wszyscy przy stole, mama nam czytała i pokazywała zdjęcia. To wasz kuzyn, to wasza ciocia... Wiedzieliśmy, że w końcu wszyscy się spotkamy.

Cały czas siedzieliście na walizkach?

M.: Siedzieliśmy na walizkach, zanim się urodziłam. Zaraz po przyjeździe do Polski rodzice starali się o wyjazd do Argentyny, ale się nie udało.

Co rodzice robili we Wrocławiu?

M.: Mama poszła do pracy, gdy ja poszłam do szkoły. Tata był palaczem na stadionie olimpijskim. Z zawodu był szczotkarzem i pamiętam, jak w kuchni, z kilkoma innymi, robili te szczotki. W ostatnich latach pracował jako karmelarz, taki, co robi cukierki. W 1956 dostał zawału i nigdy już do pracy nie wrócił. W tym samym roku mama straciła pracę w komisie. Wtedy zaczęła się prawdziwa bieda. Obydwoje mieli mikroskopijne renty inwalidzkie, głodowaliśmy.

Dlaczego mama przestała pracować?

M.: Powiedzieli, że są żydowskie spółdzielnie, że ona może sobie tam iść. Przez jakiś czas zajmowała się w takiej spółdzielni introligatorstwem, ale z powodu skoliozy musiała przerwać. Moja najstarsza siostra wyszła za mąż, kiedy miała osiemnaście lat, urodziła dziecko, gdy miała dziewiętnaście, a w 1963 wyjechała z rodziną do Izraela. Średnia musiała iść prosto po podstawówce do pracy. Tylko ja miałam szczęście zdobyć wykształcenie. W 1965 dostałam się do pomaturalnego studium programowania maszyn cyfrowych.

Opowiedz, jak było na żydowskich koloniach.

M.: Pierwsze moje kolonie były nieżydowskie. Co wieczór trzeba było odmawiać pacierz. Musiałam się nakrywać kołdrą i udawać, że śpię. Nigdy nie upadłam tak nisko, by klękać i udawać, że się modlę. Leżałam pod kołdrą i płakałam. Głodowałam, bo jedzenie mi nie smakowało. Było inne od tego, do którego byłam przyzwyczajona w domu. To właściwie było prewentorium, musiałam tam jechać, bo chorowałam na gruźlicę. Raz udało mi się namówić tatę, by mnie stamtąd zabrał. Potem byłam na polskich koloniach z siostrą. Była tam żydowska dziewczynka, której strasznie dokuczali. W końcu przyjechał jej tata, ona go błagała, żeby ją zabrał do domu. Pamiętam, jak Gicia do niego podeszła i powiedziała, że jeśli chce, żeby jego córka przeżyła, musi ją zabrać.

Zabrał?

M.: Tak. Myśmy zostały, ale byłyśmy we dwie, więc czułyśmy się pewniej. Potem jeździłyśmy już tylko na żydowskie kolonie.

Od razu się uśmiechasz.

M.: Bo to było zupełnie co innego. Było jedzenie, masło. Byli koledzy i koleżanki, serdecznie nastawieni.

S.: Można było żydłaczyć i nikt złego słowa nie mówił. W takim cudownym miejscu się właśnie poznaliśmy.

M.: I teraz wrócimy do mnie. W 1967 dostałam angaż do Zakładów Elektronicznych Techniki Obliczeniowej. Zaproponowali mi pracę od 1 stycznia, a szkoła kończyła się dopiero w czerwcu, ale go przyjęłam. W dzień pracowałam, a popołudniami chodziłam do szkoły. Byłam zachwycona, ale to już był 1967 rok i wiadomo, co się stało w czerwcu. Miałam szefa, który robił doktorat. Bez przerwy potrzebował pomocy językowej. Przecież pani Małgosia tak pięknie po polsku pisze... Przyszedł ten czerwiec 1967, nie mieliśmy żadnych wiadomości od Berty, a w środkach przekazu mówili, że Izrael jest zrównany z powierzchnią ziemi. Żeby się z nią skontaktować, trzeba było wysłać awizo, że tego i tego dnia będziemy dzwonić o takiej godzinie. Chodziłam cały czas zapłakana, a byłam już w pierwszej ciąży. Wtedy w pracy dowiedzieli się, że jestem Żydówką. Nie żebym to jakoś bardzo ukrywała, nawet na moim świadectwie maturalnym drugi przedmiot od góry to był język żydowski. Nie trzeba było być wielkim filozofem, ale mój dyrektor i wicedyrektor to jakoś przegapili. Wtedy przestało być miło.

Jak się nazywał twój dyrektor?

M.: Sztajer.

Sztajer...

M.: Partyjny i do tego folksdojcz.

Twój mąż też był w partii.

S.: Ale nie byłem folksdojczem.

M.: On serdecznie nienawidził Żydów. Można tak po polsku powiedzieć?

Jak widać, można.

M.: I zaczął mnie prześladować.

S.: Chciał, żeby się sama zwolniła.

M.: Szymek był w wojsku, ja w ciąży, nie mogli mnie zwolnić. Gdy tylko urodziłam, zaszłam w kolejną ciążę i bałam się powiedzieć w pracy. Myślałam sobie: teraz to szef mnie zabije.

Straszny czas przeżyłaś...

M.: Straszny. Straszny. Straszny. On był w wojsku, a ja zostałam ze starymi, schorowanymi rodzicami, z dziećmi i bez żłobka. Nie dostałam przydziału, bo mieszkałam z rodzicami. Byli mi kulą u nogi, próbowałam znaleźć inne mieszkanie, ale bezskutecznie. A do tego ojciec strasznie tęsknił do tej najstarszej córki i chciał jechać do Izraela.

A co się działo z twoją średnią siostrą?

M.: W styczniu 1969 roku z mężem i z dzieckiem wyjechała do Ameryki.

Jakbym miała jeszcze mało problemów, okazało się, że nasz budynek idzie do kapitalnego remontu i musimy się wyprowadzić. Zaproponowali nam baraki na ulicy Ostatni Grosz. Mówili na nią „cygańska ulica", bo kiedyś tam Cyganie mieszkali. W końcu udało się znaleźć coś innego.

Przeprowadziłaś się tam z rodzicami?

M.: W styczniu, a w październiku 1969 wyjechali do Berty, do Izraela.

A jak sytuacja w pracy?

M.: Tragicznie. Miałam kilka koleżanek, ale bały się ze mną rozmawiać.

S.: U mnie było to samo. Podszedł do mnie kolega Rysiek i mówi: Szymek, nie gniewaj się. To już wiedziałem, że będzie litania. Zaczynają mnie prześladować, wyzywać od Żydów, musimy przestać tutaj ze sobą rozmawiać. Bardzo mnie to dotknęło, muszę powiedzieć, ale on też musiał jakoś swoją rodzinę wyżywić. Od kolegów raczej mnie nie spotykały nieprzyjemności, a z góry – wszędzie.

M.: Miałam w pracy taką koleżankę, która w 1967 roku serdecznie się mną zajęła i bardzo mi współczuła. Serce miała na dłoni i oburzała ją ta paskudna sytuacja polityczna. Potem wzięli ją na rozmowę i jak wróciła, to już ze mną nie chciała rozmawiać.

Dała ci jakiś sygnał?

M.: Nic, po prostu przestała mnie zauważać.

Bardzo chciałam wyjechać. Gdy byłam w ciąży z drugim dzieckiem, rodzice mnie namawiali, żebym z nimi pojechała, mówili, że przecież Szymka wypuszczą. Że nie ma tak, żeby ojca do dzieci nie puścili. Ale ja nie mogłam mu tego zrobić. Urodziłam drugie dziecko, rodzice pojechali sami.

Sama ich odprowadzałaś?

M.: Szymkowi dali przepustkę. Znaczy musiał oddać krew, to wtedy mu dali trochę wolnego. Dzieci zostawiłam u teściowej i pojechaliśmy ich odwieźć aż do Zebrzydowic.

Pamiętasz tę podróż?

M.: Co znaczy „czy pamiętam"? Oczywiście. W pociągu było strasznie zimno. Rodzice w jednym wagonie, my w drugim. Tuż przed granicą przyszliśmy do nich. Mieli wielkie bagaże, bo dużo rzeczy im na cle odrzucili przy wysyłaniu mienia przesiedleńczego. Próbowali więc je przewieźć pociągiem. Pamiętam, że tata miał w paszporcie przygotowane pieniądze na łapówkę. Celnik wziął, policzył i powiedział: połowa dla córki, i położył obok mnie. Byłam mu bardzo wdzięczna, bo dla nas to był chleb. Dojechaliśmy z rodzicami do samej granicy. W ostatniej chwili jeszcze wszystko przepakowaliśmy, tak że jedna walizka została pusta. Zabraliśmy ją do domu, bo nie było prosto wtedy taką dostać. Wielka, tekturowa. Ruska była. Oddałam ją potem jednej koleżance Żydówce, kiedy wyjeżdżała do Ameryki. I wiesz, że wtedy widziałam mojego tatę ostatni raz? Miałam dwadzieścia trzy lata i ostatni raz na niego patrzyłam. Nie wiedziałam tego, ale czułam, że się więcej nie zobaczymy. Już wtedy był bardzo chory. Umarł cztery i pół roku później. Mówił, że nawet jeśli umrze dzień po przyjeździe do Izraela, to będzie szczęśliwy. Nie chciał być pochowany w Polsce. Odczekaliśmy dwa lata od powrotu Szymka z wojska i znowu zaczęliśmy składać o wyjazd. Wiedzieliśmy, że po wojsku tak szybko nie wypuszczają.

Pracowałaś dalej?

M.: Wyrzucili mnie.

Jak to się odbyło?

M.: Najnormalniej w świecie. Dostałam wymówienie. Szymek wrócił z wojska i pracował. Dostawał tysiąc złotych, łącznie z premią. Na nic nam nie starczało.

Z czego żyliście?

M.: Z darowizn. Siostra z Ameryki dwa czy trzy razy wysłała nam po dwadzieścia dolarów. Potem napisałam list do cioci z Meksyku i przysłała nam sto dolarów. Zgadaliśmy się z moją przyszywaną kuzynką z Danii i ona nam, co jakiś czas, przysyłała po sto koron.

S.: Koronę sprzedawaliśmy wtedy po piętnaście złotych, więc wychodziło więcej niż moja pensja.

M.: Dzisiaj możemy się z tego śmiać, ale wtedy to był majątek. Wszystko szło na jedzenie.

Ile trwała taka sytuacja?

M.: Około czterech lat.

S.: Nie chcieli nas wypuścić.

M.: Musieliśmy wejść w umowę, że będziemy szpiclami.

S.: Nie weszliśmy w umowę.

M.: Weszliśmy! Tylko nie dotrzymaliśmy słowa. Dlatego wyjechaliśmy.

Co musieliście podpisać?

M.: Nic nie podpisaliśmy!

S.: Nic!

M.: Opowiem ci, żebyś wszystko rozumiał. Ktoś mi powiedział, że można pojechać do Sztokholmu, a stamtąd do Izraela, bo oni dają wizę na osobnym papierku, nie w paszporcie.

S.: Zapomniałaś dodać, że twój ojciec był już wtedy śmiertelnie chory.

M.: Mój ojciec cały czas był śmiertelnie chory.

To nie był plan na emigrację, ale na spotkanie z rodziną, tak?

M.: Był już rok 1973, najstarszej siostry nie widziałam ponad dziesięć lat, ojciec chorował. Chciałam ich zobaczyć.

Jak to przygotowaliście?

M.: Umówiliśmy się z mężem mojej przyszywanej kuzynki, że spotkamy się z nim w NRD, w Rostocku.

S.: Tam można było jechać na dowód osobisty.

M.: Tam się spotkaliśmy i zrobiliśmy cały plan, żebym mogła pojechać i zobaczyć się z rodziną. Miałam przyjechać do nich z wycieczką. Rodzice mieli przysłać pieniądze na bilet lotniczy do Izraela. Wzięłam córkę, która miała cztery lata, i pojechałam.

S.: Ale przedtem…

M.: Ku mojemu zdziwieniu paszport dostałam od razu. Byłam zaskoczona, ale szczęśliwa.

S.: I wtedy…

M.: Zadzwonił telefon. Człowiek z Urzędu Bezpieczeństwa powiedział, że po pierwsze, to chce mi bardzo pogratulować, że tak szybko dostałam paszport, a po drugie – chce się spotkać. Powiedziałam, że nie spotykam się z obcymi ludźmi, a z mężczyznami to już wcale, jestem przecież mężatką. Nie udało mi się wywinąć, musiałam pójść. Szymek pracował na zmiany dwudziestoczterogodzinne, więc musiałam dzieci do teściowej zawieźć. Mężowi powiedziałam, dokąd idę i żeby w przypadku, gdy nie wrócę, schował dzieci pod ziemię. Kazali mi pójść na tyły budynku Urzędu Bezpieczeństwa, na ulicę Więzienną. Wejść do budki telefonicznej i zadzwonić do nich. Zadzwoniłam. Poczekałam. Przyszło dwóch mundurowych, wzięli mnie pod ramiona, ścisnęli tak, że nie mogłam oddychać. Zaprowadzili mnie naokoło budynku i weszliśmy głównym wejściem na pierwsze piętro, skręciliśmy najpierw w lewo, a dalej już nie pamiętam. Nawet nie wiem, czy to było drugie, czy trzecie piętro. Normalny pokój z biurkiem, ale miał drzwi do innego pokoju. Tam mnie wprowadzili. Ściany były wyłożone skórą, wszystko było grube, wyciszające. Mogliby mnie torturować, nikt by nawet nie usłyszał. Od razu mi powiedzieli, że stąd żaden dźwięk się nie wydostaje. Jeden z nich znowu pogratulował paszportu i przeszedł do meritum. Byli zainteresowani nawiązaniem kontaktów ze Skandynawią. Chcecie ze mnie zrobić zdrajcę? – pytam. Nie chce pani współpracować, to pani nigdzie nie pojedzie – odpowiedział.

S.: Tymczasem zmarł twój tata.

M.: Tak. Powiedziałam, że aż tak mi nie zależy na tym wyjeździe. Kim są ludzie, którzy zapraszają? – pyta. Kuzyn – mówię. Tak podałam we wniosku. To był mąż tej przyszywanej kuzynki. Sprawdziliśmy siedem pokoleń wstecz i żadnego pokrewieństwa nie znaleźliśmy – mówi. Źle szukaliście – powiedziałam. – Jestem spokrewniona nie z nim, tylko z jego żoną. Ale on wam wysłał zaproszenie. Mąż kuzynki też rodzina, nie? – odpowiadam. Ją też sprawdziliśmy, nie ma żadnych papierów potwierdzających więzi rodzinne. Kto wie, co oni mogą mieć w archiwum – myślę sobie. To, że my nie mamy dostępu, to nie znaczy, że oni nic nie mają. Nie wiem, jak jesteśmy spokrewnione, ale ja zawsze do jej mamy mówiłam: ciociu. A, mądrze to pani wymyśliła – uśmiechnął się od ucha do ucha. Zaczął mnie wypytywać, kogo znam, a kogo nie znam, o znajomych i nieznajomych. Przyznałam się tylko do znajomości z tymi osobami, o których wiedziałam, że na sto procent Urząd Bezpieczeństwa wie, że ich znam. I znowu zaczyna, że jak pojadę, to mam się rozejrzeć, co ile kosztuje, posłuchać to tu, to tam. Nie ma mowy – mówię. A pani dzieci tak dużo chorują, lepiej im będzie w domu dziecka – mówi. Wtedy to już wiedziałam, że ugrzęzłam, nie mam wyjścia. Powiedziałam, że muszę się zastanowić i porozmawiać z mężem. Mężowi nie wolno nic mówić. Nie mam żadnych tajemnic przed mężem, możecie mi grozić, ile chcecie, ale jemu i tak powiem. Tylko mężowi, nikomu innemu – zgodził się. Wróciłam do domu, Szymka wzięłam na spacer naokoło fosy. I zaczęłam go na pamięć uczyć wszystkiego, co im tam powiedziałam. Tłumaczyłam mu: oni będą cię maglować, musisz mówić to samo, co ja im powiedziałam. I tak było.

Dorwali się do niego. Ten sam facet. Przedstawił się jako kolega tamtego. Mówił, że dużo informacji im brakuje i chcą, żeby Szymek im je uzupełnił. Ponieważ go nauczyłam, to powtórzył słowo w słowo, wszystko grało. Ten człowiek był z nami do wyjazdu.

Jak się nazywał?

M.: Nie możemy sobie przypomnieć, ale na pewno to nie było prawdziwe nazwisko. Na imię miał Czesław.

S.: I chciał, żeby go wołać Czesiu. Nasz kolega Czesiu. Małka, Czesiu do ciebie dzwoni. Szymek, Czesiu do ciebie. Cały czas. Do samego wyjazdu Czesiu i Czesiu.

M.: Pojechałam do Danii i wtedy wzięli Szymka. Maglowali, maglowali.

S.: Chciał, żebym się zapisał do gminy żydowskiej. Tam wam pomogą – mówił – mają zapomogi.

M.: Nie chciałam brać żadnej zapomogi, nie chciałam być komukolwiek coś winna. Kazał nam zaprenumerować „Fołks Sztyme"*. Powiedziałam, że my nie mówimy po żydowsku. Tam jest dodatek po polsku – odparował. Chciał nam za to płacić, ale się nie zgodziliśmy.

S.: Jak tylko Małka wyjechała, to się do mnie doczepił. Dzwonił do mnie do pracy i pytał, jakie tam stosunki. To był 1973 rok. Po wojnie Jom Kippur to już mi żyć nie dawał. Małka jeszcze była w Danii. Zdążyła odwiedzić Izrael i wyjechać przed wojną. Kazał mi pójść do TSKŻ** na film z okazji Dnia Wojska Polskiego. Później przyszedł do mojej pracy i pytał, co ludzie mówili. Powiedziałem, że są zmartwieni, bo przecież ich rodziny tam są, a poza tym większości nie

* „Fołks Sztyme" – dziennik żydowski założony w 1946 roku, początkowo organ KC PPR i PZPR, a po 1956 roku – TSKŻ, przez wiele lat jedyne pismo w Polsce ukazujące się w języku jidysz.

** Towarzystwo Społeczno-Kulturalne Żydów w Polsce – świecka organizacja żydowska powstała w roku 1950 w wyniku połączenia Centralnego Komitetu Żydów Polskich z Żydowskim Towarzystwem Kultury i Sztuki.

rozumiałem, bo mówili po żydowsku. Bez przerwy wzywał mnie do Urzędu i godzinami tam trzymał.

M.: Gdy byłam w Danii, dowiedziałam się, że duński parlament postanowił pod koniec roku zamknąć granice przed uchodźcami. Zrozumiałam, że mam mało czasu. Był październik 1973 roku.

Opowiedz o wizycie w Izraelu.

M.: Nie zdążyłam nawet na pogrzeb taty. Rozmawiałam z mamą, powiedziała mi: znajdź sobie inne miejsce na świecie, nie waż się tutaj przyjeżdżać, ale wyjedź z Polski. Wiedziałam, że wyjadę, ale nie powiedziałam, że weszłam w układ z bezpieką. Wróciłam, spotkałam się z Czesiem i powiedziałam mu: pomogę wam, pod warunkiem że wy pomożecie mnie.

S.: Opowiedz mu jeszcze o problemie, który miałaś po powrocie.

M.: Wizę izraelską dostałam na osobnym papierku, ale do paszportu wbili mi powtórny wjazd do Danii. Wyjeżdżając z Polski, dostałam prawo jednokrotnego przekroczenia granicy. Nie wiedziałam, jak mam oddać paszport i co wymyślić. Za żadne skarby nie chciałam się przyznać, że byłam w Izraelu. Miałam czteroletnie dziecko, które paplało o wszystkim, co tam widziało. Myślałam, myślałam, aż wymyśliłam, ale zanim cokolwiek zrobiłam, przyszedł do domu Czesio. Wszedł i zapytał, dlaczego nie oddałam paszportu. Córkę zamknęłam w kuchni. Ona nie przestawała wyć. Czesio pyta, dlaczego dziecko tak płacze. Zamknęłam, bo była niegrzeczna. Co zrobiła? – pyta. Wylała mleko, bo nie chciała pić. Ona rzeczywiście często tak robiła, ale musisz mi uwierzyć, że ja jej nigdy nie zamykałam. Tym razem tak, bo się bałam, że ona wszystko wypapla. Że widziała babcię, ciocię, że jej się podobało w Izraelu, że chce mieć samochód jak tamci.

Jak mu wytłumaczyłaś, że jeszcze nie oddałaś paszportu?

M.: Że miałam straszne urwanie głowy, że dziecko nie mogło się zaaklimatyzować, a drugie takie stęsknione. Jutro zaniosę. Zapytał, z kim się widziałam, to powiedziałam: z nikim, po prostu z nikim. Tata umarł, przyjechała moja mama z Izraela i siostra, i druga siostra z Ameryki i siedzieliśmy wszyscy razem, i płakaliśmy cały czas.

A co z pieczątkami w paszporcie?

M.: Powiedziałam, że jak rodzina już wyjechała, to kuzyn zabrał mnie do Sztokholmu samochodem, a wróciłam samolotem. Opowiedziałam o Sztokholmie to, co kiedyś usłyszałam od kolegi, który tam był. Wystarczyło. Z tym byłam kryta, z dzieckiem byłam kryta, bo gdyby się wygadało, że widziało babcię albo ciocię, to też wiadomo gdzie. To Czesio miał jeszcze jedno pytanie: co ludzie mówią o wojnie Jom Kippur? Z nikim się nie widziałam – mówię – ale z tego, co słyszałam, to ludzie się z Ruskich śmieją. I sobie myślę, a dołożę mu jeszcze. Że sami są do dupy i sprzęt mają do dupy. A na koniec powiedziałam, że już musi iść, bo muszę się domem zająć. Umówił się na kolejny dzień i tak ciągle przychodził. Był naszym stałym…

S.: Kolegą.

M.: Najchętniej rozmawiał z Szymkiem, ale ja mu nie pozwalałam. Siadałam obok. Nic nie masz do roboty? – pytał. Mam, ale właśnie mi tutaj przeszkadzasz, bo tu mam tę robotę. W którymś momencie wymyślił, że oni chcą, żeby Szymek pojechał do Szwecji. Bez żadnego dziecka, żeby się rozejrzał i raportował. Takich umów nie mieliśmy – mówię. – Umawialiśmy się, że ja wam pomogę, a wy mnie. Do końca roku potrzebuję mieć pozwolenie na wyjazd, bo potem zamykają granice. Już nie jadę do Izraela, tam jest wojna. Teraz jadę do Danii. Chcecie, żebyśmy wam pomogli? Macie tam ambasady, konsulaty, będziemy mieli kontakt. Czesio powiedział, że musi to odgórnie załatwić, że nie może teraz dać odpowiedzi.

S.: Poszliśmy złożyć podanie o wyjazd.

M.: Czesio wrócił i powiedział, że możemy.

Najpierw Czesio dał zielone światło, tak?

M.: Tak, ale okazało się, że nie możemy składać papierów jak wszyscy, do Izraela. Teraz mamy składać do Danii. Zapomnijcie o Izraelu – mówi. To akurat nas nie zmartwiło. Powiedział, że do Danii też nie mogą nas wypuścić. Zostało nam tylko łączenie rodzin. Mimo że w Izraelu miałam siostrę i mamę, złożyliśmy papiery do Meksyku. Okazało się, że dla Urzędu Bezpieczeństwa moja ciocia była bardziej moją rodziną niż mama i siostra. Wypełniliśmy wszystkie druczki i ustawiliśmy się w kolejce, w której było około sześćdziesięciu osób. I nagle pojawił się Czesio, i kazał nam wyrzucić wypełnione formularze i napisać raz jeszcze podanie na wyjazd do Izraela. Odpowiedź dostaliśmy w ciągu dwóch tygodni. Jedziecie – powiedzieli. Macie opuścić Polskę do 6 stycznia 1974 roku. Czesio powiedział, że potrzebuje kontaktów do naszych znajomych i przyjaciół w Polsce. Chcesz, żebyśmy cię zapoznali z całym środowiskiem? Jak ty to sobie wyobrażasz, że będziemy chodzić od domu do domu i cię przedstawiać: to jest nasz szpicel? Nie chciał, żeby tak to wyglądało, zatkało go. Mam propozycję – powiedziałam – to jest dobra propozycja, zobaczysz. Piątego mamy wyjazd z Wrocławia, to czwartego zrobię pożegnalne przyjęcie. Zaproszę wszystkich znajomych i ciebie. Sam się przedstawisz. Większość się zna, ale nie wszyscy. Przywitasz się, jak cała reszta. Kupił to, idiota. Wyjechaliśmy wcześniej. 28 grudnia byliśmy już w Danii.

Nie likwidowaliście mieszkania?

M.: Nie. Klucze zostawiliśmy koledze, który był naszym sublokatorem. Nawet go zameldowaliśmy na stałe. Potem wykupił to mieszkanie.

Kolega wiedział, że wyjeżdżacie?

M.: Tak.

S.: Pojechaliśmy na święta do Legnicy, do moich rodziców, żeby się pożegnać. 27 grudnia od nich ruszyliśmy i już.

Czesio przyszedł do waszego kolegi na pożegnalne przyjęcie?

M.: Tak, podobno bardzo punktualnie. Rozejrzał się i pyta: gdzie Fisze? Wyjechali do Danii tydzień temu – powiedział kolega.

Nie zabezpieczył się w żaden sposób?

M.: Przedtem nam powiedział, że jeśli będziemy sypać, to jeszcze tutaj mają matkę, ojca i siostrę Szymka. Nie wypuszczą na pogrzeby, wyrzucą z pracy… Wiele lat trzymaliśmy buzie na kłódkę.

Co wam zabrał sześćdziesiąty ósmy rok?

M.: Nic.

Nic?

M.: Dumę. Tak. Dumę, honor. I nic więcej. Ale się podniosłam o wiele silniejsza i teraz mogą mi nadmuchać. Wtedy to było tragiczne. Powiem ci, że nawet słowo „tragiczne" nie odzwierciedla tego, co przeszliśmy.

S.: Mnie zabrał fundament życia. Czułem się Polakiem. Polska była moim krajem, a okazało się, że nie ma tam dla mnie miejsca. Ale wiesz co? Niedługo będziemy mieli pięćdziesiątą rocznicę ślubu.

Józek Szpilman

Kefar Ma'as, Izrael

Nazywam się Itzhak Shpilman. Urodziłem się w 1943 roku w Uzbekistanie, w okręgu Andiżan, jako Issak Szpilman. A w Polsce nazywałem się Józek Szpilman.

Skąd pochodzili twoi rodzice?

Oboje z Kowla.

W którym roku przyjechaliście do Polski?

W 1948 albo 1949 i zamieszkaliśmy w Bielawie, gdzie urodziła się moja siostra Ada. Ojciec został tam kimś w rodzaju burmistrza, ale w 1952 przenieśliśmy się do Warszawy.

Ojciec był komunistą?

Tak. W Bielawie został dyrektorem spółdzielni spożywczej, a po przeniesieniu do Warszawy dyrektorem zakładów imienia Świerczewskiego na Woli. Mama była przedszkolanką w Bielawie, a w Warszawie pracowała w księgowości.

Gdzie zamieszkaliście?

Dostaliśmy trzypokojowe mieszkanie na Sadybie.

Tam chodziłeś do szkoły?

Do podstawowej tak, a później dostałem się do Technikum Mechanicznego numer 1 na ulicy Śniadeckich 17. Skończyłem to technikum i potem zrobiłem roczny staż w zakładach Świerczewskiego, tam gdzie pracował ojciec. Już prawie pięćdziesiąt lat nie mówiłem tych słów, ale ciągle je pamiętam. Robili tam suwmiarki i mikrometry, a ja się zajmowałem projektowaniem narzędzi rżnących, frezarek do robienia gwintów.

Imponujące słownictwo.

Po roku dostałem się na Politechnikę, na Wydział Mechaniczny Technologiczny, który mieścił się przy ulicy Narbutta. Zdałem wszystkie egzaminy, napisałem pracę.

Masz dyplom Politechniki Warszawskiej?

Nie mam.

Nie dali ci?

Dojdziemy do tego. Złożyłem podanie o wyjazd i zapłaciłem za studia, aby dostać pozwolenie. Sześćdziesiąt tysięcy za studia siostry, siedemdziesiąt tysięcy za studia szwagra i siedemdziesiąt tysięcy za moje.

Skąd miałeś takie pieniądze?

Dostałem trzy czeki w holenderskiej ambasadzie, która reprezentowała wtedy w Polsce państwo Izrael.

Nie słyszałem dotąd, żeby ludzie dostawali takie pieniądze od ambasady.

Ja dostałem. Siostra skończyła sześcioletnie studium budowlane, szwagier skończył pomagisterskie studia na elektronice, a ja na mechanice. W czerwcu zdałem egzaminy, a w październiku już byłem w Izraelu.

Zapłaciłeś za studia, a dyplomu nie dostałeś?

Kazali mi czekać pół roku, a ja się bałem, że wezmą mnie do wojska i nie wyjadę już nigdy, a moje plany zrobienia dyplomu za granicą bardzo się skomplikują.

Przed wyjazdem z Polski byłeś Żydem?

Na studium wojskowym trzeba było wypełnić ankietę. Przychodziło się, oficer zadawał pytania i wpisywał odpowiedzi. Zapytał o narodowość i sam sobie odpowiedział: polska. I wtedy pierwszy raz w życiu powiedziałem: nie, żydowska.

Pierwszy raz, bo nigdy przedtem nikt ci tego pytania nie zadawał, czy pierwszy, bo przedtem podawałeś narodowość – polska?

Dotychczas nikt mnie o to nie pytał. Ojciec zawsze mi mówił: nie zapominaj, kim jesteś. Czułem się Żydem i byłem z tego dumny. Tak też powiedziałem oficerowi.

I co zrobił oficer?

Skreślił polską i wpisał żydowską. Nic więcej.

Miałeś w Polsce problemy z tego powodu?

W szkole żadnych.

A co z religią?

Chodziłem. Taka ciekawostka. Ksiądz mnie bardzo lubił i dużo się tam nauczyłem. Do dzisiaj mi się ta wiedza przydaje. Na emeryturze poszedłem na kurs przewodników turystycznych, który odbywał się na Uniwersytecie Hajfy. Są tam między innymi zajęcia z religii chrześcijańskiej. Znalazłem się jako najlepszy w grupie, bo najlepiej znałem Pismo Święte. I dzisiaj oprowadzam polskie grupy po Izraelu. Taka ironia losu, wyrzucili mnie z Polski, a ja teraz pokazuję im ich korzenie.

Rozmawiasz z nimi o polskich Żydach, o roku sześćdziesiątym ósmym?

Czasami sprawdzam, czy coś wiedzą, ale wiedzą raczej mało. Poza tym to nie była najpiękniejsza karta w historii Polski. Cieszę się, że mogę mówić po polsku i używać wiedzy, którą posiadam. Jestem też przewodnikiem po Rosji, jeżdżę tam z izraelskimi wycieczkami. Wiesz, że główną postacią religijną w Rosji jest Święty Jerzy? Wiesz który?

Ten od smoka.

A wiesz, że on jest pochowany u nas w Lod, obok lotniska?

Chodziłeś ze wszystkimi na religię i do komunii też przystąpiłeś?

Nie, i nie było z tym żadnych kłopotów. Za to miałem bar micwę, wtedy otrzymałem pierwszy w życiu zegarek.

Zaprosiliście kolegów ze szkoły?

Nie, tylko rodzinę.

Wiedziałeś przedtem cokolwiek o żydowskich zwyczajach, o świętach?

Nie, i też nie było z tym żadnych kłopotów. Kiedyś byłem z tatą w gminie żydowskiej po macę. Wtedy przypadkowo weszliśmy do synagogi.

Jak można przypadkowo wejść do synagogi?

Otworzyłem jakieś drzwi, a tam była synagoga. Wtedy się dowiedziałem od taty, że nie mogę tam wejść bez czapki. Byłem już studentem. Moja siostra była o wiele bardziej zaangażowana w żydowskie życie: jeździła na żydowskie kolonie i chodziła do TSKŻ. Gdy miałem osiemnaście, dziewiętnaście lat, rodzice chcieli, żebym zapoznał żydowskie dziewczyny, i zaczęli też mnie posyłać na te kolonie. Byłem kilka razy w Poroninie, ale nie nawiązałem tam trwałych znajomości. Wracałem do Warszawy, na swoje tory.

To znaczy – wracałeś do nieżydowskiego świata?

Tak. Gdybym znał więcej Żydów z Polski, łatwiej byłoby mi niektóre rzeczy udowodnić w Izraelu.

Na przykład?

Dwa dni po przyjeździe do Izraela poszedłem do pracy, do fabryki mechanicznej. Żeby móc tam pracować, trzeba było przejść przez specjalne procedury. Sprawdzają cię dokładnie i wtedy każda osoba, która cię zna w Izraelu, jest na wagę złota. Zatrzymali mnie na bramie i przepytują o wszystko. W którymś momencie pytają: znasz kogoś z Warszawy?

Po jakiemu pytają?

Po polsku, bo ja po hebrajsku nie mówiłem.

To ja mówię: o ile pamiętam, na moim roku nie było Żydów. On mówi: zaczekaj pan chwilę. Dzwoni gdzieś i po piętnastu minutach przychodzi chłopak, który studiował przez pięć lat na mechanice precyzyjnej. Matematykę i fizykę mieliśmy razem. Patrzy na mnie i mówi, że mnie zna. Ja jego też pamiętałem. Wystarczyło. Wpuścili mnie. Musiałem jeszcze udowodnić, że mimo braku dyplomu jestem wykształconym inżynierem. Poszedłem na politechnikę w Hajfie do dziekana Wydziału Mechanicznego, żeby mu pokazać indeks.

Udało ci się przewieźć indeks?

Wiele dokumentów zreprodukowałem i powysyłałem przez znajomych w różne miejsca na świecie. Chciałem być pewny, że któraś kopia przejedzie polską granicę. Do Izraela udało mi się wywieźć indeks ze wszystkimi niezbędnymi stopniami, pieczątkami i podpisami. Profesor Kurt Levi przejrzał to i napisał pismo, w którym zaświadczał, że mam ukończone studia i że można mnie przyjąć do pracy na stanowisko inżyniera.

Dzisiaj masz już dyplom?

Mam. Politechniki w Hajfie. Tytuł mojej pracy to *Organizacja i kontrola produkcji przy zastosowaniu techniki komputerowej w zakładzie mechanicznym*.

Wróćmy jeszcze do Polski. Kilka razy byłeś na koloniach żydowskich, ale nie wiedziałeś, że do synagogi wchodzi się w nakryciu głowy, i byłeś narodowości żydowskiej.

I nie miałem z tym żadnych problemów. To nie wynikało ze złej woli, tylko z braku wiedzy.

Czy w czerwcu 1967 roku coś się zaczęło zmieniać?

Przed wojną sześciodniową ojciec odwiedził swoje siostry w Izraelu. One znalazły się tam jeszcze przed wybuchem II wojny światowej. Dlatego ta część rodziny ocalała od Zagłady. Nie widzieli się od ponad trzydziestu lat. Tam poznał ich rodziny: ten jest oficerem, tamten pułkownikiem... Wybucha wojna. Ja jestem w mundurze na studium wojskowym i wiadomości czerpię tylko od wojskowych propagandystów. Zebrali nas na apelu i ogłosili, że wojska syryjskie zdobyły Hajfę, a wojska egipskie zajęły Synaj. Zacząłem się martwić o moich kuzynów i wujków. Postanowiłem się dowiedzieć, czym jest ten dziwoląg, który się nazywa Izrael. Zacząłem dużo czytać o historii Żydów i o powstaniu państwa Izrael. Przeczytałem *Wojnę żydowską* Feuchtwangera i *Altneuland* Theodora Herzla. Próbowałem zrozumieć, o co w tym wszystkim chodzi. W Polskim Radiu każda wiadomość zaczynała się od syjonistów. Polska idzie z Rosją za Naserem, a Żydzi przejawiają inne sympatie – imperialistyczne. Chodziłem do biblioteki i sprawdzałem te wszystkie nowe słowa, przy okazji bardzo się edukując. Wtedy w nagrodę za pięćdziesiąt lat pracy ojciec dostał telewizor. To był jedyny telewizor na naszym osiedlu. Niestety mówili tam cały czas tylko o syjonistach i filozofach z Egiptu.

Co rodzice na to wszystko?

Była pełna dezinformacja. Dotychczas w modzie były socjalizm, komunizm, partia robotnicza i proletariusze wszystkich krajów, a teraz Żydzi stali się zdrajcami i piątą kolumną. Słuchałem przemówienia Gomułki, rozumiałem każde słowo. Wiesz, co on do mnie wtedy mówił? Żydzi, won, szukajcie sobie nowej ojczyzny.

Powiedział, że nie można mieć dwóch ojczyzn.

O, dokładnie to powiedział. Poczułem, że mi zabierają ojczyznę. Że mnie wyrzucają z domu.

Byłeś wtedy Polakiem?

Myślałem, że jestem Polakiem z jakimś żydowskim tłem.

A co się okazało?

„Nie należysz do nas! Szukaj sobie innej ojczyzny!" Wtedy zaczęła powstawać w mojej głowie myśl o jednoczeniu się z rodziną i o wyjeździe. Poszedłem na Politechnikę, żeby otrzymać zatwierdzenie mojego projektu dyplomowego. Kierownik katedry powiedział mi: panie Szpilman, oni nie dadzą panu skończyć. Zacząć tak, ale skończyć nie. Dlatego zdałem szybko wszystkie egzaminy, wziąłem indeks i zacząłem się zwijać.

Wyjechaliście wszyscy razem?

Ojciec ciężko zachorował, więc czekałem, aż wyjdzie ze szpitala. Wszystkie papiery załatwiałem razem ze szwagrem. Najpierw wyjechała siostra z mężem, a potem my. Tata wyszedł ze szpitala w sierpniu 1969, a w październiku byliśmy już w Izraelu.

Kto podejmował decyzję o wyjeździe?

Ja. Zostałem nietytułowaną głową rodziny.

Ktoś z tobą dyskutował?

Nikt.

Miałeś stuprocentowe przekonanie?

Bez najmniejszego nawet wahania.

Myślałeś kiedyś, co by się stało, gdybyś nie wyjechał?

Może by mi dali obronić dyplom, ale pracy bym nie znalazł. Miałem już podpisaną umowę o pracę w Instytucie Maszyn Matematycznych na ulicy Śniadeckich, ale odmówili przyjęcia mnie. Mimo dopełnienia wszystkich formalności nie chcieli mi wytłumaczyć, dlaczego nie mogę rozpocząć pracy. Poszedłem do zakładu ojca, chciałem zostać szeregowym inżynierem, nie chcieli nawet ze mną rozmawiać.

Tata jeszcze wtedy pracował?

Był już na emeryturze.

Kto zajmował się pakowaniem domu?

Ojciec dał mi namiary na faceta, który się tym zajmował.

Tym, czyli czym?

Budowaniem skrzyń, w które pakuje się dobytek. Część rzeczy sprzedaliśmy, część została spakowana.

Co zabraliście?

Widzisz te chińskie talerze, to jeszcze mojej mamy. Nie dali nam wywieźć pianina. Zabrali wszystkie dokumenty rodzinne.

Poszedłeś na cło załatwić wszystkie zgody?

Tym zajmował się ten facet od skrzyni.

Kto was odprowadzał na pociąg?

Przyszły dwie koleżanki. Danusia, sąsiadka z Sadyby – moja pierwsza młodzieńcza miłość, i Teresa – moja ostatnia miłość w Polsce.

Żadnych kolegów?

Miałem kolegę, Michała Trockiego – dzisiaj jest profesorem – z nim żegnałem się, spacerując po mieście.

Ktoś jeszcze?

Tadziu Romanowicz.

Namawiał cię, żebyś został?

Nie.

Czułeś wsparcie z czyjejś strony?

Nie. Żadnego za ani żadnego przeciw. To wszystko spadło jak grom z jasnego nieba.

Utrzymujesz kontakt ze znajomymi z Polski?

Któregoś dnia jadę z wycieczką z Polski i jeden facet ciągle mi zadaje pytania, które są bez związku z tą wycieczką. Wysiadamy z autobusu w Jerozolimie, a on mówi: studiowaliśmy razem na Politechnice.

Pamiętałeś go?

Nie, ale teraz utrzymujemy bardzo ładną łączność koleżeńską.

Rozmawiacie o tamtych czasach?

Temat często wraca.

I?

Dla Polaków to jest niezrozumiałe.

Co?

Nie rozumieją, że ja naprawdę musiałem wyjechać.

„Józek, przecież nie musiałeś wyjeżdżać".

Słyszałem takie zdania.

Umiesz im to wytłumaczyć?

Gdyby ich to naprawdę interesowało, pytaliby, a nie pytają, więc nie tłumaczę.

Ciekawe, dlaczego cię nie pytają, co?

Możliwe, że nie jest im wygodnie zadawać takie pytania.

Było ci smutno wyjeżdżać?

Bardzo. Miałem dziewczynę, z którą spotykałem się sporadycznie prawie przez trzy lata. Bardzo ją lubiłem. Lubiłem z nią rozmawiać, spędzać czas w kinie czy w teatrze. Pomimo że nie spotykaliśmy się często, bardzo sobie ceniłem tę znajomość. To była najbardziej wartościowa dziewczyna, jaką udało mi się zapoznać w latach studiów.

Była Żydówką?

Wręcz odwrotnie.

Co to znaczy?

Była praktykującą katoliczką. Nad jej łóżkiem wisiały krzyż oraz fotografia Jerozolimy, o której ja nie miałem pojęcia. Patrzyłem się na to jak krowa w… w co się krowa patrzy?

W gnat.

W gnat?

Tak, w gnat. Ale wiesz co? To chyba jednak sroka się patrzy w gnat.

W każdym razie nic mi ta Jerozolima nie mówiła.

Ona rozumiała, dlaczego wyjeżdżasz?

Nie pytała, przyjęła do wiadomości. Planowaliśmy, że ułożymy sobie razem życie w Europie. Ale nie byłem pewien, czy ją kiedykolwiek wypuszczą z Polski. To mogło trwać lata. A gdy już byłem w Izraelu, zrozumiałem, że to nie byłoby dobre miejsce dla niej. Że jej tutaj będzie źle, a ja będę nieszczęśliwy, widząc, jak ona cierpi.

Dlaczego byłoby jej tutaj źle?

Żydzi są nietolerancyjni, nigdy nie zaakceptowaliby katoliczki. Dzieci miałyby kłopoty.

Zrezygnowałeś z wyjazdu do innego kraju?

Wiedziałem, że rodzina musi się trzymać razem. Nasza rodzina kilka razy się rozdzielała i za każdym razem zostawało nas coraz mniej.

Pisaliście do siebie z tą dziewczyną?

Wysłałem jeden czy dwa listy, może jeszcze jakąś widokówkę.

A ona pisała?

Ja nie pisałem, ona nie pisała. Otrzymałem list od jej ciotki, która widziała we mnie dobrego partnera. Zachęcała mnie do tego związku, ale ja już wiedziałem, że uczuciowo to było bardzo ważne, ale na rozum nie dawało się obronić.

Smutna historia.

Dwa lata się zbierałem po tym rozstaniu. Kochałem ją bardzo, choć nigdy jej tego nie powiedziałem. Ani razu jej nie pocałowałem.

Józek, trzy lata byliście razem i ani razu jej nie pocałowałeś?

Może w rękę. Chodziliśmy na zabawy, na sylwestry, do teatru, do klubu studenckiego. Każdą wolną chwilę byliśmy razem, ale ani razu jej nie pocałowałem. Nie śmiałem. Bałem się. W pewnym sensie z szacunku dla niej. Nie chciałem, by moja odwaga czy śmiałość ją uraziła.

Teraz jeździsz do Polski?

Kilka razy w roku.

Próbowałeś ją odnaleźć?

Tak, ale nic o niej nie wiem.

Nie chcesz wiedzieć?

Trochę szukałem w internecie, ale boję się rozdrapywać stare rany.

A co będzie, jeśli ona przeczyta naszą rozmowę i zobaczy, jaka była ważna dla ciebie?

Może nie przeczyta.

Zostawmy Teresę, wróćmy na dworzec. Wsiadasz z rodzicami do pociągu i...?

Obok mnie siada dziewczyna, z którą studiowałem pięć lat i nie wiedziałem, że jest Żydówką.

I co?

I nic. Pojechała do Stanów, a my zostaliśmy pod Wiedniem w Schönau. W pałacyku opłaconym przez Sochnut*. Czekaliśmy tam na samolot do Izraela. A co było później, już wiesz.

Najszybciej na świecie dostałeś pracę. A jak było z nauką języka?

W dzień pracowałem, a popołudniami chodziłem na ulpan**. Po dwóch miesiącach doszedłem do wniosku, że za wolno to się dzieje, nie w moim tempie. Żydowska natura się we mnie obudziła.

* Sochnut – inaczej Agencja Żydowska, organizacja działająca na całym świecie, między innymi na rzecz przyjmowania Żydów chcących osiedlić się w Izraelu.

** Ulpan – intensywny kurs języka hebrajskiego.

Jaka to jest żydowska natura?

Taka z Polski. Żydzi muszą wszystko umieć i wszystko kontrolować.

„Żydzi chcą wszystko kontrolować". To brzmi jak antysemicki tekst.

Chodzi mi o mój instynkt samozachowawczy. Czułem, że nie mam kontroli nad procesem nauki. Denerwowało mnie, że nie rozumiem, co w radiu mówią o wojnie w Kanale Sueskim, że nie umiem bez pomocy wypisać czeku. Znalazłem książki, zdobyłem literaturę i sam zacząłem się uczyć.

I jak ci szło?

Dosyć szybko nauczyłem się języka potocznego. Przypadek mi pomógł, poznałem dziewczynę. Na początku nie była taka pewna, czy chce być z uchodźcą z Polski, który nie umie nawet podpisać czeku. Po pół roku już umiałem pisać i czytać, a ona została moją żoną.

Mówisz po hebrajsku z akcentem?

Po hebrajsku z polskim, a po polsku z hebrajskim.

A dzisiaj kim jesteś?

Czuję się Żydem, chociaż polska kultura jest mi bardzo bliska. Chopin nie jest dla mnie pierwszym z brzegu nazwiskiem. Ale gdy przyjeżdżam do Polski, to patrzę na wszystko jako Izraelczyk. A w Izraelu denerwuje mnie brak savoir-vivre'u. Są kompletnie niewychowani i nawet nie czują, jak bardzo są niekulturalni. Gdy zwracam córce uwagę przy stole, to słyszę zawsze ten sam komentarz: polskie wychowanie. Szeroka publika zachowuje się jak prowincjusze bez elementarnych manier.

Nie przyzwyczaiłeś się już przez te prawie pięćdziesiąt lat?

Nie, bo nie chcę się przyzwyczaić.

W Polsce jest kulturalniej?

Znacznie.

Polskie społeczeństwo zdało egzamin w marcu sześćdziesiątego ósmego?

W każdym społeczeństwie większość to są zakute łby. W Polsce i w Izraelu, i w innych krajach.

Józek, to znaczy, że nigdy żadne społeczeństwo nie zda egzaminu?

Zawsze wiele zależy od tego, co zrobi mała grupa zwana inteligencją. W Izraelu, w Polsce, w Stanach czy w Szwecji wszystko teraz idzie skrajnie, w stronę nacjonalizmu.

Nie jesteś optymistą?

A ty jesteś?

Nie, ale miałem nadzieję, że ty mi powiesz coś optymistycznego.

...

Masz żal do Polaków?

Boli mnie fakt, że zostałem zmuszony do wyjazdu. Muszę ci jeszcze jedną rzecz opowiedzieć. Mój ojciec był w sowieckiej armii i często tam słyszał antysemickie teksty.

Wygłaszane do niego?

Tak. „Żydy, won stąd", „Żydzie, to nie dla ciebie". I gdy wtedy zaczęło się to wszystko w Polsce dziać, to nie mogłem przestać myśleć o tym, że w którymś momencie, w najgorszej chwili złości albo rozczarowania, moja partnerka powie...

„Idź stąd, parszywy Żydzie".

Dokładnie tego się bałem. To był powód, dla którego przestałem do niej pisać. Gdybym miał podać jedną przyczynę wyjazdu, po tym wszystkim, co tam się wydarzyło, to byłby ten właśnie lęk. I dlatego wyjechałem.

A kiedy poczułeś się Izraelczykiem?

Po jakichś dwóch latach. Usłyszałem izraelski hymn i poczułem się Izraelczykiem. Poza tym spędziłem dwadzieścia dwa dni na Wzgórzach Golan w trakcie wojny Jom Kippur, to również zrobiło ze mnie Izraelczyka.

W jakich wojskach byłeś?

We wszystkich. Polskich Żydów wzięli do artylerii, bo armia izraelska miała zdobyczne rosyjskie armaty z granicy syryjskiej. Wszystkich przeszkolili na artylerzystów. Było tam kilku Izraelczyków, jeden Czech, jeden Amerykanin… Na dziesięciu artylerzystów siedmiu było z Polski. Izraelczycy nie mieli dalekonośnej artylerii, trzeba było być na pierwszej linii frontu, czyli blisko celów. Wozili nas po całym froncie. Sami inżynierowie, wszyscy znali rosyjski, umieli przeczytać, co jest napisane na skrzynkach z amunicją. Opowiem ci śmieszną historię. Jesteśmy na Wzgórzach Golan i po kilku dniach walki skończyła się amunicja.

To jest śmieszna historia?

Tak. Przychodzi dowódca i pyta: kto zna rosyjski? Wszyscy podnieśli rękę, ale wybrał mnie. W nocy skradaliśmy się do syryjskich składów i kradliśmy im amunicję. Przywoziliśmy ją do nas i wysyłaliśmy im ją z powrotem, ale już górą. Raz wysłali innych, to im przynieśli coś podobnego – ale tylko z wyglądu – bo nie umieli przeczytać, co było na nich napisane. A to były pociski oświetlające, które zawisają na górze i świecą, by było coś widać. Dowódca już wydawał komendę „ładuj", a ja patrzę, że to są te świetlne, i jak zacząłem biegać i krzyczeć, że to nie te, żeby tym nie strzelali. W ostatni dzień wojny powiedzieli nam, że jest duży problem w Egipcie. Dali nam godzinę, byśmy wszystko spakowali, i zawieźli nas samolotami do Egiptu. Sprzęt zdobyczny był na miejscu, my wzięliśmy tylko niezbędne przyrządy. Tam trzeba było wziąć egipskie armaty i skierować je w drugą stronę. Trzeba było trafić w muchę przechodzącą przez skrzyżowanie. I to za pierwszym razem. Robiliśmy precyzyjne rachunki i znaleźliśmy błędy w rosyjskich tabelach. One nie uwzględniały wilgotności i temperatury powietrza na Bliskim Wschodzie. Przeliczyliśmy wszystko i trafialiśmy już za pierwszym razem.

Do kiedy służyłeś w wojsku?

Tutaj wszyscy są rezerwistami. Do czterdziestego piątego roku życia wszyscy służą według prawa, a do pięćdziesiątego – jak kto chce. Ja służyłem do pięćdziesiątego roku. Dobrowolnie spłacałem dług. Brałem udział w wojnie Jom

Kippur oraz w wojnie libańskiej. Mogę ci nawet powiedzieć, jak są zbudowane korty w Bejrucie. Tam stały moje armaty. Bardzo dużo ci opowiedziałem. Takie rzeczy ode mnie wyciągnąłeś, co nawet nie powiedziałem tym ze służb, którzy mnie przesłuchiwali w rozmaitych sytuacjach. Przed nikim się tak nie zwierzałem.

To źle czy dobrze?

Dzisiaj to już nie ma znaczenia.

Jak nam tak dobrze idzie, to może mi coś jeszcze opowiesz?

W 1989 roku zadzwonili do mnie z organizacji Nativ*. Wiesz, co to jest?

Nie.

To jest taka organizacja… muszę uważnie teraz słowa dobierać. Jej zadaniem jest ratować Żydów, którzy są zagrożeni albo którym po prostu trzeba pomóc.

Zadzwonili i co powiedzieli?

Zaprosili mnie na rozmowę. Chcemy, żebyś pojechał jako nasz przedstawiciel do Rosji. Czy ja coś zgubiłem w Rosji? – powiedziałem. Nie zgodziłem się. Po miesiącu znowu zadzwonili. Nie zgodziłem się. Rok im zajęło przekonanie mnie. Pojechałem do Rosji jako konsul od kultury, a nieoficjalnie byłem przedstawicielem tej organizacji.

I co tam robiłeś?

Zbudowałem fikcyjną organizację rosyjską, która założyła kanał telewizyjny i gazetę. Zatrudniłem dziennikarzy, którzy tam niby robili ten program. A on przyjeżdżał już gotowy z Izraela.

Jaki był cel?

Poszerzenie wiedzy o Izraelu. Po to, żeby ludzie wiedzieli, że jest taki kraj, który przyjmuje Żydów i pomaga im na starcie.

* Nativ – po hebrajsku „ścieżka". Jedna z agencji służb specjalnych Izraela, zajmująca się pomocą Żydom z Europy Środkowo-Wschodniej w emigracji; współorganizowała tak zwaną rosyjską aliję, dzięki której do Izraela przyjechało półtora miliona rosyjskich Żydów.

Alija* rosyjska?

Przez moje ręce przeszło półtora miliona rosyjskich Żydów. Podpisywałem umowy, załatwiałem samoloty z Ałma-Aty, z Władywostoku, z Syberii… Przywiozłem ich wszystkich bezpiecznie do Izraela. Spłaciłem czek, który kiedyś odebrałem w ambasadzie holenderskiej.

* *Alija* (hebr.) – dosłownie: wstąpienie, „powrót do ojczyzny".

Krysia Borowicz

Göteborg, Szwecja

Kiedy poczułaś, że trzeba będzie wyjeżdżać z Polski?

Mnie stąd wywieźli. Ja nie chciałam wyjeżdżać. Tata co jakiś czas planował wyjazd, bo jego wiara w system została dosyć wcześnie podważona. Mama raczej nie brała takiej opcji pod uwagę. Pracowała w Agencji Publicystyczno-Informacyjnej, teraz w tym budynku jest Polska Agencja Prasowa. Dopiero jak się zrobił Marzec, to ona dostała wojennych reminiscencji i wpadła w panikę. Bała się, że grozi nam niebezpieczeństwo, że nie możemy się rozdzielać, że musimy wszyscy wyjechać.

Wiesz, czego się bała?

Pogromów. Nie mogła pozwolić, żebyśmy się rozdzielili, bo w czasie wojny wysłała do rodziny list, w którym napisała, żeby nie przyjeżdżali. I oni nie przyjechali… już nigdy. Tym razem musiała zabrać ze sobą wszystkich. To doświadczenie nie pozwalało jej zostawić kogokolwiek. W tym mnie.

Byłaś już wtedy na studiach?

Byłam na drugim roku fizyki.

Masz rodzeństwo?

Mój brat, Andrzej, miał wtedy szesnaście lat.

Pamiętasz rozmowy o wyjeździe?

A znasz takie powiedzenie: „dzieci i ryby głosu nie mają"? Tak u nas było. Żadnych rozmów. Brat usłyszał od Karola Melchiora: ty wiesz, że wyjeżdżasz z Polski? Nic nie wiedział, ale się dowiedział. Błagałam rodziców, żebyśmy nie jechali do Izraela, nie chciałam, żeby Andrzej szedł do wojska. W ogóle mnie nie słuchali, realizowali swój plan.

A ty jak się dowiedziałaś o wyjeździe?

Miałam chłopaka, byłam zakochana. Moi rodzice umówili się z jego rodzicami, że powinnam wyjechać. On był pół-Żydem i oni postanowili nie wyjeżdżać. Gdybym została, nie miałabym wsparcia, byłabym w zawieszeniu. Nie pracowałam, nie miałam mieszkania, studiowałam. Dzisiaj nie pozwoliłabym się tak potraktować, a dzieci wychowałam w taki sposób, żeby też sobie nie pozwoliły tego zrobić.

Nie chciałaś wyjeżdżać?

Nie chciałam. Kochałam tego chłopaka, a poza tym Polska była moim domem. I od razu ci mogę powiedzieć, że od tego czasu już nie mam domu. Straciłam komfort posiadania swojego miejsca na ziemi.

Nie słuchali twoich argumentów, tylko powiedzieli: Krysia, wyjeżdżamy?

Krystyno. Krysia to była siostra mojej mamy. Zginęła w czasie wojny. Była bardzo zdolna. Mam po niej imię, ale dla rozróżnienia nas trzeba było do mnie mówić: Krystyno. Ona była taka genialna, że jeszcze moja córka cierpiała z tego powodu.

Dlaczego?

Ciągle jej opowiadałam, jaka ta Krysia była wyjątkowa, mimo że sama jej nie znałam. Kiedyś córka zapytała: mamo, to kiedy ja będę genialna?

Powiedziałaś rodzicom, że nie chcesz wyjeżdżać?

Nie. I nikt mnie nie wsparł, czułam się bardzo osamotniona. Nikt mi nie zaproponował, że pomoże. Wielu moich znajomych ciągle rozmawiało o wyjeździe, chcieli jechać. Nie miałam wyjścia.

Dokąd pojechaliście?

Do Izraela. Wielu znajomych rodziców wyjechało tam w 1956 roku. Mama była u nich z wizytą w 1966 i wiedziała, co nas czeka. Rodzice czuli, że nie jadą do kompletnie obcego kraju.

Mówili po hebrajsku?

Mama uczyła się hebrajskiego w szkole, więc dosyć szybko zaczęła mówić. Na początku używała starohebrajskiego, który był mało użyteczny. Tata mówił po żydowsku, hebrajskiego nie znał.

Rodzice rozmawiali między sobą po żydowsku?

Tak, kiedy chcieli, żebyśmy nie rozumieli. Mówili, że rozmawiają po francusku. Później, jak nauczyłam się francuskiego, mówili, że to jest niemiecki.

Wiedziałaś, po jakiemu mówią?

Muszę ci opowiedzieć o podróży do Paryża. Byłam tam z tatą u jego rodziny, chyba w okolicach 1966 roku. I tam wszyscy mówili w języku, którego nie rozumiałam, i zapewniam cię, że to nie był francuski. Tak się dowiedziałam, że mój tata mówi po żydowsku. Nie wstrząsnęło to mną, ale się zdziwiłam.

Wiedziałaś, że jesteś Żydówką?

Wiedziałam, ale to była wiedza abstrakcyjna. Żadnego powiązania z kulturą ani z religią nie mieliśmy. Do naszych rodziców przychodzili ludzie, którzy śmiesznie rozmawiali po polsku, ale nam dalej nic to nie mówiło. Moja przyjaciółka Perła wyrosła w domu, w którym rodzice mówili do niej po żydowsku, a ona im odpowiadała po polsku. My byliśmy Żydami, ale nie wiedzieliśmy, co to znaczy. Dopiero przed wyjazdem okazało się, że jesteśmy inni i dlatego musimy wyjechać.

Do wyjazdu nikt nie dał ci odczuć, że jesteś inna?

Nie pamiętam, żebym miała jakieś problemy z tego powodu, ale byłam blondynką.

Miałaś dobry wygląd.

Brat mi opowiadał, że jego na podwórku wyzywali, ale on jest ode mnie o pięć lat młodszy, więc mało się tym interesowałam.

Dużo twoich znajomych wyjechało?

Większość, ale moja najbliższa przyjaciółka Perła została i przyjaciółka Olga została… Nie każdy Żyd musiał wyjechać. Straciłam kraj, a żaden następny już nigdy nie był moim.

Kiedy wyjechaliście?

W lutym 1969 roku. Kupiliśmy kożuszek i składany rower. Zrobiłam prawo jazdy. Wszyscy tak robili. Ani rower, ani kożuszek się nie przydały. Prawo jazdy tak.

Pamiętasz pierwszy dzień w Izraelu?

Spaliśmy u znajomych w Jerozolimie. Wstałam rano i wyjrzałam przez okno, a tam były góry i kamienie. Nie mogłam w to uwierzyć. Chciałam, żeby tam było miasto, a była jakaś pustynia. Dramat.

Jak długo tak się czułaś?

Półtora roku.

Co się potem zmieniło?

Wyjechałam z Izraela. Nie mogłam tam mieszkać. Andrzej miał iść do szkoły z internatem, ale w ostatniej chwili okazało się, że go nie przyjmą, bo nie jest obrzezany. Mnie ciągle pytali, co to za imię – Krystyna. Chcieli, żebym zmieniła na hebrajskie.

Co odpowiadałaś?

Po jakimś czasie wymyśliłam odpowiedź, która kończyła dyskusję. Z imieniem jest jak z charakterem – trudno je zmienić.

Co robiłaś przez te półtora roku?

Mniej więcej cztery miesiące spędziłam na ulpanie w Nazarecie.

Mówisz po hebrajsku?

Mówiłam, ale już nie mówię. To był najgorszy moment mojego życia, wszystko wyparłam. Później studiowałam i trochę pracowałam jako kelnerka.

Miałaś kontakt ze swoim chłopakiem?

Pisaliśmy do siebie, ale nie bezpośrednio. Albo przez moją rodzinę w Paryżu, albo przez jego siostrę w Genewie. Jego rodzice bali się wysyłać listy do Izraela.

Wierzyliście, że się spotkacie?

Tak. Dzisiaj nie ma się o co wściekać, bo i tak jest już za późno, ale to nie jest fajne, gdy za ciebie ktoś podejmuje decyzje. Jestem zła, że się dałam wywieźć i że się nie postawiłam. Jestem rozczarowana i zawiedziona, że nie było wtedy nikogo, kto by mnie wsparł.

Jakie były pierwsze miesiące w Izraelu?

Straszne. Chciałam, żeby mnie wszyscy zostawili w spokoju, żebym mogła lizać swoje rany. Wszyscy naokoło chcieli, żebym już była Izraelką, a ja nie byłam.

Byłaś w żałobie?

Tak, ale oni tego nie rozumieli. Jak przyjeżdżasz do Izraela, to pytają, dlaczego dopiero teraz przyjechałaś. Myślę, że byłam w potwornej depresji. Byłeś w Izraelu, to wiesz, że tam wszyscy są najmądrzejsi. Kiedy wiesz, że tak naprawdę to ty jesteś ten najmądrzejszy, bardzo trudno to zaakceptować. Gdy odrobinę stanęłam na nogi, już wiedziałam, że sama muszę zacząć podejmować decyzje. Pod pretekstem nauki angielskiego wyjechałam na sześć tygodni do Londynu. Potem pojechałam do Szwecji i wyszłam za mąż, żeby móc tam zostać. Odrobiłam swoją życiową lekcję – sama za siebie zdecydowałam.

Nagle twoja opowieść bardzo przyspieszyła. Po sześciu tygodniach wyjechałaś z Londynu do Szwecji i...?

W Londynie byłam z koleżanką, która przyjechała ze mną z Izraela. Powiedziałam jej, że tam nie wracam i jadę do Szwecji. Ucieszyła się i pojechała ze mną.

Dlaczego wybrałaś Szwecję?

Bo była w Europie, bo wymyśliłam, że wyjdę za mąż za kogoś, kto mi da papiery. Miałam tam wielu przyjaciół, którzy mogli mi w tym pomóc. Następnego dnia po przyjeździe byłam na prywatce i od razu zaczęły się rozmowy, kto mi pomoże i jak to załatwić. No i się załatwiło. Miałam bardzo szczęśliwe małżeństwo. Nigdy z nim nie mieszkałam, nigdy z nim się nie kłóciłam.

Wyszłaś za Szweda?

Wyszłam za Krzysztofa Melchiora. Znaliśmy się z dzieciństwa, chodziliśmy do tej samej szkoły. Powiedział, że służy mi ręką. Zrobił mi ogromną przysługę. Zaczęłam studiować, dostałam stypendium.

Znowu studiowałaś fizykę?

Tak.

A co się stało z twoją koleżanką?

Wyszła za mojego kolegę, który powiedział, że jeśli tylko będzie mi mógł pomóc, to jest do dyspozycji. Już miałam męża, a dla niej dalej szukałyśmy, więc był jak znalazł.

Co powiedziałaś rodzicom?

Że nie wrócę. Zresztą oni później też wyjechali, żeby Andrzej nie szedł do wojska.

Dokąd?

Do Niemiec.

Byli tam zadowoleni?

I tak, i nie. Tak, bo mogli normalnie żyć. Nie, bo byli obcokrajowcami, nie tak jak w Izraelu. Mój brat do dzisiaj tam mieszka i do dzisiaj nie jeździ do Izraela. Ma nadal nieuregulowaną sytuację z armią, choć myślę, że teraz to już ich nie obchodzi.

Kiedy ci minęła tamta żałoba?

Nie powiedziałam, że minęła. Daje się żyć, ale ona do dzisiaj jest.

Kiedy zaczęłaś przyjeżdżać do Polski?

Jak tylko mogłam. W 1979 roku urodziła się moja córeczka, tuż wcześniej wzięłam ślub.

A z pierwszym mężem kiedy się rozwiodłaś?

Dosyć szybko. Z drugim wzięłam ślub, żeby mnie nie cofnęli z granicy. Teraz się nazywałam Stiller, a poprzednie nazwisko miałam Melchior. Na granicach mieli listy z naszymi danymi i nie chcieli nas wpuszczać. W ten sposób zatarłam ślady po Krystynie Borowicz.

Stiller jest Szwedem?

Stiller wyjechał z Polski w 1969 roku. W wakacje dorabiał sobie, pracując na kempingach, i tam poznał polskiego oficera wywiadu, który przyjechał na wakacje z Belgii. Przy wódce wyjawił mu, że po upływie dziesięciu lat od wyjazdu będą nas do Polski wpuszczać.

Wpuścili?

Tak.

I jak się poczułaś?

Cudownie. Przyjechaliśmy na wakacje.

A jak się czułaś, gdy wracaliście do Szwecji?

Okropnie.

Jesteś Polką?

A co to znaczy?

Mogę ci powiedzieć, co to dla mnie znaczy.

To ja ci powiem, co to znaczy dla mnie. Jestem związana z polską kulturą, literaturą i językiem. Gdy tu jestem, nikt się mnie nie pyta, skąd przyjechałam.

A jesteś Szwedką?

Jeśli chodzi o politykę, to o wiele lepiej się orientuję w szwedzkiej niż w polskiej.

Teraz jesteś bardziej Żydówką niż w sześćdziesiątym ósmym roku?

Ciekawe pytanie. Więcej wiem o żydostwie. To na pewno jest grupa, z którą się bardzo identyfikuję. Gdy byłam na koloniach, wszystkie dzieci w niedzielę szły do kościoła, a do mnie pani mówiła: ty nie.

Co masz w sobie żydowskiego?

Ten bagaż niepokoju, który każe mi dzwonić do swoich dzieci i katować je tym, żeby cały czas mnie informowały, gdzie są. Muszą się zameldować, bo inaczej nie mogę spokojnie spać. Ty tego nie robisz?

Staram się nie robić, ale kiepsko mi idzie.

Szwed tego nie robi.

Twoje żydowskie korzenie są w Holokauście?

Też, ale i znacznie wcześniej.

To znaczy?

Pogromy to nie jest tylko historia pokolenia moich rodziców. Dużo się teraz mówi o epigenetyce i to właśnie tłumaczy, co się z nami wszystkimi dzieje. Tyle pytań mi zadajesz, a ty wiesz, kim jesteś?

Chyba już wiem. Jestem polskim Żydem.

Ja też jestem polską Żydówką, ale mieszkam w Szwecji.

A może jesteś Polką żydowskiego pochodzenia, która mieszka w Szwecji?

Tak, masz rację. Jeszcze ci tylko jedną rzecz powiem. Kiedy się urodziłeś, bardzo mi się spodobało, że cię nazwali Mikołaj. Ładne imię, co?

Przekleństwo mojego dzieciństwa: „Mikołaj, masz prezenty?". Myślałem, że jak będę duży i pójdę do pracy, to na początku o to mnie zapytają.

I dlatego nie poszedłeś do pracy?

Dlatego mam taką pracę, że tu siedzę i z tobą rozmawiam.

To żydostwo nas prześladuje.

Między nami mówiąc, to jest całkiem dobre żydostwo.

Tato, dlaczego jedni wyjeżdżali, a drudzy nie?

W tamtym czasie Żydzi podzielili się na trzy kategorie. W każdym razie tak było w Warszawie. Pierwsza, bardzo mała, to ci, którzy z różnych powodów zdecydowali się zostać.

Z jakich powodów?

Musisz mi dać skończyć, bo mamy jeszcze przed sobą dwie kategorie. Druga – młodzi ludzie, którzy się bali i nie chcieli zostać. Wyjeżdżali, ale nie czuli się na siłach, by zabrać swoich rodziców. A ich rodzice uważali, że najważniejsze, żeby dzieci się uratowały.

Myśleli o tym w kategoriach „ratowania się"?

Tak.

Takiego „ratowania", które odnosi się do ratowania życia?

Tak. Chcesz poznać trzecią grupę?

Tak.

Trzecia grupa to starcy, którzy nie wyjeżdżali i w miarę możliwości trzymali się razem. Między innymi wokół TSKŻ i gminy, ale rozumianej raczej jako środowisko, a nie wspólnota religijna. Był sklep z koszerną żywnością i oni tam się spotykali. Mnie też zdarzało się tam wybrać po macę. Jak się domyślasz, nie chodziło mi o macę, tylko o to, żeby pobyć wśród nich, żeby ich posłuchać.

Co mówili?

Chodziło mi nie o to, co mówili, ale o to, jak mówili. To był umierający język. Trochę polski, trochę szmoncesowy… Słowa polskie, a składnia niepolska.

Ty i mama należeliście do pierwszej grupy.

Ty też.

Perła Kacman

Warszawa, Polska

Po wojnie moi rodzice mieszkali w Bielawie. Stamtąd mój tatuś, komunista, przyjechał do Warszawy szukać pracy. Koniecznie chcieli go wziąć do Urzędu Bezpieczeństwa, nalegał na to sam towarzysz Berman. Wezwał w tym celu tatę do Warszawy, a przy tym naciskał, żeby zmienił imię i nazwisko, bo jednak nie wypada nazywać się Abram Kacman. Tatuś powiedział, że się do Urzędu Bezpieczeństwa kompletnie nie nadaje, a poza tym dość się już przywiązał do swojego imienia i nazwiska. W związku z tym zamknęli go w ciupie. Siedział tam około dziesięciu dni, chcieli, żeby skruszał i przemyślał sprawę. Kolega, u którego na czas tej warszawskiej wizyty zamieszkał, zawiadomił moją mamę, że ojca posadzili. Dowiedział się też, komu trzeba dać łapówkę, żeby się od ojca odpieprzyli.

Ile musieli zapłacić?

Fortepian.

Wiesz, kto go dostał?

Wiem, ale nie powiem.

Perła, minęło wiele lat.

Mama nigdy mi nie powiedziała.

Ale ty wiesz.

Wiem, bo kiedy już mieszkaliśmy w Warszawie, powiedziałam mamie, że byłam u nowej koleżanki. A mama od razu zapytała, czy mają tam może fortepian. Mają. A dziewczynki uczą się gry? Uczą. To dobrze – powiedziała mama.

Tamte dziewczynki dalej mają ten fortepian?

Nie, bo sprzedały.

Skąd wiesz?

Bo wyjechały.

Wiedziały, skąd się u nich wziął?

Może ich tatuś im powiedział, ja na pewno nie.

Tata wyszedł z więzienia i...?

Zaproponowano mu pracę w wojewódzkim komitecie partii w Warszawie. Dali mieszkanie zastępcze na Ogrodowej. Wspólne i bez ogrzewania. Towarzyszu, sprowadźcie rodzinę, zaraz wam znajdziemy coś lepszego. Tata bardzo szybko przestał pracować w KW i przeniósł się do fabryki lamp elektronowych. Został tam dyrektorem administracyjnym i cieszył się, że udało mu się odsunąć od tych partyjnych komitetów. Do Warszawy przyjechałam z mamą i starszym bratem w 1950 roku, miałam dwa lata.

Mama pracowała?

Nie. Wróciła z Kazachstanu jako kaleka. Ważyła trzydzieści osiem kilo i jak sama mówiła, wyglądała jak śmierć. Tak schudła, że wszystkie narządy wewnętrzne jej się urywały i wypadały prosto na ulicę. Ginekolog powiedział, że jedyną szansą na wyzdrowienie jest ciąża – hormony powinny wszystko podnieść. Urodziłam się, kiedy mama miała czterdzieści siedem lat. Miałam o trzynaście lat starszego brata. Nikt nam nie załatwił lepszego mieszkania, całymi latami mieszkaliśmy w tym slumsie na Ogrodowej. To był niemiecki biurowiec w środku getta i dlatego się uchował. Na dole powstały jakieś sklepy i magazyny, na górze mieszkaliśmy my w dwóch pokojach z kuchnią, a w drugiej części mieszkania państwo Wędkowscy w trzech pokojach z łazienką. Normalna komunałka. Tam było dużo takich mieszkań, w których tłoczyły się rodziny z dużą liczbą dzieci. Stamtąd poszłam do szkoły na tyłach sądów i od razu dostałam kamieniem w głowę.

Dlaczego?

Jako Żydówka.

Od kogo?

Od koleżeństwa z klasy. To nie była szkoła Towarzystwa Przyjaciół Dzieci*. Najpierw poszłam do pierwszej klasy, ale okazało się, że już coś umiem, więc szybko przenieśli mnie do drugiej. A tam już wszyscy byli zżyci ze sobą, znali się, a ja byłam nowa. Wszyscy szli do komunii, ja nie. Poprosiłam mamusię, że też bym chciała mieć taką sukienkę. Powiedziała, że nic nie ma za darmo. Kto nie chodzi na religię, nie ma sukienki. Zapisałam się i zaczęłam chodzić ze wszystkimi. Ksiądz do wszystkich mówił po imieniu: Marysiu, Kasiu, a do mnie mówił: dziewczynko wyznania mojżeszowego. Nie rozumiałam, o co mu chodzi.

Byłaś jedyną Żydówką w tej klasie?

Później doszedł do nas jeszcze Olek Perski. W końcu zapytałam mamy, co to znaczy „wyznania mojżeszowego". Zapytała, o co chodzi i kto tak mówi. Odpowiedziałam. To ta cholera poleciała do szkoły i zrobiła tam piekło. Przestałam chodzić na religię. Powiedziała, że a) nie będzie sukienki, b) nie będzie religii.

Wiedziałaś, że jesteś Żydówką?

Od zawsze. Moi rodzice rozmawiali po żydowsku. Skończyłam czwartą klasę i zmieniliśmy mieszkanie.

Ojciec dostał przydział?

Nie, wujek Rafał dostał choroby Bürgera. Po kawałku odcinali mu nogę, a w budynku, w którym mieszkał, nie było windy. Zamieniliśmy się z nimi na mieszkanie, a zaraz potem oni wyjechali do Izraela. Wylądowaliśmy na placu Dąbrowskiego, a ja zmieniłam szkołę na taką, w której już nie było religii. Chyba wtedy religia była już w kościele.

* Towarzystwo Przyjaciół Dzieci (TPD) kontynuowało tradycje Robotniczego Towarzystwa Przyjaciół Dzieci założonego w 1919 roku przez Stefanię Sempołowską, działaczkę PPS-u. Po wojnie organizowało między innymi sierocińce, bursy, internaty oraz szkoły dla dzieci, których rodzice wyrazili zgodę na naukę bez religii.

Dobrze ci było w tej nowej szkole?

Mnie zawsze było dobrze.

Nawet wtedy, kiedy w ciebie rzucali kamieniami?

Raz rzucili. Było niedobrze tylko dlatego, że dziewczynki miały stroje krakowskie i sukienki do komunii, a ja chodziłam w spodniach, które mi uszyła mama. To była moja jedyna troska. Nie miałam żydowskiej traumy, mimo że wiedziałam o pogromach i o Jedwabnem wcześniej, nim Jaś Gross to Polakom opowiedział. Z mlekiem matki dostałam tę wiedzę. Mimo że moja mama co rano wstawała z płaczem nad Holokaustem i rodzinną traumą, to jednak żyłam. Bardzo mało pytań zadawałam. Teraz strasznie mi przykro, że o wiele rzeczy nie mam już kogo zapytać.

Jak się nazywała twoja mama?

Hana Kacman, ale po wojnie nie chcieli jej tej Hany wpisać do papierów i wpisali Annę. Gdy mama umarła, wśród wielu problemów miałam również ten, że byłam córką Hany i Abrama, a w papierach… Co ci będę opowiadać, słyszałeś już takie historie mnóstwo razy. Mam wiele zdjęć, ale chyba je oddam do Muzeum Historii Żydów Polskich POLIN, bo po mojej śmierci Małgośka wyrzuci je do śmieci. Nie będzie wiedziała, co to jest.

Też będzie myślała: szkoda, że jej nie zapytałam.

Tak, a potem będzie wyrzucała.

Chodziłaś do TSKŻ?

Jako mała dziewczynka, jeszcze przed szkołą, chodziłam tam na zajęcia rytmiki.

Byłam na koloniach żydowskich w Michalinie, kiedy miałam pięć lat. Potem byłam jeszcze na jednym obozie po maturze, to chyba było w Gdańsku-Wrzeszczu. Bywałam w Klubie Poszukiwaczy Sprzeczności. Kiedyś przeczytałam, że będzie spotkanie o literaturze rosyjskiej, którą uwielbiałam, i w ten sposób znalazłam się tam pierwszy raz.

Mówiłaś po rosyjsku?

Mój brat studiował w Kijowie i wrócił stamtąd z żoną, Ritą. Zamieszkali z nami. Ona miała wtedy osiemnaście albo dziewiętnaście lat, a ja osiem. Rodzice nie mieli dla mnie czasu, a ona miała. To była jedyna osoba, która się mną interesowała. Dla rodziców było naturalne, że dom przerzucił się na rosyjski. Przecież Rita nie mówiła po polsku. Bardzo szybko i ja nauczyłam się rosyjskiego. Pięknie rysowała, wypełniała mi dzienniczki lektur, bo tu trzeba było kurkę narysować, a tam szlaczek. Chodziła ze mną do biblioteki Towarzystwa Przyjaźni Polsko-Radzieckiej na Foksal i pomagała wybierać lektury. Później wyjechała do Włoch, a jeszcze później poznała innego pana i wzięła z nim ślub. Wtedy się zorientowała, że zapomniała rozwieść się z moim bratem. To też jest niezła historia. Spotkałam ją po latach dzięki twojemu ojcu. Zgadałyśmy się, że jej drugi mąż umarł tego samego dnia co mój brat – jej pierwszy mąż. Dzięki Ricie trafiłam też do tego klubu Michnika. Przyszłam pierwszy raz, usiadłam na takim wysokim parapecie i w którymś momencie zabrałam głos. Nie wiedziałam, że tam tylko niektórzy są do tego uprawnieni. Ten klub odmienił moje życie. Grupa filozoficzna: ja i jeszcze cztery baby wpatrzone we Włodka Rabinowicza czytamy *Ucztę* Platona. Bez zrozumienia.

W którym roku zrobiłaś maturę?

W 1965.

Byłaś wtedy Polką?

Słuchaj, problemy narodowościowe nigdy nie zaprzątały mojej głowy. Kiedyś do domu moich rodziców przyszedł Jaś Gross. Mama zapytała go o coś związanego z kwestią żydowską. Powiedział, że jest Polakiem i że nie czuje się Żydem. I wtedy mama powiedziała: panie Gross, ja panu tego nie życzę, ale boję się, że przyjdą czasy i pan się dowie, kim pan jest. Mama miała swój styl.

Co to znaczy?

Wchodziła do sklepu i mówiła: dzień dobry, jestem Żydówką. Czy jest biały ser? Gdy się dowiadywała, że nie ma, wracała do domu, mówiąc, że antysemici nie chcieli jej sprzedać białego sera.

A dzisiaj problemy narodowościowe zaprzątają twoją głowę?

Są tacy, którzy w Polsce mówią, że tu nie ma antysemityzmu, a jak są za granicą, to mówią, że jest. A ja robię odwrotnie. Co jeszcze chcesz wiedzieć?

Co myślałaś w 1967 roku?

W 1964 mama pojechała na sześć miesięcy do Izraela. Była u kuzyna Samka i u wielu innych. Dużo o tym opowiadała i przez to Izrael stał mi się bliższy. W 1967 byłam pierwszy raz w życiu za granicą i pojechałam pracować jako *au pair* w Anglii. Dużo wtedy z Samkiem korespondowałam. Byłam bardzo rozpolitykowana, w dużym stopniu dzięki dyskusjom w klubie TSKŻ.

I już?

Tak.

Rodzice myśleli o wyjeździe w latach 1956–1957?

Przedwojenny przyjaciel mojego taty i daleki kuzyn mamy wyjechał w trzydziestych latach do Brazylii. Zarobił tam duże pieniądze. Po wojnie przez Czerwony Krzyż odszukał moich rodziców i napisał, że na nich czeka i wszystkie koszty bierze na siebie. Żeby przyjeżdżali. Ojciec bardzo chciał wtedy wyjechać, ale zanim cokolwiek zrobił, mama napisała bardzo obraźliwy list. Że nie po to walczyła o wolną Polskę, że chce żyć w swoim kraju… Ojciec się wściekł. Rozmawialiśmy kiedyś o tym i tata uważał, że mama to zrobiła, dlatego że nie miała siły na kolejną zmianę.

To chyba już zapytam o sześćdziesiąty ósmy rok.

Pytaj.

Opowiadaj.

1 maja sześćdziesiątego ósmego ukrywałam się z moim chłopakiem, Krzyśkiem Michalskim, przed aresztowaniem.

Poszła plotka, że będą prewencyjne aresztowania, to uciekliśmy do Mikołajek.

Prewencyjne po Marcu?

Prewencyjne przed 1 maja. Poszliśmy zjeść obiad do miejscowej knajpy. Tam siedzi dwóch miejscowych czynowników, chleją wódę i jeden mówi do drugiego: ja ci dobrze radzę, żebyś to dla mnie zrobił. Inaczej wszystkim powiem, że jesteś syjonista. Przecież tu wszyscy wiedzą, że twoja matka to autochtonka. O, taki był nastrój w sześćdziesiątym ósmym.

Jeszcze mi coś opowiedz.

Mój brat zdecydował się wyjechać. Przyszedł do nas jego dyrektor i mówi: przecież to się zaraz uspokoi. My nie damy cię skrzywdzić. Wiesz, jak tutaj jest? Zaraz będzie po wszystkim, nie wyjeżdżaj. I wiesz, co mu mój brat odpowiedział? A gdyby tobie ktoś powiedział, że możesz jutro wyjechać do Ameryki, to co byś zrobił, nie pojechałbyś? Ten dyrektor cofnął się o krok i powiedział: masz rację.

A ty nie chciałaś wyjeżdżać?

Tyle razy odpowiadałam na to pytanie, że mam już przygotowane odpowiedzi na każdą okazję. Na przykład taka sytuacja. Przyjeżdżam do Szwecji, gdzie mam wielu znajomych, którzy wtedy wyjechali. Poznaję kogoś nowego, też z tej emigracji, i pada pytanie: skąd jesteś? Z Warszawy. Nie o to mi chodzi, pytam, gdzie teraz jesteś? – drąży mój rozmówca. W Warszawie.

I to jest ta odpowiedź?

Nie, to jest do niej wstęp. Oni się trochę nadymają i pytają, dlaczego nie wyjechałam, i wtedy opowiadam im historię z Wydziału Matematyki i Fizyki. Koledzy chcieli mnie wybrać na przewodniczącą komitetu strajkowego naszego wydziału. Wstał Paweł Bąkowski i krzyczy: bandą chamów jesteście! Chamów i tchórzy! Perła Kacman na czele komitetu strajkowego dzisiaj, a jutro w pierdlu. I zgłosił się sam.

Wybrali go i wylądował w pierdlu. Gdyby nie on, to ja bym się tam znalazła.

On cię chronił?

Tak. Zawieszono wiele wydziałów, ale u nas stała się rzecz niebywała. Komisja dziekańska rekomendowała przyjęcie wszystkich studentów z powrotem. Zanieśli dokumenty do komisji senackiej Uniwersytetu Warszawskiego, a tamtejsi ubecy powiedzieli: proszę bardzo, wszyscy oprócz Perły Kacman i Heleny Brus. Profesor Pniewski powiedział, że nie zna tych studentek i musi się zorientować. Odroczył komisję senacką o tydzień, poszedł do dziekanatu i poprosił o papiery niejakiej Perły Kacman. Nie mógł ich tam znaleźć, bo ubecja już je wcześniej zabrała. Zrobił nadludzki wysiłek, by mnie bronić. Jego sekretarka – pani Tabulska – przyszła 30 kwietnia o dziesiątej w nocy do mojej mamy, żeby mi przekazać, że mam być u Pniewskiego. Gdy mama usłyszała pukanie o dziesiątej wieczorem, była pewna, że to milicja, i była bardzo z siebie dumna, że kazała mi wyjechać.

To mama kazała ci wyjechać?

Ona była przedwojenną konspiratorką i wiedziała, jak to wszystko działa. No, to wracamy teraz do Mikołajek. Siedzimy sobie z Krzysiem w wynajętym pokoju, a tu pukanie do drzwi. Pani, u której go wynajęliśmy, otwiera, a tam milicjant. My zamarliśmy, a pani do niego: no co, przecież wywiesiłam flagę. A milicjant: nie o to mi chodzi. Czy tu przebywa Perła Kacman? Ona zbladła, bo nas nie zameldowała, ja zbladłam, już ci nie muszę tłumaczyć dlaczego. A on na to: przyniosłem telegram. To był telegram od mojej mamusi: „Przyjeżdżaj natychmiast". Przyjechałam i poszłam na wydział. A tam siedzi komisja. Pniewski mówi: niech nam pani opowiada. To ja zaczynam: 7 marca byłam z Lityńskim i Blumsztajnem w kinie po to, żeby wziąć rezolucję i schować do stanika; jak Mirka i innych złapią, to ja będę tą, która będzie miała rezolucję w staniku. Pniewski: co za głupoty pani tu opowiada? A ja swoje: no bo ubecja za nami szła, a poza tym Szlajfer pisze do mnie z więzienia listy. Pniewski: proszę pani, to nie jest przestępstwo, przecież można nawet wyjść za mąż za skazanego. Ani on, ani pani nie jesteście skazani. Próbuję mu opowiadać dalszy ciąg, a on przerywa i mówi: dosyć tego gadania. Pani zostaje na wydziale. Koniec. I wiesz, co było dalej? Na komisji senackiej profesor Pniewski powiedział: albo ja i pani Kacman będziemy na tym wydziale, albo... wiadomo. Wiesz, on nie musiał tego robić, on mnie nawet nie znał, ja byłam studentką trzeciego roku. I teraz dla jasności sytuacji. Hugon, mój przyjaciel, też student trzeciego roku fizyki, sto razy ode mnie zdolniejszy, został wyrzucony i wzięty do wojska.

Dlaczego Pniewski jego nie bronił?

Był na liście trzydziestu czterech studentów wyrzuconych przez rektora. Jego sprawa była poza zasięgiem Pniewskiego. Później wyszedł z wojska, ale nie mógł wyjechać, bo nie miał papierów.

Jakich papierów?

Żydowskich. Roma Fiszer zgodziła się za niego wyjść, by mógł wyjechać, ale okazało się, że durny Hugon miał niestety tylko dziewiętnaście, a nie dwadzieścia jeden lat. Żeby się ożenić, Roma Fiszer musiałaby być z nim w ciąży. Poszli do doktora Weintrauba, który powiedział, że wystawi zaświadczenie, pod warunkiem że ona znajdzie jakąś ciężarną.

Żeby nasikała do słoika?

Właśnie. Roma miała sąsiadkę w ciąży i ta jej nasikała, a Weintraub wystawił.

I wyjechali?

A skąd! Poszli z tymi papierami do sądu. Sędzina popatrzyła na nie i powiedziała, że dla pewności poprosi o powtórne badanie w szpitalu Ministerstwa Spraw Wewnętrznych. No i się rypło. Roma pojechała, Hugon został.

Ty też nie wyjechałaś i denerwujesz tych, którzy wyjechali?

Niektórych denerwuję tym, co mówię.

Wiele osób mówi mi: „gdy ci plują w twarz, nie mów, że deszcz pada".

Mnie nikt w twarz w sześćdziesiątym ósmym nie napluł.

To, co się wtedy działo, nie pluło ci w twarz?

Bardzo się o to właśnie ostatnio pokłóciłam z moją przyjaciółką Krysią, która wtedy wyjechała. To nie był wybuch antysemityzmu, to było coś dokładnie odwrotnego. Kamieniem w głowę dostałam, gdy byłam mała, a w sześćdziesiątym ósmym dużo środowisk solidaryzowało się z Żydami. To byli tacy ludzie jak ja. Nie kochali komunizmu, nie kochali władzy i wtedy niektórzy z nich, na przykład środowisko Klubu Inteligencji Katolickiej, szli porządkować cmentarz żydowski w Warszawie. Uważam, że sprawa porozumienia polsko-żydowskiego właśnie wtedy wzięła swój początek. Odprowadzałam na Dworzec Gdański moją przyjaciółkę – Kryśkę Borowicz – której mama pracowała w Agencji Prasowo-Informacyjnej. Wiele towarzyszek, koleżanek, przyjaciółek i innych pań z nią tam pracowało. Na dworzec przyszła tylko jedna – endeczka, która nienawidziła Żydów i nigdy z nią w pracy słowa nie zamieniła. Stoimy na peronie i nagle widzę, że mama Kryśki zmienia się w słup soli. Patrzę w drugą stronę, a stamtąd nadchodzi rzeczona endeczka. Podeszła bliżej i powiedziała: pani Franciszko, mnie jest wstyd za mój naród, bardzo panią przepraszam i życzę powodzenia. Franciszka się popłakała, ja zresztą też. Spotkałam się wtedy z wieloma dowodami solidarności od tej części społeczeństwa, z którą się identyfikowałam.

I dlatego nie wyjechałaś?

Słuchaj, ja się w ogóle nad tym nie zastanawiałam. Miałam narzeczonego – Krzysia Michalskiego, który nie był Żydem... O, mam dla ciebie historię. Byłam z Krzyśkiem i Kubą Karpińskim w restauracji Budapeszt. Rozmawiali, że dla nich emigracja jest niemożliwa, bo są związani z językiem polskim, że jako piszący... i te wszystkie historie. Efekt był taki, że później zarówno Krzysiek, jak i Kuba wyemigrowali, a ja zostałam.

Byłaś 8 marca na wiecu na Uniwersytecie Warszawskim?

To było bardzo ważne wydarzenie, a z perspektywy czasu jest jeszcze ważniejsze, ale nie możesz zapominać, że my wtedy byliśmy dzieciakami. Stałam tam z Krzyśkiem Michalskim i Jankiem Grossem i oni cały czas rozmawiali o tym, jak by tu pojechać do Afryki, a przedtem do Kiruny, żeby coś zarobić. W staniku miałam tę rezolucję, a na sobie nowe futerko, które mi znajomy mamusi przerobił z etoli cioci. Pierwszy raz na sobie je miałam i jak Rapaczyński krzyknął: studenci, siadamy!, to na stojąco zostali tylko ubecy i ja, bo szkoda mi było pobrudzić to futerko. A poza tym oni wciąż gadali o tej Kirunie, więc się zdenerwowałam i poszłam na swój wydział, bo miałam mieć zajęcia o trzeciej. Dopiero na miejscu się dowiedziałam, jaka tam była jatka. 11 marca było spotkanie w audytorium. Najpierw wystąpił rektor Rybicki i nas straszył, a później wstał wspomniany już profesor Pniewski i nas wszystkich wsparł. Byliśmy tacy wzruszeni – łzy leciały mi ciurkiem. Mówię ci to teraz po to, żeby to jakoś upamiętnić. To był wyjątkowy akt. Stamtąd poleciałam do Krzyśka na filozofię, a tam piekło. Lityński jeszcze nie był aresztowany i krzyczał: trzeba wyjść na ulice, trzeba wyjść na ulice! A Krzysiek i inni tak nie uważali. Strasznie było nerwowo. Krzysiek, który był wielkim chłopem, wziął tego biednego Jasia Lityńskiego i zamknął w kiblu. Wszyscy się darli, jeden przez drugiego, i nagle zapadła kompletna cisza. Schodami schodził profesor Kołakowski. Cicho, Kołakowski idzie. Kołakowski, Kołakowski – wszyscy szeptali. A on się zatrzymał i powiedział: studentów drugiej grupy trzeciego roku proszę do sali. I się oddalił. A na naszym wydziale było znowu inaczej niż gdzie indziej. Gdy pisaliśmy rezolucje, nasi profesorowie byli z nami – Werle, Pokorski, Pniewski, Sosnowski – siedzieli i pomagali nam pisać.

Byłaś przesłuchiwana?

Przyszli do naszego domu z wezwaniem na przesłuchanie. Mama kazała mi spakować szczoteczkę do zębów i majtki, a ja wzięłam jeszcze ze sobą *Mechanikę* Landaua, żeby się czymś zająć.

Mama coś powiedziała, dała jakąś radę?

Powiedziała: nie wiadomo, co będzie, ale ja przesiedziałam przed wojną pięć lat i jakoś dałam radę, ty też dasz.

Żałowałaś kiedyś, że nie wyjechałaś?

W stanie wojennym. Danka – mojego partnera – aresztowali, a ja siedziałam z małą Małgosią i myślałam, że nie wykorzystałam tamtej szansy.

Paulina i Heniek Chmielniccy

Nowy Jork, Stany Zjednoczone

Paulina: Ja zacznę. Moi rodzice pochodzą z Warszawy, jestem ich jedynym dzieckiem. W 1939 uciekli do Związku Radzieckiego. Mama straciła sześć sióstr, ojciec trzech braci oraz rodziców... Tam było wiele dzieci, w tych rodzinach. Po wojnie wrócili, ale nie do Warszawy, bo tam już nikogo nie było. Osiedlili się w Łodzi. Tata poszedł do krawieckiej spółdzielni żydowskiej, a mama była w domu. Urodziłam się w 1948 roku. Myślę, że od początku chcieli wyjeżdżać z Polski. To znaczy mama chciała, tata nie.

Dokąd mama chciała jechać?

P.: Do Izraela, bo odkryła, że tam ma jedyną kuzynkę. Tatuś się nie zgodził i zostaliśmy. Mieszkaliśmy na ulicy Kilińskiego, przy hotelu Polonia. Naprzeciwko żydowskiej szkoły imienia Pereca. Kiedy miałam siedem lat, poszłam z mamą zapisać się do szkoły, do polskiej szkoły. Sekretarka pyta: imię i nazwisko dziecka? Pesa Lajter. Czy pani zwariowała? – mówi ta sekretarka. Z takim imieniem i nazwiskiem? Musi jej pani imię zmienić, bo będzie szykanowana. Dlaczego? – pyta mama. Bo to jest żydowskie imię! Nie byłam tam nawet na jednej lekcji. Poszłam do Pereca, spędziłam tam jedenaście lat. I to była najlepsza decyzja, jaką mama mogła podjąć, mimo że ja bardzo chciałam być Polką. Wstydziłam się żydostwa. Bardzo.

Dzisiaj nie nazywasz się już Pesa.

P.: Mama zmieniła mi imię na Paulina. Naprawdę nie chciałam być Żydówką. Ale gdy już zaczęłam chodzić do szkoły, to byłam szczęśliwa. Wiesz, tak chciałam być Polką, że kiedyś pożyczyłam od koleżanki sukienkę komunijną i gromnicę. Ktoś mi zrobił w tym wszystkim zdjęcie i je przy sobie nosiłam.

Po co?

P.: Jak krzyczeli za mną „parszywa żydówa", to je wyciągałam i mówiłam, że już byłam u komunii.

Zawsze nosiłaś to zdjęcie przy sobie?

P.: Tylko kiedy wiedziałam, że może mi się przydać – w polskim środowisku.

Dlaczego nie chciałaś być Żydówką?

P.: Niedobrze było być Żydówką. Gdy na podwórku bawiłyśmy się skakanką, to można było usłyszeć: „kręcisz jak parszywa żydówa". Takie tam drobne nieprzyjemności. Dlatego wolałam być jak Tereska, od której pożyczyłam tę sukienkę komunijną.

Sąsiadka?

P.: Tak. Ona przychodziła do nas na Pesach, ja do niej szłam na Boże Narodzenie.

Obchodziliście żydowskie święta w domu?

P.: Mama pochodziła z bardzo żydowskiej rodziny. Tatuś nie, wcześnie stracił rodziców i wychował się w domu dziecka. Chyba u Korczaka.

Chodziliście do synagogi w Jom Kippur?

P.: Mama chodziła się modlić z przekonania, tatuś, bo go mama prosiła, a ja chodziłam się tam spotykać z dziećmi takimi jak ja.

Mama trzymała koszer w domu?

P.: Nam gotowała wszystko, ale sama nie wzięłaby wieprzowiny do ust. Podobno przez to w Rosji bardziej od innych głodowała.

Żyłaś w żydowskim świecie?

P.: Oprócz koleżanek na podwórku. Co bym nie zrobiła, zawsze mnie przezywały. Ale jeździłam na żydowskie kolonie. Byłam zastępową żydowskich zuchów. Chodziłam do żydowskiego klubu literata. Do kółka dramatycznego.

To był cudowny czas. Potem zdałam na studia, na ekonomię przemysłu, i tam spotkałam miłą, nieżydowską grupę. Poza tym było tam kilka osób z Pereca. Maturę zrobiłam w 1966, potem byłam na roku przygotowawczym, a w 1967 dostałam się na studia. Gdy zaczęły się wypadki marcowe, siedzieliśmy w jakiejś sali na wydziale. Nic się tam nie działo. Podeszli do mnie i jeszcze do dwójki Żydów mili polscy znajomi i powiedzieli: wiecie co? Lepiej idźcie do domu, bo jak kogoś będą mieli później oskarżać, to wy będziecie pierwsi. Spojrzeliśmy po sobie i zrozumieliśmy, że oni uważają nas za obcych. Poczuliśmy się niedobrze.

Myślałaś już wtedy o wyjeździe?

P.: W domu mówiło się o wyjeździe od lat. Nawet stosowne zakupy były już zrobione.

Czyli co?

P.: Dywany, motorower... Wszystko to stało za szafą i czekało na wyjazd.

Chciałaś wyjeżdżać?

P.: W 1957 wyemigrował kuzyn tatusia i rodzice się przymierzali, ale udało mi się ich w porę zatrzymać. W 1961 byłam u niego z mamą w Paryżu przez trzy miesiące. Wróciły te rozmowy i znowu podjęłam decyzję, że nie emigrujemy. Byłam ich jedynym dzieckiem i bardzo liczyli się z moim zdaniem. A może oni sami aż tak bardzo nie chcieli wyjeżdżać?

Czułaś się wtedy Polką?

P.: Wtedy zostałam polską Żydówką.

Nie byłaś Polką?

P.: Nie potrzebowałam już. Oczywiście, że chodziliśmy do teatrów, czytaliśmy polską literaturę, ale najlepiej i najbezpieczniej czuliśmy się w środowisku żydowskim. Zanurzyłam się w tym świecie, idąc do szkoły, a wynurzyłam w 1967 roku, idąc na studia. Tam otoczyłam się ludźmi, przy których nie musiałam się wstydzić, że jestem Żydówką. A to było bardzo ważne, bo zawsze to miałam z tyłu głowy.

Co?

P.: Łódź była bardzo antysemickim miastem. Trzeba było stale mieć się na baczności. Którejś zimy szłam do szkoły otulona i w takiej czapce z wełny, do której się doszywało daszek. Prawie mnie nie było widać. Przechodziłam przez ulicę i podleciał do mnie taki chłopaczek, złapał za tę czapkę i zaczął krzyczeć: parszywa żydówa! Długo się nie zastanawiałam, złapałam go za kołnierz. I wiesz, o co go zapytałam? A ty skąd wiesz, kim ja jestem? Taką miałam pierwszą reakcję. Miałam jasne włosy, policzki trochę tatarskie, nie wyglądałam na Żydówkę, ale Łódź umiała rozpoznać Żyda. Tak było zawsze, do samego końca.

Polska była twoją ojczyzną?

P.: Tak mi się wydawało. Tam się wychowałam. Taką ojczyzną, gdzie był antysemityzm. Żyłam z tym antysemityzmem od kolebki. Nie nazywaj się Pesa, bo cię będą przezywać. Skakanką kręcisz jak „parszywa żydówa". Na ulicy łapią cię za włosy i mówią: „parszywa żydówa". Ale uwielbiałam ten kraj, przepiękne miejsca, do których jeździliśmy na kolonie. Ostrowo, Krynica, Bałtyk, wszędzie było pięknie. Wspaniałe jedzenie, kultura, literatura…

Poznaliście się z Pauliną w szkole?

Heniek: Muszę ci trochę wytłumaczyć, żebyś rozumiał dalszy ciąg. Zawsze się śmieję, że pochodzę z mieszanej rodziny. Ojciec był syjonistą, a mama komunistką. Mój ojciec do siódmego roku życia mówił tylko po żydowsku, był z dosyć religijnej rodziny. A mama odwrotnie. Ani religii, ani żydowskiego. Mimo że moja mama wyglądała jak Czech. Wiesz, nie jak jeden Żyd, ale jak „czech Żydów". Na Pesach jedliśmy rybę i wszystko jak trzeba. Bardzo lubiłem w żydowskie święta nie chodzić do szkoły, dlatego że nie lubiłem chodzić do szkoły też w pozostałe dni. Uczniowie, którzy pochodzili z religijnych domów, mogli wtedy nie przychodzić.

Też Łódź, też szkoła Pereca?

H.: No tak. Rodzice przeżyli wojnę w Rosji, a w 1946 wrócili. Pociągi z repatriantami zatrzymywały się dopiero we Wrocławiu, bo komuniści chcieli szybko zaludnić tamte tereny. Do Łodzi przyjechałem, kiedy miałem dziewięć miesięcy, bo moi rodzice pochodzili z Łodzi. Z mamy strony nikt nie przeżył, a ze strony ojca przeżył jeden brat, który potem umarł na białaczkę w 1956 roku. Obie rodziny zniknęły.

Co rodzice robili po wojnie?

H.: Ojciec zaczął pracować w Wojewódzkim Związku Spółdzielni Pracy, ale z powodu antysemickich historii przeniósł się do żydowskiej spółdzielni. Tam pełnił funkcję kierownika technicznego. Mama zarabiała w Wytwórni Filmów Oświatowych jako redaktor. Miałem jeszcze brata, który się urodził w 1945 roku. Ja w 1948. Brat był blondynem i miał niebieskie oczy. Mama myślała, że buduje nową, sprawiedliwą Polskę, więc posłała go do polskiej szkoły. Nic mu te blond włosy nie pomogły, ciężko to odpokutował. Ja byłem czarny jak kruczek, z typową żydowską urodą, to mnie natychmiast oddała do szkoły żydowskiej.

Każdy z was skończył inną szkołę?

H.: Tak, i on miał zdecydowanie trudniej. Z Pauliną byliśmy w równoległych klasach, ale ponieważ sporo ludzi wyjechało, z dwóch klas zrobili jedną i od siódmej klasy chodziliśmy już razem.

Od kiedy wiedziałeś, że jesteś Żydem?

H.: Chyba od zawsze. Gdy miałem pięć lat, dowiedziałem się od kolegi z podwórka, że nie mogę jeździć na jego rowerze, bo jestem Żydem. To jest moje pierwsze wspomnienie. Potem już jakoś samo poszło.

Co poszło?

H.: Kilka razy w tygodniu słyszałem antysemickie teksty. Do 1957 roku na naszym podwórku mieszkały cztery żydowskie rodziny, ale wyjechały i zostaliśmy sami. Zrobiło się trudniej, bo samotniej, a antysemityzm był częścią tego pejzażu.

Nauczyłeś się z tym żyć?

H.: Nie miałem wyboru. Tak tam po prostu było.

Czułeś, kiedy zbliżała się taka sytuacja?

H.: Nigdy mnie nie dziwiła, gdy już nadchodziła. To chyba było wliczone w koszta życia, dlatego unikałem przebywania w polskim towarzystwie. Przez te wszystkie lata miałem tylko dwóch polskich kolegów. Zaprzyjaźniłem się z jednym Polakiem w pomaturalnej państwowej szkole technicznej. I naprawdę wydawało mi się, że jesteśmy serdecznymi przyjaciółmi, do momentu kiedy podczas gry w statki zestrzeliłem czteromasztowca, a on powiedział: ach, ty parszywy Żydzie! Skończyła się przyjaźń.

Może to było z przymrużeniem oka?

H.: Nie, to było mimowolne i szczere.

Studiowałeś w Polsce?

H.: Dostałem się na studia na Politechnikę Łódzką na Wydział Elektryczny. Na rok akademicki 1967/1968. Opiekun mojego roku był pierwszym sekretarzem partii na Politechnice. Uczył nas materiałoznawstwa i rysunku technicznego. Podczas egzaminu powiedział do mnie: panie Chmielnicki, takich jak pan to my na Politechnice nie potrzebujemy. Wlepił mi dwóję i zostałem oficjalnie wyrzucony. To był jakiś wczesny egzamin, bo już w maju miałem wyjechać. W marcu podałem o wyjazd. Później wszystko zaczęło się opóźniać, bo postanowiliśmy się pobrać. Trzeba było Paulinie wyrobić nowe papiery, żeby się wszystko w dokumencie podróży zgadzało.

Wasze rodziny też zdecydowały się wyjechać?

H.: Moi zostali jeszcze rok, bo czekali, aż brat skończy studia na matematyce. Później do nas dołączyli.

P.: Ja wyjechałam z mamą.

A tata?

P.: To była niezła historia. Mój tatuś, pół roku przed Marcem, pojechał do swojego przyjaciela do Nowego Jorku.

Gdy zaczęły się wypadki marcowe, powiedzieliśmy mu, żeby nie wracał. Nie wiedzieliśmy, co się dalej będzie działo. Chcieliśmy, by się na razie wstrzymał. I tak się stało. Tatuś nie wrócił, a my wyjechałyśmy z Polski 13 września sześćdziesiątego ósmego roku.

Likwidowałyście mieszkanie?

P.: Dali nam trzy tygodnie. Próbowałyśmy sprzedawać różne rzeczy. Wszyscy chcieli dostać te rzeczy za bezcen. Każdy chętny mówił do mamy: i tak pani to musi sprzedać, bo przecież zaraz musicie wyjechać. Od pewnego momentu mama postanowiła wszystko oddać biednym Żydom, którzy jeszcze nie wyjechali. Część spakowaliśmy, trzeba było jeszcze zawieźć to wszystko na cło. Tam pięć dni przetrząsali każdą naszą książkę. Nie wiem, czego szukali. W każdym razie niczego nie znaleźli. Ostatniego dnia Heniek zachorował na zapalenie płuc i lekarz zabronił mu jechać. Nie mogłyśmy zostać, bo mieszkanie było już zlikwidowane. Dojechał do nas, do Wiednia, miesiąc później.

Z Łodzi pojechałyśmy do Warszawy, żeby z Dworca Gdańskiego, jak Pan Bóg przykazał, pojechać w świat. Miałam bardzo niezręczną sytuację z bagażami Heńka. Miałyśmy swoje walizki i jego, w sumie było tego z pięć, sześć sztuk. On zachorował, ale wzięłam wszystkie jego rzeczy, żeby już na miejscu na niego czekały. Celnicy to wszystko na granicy pootwierali i zaczęły się pytania. Te wszystkie męskie ubrania... Miałam list od lekarki, że mąż dostał zapalenia płuc i musiał zostać. W końcu nam to wszystko puścili, ale ileśmy się nerwów najadły, to nasze. Bałyśmy się, bo chodziły opowieści, że kogoś w Zebrzydowicach wyciągnęli z pociągu i tak długo go przeszukiwali, że nie zdążył z powrotem wsiąść. Trzeba było czekać całą noc na zimnie. Oni to specjalnie robili. Poniżali ludzi do ostatniej chwili. Na Dworcu Gdańskim byli ludzie, którzy codziennie kogoś odprowadzali. Powiedzieli nam, żebyśmy nie dawali swoich dokumentów Sochnutowi, bo nas wyślą do Izraela. Miałam ważny powód, żeby nie jechać do Izraela. W Stanach był mój tatuś i do niego jechałyśmy. Na dworcu w Wiedniu czekały na nas i Sochnut, i HIAS*. Wybrałyśmy HIAS, zabrali nas do jakiegoś hoteliku. A potem bardzo szybko znalazłam pracę.

Co robiłaś?

P.: Pracowałam w sklepiku pani Skoczylasowej.

Co sprzedawałaś?

P.: Ubrania, zapalniczki, mydło, widło i powidło. Wszystko, co szło. Byłam u niej do samego wyjazdu do Ameryki, trzy miesiące.

H.: Gdy po miesiącu dojechałem, to Paulina była już starą wiedenką.

Też znalazłeś pracę?

H.: Tak. Facet oszukał rząd austriacki na trzydzieści milionów szylingów i wsadzili go do pierdla. Sprzątałem interes, który ktoś po nim przejął. Magazyny ze zgniłymi ubraniami i martwymi szczurami. Oboje pracowaliśmy do ostatniego dnia. Do Ameryki wjechaliśmy już razem 20 grudnia 1968 roku.

P.: Lepiej się czuliśmy, pracując. Poza tym kupiłam sobie kozaczki.

Jak się poczułaś, kiedy wyjechałaś z Polski?

P.: Pamiętam, jak ten pociąg ruszył i już byłyśmy po drugiej stronie. To było uczucie smutku. Potem dwa lata byłam w depresji. W Nowym Jorku mi się nie podobało. Różni ludzie starali się pokazać mi miasto, a ja chciałam do domu. Do domu. A domu już nie było. Może to i lepiej, bo człowiek wiedział, że to koniec, że nie ma powrotu.

Co było najgorsze?

* HIAS – międzynarodowa organizacja społeczna non profit, założona w 1909 roku w Nowym Jorku i działająca w Stanach Zjednoczonych, pomagająca materialnie i prawnie emigrantom żydowskim z Europy Środkowo-Wschodniej.

P.: Nigdzie nie przynależeliśmy. Byliśmy bezpaństwowcami. Już nie Polakami, a jeszcze nie Amerykanami. Na zieloną kartę czekaliśmy dwa lata.

H.: Niewiele brakowało, a poszedłbym do armii i został wysłany do Wietnamu. Miałem już przydzielony numer, ale Paulina zaszła w ciążę i zostałem zwolniony, bo wtedy ojców już nie brali.

Co wam zabrał sześćdziesiąty ósmy?

P.: Młodość. Bardzo wcześnie musieliśmy się stać rodzicami własnych rodziców.

H.: To prawda, dla rodziców to było znacznie trudniejsze niż dla nas. Najpierw przeżyli wojnę, potem udało im się ustatkować i od nowa wygnanie. Moją mamę wyrzucili z Wytwórni Filmów Oświatowych za to, że „truje umysły polskich dzieci". Wiesz, czym ona się tam zajmowała? Robiła matematyczne filmy. Nic mi nie zabrał sześćdziesiąty ósmy. Nic. Zawsze chciałem wyjechać. Pierwszy raz chciałem złożyć papiery o wyjazd, gdy miałem szesnaście lat, ale mama mnie ubłagała, żebym tego nie robił. Zawsze czułem się w Polsce obco, zawsze niechciany.

Pamiętasz podróż do Wiednia?

H.: Kiedy przekroczyliśmy granicę w Zebrzydowicach, to był jeden z najlepszych momentów w moim życiu.

Później tęskniłeś?

H.: Nawet przez chwilę. Naprawdę.

P.: Jedna nasza koleżanka o tym wszystkim mówi: nas wyjechano.

H.: Ta antysemicka nagonka była nie do wytrzymania. Zostaliśmy wyjechani. Zabrano nam tę decyzję. Gdy Gomułka mówił: i tym obywatelom polskim, którzy uważają, że Izrael jest ich ojczyzną, otwieramy granice, słychać było wrzaski z sali: „jeszcze dzisiaj!". Jeszcze dzisiaj.

P.: Pojechaliśmy.

Kiedy wróciliście pierwszy raz?

H.: W lipcu 1989.

Dlaczego przyjechaliście?

H.: Byliśmy w Izraelu z dziećmi. Pomyśleliśmy, że wracając do domu, pokażemy im, gdzie kiedyś mieszkaliśmy.

P.: Była w nas jakaś iskierka, może nie tęsknoty, ale chęci spojrzenia na to raz jeszcze.

H.: Pojechaliśmy do Łodzi.

P.: Poszliśmy do mojego domu. Zapukałam i zapytałam, czy mogę pokazać dzieciom mieszkanie, w którym się wychowałam. Pani, która otworzyła drzwi, pozwoliła nam wejść. Mieszkanie było w bardzo złym stanie, a najdziwniejsze było to, że wszystkie kontakty zwisały ze ścian. Zapytałam, dlaczego tak jest. A ta pani: Żydzi tu mieszkali, szukaliśmy dolarów, a potem mężowi się już nie chciało naprawiać. Nasze dzieci rozumiały po polsku – były przerażone.

Powiedziałaś jej, że jesteś Żydówką?

P.: Powiedziałam tylko, że kiedyś tu mieszkałam. Zapytała, gdzie teraz mieszkam. Ja na to, że w Nowym Jorku. Jak to usłyszała, to zaczęła mnie prosić, żebyśmy jej pomogli załatwić lepsze mieszkanie. Znajomi nam mówili, żeby dawać ludziom dolary za drobne usługi. Że dolar jest dużo wart i może pomóc. Dałam tej pani dolara. Jednego? – pyta. Dałam drugiego i tak doszłyśmy do pięciu, może dziesięciu. Za każdym pytała: co to jest? Co to jest? Co tak mało? Na koniec stwierdziła, że to są pieniądze za wpuszczenie nas do mieszkania. U Heńka było jeszcze gorzej, bo go w ogóle nie wpuszczono. Z przyjemnością wróciliśmy do domu, do Nowego Jorku.

Macie w Stanach amerykańskich przyjaciół?

P.: Mało.

A jakich macie?

H.: No tych z Polski. Tutaj ludzie mają po pięcioro, sześcioro znajomych, a my jedziemy do Aszkelonu na zjazd naszej emigracji i spotykamy tysiąc znajomych. Jesteśmy

Amerykanami, ale to na tym zjeździe spotykamy najbliższe nam osoby.

Ile czasu wam zajęło zostanie Amerykanami?

P.: Ja poczułam się Amerykanką dopiero wtedy, gdy dzieci weszły w tutejszy system szkolny.

H.: A ja dopiero, gdy otworzyłem tutaj swoją firmę informatyczną.

Co jeszcze pokazaliście dzieciom w Polsce?

P.: Byliśmy w Oświęcimiu i Brzezince.

Nina Himelstein

Aszkelon, Izrael

Nazywam się Nina Himelstein, z domu Bałaban.

Ten Bałaban*?

Ten historyk był kuzynem mojego ojca. Urodziłam się w 1948 roku w Łodzi.

Gdzie twoi rodzice przeżyli wojnę?

W Uzbekistanie. W 1941 uciekli z miasteczka Nadwórna, koło Stanisławowa. Mieli jechać całą rodziną, ale w ostatniej chwili żona mojego ojca powiedziała, że w takich warunkach to ona nigdzie się nie wybiera. Nie pasował jej towarowy pociąg. Wysiadła, a za nią wysiadła cała jej rodzina. Wszyscy zginęli. Tym pociągiem pojechała za to moja mama i tak się poznali z tatą.

Twój tata miał z tamtą żoną dzieci?

Mieli syna. Zgłosiłam go do Yad Vashem jako Bena Bałabana. Teraz mi się przypomniało, jak moja mama opowiadała o tym wyjeździe. Wychodziła z domu, a jej młodszy brat prosił, żeby go ze sobą zabrała. Nie zabrała.

Wiesz, ja to przynajmniej coś wiem. Mam tutaj dwóch kuzynów, którzy nic nie wiedzą. Znaczy wiedzą, ale tylko tyle, że ich rodzice byli przez kogoś przechowywani i urodziło im się w tym ukryciu dziecko, które zabili, bo krzyczało i wszystkim zagrażało. Tam ukrywało się czternastu Żydów, tyle żyć było na szali. Dopiero po śmierci wujka i cioci powiedziałam kuzynom, że mieli siostrę. Wiedziałam o tym od swoich rodziców.

* Majer Samuel Bałaban (1877–1942) – rabin, historyk, orientalista. Jeden z najwybitniejszych badaczy dziejów Żydów w Polsce.

Po wojnie rodzice przyjechali do Łodzi?

I zamieszkali na Stokach, to dzielnica Łodzi. Mieszkaliśmy tam z dwiema rodzinami. Z jedną z nich byliśmy nawet bardzo zaprzyjaźnieni. Mówiłam do nich: wujku, ciociu.

To byli Żydzi?

Nie, ale wujek pracował w TSKŻ i prowadził tam zespół śpiewających dziewczynek. Nie wiem, czy to pamiętasz?

Nie mogę tego pamiętać, ale słyszałem, że był taki zespół.

Ten wujek nazywał się Mikołaj Stanisławski. Ich córka mieszka w Stanach, a syn, Stasiek, w Łodzi. Ten Stasiek urodził się tuż po mnie, mama nas oboje karmiła. To jest mój mleczny brat. Urodziłam się w szpitalu Sterlinga, bo mówili, że w innych szpitalach krzywdzą żydowskie dzieci. Potem dostaliśmy mieszkanie na Bałutach, w nowym bloku. Tam mieszkaliśmy do wyjazdu.

Jak ci się żyło w Polsce?

Nasz dom nie był religijny. Ani koszer, ani synagoga, ale na Pesach mama przynosiła macę z kongregacji. Ona zawsze miała takie ciągotki, mówiła, że chce jechać do Izraela, ale ojciec był komunistą i nie chciał o tym słyszeć. Kiedyś wujek z Australii przesłał nam dziesięć dolarów, to mu je odesłał, bo nie chciał imperialistycznych pieniędzy. To było zwariowane pokolenie, mówię ci.

Obchodziliście święta?

Na Gwiazdkę chodziliśmy do mojej przyjaciółki Zeni. Ona była z katolickiego domu.

A żydowskie święta?

W domu nie, ale czasami ktoś mi powiedział, żebym zaprosiła rodziców do nich na seder. Nie wiedziałam, co znaczy ten seler. Dziwnie mi to brzmiało: „iść na seler". Innym razem kolega zaprosił mnie na Jom Kippur, a ja nawet nie wiedziałam, o czym on mówi. Rodzice czasami mówili po żydowsku. Mama znała jidysz jeszcze z domu, a tata znał niemiecki, więc jakoś im szło.

Gdzie pracowali?

Tata był dyrektorem, chyba w centrali handlu albo przemysłu. Sport, zabawki, papier, takie różne rzeczy. Dosyć szybko przeszedł na emeryturę, bo chorował. W sześćdziesiątym ósmym przeczytaliśmy w gazetach, że już wtedy go chcieli wyrzucić, ale nie zdążyli.

A mama?

Długo nigdzie nie pracowała, później dostała pracę w Farmedii. To była żydowska spółdzielnia w Łodzi. Robili kolorowe piłki, płaszcze ortalionowe i takie harmonijki, które się zakładało na głowę, gdy padał deszcz. Nie możesz tego pamiętać.

Pamiętam składane jak wachlarz kapturki wiązane pod szyją.

Tak, i zwijane do malutkiej torebeczki, w której się je przechowywało.

Wszyscy wiedzieli, że jesteście Żydami?

Mieszkaliśmy na ulicy Lutomierskiej 2, mieszkania 6. Na naszej klatce był napis: „Żyd kurwa, mieszkania 6". Trudno, żeby nie wiedzieli. Kilka razy napis był zamalowywany, ale zawsze wracał po dniu czy dwóch. Żyd kurwa, mieszkania 6. Byłam tam niedawno – nie ma już napisu. A, jeszcze dzieci na podwórku zawsze krzyczały do mnie: żydówa, parszywa żydówa! Albo: zabiliście Jezusa! Odpowiadałam, że Jezus też był Żydem, ale to jeszcze bardziej je denerwowało. Starsze panie z podwórka mówiły do naszego psa: jaki ładny ty jesteś, szkoda, że żydowski. Byłam do tego przyzwyczajona, ale było to dosyć ciężkie. Często się biłam na podwórku. Po prostu waliłam w mordę, gdy tak do mnie mówili.

Bywałaś w klubie TSKŻ?

Ojciec poprosił moją przyjaciółkę Irkę, żeby mnie tam zabrała. Miałam wtedy szesnaście lat. Byłam tak przejęta, że nawet nie poznałam wujka Mikołaja, tego, co prowadził chór. Potem już bywałam tam regularnie. Prowadziłam konferansjerkę dla zespołu śpiewających dziewczynek, jeździłam na kolonie. Świetnie się tam czułam. To było miejsce, gdzie przyjemnie było być Żydówką. Wszyscy byliśmy tacy sami, a nie inni. Śpiewaliśmy żydowskie piosenki, nie rozumiejąc ani słowa, ale to był cudowny czas. Na koloniach w Poroninie musieliśmy robić wieczory kulturalne dla górali. Tak nam kazali. Śpiewaliśmy im żydowskie piosenki i deklamowaliśmy Gałczyńskiego. Nie sądzę, żeby tych górali to bardzo interesowało.

Gałczyńskiego po żydowsku?

Nie, po polsku, bo to były takie wieczory ogólnokulturalne. Kiedyś szliśmy przez Bierutowice, dzisiaj to chyba jest Karpacz, i śpiewaliśmy po żydowsku. Chodziliśmy do jakiejś restauracji, bo Joint* dawał pieniądze, żebyśmy się dobrze odżywiali. Po drodze śpiewaliśmy te żydowskie piosenki. Myślę, że nikomu oprócz nas to wtedy dobrze nie robiło.

Temat wyjazdu wracał u was w domu?

Wcale o tym nie myślałam, mimo że brat mojego taty wyjechał w 1957 z żoną i synem do Izraela. Wtedy bardzo to przeżyłam, bo byliśmy zżyci. Przed ich wyjazdem często się odwiedzaliśmy, byli naszą jedyną rodziną. Gdy wyjechali, rodzice zmusili nas, byśmy ze sobą korespondowali. Nie trwało to długo, bo on pisał, że jest ciepło, a ja, że jest zimno. Wtedy zostaliśmy już zupełnie sami, bez żadnej rodziny. Do rozmów o wyjeździe wróciliśmy dopiero w sześćdziesiąty ósmym. Łódź była wtedy bardzo antysemicka. W gazetach pisali tylko o tym, kogo wyrzucili z pracy. Na studiach też nie było za przyjemnie. Wszyscy się ode mnie odsunęli. Siedziałam

* Joint, właśc. American Jewish Joint Distribution Committee (JDC) – organizacja charytatywna założona w Stanach Zjednoczonych w listopadzie 1914, pod wpływem wiadomości o tragicznej sytuacji Żydów w ogarniętej wojną Europie. Zajmuje się rozprowadzaniem środków finansowych, zebranych przez organizacje dobroczynne na rzecz Żydów żyjących w diasporze i potrzebujących pomocy.

w ławce z kolegą, który też był Żydem, a cała reszta nas omijała. Zresztą taka historia przydarzyła mi się również po przyjeździe do Izraela. W Polsce skończyłam dwa lata medycyny, tutaj mi je uznali i przyjęli na studia. W Izraelu studenci medycyny strasznie zadzierają nosa, bo im się wydaje, że są co najmniej zastępcami Pana Boga. Gdy zbliżała się pora egzaminów, nikt mi nie chciał pomóc. Wszyscy trzymali się ode mnie z daleka. Poczułam się tak samo jak w tym końcowym okresie w Polsce – kompletnie sama. Wtedy podszedł do mnie chłopak i powiedział, że mi wszystko przeczyta po hebrajsku i usiądzie ze mną nad tym. To był jedyny Arab na moim roku. Bardzo się z nim zaprzyjaźniłam. Dzięki niemu wszystko zaliczyłam. Następny rok był już dobry. Wszystko już rozumiałam i zaczęłam funkcjonować społecznie, miałam masę przyjaciół. Tylko co jakiś czas mnie pytali: co ty, jesteś koleżanką Araba? Dzięki niemu skończyłam studia, a zaczynałam już nawet myśleć o przerwaniu. Byli wykładowcy, którzy mówili po polsku, ale nie godzili się na zaliczanie w innym języku niż hebrajski. Z tym chłopakiem przez wiele lat byliśmy w kontakcie, mieszkał w Lod. Później wyjechał do Szwecji i tam się ożenił.

To jak było z rozmowami o wyjeździe?

Wszyscy wyjeżdżali, a my nie. Mama chciała, tata nie chciał. Na medycynie miałam egzamin na studium wojskowym. Wchodzę, salutuję i dostaję pytanie: agresja Izraela na kraje arabskie. Pułkownik podnosi wzrok na mnie: nie! Inne pytanie.

Miałaś wtedy chłopaka?

Takiego kawalera – ogromną miłość. Jego matka fizycznie mnie nie znosiła, bo byłam Żydówką. Wszyscy naokoło wyjeżdżali, o niczym innym się nie mówiło. Wszystkie żydowskie dziewczyny wychodziły za mąż, bo to był jedyny sposób, by kupić dywany, lodówki, telewizory…

Naprawdę wychodziły za mąż?

Nie, ale tak mówiły, żeby mieć prawo kupić te wszystkie rzeczy i zabrać je ze sobą. To był bardzo niemiły okres. Wiesz, co mnie wtedy najbardziej zaskoczyło? Tata położył siekierę tuż przy wejściowych drzwiach, na liczniku gazu. Po co ją tutaj kładziesz? – pytam. Mnie nikt nie zrobi pogromu – powiedział. Przeraziłam się, bo on był spokojnym człowiekiem. Taka była atmosfera. Chyba wtedy zostałam Żydówką. Zrozumiałam, o co w tym wszystkim chodzi. Nie taką Żydówką z kolonii TSKŻ, ale taką do wyjeżdżania, bo tu już nie było dla mnie miejsca. Decyzja zapadła. Pojechałam do ambasady holenderskiej do Warszawy, a poza tym kupowałam telewizory i inne rzeczy, bo moja mama nie była zbyt zaradna w takich sprawach. Oddaliśmy obrazy do komisu, notabene nigdy nie dostaliśmy za nie pieniędzy, zostały tam. Musiałam jeszcze wymienić dla nas wszystkich pieniądze. Przysługiwało nam w sumie piętnaście dolarów, miałam je kupić w banku. Do dzisiaj pamiętam, że były po dwadzieścia cztery złote. A, to panienka wyjeżdża do dziurawego wojska – powiedział do mnie facet w banku.

Dlaczego dziurawego?

Bo są w nim kobiety.

W jakim wtedy byłaś nastroju?

Najbardziej płakałam, gdy mama oddała psy. Poza tym miałam jeszcze takiego serdecznego przyjaciela, który twierdził, że byłam dla niego jak siostra. Był Polakiem, ale miał nieszczęście mieć samych żydowskich przyjaciół. Siostra, gdzie ty jedziesz? Przecież nawet nie wiesz, co cię tam czeka. Tutaj wiemy, jak się urządzić, gdzie pójść i zapłacić, a tam? – mówił. Próbował wyjechać do Izraela, ale mu się nie udało. Po sześćdziesiątym ósmym został sam.

A co z tym, w którym byłaś zakochana? On się jakoś nazywał?

Tak.

?

Chyba nie wypada…

Niech ma chociaż jakieś imię.

Dariusz.

Co było z nim?

Ojciec bardzo się martwił, że nie będę chciała wyjechać, więc obiecał, że pomoże mu załatwić zaproszenie do Wiednia. Żebyśmy się mogli za jakiś czas spotkać. Dariusz mnie odwiózł aż do samej granicy, chyba to były Zebrzydowice. Pamiętam, że gdy wysiadł, a nasz pociąg ruszył, to ojciec odetchnął. Bał się, że w ostatniej chwili wysiądę, żeby z nim zostać.

Spotkaliście się potem w Wiedniu?

Po roku w Izraelu miałam pojechać do Wiednia na spotkanie z nim. Zaczęłam zbierać pieniądze na bilet. Dużo ludzi mi pożyczyło, ale ciągle brakowało. Poszłam do Grześka, ale powiedział, że mi nie da.

Kim był Grzesiek?

Wtedy kolegą, dzisiaj moim mężem. Nie pojechałam do Wiednia, a za uzbierane pieniądze kupiłam sobie pierwsze dżinsy.

Dariusz odpłynął?

Tak, ale pojawił się Grzegorz. Nigdy więcej nie widziałam Dariusza, wiem, że pracował jako lekarz w Algierii. Byłam w Polsce w dziewięćdziesiątych latach i zadzwoniłam do niego, ale nie chciał się spotkać. A myślałam, że mogłoby być miło po latach się zobaczyć.

Dotarł wtedy do Wiednia?

Nie wiem. Wiem, że trzydzieści lat później jeszcze był na mnie zły. Prawdopodobnie.

Prawdopodobnie? Na pewno był zły.

Mnie to oburzyło, żeby po tylu latach…

Porzuciłaś faceta i oburza cię, że nie ma ochoty cię oglądać?

Może masz rację, nie wiem.

Co zabraliście ze sobą?

Przede wszystkim książki. Mimo że nie wolno było wywozić książek sprzed 1948 roku, przemyciliśmy dwa białe kruki: Biblię pisaną po holendersku z 1742 roku i *Leksykon seksu* z 1900. To była niemiecka książka, wiesz, wszystko było w niej uporządkowane. Taki seks według alfabetu. Przywieźliśmy też pralkę Franię, lodówkę Ził i węgierski telewizor. Chyba się nazywał Magnolia. Pralka od razu poszła do jednego rzeźbiarza, który mieszał w niej beton. Z telewizorem też była masa kłopotów, bo był z innego systemu i trzeba go było przestrajać. Wszystko spakowaliśmy do specjalnych skrzyń, chyba od Hartwiga.

Byłaś przy tym, jak celnicy oglądali wasze skrzynie?

Mało z tego pamiętam, ale to nie było sympatyczne miejsce. Niedbale wszystko przerzucali. Kryształy, serwisy obiadowe... jak spadło, to spadło. Co się potłukło, to się potłukło, za bardzo ich to nie obchodziło. Do dzisiaj mamy w domu Słowackiego, Mickiewicza i co jeszcze sobie wymyślisz. Do dzisiaj zdarza mi się wracać do *Ballad i romansów*.

Wróciłaś kiedyś do waszego mieszkania na Bałutach?

Raz tam poszłam, weszłam nawet na piętro, ale otworzyły się drzwi i wyszedł jakiś pan z psem. Dziwnie się poczułam, nie wiedziałam, co sobie pomyśli. Znajomi opowiadali różne dziwne historie o powrotach do swoich mieszkań. Moja koleżanka, która wyjechała do Stanów, znalazła w swoim mieszkaniu wyprute wszystkie kontakty. Bo tu Żydzi mieszkali, to szukaliśmy złota – powiedziała pani, która tam mieszkała. Pomyślałam, że nie potrzebuję takich emocji, i odeszłam.

Kiedy to było?

W latach dziewięćdziesiątych. Nigdy później już tam nie wróciłam.

Straciłaś zainteresowanie?

Nie chciałam wracać do tamtych odczuć.

Jakie one były?

Poczucie krzywdy, że mnie wywalają z mojego kraju, że muszę wszystko od początku zaczynać. Pomijam już moich rodziców, dla których to już był trzeci exodus. Zawsze uważałam Polskę za swoją ojczyznę. Przykro mi było.

Myślałaś o tym, co cię czeka?

Czułam, że to jest przygoda, że jadę w nieznane. W Wiedniu zachłysnęliśmy się zachodnim światem.

Czym najbardziej?

Głupio to brzmi, ale bananami. Dostawaliśmy codziennie od Sochnutu pięćdziesiąt szylingów. Jeździliśmy autostopem z Schönau do Wiednia i cały czas jedliśmy banany.

Kiedy przylecieliście do Izraela?

4 września, a Grzesiek jedenastego, ale on ci to później sam opowie. Tu był potworny upał, a my wszyscy eleganccy Europejczycy – w pończochach, w garniturach. Ugotowaliśmy się już na lotnisku. I pachniało. Jak tam pachniało! To był zapach, którego nie znałam – zapach kwitnących pomarańczy. Od wtedy to jest dla mnie zapach Izraela.

Jaki był twój pierwszy rok w Izraelu?

Bardzo fajny. Wsadzili dużo ludzi z Polski i Czech na jeden ulpan. Sochnut płacił nam strasznie mało, starczało tylko na kilka pierwszych dni. Żywiliśmy się głównie falafelami, do dzisiaj ich nie lubię. Szybko zaczęłam mówić po hebrajsku, bo oni mieli dobrą metodę uczenia. Naszą opiekunką była dziewczyna, która dzisiaj pracuje w Muzeum Historii Żydów Polskich POLIN, Nili Amit. Była wspaniała. Wszyscy wiele jej zawdzięczamy, pokochała naszą grupę. Kupowaliśmy tanie koniaki i bawiliśmy się. Jeszcze nie byliśmy na studiach. To był wspaniały okres, o nic się nie martwiliśmy. O drugiej w nocy chodziliśmy kupować arbuzy. Dla mnie to było wielkie zaskoczenie, że o tej porze mogłam chodzić po mieście i było bezpiecznie. W Łodzi tak nie było. Przy przystanku autobusowym w Hajfie stały prostytutki i ktoś z nas rzucił, że pewnie można się od nich zarazić tym i tym. Chłopczyku, nie jestem ani stara, ani chora – odpowiedziała nam po polsku jedna z nich.

Było swojsko. Nili o nas dbała. Pomagała nam załatwiać studia i wszystkie formalności.

Skończyłaś studia medyczne?

Tak.

Kiedy poczułaś się Izraelką?

Gdy urodziłam tutaj trójkę moich dzieci.

Po pierwszym byłaś już Izraelką?

Tak, a jeszcze bardziej, gdy poszły do wojska.

Kiedy pojechałaś pierwszy raz do Polski?

Jak tylko było można, w 1988 roku. Poleciałam z córkami. Gdy tylko zobaczyłam napis „Warszawa", to się rozpłakałam. Coś w środku spowodowało wielkie wzruszenie. Pojechałam do Łodzi, ale tam w ogóle nie czułam się u siebie. Już mnie nic z tym miastem nie łączyło. W Polsce czuję się jak turystka, mimo że kiedyś Polska była moim krajem, *Mazurek Dąbrowskiego* moim hymnem, a polski moim językiem. Zawsze starałam się być najlepsza w klasie z polskiego.

Dlaczego?

Żeby nie powiedzieli: „ta żydowica nie zna polskiego". Dostawałam wszelkie możliwe nagrody w szkole, bo chciałam być równa, więc musiałam być lepsza. Byłam Polką, ale już nie jestem. Dzisiaj wzrusza mnie, gdy widzę flagę izraelską w Oświęcimiu. Mam wtedy łzy w oczach. Gdy jest obchodzony dzień pamięci o powstaniu w getcie warszawskim i widzę dzieci z flagami różnych zastępów Haszomer Hacair*, też się wzruszam. Dużo jeździmy po świecie i od momentu, kiedy możemy mówić, że jesteśmy z Izraela, to tak mówimy.

Dlaczego przedtem nie mogliście mówić?

Grzesiek był w wojsku – miał zakaz.

Masz kontakt z ludźmi z Polski?

Mam, ale większość z nich wyjechała wtedy, kiedy ja. Przez całą szkołę miałam koleżankę Teresę, która razem ze mną

* Haszomer Hacair – lewicowa syjonistyczna organizacja młodzieżowa wzorująca się na brytyjskich skautach.

rosła w naszym domu. Jej rodzice mieszkali w strasznej dziurze, więc bardzo dużo przebywała u nas. Obie nie chodziłyśmy na religię. Ja, bo byłam Żydówką, a ona, bo miała tatę komunistę. Była moją serdeczną przyjaciółką. Do tego stopnia, że jak mi coś rodzice kupowali, to się oburzałam, że jej nie. Gdy gdzieś wyjeżdżałam, to zawsze zmuszałam rodziców, żeby ona też z nami pojechała. Na maturze siedziałyśmy obok siebie – napisałam swoją i jej maturę. Poszłam na medycynę, ona się nie dostała. Później odrobinę nam się rozluźnił kontakt. W sześćdziesiątym ósmym robiłam pożegnalną kolację dla przyjaciół, oczywiście zaprosiłam Teresę. Nie przyszła, wysłała swojego chłopaka. Wtedy nie było mile widziane nawet żegnanie się z Żydami. Straciłam do niej serce, przez wiele lat nie miałyśmy kontaktu. Później się odnalazłyśmy dzięki Naszej Klasie, ale też nic dobrego z tego nie wyszło. Mam przyjaciółkę Zenię, do niej mogę zadzwonić o dowolnej porze i zawsze mamy o czym rozmawiać. Z nią też miałam wielki problem. Przyjaźniłyśmy się od zawsze. Gdy wyjeżdżaliśmy, niestety nie było jej w Łodzi i nie mogłyśmy się pożegnać. To było straszne, nie pożegnałam się z Zenią! Wróciła do miasta, poszła do nas, a tu... Zapytała sąsiadów, gdzie jesteśmy. Wyjechali do Izraela – powiedzieli. Poczuła się zdradzona. Po jakimś czasie udało się nam nawiązać kontakt, ale znowu się zerwał. Po latach przyjechał tu jej znajomy i przez moją przyjaciółkę Irkę, która też jest z Polski, znalazł mnie.

Wyjazd był dobrą decyzją?

Tak! Ale były takie chwile, kiedy było strasznie. Tu ciągle jest wojna. Mieszkaliśmy w kibucu Jad Mordechaj*, byłam

* Kibuc Jad Mordechaj – kibuc położony na południe od Aszkelonu, założony w latach 1933–1936 przez Żydów przybyłych z Polski, w większości członków Haszomer Hacair; w 1943 roku nazwany tak na cześć Mordechaja Anielewicza, jednego z przywódców powstania w getcie warszawskim.

tam lekarką, a poza tym obsługiwałam medycznie jeszcze dwa inne kibuce. Dzieci mieszkały osobno. I nagle, w środku nocy, przychodzi mój mały synek i mówi: zaczęła się wojna. To była wojna w Zatoce Perskiej, ale on nic nie rozumiał, był przestraszony. Nie mogę sobie darować, że musiał sam iść przez cały kibuc i martwić się, że jest wojna, nic z tego nie rozumiejąc.

Masz polskie obywatelstwo?

Chyba jesteśmy jednymi z ostatnich, którzy nie mają. Kurczę – myślę sobie – odebrali mi to obywatelstwo. Nie pójdę prosić, mowy nie ma. Będą chcieli, żebym miała, to przyniosą. Ale nie jestem taka głupia, wiem, że nie przyniosą. Gdy jeżdżę do Polski, to się mnie pytają, skąd jestem. Słuchają, jak mówię, i coś im z tym akcentem nie pasuje. Mówię, że jestem z Izraela, a czasami dla śmiechu, że z Kaszub. Zdarza się, że odpowiadają mi po angielsku, mimo że pytam po polsku. Często próbują mi Żyda z pieniążkiem sprzedać. Odpowiadam wtedy, że mam już prawdziwego w domu. Nikogo to nie dziwi. Wiesz, że jest do tego instrukcja, kiedy trzeba go przekręcić głową w dół?

Powiem ci raz jeszcze, żebyś już więcej nie musiał pytać. Znieważyli mnie, odbierając mi polskie obywatelstwo. Nic złego nie zrobiłam, byłam solidna, nikomu nic nie ukradłam, to był mój kraj, miałam w nim rodziców, dzieciństwo. Ale tu mam dobre życie i jestem u siebie. Kiedyś byliśmy z Grześkiem na grobie jego ojca na Powązkach Komunalnych. Pomyślałam sobie, niedaleko leży Gomułka, pójdę mu zanieść kwiaty, bo to on sprawił, że jestem dzisiaj w Izraelu.

Czujesz wdzięczność?

Nie. Czasami, jak ktoś tutaj puści to przemówienie Gomułki, a on tak ucisza towarzyszy i mówi, że towarzysze, jeszcze nie teraz, to ja mam dreszcze i czuję, jakbym wracała do tamtych czasów. I wtedy ruszają mi w głowie wszystkie opowieści rodziców. Mówiłam ci już, co śpiewała mojej mamie jedna pani we wspólnej kuchni na Stokach w Łodzi?

„Ta ostatnia niedziela, kiedy szlag już cię trafi…"

Bali się, że Żydzi wrócą i zabiorą im pierzyny, które kiedyś zostawili.

Niestety, nie wrócili.

Gdy wybuchła wojna Jom Kippur, byłam na stażu. Wróciłam do domu i mówię do Grześka: słuchaj, zaczęła się wojna. On się ubrał i poszedł do swojej bazy. Potem wzięłam telefon i zadzwoniłam do rodziców, odebrał tata. Tato, wojna wybuchła, tylko nic nie mów mamie. Jakoś tak mi się powiedziało, strasznie chciałam ją chronić.

Grzegorz Himelstein

Aszkelon, Izrael

Nie wiem, co chcesz wiedzieć. Przyjechałem do Izraela w sześćdziesiątym ósmym roku. Jestem ekonomistą. Pracuję w przemyśle spożywczym.

A przedtem?

Przedtem to się urodziłem we Lwowie w 1950 roku. Nie wiem, czy to cię interesuje, ale mam o cztery lata starszą siostrę.

Kiedy przyjechaliście do Polski?

W 1956. Mama wykorzystała przedwojenne znajomości i zamieszkaliśmy w Warszawie, na ulicy Gagarina. Gdy się tam wprowadzaliśmy, to jeszcze się nazywała Nowoparkowa.

Jakie były przedwojenne znajomości twojej mamy?

Siedziała w jednej celi z Romaną Granas, a gdy przyjechaliśmy, ta była już w Komitecie Centralnym. To mieszkanie to dla nas był pałac. Trzecie piętro bez windy, dwa pokoje z kuchnią. We Lwowie mieszkaliśmy z ocalałym bratem mojej mamy w półtorapokojowym mieszkaniu. My we czwórkę w jednym pokoju, a on w tej połówce.

Szkołę zacząłeś dopiero w Warszawie?

Tak, poszedłem do szkoły numer 44. Tam chodziłem aż do trzeciej klasy.

Pamiętasz coś z tej szkoły?

Antysemicką nauczycielkę. Odczuwałem od niej taką szczerą nienawiść. Na początku dzieci wołały za mną: kacap, bo przyjechałem ze Związku Radzieckiego, ale szybko się zorientowali i zaczęli na mnie wołać: Żyd!

Lali cię?

To mnie aż tak nie bolało, najgorsze było szyderstwo. Wtedy myślałem, że „Żyd" to jest jakieś przekleństwo. Nie wiedziałem, o co chodzi. Dom był zupełnie świecki, żadnych tradycji żydowskich, i nagle takie poniżanie z każdej strony. Pokazywanie, że jestem inny.

Nie wiedziałeś, że jesteście Żydami?

Wydaje mi się, że dowiedziałem się tego od antysemitów w szkole. Rodzice mówili w domu po żydowsku, ale skąd miałem wiedzieć, po jakiemu oni mówią? Później mama przepisała mnie do innej szkoły, numer 34. Tam już nie czułem takiego antysemityzmu, bo w tej szkole było bardzo wielu Żydów.

Odetchnąłeś?

Miałem taką myśl: dobrze, że mnie przenoszą, może tam nie wiedzą, że jestem Żydem. Jak dzisiaj o tym myślę, to uważam, że to były dla nas okrutne czasy.

Miałeś kolegów w tej nowej szkole?

Tak, wielu. W mojej klasie były dwie Żydówki, Amzel i Langer. O tej pierwszej wiedziałem, ale o Langer nie. Dopiero później się okazało.

Znałeś żydowski świat w Warszawie?

Bardzo wcześnie zacząłem jeździć na żydowskie kolonie i to jest moje najlepsze wspomnienie z Polski. Zawsze bardzo na nie czekałem. Tam się czułem inaczej. Swobodnie. Oczywiście, że były różne konflikty, a nawet bójki, ale nie dlatego, że byliśmy Żydami, tylko o normalne dziecięce sprawy. Chodziłem do klubu TSKŻ na Nowogrodzką, do kółka podróżniczego. Tam byłem z Żydami, a w szkole z Polakami.

Wtedy już wiedziałeś, że jesteś Żydem?

Tego nawet nie było jak ukryć. Na początku roku trzeba było podawać wszystkie dane. Zaczynało się od: imię ojca? Szapsa. Imię matki? Sara. Zawsze był śmiech w klasie, nie było wątpliwości, kim jestem.

Wolałbyś wtedy nie być Żydem?

Szapsa i Sara, jak by to się mogło udać? Ale pewnie, że bym wolał. Rodzice chcieli nam tego oszczędzić, ułatwić życie. Chcieli nas oderwać od żydostwa – nie masz korzeni, chcesz być jak cała reszta. Czyli kim? Polakiem, oczywiście.

Byłeś wtedy Polakiem?

Tak! Byłem najlepszy z polskiego. Zaczytywałem się w Makuszyńskim, w Sienkiewiczach, *Quo vadisach*, Gałczyńskich i całej reszcie. Uczyłem się wierszy na pamięć, prowadziłem kółka literackie, byłem takim super-Polakiem. Ale z drugiej strony, najlepiej się czułem latem na żydowskich koloniach.

Odwiedzałeś swoich nieżydowskich kolegów w ich domach?

Na Sieleckiej miałem kolegę. Dom był pełen Matek Boskich Częstochowskich. Pełno. Wszędzie. Całe ściany Matek Boskich, ale czułem się tam dobrze. Byłem ciepło przyjmowany, szczególnie przez ojca mojego kolegi. Spotkałem się z nim jakieś piętnaście lat po wyjeździe z Polski i wtedy mi opowiedział, że siostra jego ojca ukrywała w czasie wojny Żyda, a później za niego wyszła. W tej rodzinie to była tajemnica, taka była polska rzeczywistość. Miałem kilka podobnych niespodzianek. Jeździłem na kolonie z braćmi Borensztajnami, a potem się okazało, że moja koleżanka z klasy – Borkowska – jest ich kuzynką. Po wojnie jeden brat został Borensztajnem i z jego dziećmi jeździłem na żydowskie kolonie, a drugi stał się Borkowskim i z jego córką chodziłem do szkoły. Wiesz, kiedy się tego dowiedziałem? Dziesięć lat po wyjeździe z Polski spotkałem w Rzymie kolegę, był tam przedstawicielem LOT-u. Jego żoną była Danuta Borkowska, moja koleżanka z klasy. I tam mi powiedziała: a wiesz, że dopiero kiedy miałam trzynaście lat, dowiedziałam się, że mój tata jest Żydem? I wiesz, co ci jeszcze powiem? Ona się znała z Borensztajnami, tylko chyba nie wiedziała, że są jej kuzynami. W ogóle o tym, ilu było Żydów w mojej szkole, dowiedziałem się po sześćdziesiątym ósmym. W Polsce żydostwo było przekleństwem, tak to czułem.

Kiedy pierwszy raz wróciłeś do Polski?

Chyba w 1990. Spotkałem się z moją wychowawczynią, panią Łuczyńską. I ona w którymś momencie do mnie mówi: teraz już są stosunki dyplomatyczne z Izraelem, dlaczego nie wrócicie do Polski? Zacząłem się zastanawiać… I wiesz co? To już nie jest moje plemię. Ja już tam nie należę.

Ty się wypisałeś czy ciebie wypisano?

Pomogli mi się wypisać. Wypchnęli mnie kopniakami i już do nich nie należę. Może dlatego, że tak bardzo chciałem należeć. W sześćdziesiątym ósmym dali mi mocnego kopniaka, zamknęli drzwi tak, że już nie można było wrócić. Dobrze zrobili.

Dla kogo dobrze?

Dla mnie. Dla Polski chyba nie najlepiej, bo wtedy naprawdę wielu bardzo zdolnych ludzi musiało wyjechać. Dobre jest to, że Polska stała się taka bardzo polska i katolicka. Nam by to zajęło lata.

Co by wam zajęło lata?

Zrozumienie, że nigdy tam nie będziemy u siebie i zawsze Polacy będą robili tak, byśmy czuli ten kompleks. A tak to ten proces był szybszy, a ból krótszy. Musiałem wyjechać, nie było wyjścia. Zdałem maturę i zacząłem przygotowania do wyjazdu.

Kto w waszym domu był motorem tego procesu?

Ja.

Byłeś najmłodszy.

Tak, ale to bez znaczenia. Weź pod uwagę jeszcze jeden czynnik – wojnę sześciodniową. Na nas to miało olbrzymi wpływ. Na naszą żydowską dumę narodową. Miałem siedemnaście lat i słuchałem w radio, że Izrael pada, że żydowskie ofermy, że Mosiek idzie na wojnę. A tu nagle te „żydowskie ofermy" rozbroiły całe imperium arabskie w sześć dni!

Wtedy po raz pierwszy moja koleżanka z klasy Patrycja Langer przyszła do klubu TSKŻ. Wtedy zrozumiałem, że jest Żydówką.

Rozmawialiście o wyjeździe?

Po wojnie sześciodniowej nie rozmawiało się o wyjeździe, wtedy się chodziło z podniesioną głową, dumnie. Wtedy ważne było, żeby dostać się na studia.

A w marcu sześćdziesiątego ósmego?

To był jak policzek w mordę. Nie macie tu już czego szukać. Mama była na emeryturze i zaczęła się wahać. Ojciec już nie żył. Siostra nie chciała, była na trzecim roku biologii. Powiedziałem, że wyjeżdżam, i jednak obie pojechały ze mną. Dostałem się na geodezję, ale we wrześniu już byliśmy w Izraelu.

Po co zdawałeś, skoro już wiedziałeś, że wyjeżdżasz?

Dla sportu. Chciałem pokazać, że umiem się dostać.

Bałeś się wyjazdu?

Chyba byłem za młody, żeby się bać. Mama zamartwiała się za nas wszystkich.

Ile miała lat?

Wydawała mi się wtedy bardzo stara, miała pięćdziesiąt pięć lat.

Kto zajmował się pakowaniem mieszkania?

Był taki Żyd od skrzyń.

„Żyd od skrzyń"?

Przychodził do domu, oglądał, co jest do zabrania, i mówił: dwa metry sześcienne. U innych mówił: trzy metry sześcienne. Podobno nigdy się nie mylił. Później budował taką skrzynię i wszystko się do niej mieściło.

Ciekawe, czy wszystkich spakował i czy sam też wyjechał.

Nigdzie go później nie spotkałem, a to był czas, kiedy były miejsca, w których Żydzi się spotykali.

Za granicą?

Nie. Na przykład w ambasadzie holenderskiej.

Kogo tam spotkałeś?

Mojego nauczyciela chemii, Wald się nazywał. Nie wiedziałem, że jest Żydem.

Wywieźliście wszystko, na czym wam zależało?

Dostałem pozwolenie na wywóz kolekcji znaczków, ale mapy mi zabrali.

Jakie mapy?

Mapy Polski. Takie do jeżdżenia autostopem. Chyba były strategiczne.

Co jeszcze wzięliście?

Książki, majtki, trochę mebli. Nikt z nas nie był przedtem w Izraelu, nie wiedzieliśmy, co tam będzie potrzebne. Ciągle ktoś wyjeżdżał. Co najmniej raz w tygodniu żegnaliśmy kogoś na Dworcu Gdańskim. W klubie TSKŻ bez przerwy były pożegnalne spotkania.

Miałeś dziewczynę?

Podkochiwałem się w jednej.

Wyjechała?

Nie, bo to nie była Żydówka. Ale przyszła na dworzec nas pożegnać.

Spotkałeś ją później?

Tak.

Powiedziałeś jej, że się kiedyś w niej podkochiwałeś?

Powiedziałem. Pośmialiśmy się, ale każde z nas miało już dawno swoje życie.

Czego ci na początku najbardziej brakowało?

Teatru. W Polsce bardzo dużo chodziłem do teatru. Na początku nasza wychowawczyni bardzo o to dbała, a potem już weszło nam to w krew. Do szkoły przychodziła taka baba, która sprzedawała nam najtańsze bilety.

Wejściówki.

Nie. Bilety, tylko że na dalsze miejsca. Mam cudowne wspomnienie z Piwnicy pod Baranami, jak śpiewała młoda Ewa Demarczyk. Jakbym się przeniósł w inny świat, taki dekadencki. W Izraelu zajęło mi to ponad dwadzieścia lat.

Co?

Wyczuwanie wszystkich niuansów.

Można powiedzieć, że tyle samo, co w Polsce.

Niestety można, ale ja już wtedy nie miałem dwudziestu lat.

Czym dzisiaj jest dla ciebie Polska?

Wspomnieniem z lat dziecinnych i z młodości. Poza tym przeraża mnie, co się tam dzieje.

W jakim sensie?

Dyskusja o Jedwabnem. U nas pojawiły się na ten temat ze dwa artykuły w gazecie, ludzie tym nie żyją. W Polsce nie mogą zrozumieć, że my te fakty znamy od dawna i nie próbujemy ich zmieniać. Wiele zrozumiałem po wyjeździe z Polski.

Co na przykład?

Różnice między losem żydowskim i losem polskim podczas wojny. Wiesel powiedział, że nie każda ofiara była Żydem, ale każdy Żyd był ofiarą. W Izraelu zrozumiałem, jak bardzo w czasie wojny Polacy odwrócili się od Żydów. A, i jeszcze tęskniłem za polską przyrodą, za parkiem Łazienkowskim, za zapachem wiosny i jesieni, nawet za zimnym Bałtykiem. Tęskniłem za miejscami, do ludzi miałem uraz. Czułem antysemityzm na każdym kroku, bo wyglądałem na Żyda. Wiesz, że w Polsce pochlebstwem było powiedzenie dziewczynie, że nie jest podobna do Żydówki?

Komu tak mówiłeś?

Żydówkom, bardzo im się to podobało. Okrutnie to brzmi, ale tak było.

A jak było na początku w Izraelu?

Disneyland.

Co to znaczy?

Byliśmy dużą grupą na ulpanie. Uczyliśmy się języka, bawiliśmy się. Naprawdę było nam bardzo dobrze razem. Tam poznałem Ninę i zostaliśmy parą. Ona szybko zaczęła mówić po hebrajsku, mnie to zajęło o wiele więcej czasu.

Poszedłeś na studia?

Tak, na ekonomię i statystykę. Potem przez trzynaście lat pracowałem w wojsku. Tam dopiero poczułem się Izraelczykiem. Jedna wojna, druga wojna... Gdy poszedłem do wojska, to akurat wybuchła wojna Jom Kippur. Pracowałem w sztabie i liczyłem, czego nam brakuje.

Trochę wam wtedy brakowało.

O, bardzo. Wszystkiego nam brakowało. Byłem odpowiedzialny za sprawy związane z amunicją i odzieżą. Szybko zaczęliśmy dostawać pomoc i daliśmy radę.

Czujesz się tu u siebie?

Tak. Narzekam na wiele rzeczy, ale to jest mój kraj. Nie chciałbym, żeby moje wnuki musiały przechodzić przez to, co mnie spotkało w Polsce.

Jak byś to „coś" nazwał?

Lekceważącym stosunkiem do nas. Nie jesteście Polakami, nie jesteście częścią nas, jesteście inni... To jest bardzo złe uczucie.

Jeździcie do Polski?

Co najmniej raz w roku.

Masz wyczulony radar na antysemityzm, gdy tam jesteś?

Bardzo. I zawsze coś się wydarza w tej kwestii. Ostatnio jakiś pijaczek tłumaczył nam na Piotrkowskiej w Łodzi, że Wałęsa to Żyd. Byliśmy w Gdańsku, to jeden pan do nas podszedł i powiedział, że w przewodniku są same kłamstwa, bo to wszystko Żydzi napisali.

To cię utwierdza w słuszności decyzji z sześćdziesiątego ósmego?

Ja to przekonanie już miałem, wyjeżdżając. Nie wiem, jak by ci to wytłumaczyć... Polska to jest trudny temat. Tutaj, w Izraelu, Żydzi, którzy przyjechali z Maroka, uczą swoje dzieci i wnuki śpiewać w ich języku. Ci, którzy przyjechali z Rosji, trzymają się w swoim getcie kulturowym. Drugie, trzecie pokolenie mówi po rosyjsku. Żydzi z Persji śpiewają pieśni swoich dziadków. A u Żydów, którzy przyjechali z Polski… nie zobaczysz tego. Nie śpiewają *Płonie ognisko w lesie*, a ich dzieci nie bawią się w „Krakowiaczek jeden miał koników siedem…". Żyd z Maroka ma w sobie wiele nostalgii, wiele wspomnień. Nie usłyszysz tego od Żyda z Polski. Taka jest różnica między krajami, z których pochodzimy.

Krzysztof

Warszawa, Polska

Wolę nie podawać swojego nazwiska, bo nie chciałbym stawać się rzecznikiem tej grupy.

Jakiej grupy?

Zaraz zrozumiesz.

Powiesz mi, jak twoi rodzice przeżyli wojnę?

Oboje przeżyli w Polsce, ukrywając się. Uważam to za wielkie bohaterstwo, przeżyć na tak zwanych papierach. To inne bohaterstwo niż to walczącego żołnierza, ale dalej jest bohaterstwem. Ojciec całą wojnę pracował w firmie, która zajmowała się melioracjami. Mama była kelnerką, ale zdarzyło się jej, że szmalcownik ją namierzył i musiała zmieniać mieszkanie.

Mieli dobry wygląd?

Mnie mówili, że dobry, ale według mnie nie tak bardzo dobry. Widocznie nie najgorszy, ale ja bym poznał. Obydwoje byli zasymilowanymi Żydami. Bardzo zasymilowanymi. Takimi, którzy uważają się za Polaków, wzrastają w polskim patriotyzmie, Piłsudskim... Ojciec mojej mamy pracował przed wojną w Ministerstwie Skarbu. Był naczelnikiem wydziału. Powiedzieli mu, że gdyby się przechrzcił i został chrześcijaninem, to mógłby pójść jeszcze wyżej.

I co, przechrzcił się?

Nie. Ojciec był z ateistycznego domu. Czytał nam *Konrada Wallenroda*. Nigdy nie uczyli nas ani kultury, ani historii żydowskiej. Dla mnie byli Polakami.

Wiedziałeś, że jesteście Żydami?

Wiedziałem, bo jak byłem mały, to fryzjer się mnie zapytał: ty, mały, jeździsz do cadyka z Góry Kalwarii? Spytałem rodziców, o co chodzi, to powiedzieli mi, że jesteśmy Żydami, i koniec tematu był. To był polski dom. Temat się pojawiał, gdy przychodził z zewnątrz. Marzec trochę w tej sprawie zmienił. Jeszcze ci tylko powiem, że po wojnie mama pracowała jako kreślarz, a ojciec był profesorem prawa. Pracował na różnych uczelniach, a pod koniec na Uniwersytecie Warszawskim.

Masz rodzeństwo?

Mam młodszego brata. On się urodził w roku 1951, a ja w 1947.

Rodzice bywali w klubie TSKŻ?

Nie.

W środowisku żydowskim?

Nie. Mieli różnych znajomych. Nie tylko Żydów. Pamiętam, że kiedyś nocował u nas jakiś pan z Krakowa. Był przejazdem, bo wyjeżdżał na emigrację. On był Żydem. To było w okolicach 1956 roku. I jeszcze jeden Żyd, on był już bardzo stary, też wyjeżdżał z Krakowa przez Warszawę i odwiedził nas po drodze. Jechali z żoną do syna, który wyjechał w sześćdziesiątym ósmym.

Czyli do sześćdziesiątego ósmego roku nie byłeś Żydem?

Raczej nie, może tylko od czasu do czasu. Na przykład, gdy tamten fryzjer mnie zapytał, to byłem. Miałem kolegę na początku podstawówki i jego mama nie była pewna, czy chce, żeby jej syn ze mną spędzał czas. Jak się dowiedziała, że idę do komunii, to już jej nie przeszkadzało. Świetnie, niech się kolegują.

Twoi rodzice byli katolikami?

Nie, ale ja zostałem posłany na religię i przyjąłem chrzest, komunię, bierzmowanie, wszystko. Chcieli, żebym był jak wszyscy, jak cała klasa. Ja i brat chodziliśmy na religię, ale rodzice do kościoła nie chodzili.

Opowiadali cokolwiek o żydowskim życiu?

Myślę, że nie chcieli o tym gadać, żeby nie poruszyć traumy. Całe ich rodziny zginęły. Bywa tak, że o pewnych sprawach człowiek zaczyna rozmawiać później.

O jakich na przykład?

W Izraelu o Holokauście też nie od razu rozmawiali. Niemcy o hitleryzmie dopiero w trzecim pokoleniu zaczęli mówić.

A kim byłeś do sześćdziesiątego ósmego roku?

Nie byłem Żydem, ale co jakiś czas ktoś mi przypominał, że nim jestem. Takie dwójmyślenie. Ogólnie jestem lubiany i czuję się Polakiem, ale sprawa powraca. Wiedziałem i nie wiedziałem. Staram się, żebyś zrozumiał, kim się czułem. Wiedziałem, że jestem Żydem, bo ludzie tak mówili, ale moje serce i odczucie mówiło mi, że jestem Polakiem.

Przeszkadzało ci to bycie Żydem?

Wolałem nim nie być. Mogę nawet powiedzieć, że przejąłem antysemickie spojrzenie: biedna Polska, gdyby nie Żydzi, którzy ją wyciskają jak cytrynę, byłaby bogata. Ciągle to słyszałem i dałem się trochę przekonać. To jest dowód, że Żyd może być antysemitą. Wolałem nie być Żydem i uważałem, że mnie to nie dotyczy. Gdy gadali na Żydów, to mnie nie bolało, a jak na Polaków, to bolało.

Sześćdziesiąty ósmy był granicą?

W domu zaczęło się mówić, że dziadek był w getcie, a mama nie poszła do getta. Babcia się ukrywała, ale w końcu ktoś ją wydał. Dużo szczerych rozmów było w Marcu, a jak Marzec przeminął, to znowu coraz mniej. Wiem, że są tacy, którzy dopiero wtedy dowiedzieli się, że są Żydami. Ja miałem taki wygląd, że już wcześniej mi to powiedzieli. Ale miałem mały nos. Twój też nie jest duży. Wiesz, dzisiaj ludzie już nie potrafią Żyda poznać, ale kiedyś umieli. Patrzyli na mnie, kręcone włoski, ciemne oczy…

Chodziłem na zbiórki harcerskie do ogródka jordanowskiego. Tam był taki stróż, który pokazywał na mnie i pytał się moich kolegów: to jest Żyd? Oni mówili, że skąd, bo przecież bardzo mnie lubili, a Żyd to zła rzecz. Ale jak ja na niego patrzę, to nie wierzę w to, co mówicie, chłopcy – naciskał ten stróż. Zawsze znalazł się ktoś, żeby ci przypomnieć. Niewątpliwie Marzec to trochę zmienił. Ale był i inny aspekt. Nie czułem, żeby mnie wtedy atakowano, bo moi rodzice nie byli komunistami. Ta rozgrywka odbywała się trochę w łonie partii. Widziałem, że niektórzy z tych, którzy pracowali w aparacie terroru, wyjeżdżali. A ja uważałem, że oni powinni mieć proces za to, co robili, a nie za to, kim byli. Wiedziałem, że Marzec jest wstrętny i zbrodniczy, ale oburzali mnie też ci, którzy wyjeżdżali, a przedtem unieszczęśliwiali Polskę. Udawałem, że Marzec mnie mniej dotyczy, niż to było naprawdę.

Znałeś kogoś, kto wyjechał?

Obracałem się wśród Polaków, i to raczej takich z ulicy, więc nie znałem wielu osób z żydowskiego środowiska. Z mojego wydziału wyjechało kilka dziewczyn. Wiem, że jedna pojechała do Belgii, jedna do Izraela. Jedna z nich przyjeżdża na wszystkie dziesięciolecia naszego rocznika. Odprowadzaliśmy ją na Dworzec Gdański. Koledzy potem się śmiali, że kolejarze wskazywali na nas i mówili: gudłaje dziewczynę odprowadzają. Żaden z nich nie był Żydem. Tylko ten jeden raz kogoś odprowadzałem.

W waszym domu były rozmowy o wyjeździe?

Nie. Mówiło się tylko o tym, że to straszne świństwo tak ludzi traktować.

To miało jakiś wpływ na twoją tożsamość?

Dużo nie zmieniło w mojej tożsamości, ale zmusiło mnie do poważnego, już nie unikowego, zastanawiania się: czy jestem Żydem, czy Polakiem? A może oboma naraz? A może jestem pochodzenia żydowskiego? Czy będąc pochodzenia żydowskiego, mogę być w pełni Polakiem? Czy to nie jest już trochę inny Polak?

Na czym stanęło?

Powiem ci tak, gdyby nie było Marca, byłbym zupełnym Polakiem, zapomniałbym. Wiesz, jaki w Polsce jest kłopot? O Zanussim nikt nie mówi, że Włoch. O Szeremietiewie, że Rosjanin. O Millerze, że Niemiec. Powiedzieli, że są Polakami, to są Polakami. Żyd nie może tak powiedzieć. Jak by się nie zasymilował i kim by się nie czuł, od ilu pokoleń by w Polsce nie był, zawsze będzie Żydem.

To jest teoria antysemityzmu w Polsce?

Mało tego, określając swoją tożsamość, muszę brać pod uwagę ten antysemityzm. Czy mogę być w pełni Polakiem? Może przejmuję myślenie antysemickie, a może rzeczywistość społeczną? W przeciwieństwie do innych ludzi nie uważam antysemityzmu za grozę i anomalię. Uważam, że to jest wpisane w świat. Człowiek potrzebuje kochać i nienawidzić. Żydzi nie są tacy źli, ale są na całym świecie i wszędzie są mniejszością. Mają pecha. Na szczęście w historii świata bywają okresy spokoju.

Czyli nic się w twojej tożsamości nie zmieniło. Nie czujesz się bardziej Żydem niż przed sześćdziesiątym ósmym?

Czuję się Polakiem, a inni mogą czuć, że jestem Żydem. Dla większości ludzi jestem Polakiem. Mam mnóstwo znajomych, na ogół kulturalnych ludzi. Nigdy sami z siebie nie poruszają tej kwestii. Czują, że to jest trudny temat. Nikt z nich nigdy nie zapytał mnie, czy jestem Żydem. Natomiast tacy prymitywniejsi, głupkowaci potrafili zapytać. Zauważyłem, że wartościowy, kulturalny człowiek sam pierwszy nie zapyta.

Jestem niekulturalny i niewartościowy?

Ty to co innego. Już kiedyś rozmawialiśmy o tych sprawach u twojej cioci, a poza tym piszesz książkę.

Nie myślałeś o tym, żeby zmienić sobie nazwisko na takie z końcówką -ski?

Moje nie musi być żydowskie. Gdybym się nazywał Rosenbaum, to może bym o tym pomyślał.

Czym jest dla ciebie pytanie o twoją żydowskość?

Stygmatyzacją. Mam kolegę, który mnie bardzo lubi, jestem dla niego autorytetem, znamy się od dawna i jego strasznie męczy ta kwestia. Tak mi kiedyś powiedział: tyle czasu się znamy, dlaczego ty mi tego nie powiedziałeś? Dlaczego nie masz do mnie zaufania i nie powiedziałeś mi, że jesteś Żydem? Miałem jeszcze jednego kolegę, jak się okazało, ma schizofrenię i mówi, że mnie uwielbia, bo jestem z narodu Chrystusa. Nie wiem, jak ty, ale ja nie lubię ani antysemitów, ani filosemitów.

Amen.

Już rozumiesz, jakiej grupy nie chcę być przedstawicielem?

Żydów mieszkających po sześćdziesiątym ósmym w Polsce?

Tak. I dlatego w naszej rozmowie będę Krzysztofem.

Tato, a jak ci się żyło w Polsce po sześćdziesiątym ósmym roku?

W połowie lat osiemdziesiątych rektorem Uniwersytetu Warszawskiego był fizyk profesor Białkowski. Zwrócił się do mnie z propozycją, żebym został prorektorem. Powiedziałem mu: wiesz, każdy ma swój garb. Ja mam taki i nie chcę przyjąć tego stanowiska.

I co on z tego zrozumiał?

Był dostatecznie bystry, zrozumiał.

Wytłumaczysz to człowiekowi, który czyta naszą rozmowę?

Uważałem, że osoba na takim stanowisku może zaszkodzić.

Chciałeś im zaszkodzić?

Dobrze wiesz, co chcę powiedzieć.

Wiem, bo się w tym wychowałem, ale chcę, żeby czytelnik usłyszał tę teorię.

Zawsze może się pojawić ktoś, kto powie, że „to jest żydowska polityka", i pod tym pretekstem wywróci wszystko.

Jak rektor cię przekonywał?

Powiedział: Marian, my wszyscy pamiętamy, że w sześćdziesiątym ósmym roku tu zostałeś i nam zaufałeś.

Z tego, co pamiętam, nie zostałeś prorektorem.

Dobrze zapamiętałeś.

Viola Wein

Jerozolima, Izrael

Mogę ja pierwsza o coś zapytać?

Pytaj.

W którym roku się urodziłeś?

W 1966.

To powiem ci tak: zmieniłam ci pieluchę i wyjechałam do Izraela.

A teraz powiesz coś o sobie?

Jestem córką ubeka, który później został znanym historykiem. Ty w ogóle coś o mnie wiesz czy jesteś taki cwany Żyd?

Raczej cwany.

A ja o tobie dużo wiem, sprawdziłam cię.

Córka ubeka.

Czego ty ode mnie chcesz się dowiedzieć?

Posłuchać o twoim życiu.

Mam troje dzieci. Córkę, która ma czterdzieści dwa lata, syna, który ma dwadzieścia dziewięć lat, i jeszcze jednego, który ma dwadzieścia sześć lat. Jak tych chłopaków rodziłam, to już byłam taka stara, że się próchno ze mnie wysypywało. Córka ma troje dzieci. A, mam jeszcze trzy koty i żółwia.

A ten facet, który leży w pokoju obok?

Mogłabym powiedzieć, że to najstarszy syn, ale to jest pan, z którym od trzydziestu lat żyję na kocią łapę. Miałam już męża i to był wielki błąd mojego życia. Gdy byłam tutaj nową emigrantką, chciałam przede wszystkim uciec od mojego ojca i wyszłam za mąż.

Za chłopaka z Polski?

Nie przyjechałam do Polski, tylko przyjechałam do Izraela, więc wyszłam za Izraelczyka. Niedaleko naszego akademika była knajpa i on był jej właścicielem.

Z nim masz córkę?

Tak, ale później się z nim rozwiodłam. Żydowski ślub, a potem żydowski rozwód. Pięć lat czekałam na ten *get**. W końcu mi go napisali ptasim piórem, jak trzeba. Religijny sąd, trzech sędziów, żaden na mnie nie patrzył, bo przecież nie jestem człowiekiem, tylko kobietą. Gdy już miałam ten rozwód w kieszeni, wstałam i poprosiłam o głos. Siedzieli za stołem, a wyglądali jak komisja maturalna. Zanim mi dali ten papier, to jeszcze bibułką przejechali, żeby wysuszyć atrament. Wstałam i powiedziałam, że pierwszy raz się cieszę, że mojego dziadka już nie ma na świecie. Poszedł przez komin do nieba, był rabinem, dajanem. Wiesz, kto to jest?

Sędzia.

Uczony jesteś. Powiedziałam im, że cieszę się, że on nie widział, co ja tutaj przeszłam. I jeszcze dodałam, że nie chcę tego porównywać do średniowiecza, bo nie chcę średniowieczu ubliżać.

Musiałaś już nieźle mówić po hebrajsku.

Byłam tu już jakiś czas. Przyjechałam w sześćdziesiątym ósmym, ślub wzięłam w 1973, a po kolejnych pięciu latach dostałam *get*.

Dziesięć lat razem.

Z nim mieszkałam tylko półtora roku, bo ciągle uciekałam. Był narkomanem i ciągle mnie bił. Kiedy nie mógł mi na coś odpowiedzieć na moim poziomie, to mnie lał. Byłam wykończona, ważyłam trzydzieści siedem kilo. Dziecko zamykałam w pokoju, żeby nie widziało, jak tatuś bije mamę. On wchodził, ja grałam fugę Bacha. Mieszkanie wysprzątane

* *Get* (hebr.) – list rozwodowy napisany przez męża, niezbędny w judaizmie do rozwiązania małżeństwa, wystawiany przed sądem rabinackim.

na błysk, można było z podłogi jeść. Ugotowane, dziecko zaopiekowane. A ten przejeżdżał palcem po oknie czy framudze, podtykał mi go pod nos i w łeb mnie walił. Pierdolnięty narkoman i psychopata to był. Odbierał mi poczucie własnej wartości i ciągle mnie lał, a potem wyrzucał z domu. Nie byłam do tego przyzwyczajona. Żyłam w Polsce dwadzieścia dwa i pół roku i nikt mnie nigdy tak nie traktował. Byłam Violką Wein, wnuczką rabina. Zawsze wiedziałam, że jestem Żydówką. Nie jak niektórzy, co się dowiedzieli w ostatniej chwili przed Dworcem Gdańskim albo przez lata się ukrywali. Bzdury! Ja się niczego nie bałam, naprawdę. Co prawda mieszkałam na ulicy Chopina 5, tam gdzie cała wierchuszka mieszkała, a do starego Bierut w nocy dzwonił, żeby się zapytać, co u niego słychać. Ojciec był ubekiem do 1956, szycha nie z tej ziemi – Adam Wein z Ministerstwa Bezpieczeństwa Publicznego. On jeszcze żyje, ma sto lat. W 1956 zorientował się, że za dużo protokołów z przesłuchań podpisał. Możesz się domyślić, co się potem z tymi ludźmi działo.

Co się działo?

Nie bądź taki mądry. Każdy się może domyślić – komunizm był budowany!

Twój tata spędził wojnę w Rosji?

Urodził się we Lwowie i tam chodził na uniwersytet, na historię. Był z ortodoksyjnego domu, dużo dzieci tam było. Z tej rodziny zginęło sto dwadzieścia siedem osób.

Był w wojsku?

Przyszła Armia Czerwona i wcieliła go. Wyobrażasz sobie? Na uniwersytecie chował pejsy za uszy, przebierał się i szedł zobaczyć, jak wygląda nieortodoksyjny świat. Nawet do kina chodził. I nagle wzięli go do armii, do szklanki wódki przed atakiem i do świniny. Proces, który zwykle w narodach trwa dwieście, trzysta lat, on przeszedł w dwa dni. Co z niego mogło wyrosnąć? Z takiej gwałtownej mutacji. Nim zaczęłam go rozumieć, już miałam do niego straszne pretensje.

Kłóciłaś się z nim?

Nie, my byliśmy wytresowani, u nas było ruskie wychowanie. Trzeba było stać dziesięć minut i czekać na prawo do głosu.

„My" to kto? Masz rodzeństwo?

Ja i mój brat. Umarł dwa lata temu. Piękny był. Antyteza mojego wyglądu. Baby na nim wisiały jak winogrona. Kiedyś mu położyłam dwadzieścia jeden zapałek na rzęsach i nie spadły. Pan Bóg nie miał co robić i wyprodukował coś tak pięknego. Ja się urodziłam w 1946, a on w 1948.

Rodzice znali się przed wojną?

Nie. Zrobili mnie w Rosji.

Wiesz, jak się spotkali?

Mama była śpiewaczką operową, a ojciec był ranny w głowę.

Niezłe zdanie, ale mało tłumaczy.

Wiem, że kulturalny turysta nie chodzi na skróty, ale ja chadzam. Był na koncercie, mama tam śpiewała – była piękną kobietą. On wyglądał jak włoski mafioso – mały, czarny. Po koncercie zaprosił ją na spacer, a dalej już sam dasz radę wymyślić. Nie chciała żyć w Izraelu. Zamiast oczu miała tu ciągle dwa znaki zapytania. Ciągle tylko mówiła: co ja tutaj robię?

Pracowała w tutejszym radiu, w rosyjskim programie, ale tak naprawdę chciała umrzeć. Nie popełniła samobójstwa, ale zachorowała i umarła. Znalazłam ojcu kolejną żonę. Zrobiłam przesłuchania dla kandydatek i znalazłam odpowiednią.

Jakie miałaś kryteria?

Dobry wzrost, czyli niska, bo ojciec jest kurdupel. Pochodzenie z Polski, żeby mogli się kłócić po żydowsku. W końcu znalazłam. Dwadzieścia cztery lata razem żyli, ale i ją wykończył. Teraz żyje w bardzo eleganckim domu starców i dalej baby molestuje. Oby żył trzysta lat! Kiedyś mój ojciec powiedział do mnie i do brata, że jeśli tak dalej będziemy się zachowywać, to on będzie po nas musiał kadisz zmówić. Po śmierci Józka wpadłam w straszny dołek, pomyślałam, że jestem następna w kolejce.

Ojciec zmówił kadisz nad grobem twojego brata?

On nawet nie wie, że brat umarł. Nie powiedziałam mu, nie chciałam mu robić przykrości. On ma taką demencję, że uważa mnie za panienkę do specjalnych usług.

Służącą?

Kurwę. Teraz moja córka do niego chodzi, bo on ją bardzo kocha i odnosi się z szacunkiem.

Wróćmy jeszcze do Warszawy.

Bananowa młodzież, słyszałeś to pojęcie? Chodziłam do podstawowej szkoły muzycznej na Żoliborzu, na Krasińskiego. Potem do liceum muzycznego. Byłam dobrą uczennicą, dobrze mi szło. Pewnie dlatego mnie nie wyrzucali, mimo że dużo wagarowałam. Za to bywałam na lekcjach religii, bo ksiądz powiedział: Violu, możesz zostać. I jeszcze zdążyłam pójść do Akademii Muzycznej na Okólniku w Warszawie. A potem pojechaliśmy do Izraela.

O, tak nagle?

To był 1957 rok. Ojcu pozwolili wyjechać, pod warunkiem że mama zostanie jako zakładniczka. Pojechałam z bratem i tatą do jego siostry i brata. Po powrocie koledzy w szkole zaczęli do mnie mówić: Violka Szabes. W jednego rzuciłam kałamarzem, ale mnie pokarało, bo jak przed nim uciekałam, to się przewróciłam i uderzyłam się o róg ławki.

Nauczyciele też mieli jakieś uwagi?

Nauczycielka geografii powiedziała mi kiedyś: Violu, jaka z ciebie Polka, jeśli ty nie znasz dopływów Wisły?

Do innych też tak mówiła?

Nie, ale wszędzie są tacy ludzie, tutaj też. Tutaj to ja jestem „ta Polka" i wierz mi, że to nie jest komplement. Moim pierwszym chłopakiem w Polsce był Łukasz Żuławski, chodziłam z nim cztery lata, ale zakochana byłam chyba w jego ojcu. Przychodziłam do nich, szlachecka rodzina, babcia, osiemdziesiąt kilka lat, siedzi w salonie i mówi: o, przyszła przedstawicielka narodu wybranego. Muszę jej oddać swój fotel. Rozumiesz? Taki antysemityzm, ale bez przesady. Choć nie było to miłe.

W Polsce byłaś Polką czy Żydówką?

Nigdy się nad tym nie zastanawiałam.

To teraz się zastanów.

Mieszkałam w Polsce, jadłam z polskiego talerza i byłam lojalna wobec polskiego talerza. A do tego miałam żydowskie korzenie. Moja mama nie była Żydówką – była Rosjanką. Gdy tutaj przyjechaliśmy, musiała wykonać konwersję, żebyśmy nie mieli problemów.

Jak było z tym odchodzeniem ojca z Ministerstwa Bezpieczeństwa Publicznego?

Po powrocie z Izraela w 1957 roku wyniósł się stamtąd.

Chcesz powiedzieć, że złożył wymówienie?

To podobno była fajna scena. Ojciec opowiadał, że na zebraniu partyjnym siedział w pierwszym rzędzie, a na mównicę wszedł jakiś facet i zaczął antysemickie przemówienie. Ojciec poprosił o głos i powiedział: temu, który przede mną tu przemawiał, załatwiłem w Legionowie maturę. Radzę mu, żeby sobie przeczytał *Mein Kampf*, to następnym razem będzie lepiej mówił, a poza tym radzę mu, żeby sobie solidny pancerz na dupę założył, bo z takich dup Żydzi biorą krew na macę. Podobno atmosfera była taka, że niektórzy złapali za pistolety i ogólnie było wesoło. Przez kolejne trzy lata przychodzili do nas do domu i błagali starego, żeby wrócił. I nie wyrzucili nas z Chopina, a mieli prawo. Ojciec był geniuszem. Potem poszedł do Żydowskiego Instytutu Historycznego i zrobił tam doktorat oraz habilitację. A w sześćdziesiątym ósmym, drogi Mikołaju, nikt nikogo z ŻIH-u nie wyrzucał.

A mama gdzie pracowała?

Jako tłumaczka z polskiego na rosyjski i z powrotem, najpierw w Locie, a potem w Ministerstwie Spraw Zagranicznych.

Już nie śpiewała?

Ojciec zabił w niej ten talent. Jak miałam jedenaście lat, to jeszcze jej akompaniowałam na występie w Ministerstwie Bezpieczeństwa Publicznego. Grałam Schuberta, mama pięknie wyglądała. Potem przestała śpiewać, ale to ona wysłała mnie do szkoły muzycznej, za co jestem jej bardzo wdzięczna – bez muzyki nie przeżyłabym tutaj. A wiesz, że to ona bardziej naciskała na wyjazd niż ojciec? Do któregoś momentu nie chciał wyjeżdżać, a potem wpadł w panikę i już chciał zwiewać.

To było w sześćdziesiątym ósmym, a jak było po wojnie sześciodniowej?

Jadę sobie autobusem 117 i słyszę: „Ale Żydzi Ruskom dopierdolili!". Myślę sobie, Boże, co za komplementy dostaję. Ale w sześćdziesiątym ósmym się skończyło. Ojciec mówi: wyjeżdżamy. Józek mówi: nigdzie nie jadę. To ojciec krótko: wypierdalaj z domu. Ja też nie chciałam, bo już miałam amanta numer dwa. Żyda, ale antysemitę, który mówił, że do Izraela w życiu nie pojedzie, bo tam się dzieci rodzą na czołgach.

Miał jakieś nazwisko ten amant?

Miał, ale nie powiem. Wyjechał do Szwecji.

Ojciec wyrzucił was z domu?

Tak.

Dokąd poszłaś?

Do tego amanta.

A twój brat?

Studiował historię i filozofię. Przerwał naukę, wzięli go do wojska. Był na południu Polski. Pojechałam tam do niego. Przyjeżdżam, pytam, gdzie Józek Wein, a oni mi grzecznie, że w lewo, w prawo. Jak ty z tej rozmowy coś zrobisz? Ja gadam wszystko naraz, sam bałagan.

Będzie pani zadowolona.

Nawet jak nie będę zadowolona, to nie przestanę cię lubić. Masz poczucie humoru, a to jest dobry znak.

Dziękuję. Co z tym wojskiem?

Idę dalej, spotykam grupę żołnierzy, co idą tak lewa, prawa, lewa, prawa. Znowu pytam, a oni, że proszę skręcić, tam jest basen, taka budka i tam go znajdę. Przychodzę i nie wierzę własnym oczom. Siedzi Józek, wojskowa bluza rozpięta, czapka orzełkiem do tyłu, a on jest ratownikiem na basenie, w którym nie ma wody. Okazało się, że pisał pracę magisterską za dowódcę jednostki i dzięki temu w tej budce urzędował. Zresztą z jego córką… podobno uczył ją francuskiego. Ale potem to już nie było tak miło, bo całą jednostkę wysłali do Pragi. W końcu ojciec użył swoich koneksji i wyciągnął Józka z wojska, a potem namówił go na wyjazd.

A ciebie jak namówił?

Mnie namówił sąsiad, który wysłał swoją żonę z dziećmi do Izraela, a sam został z kochanką. Wyobrażał sobie, że on, jako szycha, będzie sobie dalej żył z tą kochanką i samochodem służbowym i że będzie miał jak w raju na ziemi. Ale to była pomyłka w obliczeniach. Kiedyś go spotkałam na ulicy, zmarniałego, wychudłego, wyglądał zupełnie jak muzułman z obozu. Zabrał mnie do Bristolu i powiedział, żebym nie popełniała jego błędu. Jedź, później sobie coś wymyślisz. Pojedziesz tu, pojedziesz tam, a może zostaniesz w Izraelu, ale rodzina musi być razem. Przestraszyłam się, że ja też tak mogę upaść na duchu. Jak się zdecydowałam, to poszłam ojcu powiedzieć, że jadę. Gdy to usłyszał, to pierwszy raz w życiu mnie dotknął. Objął mnie po raz pierwszy, bo ani on, ani mama nigdy nas nie dotykali.

Mama też was nie przytulała?

Nie, bo się bała, że ojciec będzie się z niej naśmiewał: wy, baby, dziurawe wojsko. Nie myślicie mózgiem, tylko macicą.

I takie różne powiedzonka. Dowcipne, ale ile można tego słuchać.

Co poczułaś, gdy cię objął?

Jakby mnie jakaś żaba objęła. Nie znałam tego uczucia. Musiałam się tego uczyć w dorosłym życiu. Córka wracała z przedszkola, a ja do siebie w głowie mówiłam: córka weszła, podejdź do niej, podnieś, obejmij i daj buzi. Do dzisiaj się tego uczę.

Próbowałaś z nim rozmawiać o wyjeździe?

Ty dalej nie rozumiesz, on z nami nie rozmawiał. Przestraszył się, że któregoś dnia się obudzą i go zapytają: a co ty tak naprawdę robiłeś do 1956 roku? Ale to jeszcze nie był powód, by z nami rozmawiać. On nas zawsze poniżał. Kiedyś grali w brydża, ja wchodzę do salonu i czekam dziesięć minut na udzielenie głosu. A on: o, to moja córka, która pisze „dupa" przez ó. No, co chciałaś?

Mamę też poniżał?

Oczywiście, bo mama była piękna. Na wszystkich balach u nas w domu siedziały mu na kolanach tabuny bab. On umiał rozbudzać ich fantazje. Nie musisz być od razu Rudolf Valentino czy Robert Redford, żeby baba zaczęła: aaaa, ten to potrafi te numery odstawiać jak trzeba. I zawsze po tych balach mama płakała. Nie z żalu, tylko z poniżenia.

Brata też?

Mój brat zrobił tutaj sporo filmów, dostawał prestiżowe nagrody na świecie, a ojciec nigdy nie widział żadnego z nich. Nie chodził też na moje koncerty, nawet wtedy, kiedy wygrałam międzynarodowy konkurs. Mówił tylko: gołosłowni kretyni, filozofowie końscy. Ja to nazywam syndromem Napoleona, u takich, co mają połowę mojego wzrostu. Wiesz, jak Stalin czy Hitler. Małego kompleksy zżerają i jest niebezpieczny dla otoczenia.

Pamiętasz pakowanie przed wyjazdem?

Widziałeś film *Grek Zorba*? To mniej więcej tak wyglądało. Przyszła nasza gosposia z całą rodziną i tylko było słychać takie pytania: a te rajstopy, co tam wiszą? Bierz, bierz. Trochę rzeczy sprzedaliśmy, ale nie mieliśmy co zrobić z pieniędzmi. Można było wywieźć tylko pięć dolarów. Szłam ulicą, to kumple pytali: pożyczysz parę groszy? Dawałam, bo byłam w euforii, a poza tym nie miałam ich na co wydać. Tak było do wyjazdu.

A co z twoim chłopakiem?

Nie lubiłam go. Cały czas się ze mnie zgrywał i dokuczał, że tego nie umiem, tamtego nie umiem. Pokazywał mi swoje listy do byłej ukochanej. Pisał je przez kalkę, bo uważał, że muszą zostać dla potomności te wielkie utwory. Poniżał mnie.

Jak ojciec?

Dokładnie tak, ale po dziś dzień czeka na mnie w Szwecji.

Wybierasz się do niego?

Ani się nie wybieram, ani go nie wpuszczam do domu, gdy przyjeżdża do Izraela.

Bałaś się wyjazdu?

Byłam w euforii i nie bałam się utraty kontaktu.

Wiadomo było przecież, że kontaktu nie będzie.

Irracjonalnie wierzyłam, że będzie. I był. Jak się już wykaraskałam z małżeństwa, to chyba już był kontakt. Przedtem nie miałam do tego głowy.

Na Dworcu Gdańskim...

Tłum ludzi, a między nimi dużo tajniaków. Wielu znajomych, większość była pijana. Ludzie pili, żeby zalać smutek.

Spotkałaś znajomych w pociągu?

Taki dialog odbyłam z jednym znajomym. Co ty tu robisz, przecież nie jesteś Żydem? – pytam. A on: właśnie się okazało, że jestem.

A jak podróż?

Bardzo nerwowa. Ojciec aż chodził z nerwów. Później zrozumiałam, o co chodziło, zrozumiałam, że on się bał, że go nie wypuszczą. Po latach się dowiedziałam, że był w kontrwywiadzie. Dużo wiedział. W październiku przejechaliśmy granicę austriacką i dopiero wtedy odetchnął. Z Wiednia zawieźli nas do pałacyku w Schönau.

Bałaś się, co z wami będzie?

Czego miałam się bać?

Jak to będzie, obcy język, obcy kraj.

W tym wieku człowiek tak nie myśli. Pojadę na Kamczatkę, też się urządzę. Byłam z rodzicami. Od razu do taty przyszli z radia izraelskiego zrobić z nim wywiad, że taka ważna persona przyjechała. Przychodzili do nas wysłannicy Sochnutu, żeby namawiać na wyjazd do Izraela. To była bardzo śmieszna scena. Ojciec siedział w pokoju i tylko czekał, aż drzwi się otworzą. Puk, puk, wchodzi taki z kibucu, wiesz, młody, silny i wita się po hebrajsku. Mój tata, nie wstając, odpowiada mu najczystszą hebrajszczyzną, do tego używa zwrotów grzecznościowych, o których tamten nawet nigdy nie słyszał. Ojciec czatował na tych wysłanników i wszystkim fundował taki szok. Potem były zebrania, na których zaczynał zadawać pytania po hebrajsku, ale znowu w taki sposób, że pod nimi się nogi uginały. Mówię ci, geniusz on był, a poza tym mutant. Pamiętasz, co ci mówiłam o Napoleonie.

Długo tam byliście?

Dwa tygodnie, ale szybko zleciało, bo my, młodzi, szaleliśmy. Chodziliśmy do dyskotek i do Wiednia na Prater.

Dostawaliście jakieś pieniądze?

Chyba nie.

Nie wydaje mi się, żeby za te pięć dolarów można było długo hulać po Wiedniu.

No właśnie, skąd my mieliśmy pieniądze?

Sochnut wam dawał.

Pewnie tak, bo wątpię, żeby ojciec coś przemycił. Za dużo miał do stracenia.

Przylecieliście do Izraela...

A tam czekała na nas rodzina i pojechaliśmy do Jerozolimy, gdzie czekała na ojca praca w Yad Vashem.

Następnego dnia poszedł do pracy?

Nie. Odpoczął kilka dni i poszedł. Ja po trzech dniach też już pracowałam. Tu był taki, Olearczyk się nazywał, wielka postać muzyczna. Napisał między innymi taką piosenkę *Na strażnicy*. Znasz?

„Tam za górą jest granica, przy granicy jest strażnica..."

Grał w orkiestrze symfonicznej radia izraelskiego, Głosu Izraela. Załatwił mi pracę w szkole baletowej – zostałam akompaniatorką takiej bardzo znanej nauczycielki baletu z Rosji. Hebrajskiego szybko się nauczyłam.

Na ulpanie?

Byłam tam kilka razy, ale mi się nie spodobało. Pracowałam, więc bardzo szybko się uczyłam.

Poszłaś na studia?

W Polsce skończyłam dwa lata akademii muzycznej, a tu poszłam na muzykologię i sztukę. Czyli trawologię, od leżenia przez cały dzień na trawie, albo kafeterologię, od chodzenia do kafeterii. Ja tu byłam za geniusza. Oni dopiero zaczynali się uczyć nut, a ja byłam już po podstawówce muzycznej, liceum muzycznym i dwóch latach studiów.

Ile lat na tej trawie przeleżałaś?

Cztery.

A trzymasz się tutaj z ludźmi, którzy w tym samym czasie przyjechali z Polski?

Wiesz co? Ja się tam po prostu niechcący urodziłam i niechcący chodziłam do tych wszystkich szkół, i niechcący poznałam tych wszystkich ludzi. Czasami z Józkiem chodziliśmy do klubu TSKŻ potańczyć albo pograć w brydża. Ze dwa razy byłam na koloniach. W Poroninie i w Dziwnowie. Z Dziwnowa wyrzucili mojego brata i jego kolegę. W nocy rąbnęli komuś motor, wjechali nim na drugie piętro i tam robili sceny nie z tej ziemi. Co chcesz jeszcze o mnie wiedzieć?

Coś z życia Izraelki.

Jestem absolwentką raka, ukończyłam go w 2004.

Gratuluję.

Jeszcze pracowałam w Yad Vashem, może to cię zainteresuje. W Wydziale Sprawiedliwych wśród Narodów Świata. Tam zrozumiałam, że polski antysemityzm nie jest jakiś wyjątkowy. Holendrzy byli o wiele gorsi. Tacy mili i delikatni, a pod spodem niby tylko Anna Frank. Biedna Aneczka Frank, a co oni tam wyprawiali! A Francuzi to już w ogóle skurwysyny. Poszłam tam pracować, gdy miałam czterdzieści pięć lat. Poczytałam i znalazłam informację, że Sprawiedliwych wśród Narodów Świata wśród Polaków jest około tysiąca. Poszłam do mojego taty historyka i pytam: tak uczciwie, to ilu Polaków ratowało Żydów? A on mi mówi, że około stu tysięcy. O – myślę sobie – trzeba się brać do roboty. Dostałam zajoba, naprawdę solidnie pracowałam. Otwarto punkt w Żydowskim Instytucie Historycznym w Warszawie i w ambasadzie polskiej w Izraelu. Nie żebym się rzuciła jeździć po całym świecie i zbierała świadectwa, ale wzięliśmy się do roboty. Uratowani nie zawsze składali oświadczenia, a nam potrzebne były oświadczenia obu stron – ratowanych i ratujących. Znalazłam na przykład takiego jednego we Frankfurcie. Żona go uratowała, więc uznali, że *post mortem* nie ma sensu dawać mu medalu, a ja się uparłam i go odnalazłam. Burdel w tym Frankfurcie prowadził. Piekielnie bogaty facet. Zadzwoniłam i potwornie mu nagadałam. Przyjechał do Yad Vashem kompletnie roztrzęsiony i prosił o pomoc w wypełnieniu wszystkich formularzy.

Pamiętasz, jak się nazywał?

Jakub Mieszkowski, pewnie już nie żyje. Pracując tam, zrozumiałam, że z tym ratowaniem Żydów to było bardziej skomplikowane, niż się większości wydaje. Oczywiście, że byli szmalcownicy. Byli też tacy, którzy z powodów religijnych ratowali, a byli i tacy, którzy właśnie z powodów religijnych nie dali się uratować. Nie chcieli iść do domów, w których nie było koszernej kuchni. Znalazłam teczkę dziewczynki, Miri, uratowanej przez polską rodzinę – matkę, ojca i synka. Przetrzymywali ją w schowku za piecem. Ten ojciec był w Armii Krajowej i gdy wracał do domu, wchodził tam razem z tą dziewczynką. Później ta dziewczynka przez dwa tygodnie płakała i od nowa. Nikt nie wiedział, o co chodziło, a ja odkryłam w tych świadectwach, że on ją tam gwałcił. Odbyła się specjalna komisja i odebrali temu ojcu – mimo że już nie żył – medal, i dali synowi.

Kiedy się poczułaś Izraelką?

Ten mój konkubent od trzydziestu lat to mówi, że ja do dzisiaj z Polski do Izraela jeszcze nie dojechałam.

Ala Elczewska

Kopenhaga, Dania

Opowiesz mi o domu, w którym się wychowałaś?

Tata zmarł w 1957 roku, gdy miałam osiem lat. Byłam z nim bardzo związana. To on chodził na wywiadówki do szkoły. Wiedział, że na wywiadówki chodzą głównie mamy, a on bardzo lubił towarzystwo kobiet. Po jego śmierci w każdą cholerną niedzielę pędziłyśmy na cmentarz. Dla mnie to było kompletnie naturalne. Tata umarł, trzeba iść na jego grób. Dopiero znacznie później zrozumiałam, że dla mamy to było odbijanie sobie tego, że sama nigdy nie miała grobu swoich rodziców. W ten sposób próbowała nam zapewnić więź z ojcem. Zaraz po śmierci ojca weszłam w rolę dziecka-opiekuna. Mama wracała z pracy, a ja zdejmowałam jej buty w korytarzu i biegłam nastawić wodę na herbatę.

Przed śmiercią ojca było inaczej?

Czułam, że mamy uprzywilejowaną sytuację. Mieszkaliśmy w alei Przyjaciół, tata był posłem na sejm i redaktorem naczelnym „Chłopskiej Drogi".

Znasz historię swojego taty?

Nie bardzo. Pochodził ze Lwowa. Wiem, że wojnę przeżył w Rosji. Potem przyjechał do Wrocławia, gdzie chyba był zastępcą komendanta milicji. Potem został mianowany pierwszym sekretarzem PZPR-u w Koszalinie. Tam zajmował się przede wszystkim rozwojem rolnictwa. Później znalazł się w Warszawie.

A co wiesz o mamie?

Najpierw była w Oświęcimiu, ale później przewieźli ją do obozu pracy, w którym były prysznice, ale nie z gazem, tylko z ciepłą wodą. Komendantka tego obozu bardzo bała się tyfusu, więc starała się dbać o higienę. Po wyzwoleniu obozu mama znalazła się we Wrocławiu. Stamtąd pojechała do Miroszowic, gdzie została zastępczynią burmistrza. Mama przeżyła wojnę razem ze swoją siostrą. Tuż po wojnie udało się odnaleźć męża siostry – Arnolda Mostowicza. Rodzice poznali się we Wrocławiu.

Kochali się?

Myślę, że bardzo się lubili. Mama zaakceptowała, że ojciec jest socjalistą i buduje nowy ustrój, że poświęca się misji. Zaakceptowała również, że rzadko bywał w domu i że miał potrzebę towarzyską innych kobiet.

Towarzyską?

Że tak powiem: towarzysko-funkcjonalną. Mama nigdy nie robiła z tego problemu, a ojciec zaakceptował, że ona sama tymi sprawami nigdy nie była przesadnie zainteresowana. Z moich rozmów z mamą wynika, że nigdy nie było na tym polu konfliktu. Mieli współpracę. To był ciepły i otwarty dom.

Byliście wtedy Żydami?

Nie.

A kim?

Chodziłyśmy do szkoły TPD na ulicy Sempołowskiej. Dziewczynki dużo opowiadały o zbliżającej się komunii i białych sukienkach. Wtedy powiedziałam do taty: Maciuś, dziewczynki chodzą w białych sukienkach i mówią, że my jesteśmy żydówy. A on na to: Alusiu, ludzie mówią różne rzeczy. Nie ma diabłów, nie ma. I to był koniec rozmowy o tym, kim jesteśmy. Mama nie chciała nam uszyć białych sukienek. Dzisiaj myślę, że głupio zrobiła.

Nie wiedziałyście, a wszyscy wiedzieli?

Pamiętam ze szkoły taką scenę: Majka ucieka, a za nią lecą koledzy z klasy i się drą: żydówa, żydówa! I jeszcze kiedyś Majka dostała od nauczycielki w twarz, bo pisała dziewiątkę po żydowsku.

Jak się pisze dziewiątkę po żydowsku?

Gdy zaczynasz od ogonka i ciągniesz do góry, odwrotnie niż wszyscy. Wtedy mama poszła do szkoły, nawet Arek Mostowicz poszedł, ale i tak ciągle się tam o żydostwie mówiło.

W szkole?

Tak, ale potem Majka zaczęła dosyć szybko chodzić do TSKŻ i strasznie żydłaczyć, co wyprowadzało mamę z równowagi. Była wielką purystką językową, a tu takie coś w domu. Potworne kłótnie o to były, aż w końcu Majka odkryła, że można przytakiwać, a dalej robić swoje.

Majka już była Żydówką?

Majka została Żydówką o wiele wcześniej niż ja, no i o wiele wcześniej niż mama. Była pierwszą Żydówką w naszej rodzinie.

A ty kiedy zostałaś Żydówką?

W liceum, w którym dyrektorem był Redlich. Majka tam poszła, a jak przyszła pora, że ja miałam wybrać swoją szkołę, to mama powiedziała, że nie będzie chodziła na wywiadówki do dwóch szkół. W tej szkole było dużo dzieci z takich domów jak nasz.

Działaczy?

Też.

Żydów?

Też.

Tam stałaś się Żydówką?

Przedtem byłam harcerką. Założyłam nawet drużynę zuchową i sama wymyśliłam jej patrona. Patryk Lumumba w tym czasie zmagał się w Kongo, a ja byłam po jego stronie. Nie zajmowałam się polityką do czasu, aż zaczęłam poznawać znajomych Majki z TSKŻ i Klubu Raczkujących Rewizjonistów*.

* Klub Raczkujących Rewizjonistów – inaczej: Klub Poszukiwaczy Sprzeczności (patrz „Posłowie").

W którym roku zrobiłaś maturę?

W roku Pańskim 1967.

Byłaś wtedy Polką?

Najbliżsi przyjaciele mówili mi, że jeśli nie kocham Sienkiewicza, to nie mogę być Polką. Nie byłam Polką, bo nie znosiłam patriotyzmu i nacjonalizmu. Poza tym kompletnie się tym nie zaj-mo-wa-łam. Zresztą do dzisiaj się tym nie zajmuję.

Poszłaś na studia?

Chciałam zostać tłumaczką i studiować rosyjski i hiszpański w Moskwie. Ale obawiałam się, że w trakcie załatwiania tego wyjazdu spotkam jakichś ludzi, którzy opowiedzą mi brzydkie rzeczy o moim ojcu.

Co na przykład?

Że jako pierwszy sekretarz coś zrobił albo właśnie czegoś nie zrobił. Moja ciotka wystąpiła w moim imieniu do ministra oświaty – Henryka Jabłońskiego. Zapytała, czy córka towarzysza Elczewskiego mogłaby pojechać na studia do Moskwy. Wtedy towarzysz Jabłoński powiedział: towarzysze radzieccy nie chcą już Żydów z Polski. A jakiś inny towarzysz powiedział, że jest inna możliwość – Kuba. To był lekki zgrzyt, ale udało się tę Kubę załatwić.

Byłaś zadowolona, że tam jedziesz?

Byłam niezadowolona, że nie jadę do Moskwy, ale cieszyłam się z tej Kuby. Pojechałam tam w październiku 1967, ale wcześniej jeszcze był czerwiec i wojna sześciodniowa. Pojechałam do cioci do Sztokholmu. Majka była u niej w poprzednim roku, a teraz przyszła moja kolej.

Nic nie mówiłaś o cioci w Sztokholmie.

Mąż najstarszej siostry mojego ojca został wywieziony białymi autobusami w czasie akcji Bernadotte* do Szwecji.

* Akcja Bernadotte – nazwa pochodzi od nazwiska hrabiego Folke Bernadotte'a, negocjującego w imieniu Szwedzkiego Czerwonego Krzyża uwolnienie w 1945 roku skandynawskich więźniów z niemieckich

Później odbyło się łączenie rodzin i moja ciotka z dwiema córkami do niego dołączyły. Ciotka odwiedziła nas tuż po wojnie sześciodniowej i skonfliktowała się z mamą, która była bardzo krytyczna wobec Izraela. Ciocia mnie zawołała i powiedziała: wiesz co, Alusiu, tutaj mamie jest ciężko, więc zamiast żebyś jechała do Sztokholmu, ja dam mamie trochę pieniędzy, żeby wam było lżej. Mama uniosła się honorem i nie zgodziła się, żeby jej córki były różnie traktowane. U cioci Heleńci w Szwecji pierwszy raz usłyszałam, że mama była w obozie, że była w łódzkim getcie i że miała męża.

Rozmawiałaś z nią o tym po powrocie?

Próbowałam, ale się nie udało. Usłyszałam tylko, że to wszystko jest prawdą.

Czego się jeszcze dowiedziałaś?

Że nasz ojciec był z ortodoksyjnej rodziny. U nas się mówiło, że dziadek był bankierem, a tak naprawdę on był lichwiarzem we Lwowie. W lipcu byłam w Szwecji, potem wróciłam do Polski i pojechałam na wakacje, po których się spakowałam i poleciałam na Kubę. Tam uczyłam się hiszpańskiego i zaczynałam rozumieć, co to znaczy system totalitarny. Dowiedziałam się, że nie liczą się umiejętności i profesjonalizm, tylko to, kto jest lojalny, a kto nie. Na Kubę przyleciałam 5 października, a dziewiątego został zamordowany w Boliwii Che Guevara. Wysłuchałam na miejscu całego tego dyskursu na temat lojalności.

Znałaś tam kogoś?

Był tam przyjaciel mamy z miasta Łodzi – specjalista od budowy silników okrętowych. Był Żydem, często bywałam u nich w domu – byli dla mnie namiastką rodziny.

obozów koncentracyjnych. Dokładna liczba uratowanych nie jest znana, szacuje się ją na mniej więcej piętnaście tysięcy. Ponad połowę z nich stanowili więźniowie innych niż szwedzka narodowości (więźniów ewakuowano białymi autobusami).

Mieszkałam w willi razem z pozostałymi zagranicznymi studentami. Były tam panie, które sprawdzały, czy wszystko jest w porządku oraz o której się wychodzi i o której się wraca. Dzieliłam pokój z młodą kobietą z Polski, która również mnie cały czas obserwowała. Na początku nie zwróciłam na to uwagi, ale to się bardzo szybko okazało.

Te wszystkie panie były donosicielkami?

Tak, a poza nimi był jeszcze jeden człowiek. Mieszkałyśmy na osiedlu jednorodzinnych domów, które zostały porzucone przez uciekających Amerykanów. Przy głównym wejściu siedział stary żołnierz, który cały czas spał. Później się okazało, że jednak wcale nie spał. Też był kablem.

Co robiłaś poza tym, że się uczyłaś?

Podjęłam się pracy z dziećmi pracowników ambasady polskiej, uczyłam je polskiego w szkółce niedzielnej. Do Marca było miło.

Coś tam do ciebie docierało z Polski?

Miałam dostęp do gazet, czytałam „Trybunę Ludu" i „Życie Warszawy", że syjoniści to i tamto, a Adam Michnik to ma nazwisko panieńskie. Takie były te najgorętsze wiadomości polityczne. Wtedy już wiedziałam, że nasz ojciec zmienił nazwisko. W marcu zwołano zebranie w ambasadzie i ogłoszono, że Żydzi doprowadzili polską gospodarkę do ruiny.

Kto był na tym zebraniu?

Wszyscy polscy obywatele, którzy byli w tym czasie na Kubie.

Poza tobą byli tam jacyś Żydzi?

Ten przyjaciel mamy, Paweł Wieczorek, przed wojną nazywał się Minc. On przeżył w Polsce rok 1956 i 1957, wojnę w Związku Radzieckim, wiedział, że coś się szykuje. Miałam tam takiego kochasia, Algierczyka. Mówię do niego: wiesz co, Ali? Wiem, że tu jest synagoga, bardzo bym chciała ją zobaczyć. To było właśnie w marcu. Pojechaliśmy, zobaczyliśmy i natychmiast zostałam wezwana do ambasady. Jestem przekonana, że nakablowała na mnie koleżanka z pokoju.

O co cię wtedy pytali w tej ambasadzie?

Co to za syjonistyczne spotkania odbywam w synagodze. Później sytuacja się już tylko pogarszała. Wezwano nas na wakacje do Polski. Tak naprawdę właśnie wtedy stałam się świadoma swojej tożsamości. To Gomułka z Moczarem zrobili ze mnie Żydówkę. Wróciłam, a ponieważ zawsze chciałam studiować psychologię...

Mówiłaś, że chciałaś zostać tłumaczką.

Bo chciałam wyjechać, ale od dwunastego roku życia chciałam być psychologiem. Przyleciałam do Polski w lipcu. Majka też przyszła po mnie na lotnisko i od razu powiedziała, że siedziała w pierdlu. Wróciłyśmy do domu i one opowiadają, co się działo w marcu i później. Byłam tym zupełnie zaskoczona, kompletnie na to nieprzygotowana.

Bałaś się?

Nie, nigdy się nie bałam. Po paru tygodniach przyszło wezwanie do pałacu Mostowskich. Nie wiedziałam, o co chodzi, tyle tylko, że posadzili mojego ówczesnego narzeczonego, Romka Zawadzkiego. Był trochę spalony, bo powiedział więcej, niż do niego należało. W czasie mojej nieobecności przyniósł do nas powielacz i drukował na nim ulotki. Ponieważ Majka miała już jakieś doświadczenie, postanowiła mnie przygotować. Zadzwoniła po Włodka Kofmana, który przyszedł i mi opowiedział, jak mam się tam zachowywać.

Czyli jak?

Po pierwsze, nic nie wiesz – powiedział. Dopiero wróciłaś, skąd masz wiedzieć. Majka też dostała wezwanie i przypuszczaliśmy, że będą próbowali nas posadzić w jednym pokoju i podsłuchiwać naszą rozmowę. Najpierw spotkałam się z Romkiem, który próbował mi przekazać jakąś informację, a ja cały czas mówiłam, że nic nie rozumiem, że dopiero wróciłam. Później zaprowadzili mnie do pokoju, do którego po jakimś czasie wprowadzili Majkę.

Szkolenie Kofmana się przydało?

Bardzo, nie zamieniłyśmy ani słowa.

Kuba zakończyła się definitywnie czy jeszcze tam wróciłaś?

Skończyła się. Próbowałam pójść w Warszawie na studia, ale okazało się, że dla takich jak ja – wyrzuconych z Kuby – nie ma wstępu na uniwersytety. Uznałam, że siedzenie w domu jest złą alternatywą, zaczęłam szukać pracy. Znalazłam ogłoszenie, że wydawnictwo PAX poszukuje ludzi z rosyjskim i hiszpańskim. Przyjął mnie pan dyrektor. Znałem pani ojca – powiedział. Wtedy jeszcze nie wiedziałam, czy to dobrze, czy źle. Mamy dużo publikacji z Ameryki Łacińskiej, więc taka osoba jak pani nam się przyda. Ale musimy jeszcze sprawdzić kilka informacji. Proszę zadzwonić za trzy dni. Niestety, musieliśmy to stanowisko powierzyć komuś innemu – powiedział po trzech dniach. Poszłam szukać szczęścia w Metalexporcie, który mieścił się przy Pięknej. Wypełniam ankietę, piszę, że znam rosyjski i angielski. Na pytanie, czy rodzice byli w bandach, odpowiadam, że nie byli. Idę na rozmowę. O, pani Elczewska? Tak. No tak, Elczewska… Za trzy dni damy odpowiedź. Musieliśmy to stanowisko dać komu innemu – mówią po trzech dniach. Wtedy już wiedziałam, że to jest śmierdząca sprawa. To było jawnie antysemickie. Sprawdzali w kadrach nazwiska i Żydom nie dawali pracy. Powiedziałam mamie, że idę do pośrednictwa pracy na Karową. Czekałam w poczekalni, a gdy przyszła moja kolej, wypełniłam ankietę i wręczyłam urzędnikowi. Czy pani ojciec nazywał się Maciej? Już wiedziałam, że mam przechlapane. Pani ojciec pomógł mi po wojnie znaleźć pracę – mówi urzędnik. A w jaki sposób? – pytam. Poświadczył, że zrobiłem przed wojną maturę we Lwowie. Ja pani pomogę, dam pani pracę. A jaka to praca? – pytam. Dyspozytor w pogotowiu ratunkowym. Na czym to polega? Jest pani dyspozytorem, odbiera pani telefony i kieruje karetkę w miejsce zdarzenia. Proszę pana, muszę porozmawiać o tym z mamą i wrócę jutro. Czy tak może być? Zgodził się.

Wracam do domu i mówię: chyba znalazłam pracę, i opowiadam mamie wszystko. Ona się robi blada jak ściana i mówi, że nie mogę jej przyjąć. Mamo, ja od tak dawna się staram o pracę! Gdy ją wreszcie znajduję, to mi mówisz, że nie mogę jej przyjąć? Dlaczego? Alusiu, nie możesz. Sytuacja jest taka. Dzwoni robotnik i dzwoni pułkownik. Ty wysyłasz karetkę do robotnika, ja cię znam. Pułkownik składa skargę, ty idziesz do więzienia. Nie bierzesz tej pracy.

Następnego dnia wróciłam do tego pana i powiedziałam, że niestety nie mogę wziąć tej pracy. W końcu dowiedział się o moich kłopotach Mostowicz. Wściekł się i powiedział: co to znaczy? Córka Elczewskiego nie może w Polsce znaleźć pracy?

Kiedy to było?

Myślę, że w okolicach grudnia. Historia z piątą kolumną już była rozpędzona. Panowała niezła zawierucha.

Wtedy już rozważałaś wyjazd?

Rozważałam już na Kubie, akurat w tym momencie mniej. Majka znacznie bardziej, a poza tym wiele osób już wyjechało.

Mostowicz znalazł ci pracę?

Poszedł do Herbsta, który był wtedy szefem spółdzielni RUCH. Miałam pójść na Targową, do ich dyrekcji. Dostałam pracę od 1 lutego, z pensją tysiąc sto złotych. Osiemset oddawałam mamie.

Pamiętasz swój pierwszy dzień w pracy?

Nigdy go nie zapomnę. Przyjęła mnie pani Płoszaj, która okazała się moją kierowniczką. Najpierw w kadrach każe mi wypełnić różne ankiety, a potem prowadzi do pokoju, w którym mam pracować. Pokój trzy na trzy metry, w nim sześć biurek, w tym jedno puste – dla mnie. To jest pani

Ala Elczewska. Pani Ala będzie się u nas zajmować działem izraelskim i Ameryką Łacińską. Wiesz, byłam pewna, że zaraz zemdleję. Cała krew odpłynęła mi do nóg. Byłam pewna, że to jest prowokacja. Przecież wszystkie kontakty z Izraelem zostały zerwane, a ja mam się zajmować Izraelem? Okazało się, że *pecunia non olet*, a najwięcej polskiej prasy idzie wciąż do Izraela. Wysyłaliśmy to wszystko nie bezpośrednio, tylko przez Wiedeń. Zajmowałam się księgowością tej operacji. Ameryka Łacińska w tym wszystkim stanowiła mały procent.

Byłaś gotowa tam dłużej pracować?

Wyrósł przede mną mur. Chciałam studiować psychologię, ale wiedziałam, że w Polsce nie mam na to cienia szansy. Majka cały czas mówiła o wyjeździe. Wszyscy rozmawiali, czy jechać, czy nie jechać. Mama nie chciała wyjeżdżać. W końcu z grubsza w tym samym czasie podejmujemy z Majką decyzję o wyjeździe. Mama decyduje się na zmianę mieszkania. Mówi, że to byłoby aspołeczne, gdyby jedna osoba mieszkała w tak dużym mieszkaniu. Prosi Cyrankiewicza o przyznanie wcześniejszej emerytury, bo wie, że jej godziny w telewizji są policzone.

Kiedy złożyłaś podanie o wyjazd?

Chyba w kwietniu. W czerwcu ważyły się u nas w pracy kwestie premii dla pracowników. W kadrach uznali, że jeśli wyjeżdżam do Izraela, to nie będą mi tam potrzebne polskie pieniądze, nie dostałam premii.

Skąd to wiesz?

Bo mi w kadrach powiedzieli to w oczy.

Kiedy wyjechałaś?

Na początku września 1969. Podpisałam zrzeczenie się obywatelstwa, dostałam dokument podróży i wyjechałam. To był straszny czas. Zachowywaliśmy się wszyscy dziwnie. Wiesz, że nie powiedziałam mojej najbliższej przyjaciółce, że wyjeżdżam?

Dlaczego?

Nie wiem, ale wtedy się o tym nie mówiło.

Ona była Żydówką?

Wtedy nie.

A później?

A później tak. Ja wiedziałam, że ona jest Żydówką, ale o tym również się nie mówiło.

Jak się dowiedziała, że wyjeżdżasz?

Stoję w komisie i mierzę kożuch, odwracam się do drzwi, i widzę, że ona wchodzi.

I?

Wszystko jasne. Kto wtedy kupował kożuchy? Nawet wiadomo, dokąd wyjeżdżasz, bo widać, że nie do Izraela, prawda? Zbladła i mówi: co się dzieje? To jej powiedziałam. Chcesz jeszcze jedną taką historię?

Chcę.

Idę z Andrzejem Titkowem Koszykową, jesteśmy na wysokości ambasady Czechosłowacji. Dokąd jedziesz na wakacje? – pyta Andrzej. Na początku września wyjeżdżam do Danii – mówię. Nie pierdol! – krzyczy Andrzej. Takie dziwne to było wszystko. Roman Zawadzki wyszedł z więzienia, zdążyliśmy się pożegnać. Mama zamówiła kołdrę, trzeba było ją skądś odebrać. Kożuch. Walizka. Pod koniec sierpnia dostałam decyzję i termin – pięć dni na wyjazd. Zdążyłyśmy jeszcze przeprowadzić mamę do nowego mieszkania. Posprzedawałyśmy sporo mebli, bo nie zmieściłyby się w nim. Przyszedł Iredyński z jakąś młodą osobą i chcieli wypróbować łóżko rodziców. Przyszedł starszy pan i zobaczył u nas Mostowicza. Popatrzył i pyta: a pan nie wyjeżdża? Kupił trochę rzeczy i wyszedł. Po chwili wrócił i zapytał: a jakichś lekarstw na choroby weneryczne pani nie sprzedaje? I wyjechałam z Dworca Gdańskiego.

Dlaczego pojechałaś do Danii?

Rodzina w Szwecji powiedziała, że może pomóc Majce. Później odezwał się do mamy przyjaciel ojca z Danii i obiecał mi pomóc. Rzeczywiście dotrzymał słowa – to on czekał na mnie na dworcu w Kopenhadze, poszedł ze mną na policję i pomógł załatwić pierwsze mieszkanie.

Gdzie mieszkałaś tuż po przyjeździe?

Na statku. Wszyscy przeszli przez ten statek, nawet filmy o nim są. Każda rodzina dostawała kajutę, ja też.

Tęskniłaś w tej kajucie?

Słuchaj, to była moja decyzja, a poza tym byłam już przyzwyczajona do bycia samą.

Poznałaś tam kogoś?

Tak. Podeszła do mnie pani i zapytała, czybym się nie zajęła ich córką, bo oni chcą wyskoczyć do miasta. Zajęłam się. Okazało się, że nasi rodzice świetnie się znali z przedwojennej Łodzi.

Długo byłaś na tym statku?

Niecały miesiąc, bo przyjaciel taty szybko pomógł mi załatwić mieszkanie. Podszedł do mnie na statku pułkownik Wojska Polskiego: słyszałem, że dostałaś mieszkanie. Dostałam. Kto ci załatwił? Przyjaciel taty. Daj mi jego nazwisko i adres. Nie mogę tego zrobić, to prywatna sprawa. A wiesz, on mówi, co się może stać, jeśli mi nie dasz? To mu powiedziałam: nic się nie może stać, bo jesteśmy w Danii. Zamieszkałam na osiedlu pod Kopenhagą. Edek – przyjaciel ojca – wziął za mnie kredyt i kupiliśmy łóżko, na którym do dzisiaj śpię, i kuchenkę.

Miałaś kontakt z mamą?

Bardzo utrudniony. Dzwoniłam do niej przez operatora, musiałam bardzo długo czekać. Chodziłam do budki, która była na stacji kolejki.

Drogo.

Szybko nauczyłam się nabijać.

Czyli?

Były wtedy dwudziestkipiątki z dziurką. Przywiązywało się je na nitce i wrzucało do telefonu. Wystarczyło co jakiś czas pociągnąć i puścić, a maszyna myślała, że wpadła kolejna moneta. Przyznaję, oszukiwałam. W 1970 chciałam, żeby mama przyjechała. Musiałam pójść do polskiej ambasady i poprosić o zaproszenie. Pani urzędniczka powiedziała, że w tej sprawie muszę się spotkać z konsulem, to poszłam do konsula. I rozmowa zaczyna się, tak: Pani Elczewska? Tak. Znałem pani ojca. Już wiedziałam, że nie jest dobrze. On wstaje, podchodzi do szafki, bierze dwa kieliszki, stawia wódkę na stole i mówi: z zaproszeniem dla mamy nie będzie problemu. Cieszę się, że już się trochę poznaliśmy. Mam sprawę. Przyjechało tu z Polski bardzo dużo ludzi, a my jesteśmy bardzo zainteresowani tym i tym, i tym... Może pani nam pomoże? Pani może się z nimi spotkać i sprawdzić, czy aby nie działają na szkodę Polski... Wstałam i powiedziałam: wie pan co? Nie piję wódki. I wyszłam.

Mama nie przyjechała?

Przyjechała. Edek – przyjaciel ojca – załatwił jej to zaproszenie.

Zostałaś psychologiem?

Najpierw zostałam pedagogiem, a później psychologiem.

Jesteś teraz bardziej Żydówką, niż kiedy wyjeżdżałaś z Polski?

Wyznaję wartości, które są żydowskie: *tikun olam**. To jest koncepcja reperowania świata, stosunków międzyludzkich i tolerancji. To wyniosłam z domu, który był żydowski, mimo że socjalistyczny.

Mama nigdy nie przyjechała do ciebie na stałe?

Przyjeżdżała co roku na trzy miesiące. Mówiła, że jest polską patriotką i nigdy nie będzie żyć poza Polską.

Rozumiałaś ją?

Jest jeszcze jedna rzecz, o której musisz wiedzieć, żeby móc zrozumieć moją mamę. Miałyśmy z Majką jeszcze jedną siostrę. Gdy była mała, okazało się, że nie rozwija się

* *Tikun olam* (hebr.) – naprawa świata.

prawidłowo. Rodzice nie do końca to widzieli na początku, ale mieli znajomych lekarzy, którzy ich przekonali, że trzeba siostrę oddać do specjalnego ośrodka. Wychodziłyśmy z domu – siostra była, wróciłyśmy – nie było. Rodzice z nami o tym nie rozmawiali. Swój psychologiczny rozum masz, więc możesz sobie wyobrazić, czym to dla nas było. Myślę, że niezależnie od tego, co nasza mama mówiła o emigracji, nie mogła jej zostawić, i tyle.

Co ci zabrał sześćdziesiąty ósmy rok?

Rodzinę. Ale dzięki temu, że wyjechałam, jestem dzisiaj psychologiem. Dla mnie to bardzo ważne, bo w ten sposób mogę spłacać dług w stosunku do mojej młodszej siostry, do moich rodziców.

Dlaczego masz dług w stosunku do rodziców?

Bo gdyby po śmierci ojca nasza siostra mieszkała z nami, miałabym zupełnie inne życie. Myślę, że rodzice do końca nie rozumieli, co się wydarzyło. Oni próbowali nadrobić sześć lat życia straconych przez wojnę, nie mieli już żadnych emocjonalnych nadwyżek.

Majka Elczewska

Nowy Jork, Stany Zjednoczone

Moja mama miała urodziny 11 listopada i od wielu lat tego dnia przyjeżdżaliśmy do Warszawy, by razem z nią świętować. Był 2013 rok, tego dnia na ulicy podpalili kukłę Żyda. Przyszłam pożegnać się z mamą razem z moim mężem – Andrzejem Krakowskim. Tego dnia wylatywaliśmy już do domu. Powiedziałam mamie, że w Polsce nadal jest antysemityzm. Zawsze, kiedy to ode mnie słyszała, obrażała się i wychodziła z pokoju. Tak się też stało tym razem. Wyszła wściekła do kuchni, a my czekaliśmy, żeby wróciła się pożegnać. Zaczynało już być nerwowo, bo musieliśmy zdążyć na samolot, a ona nie wracała. W końcu moja młodsza siostra Ala poszła do kuchni. Mama, nie wygłupiaj się. Oni zaraz wyjeżdżają. Nie pogodzisz się z nimi? Wróciła i pożegnała się. Trzy tygodnie później umarła.

Zacznijmy tę rozmowę jeszcze raz. Zanim zaczęłaś myśleć o wyjeździe z Polski, byłaś Polką?

Wtedy nie było takiego podziału. Byłam Polką i już. Faktem jest, że byłam otoczona ludźmi, którzy w sześćdziesiątym ósmym okazali się Żydami.

Co was łączyło?

Jakiś niewidzialny magnes. Rodzaj wychowania, poczucie humoru. Była między nami jakaś spójność. Pamiętam taką rozmowę w domu Adama Michnika, powiedział wtedy, że jego ojciec nigdy nie zmienił nazwiska. Od razu powiedziałam, że mój też nie, a to nie była prawda, tylko ja tego nie wiedziałam.

Jak twój ojciec się nazywał przedtem?

Eltis. Wtedy nie wiedziałam, że to wszystko było aż tak pokręcone. Nic nie było dopowiedziane do końca. Maciek już wtedy nie żył.

Jaki Maciek?

Mój tata. Mówiłam do niego: Maciek.

Oczywiście w 1967 roku całe moje środowisko było za Izraelem, ale nic mnie w tym nie dziwiło.

Pamiętasz rozmowy na ten temat?

Jasne! „Nasi, Żydzi, górą! Dopieprzyli Arabom, nie damy się! Wygramy!"

Czułaś dumę?

Oczywiście. Taksówkarz mi powiedział wtedy: no, niech pani patrzy, takie fajne żydki, nasi ludzie. Mam wrażenie, że wtedy ulica była za Izraelem.

Miałaś wtedy myśli o wyjeździe?

Wiesz, ja byłam w 1966 w Szwecji. Widziałam tam te inne ciuchy, piękne wystawy, samochody, ale to nie było moje. Później wszystko się zmieniło.

Czyli kiedy?

8 marca sześćdziesiątego ósmego troszkę nas popałowali. Mama była wtedy w Zakopanem, a ja miałam iść następnego dnia na obiad do Mostowiczów. Arek posadził mnie w fotelu, stanął nade mną i powiedział: masz nigdzie nie chodzić, masz nie brać w tym udziału, bo z tego się zrobi antysemicka heca. Wiesz, co mu odpowiedziałam? Wujku, gadasz bzdury, już jestem dorosła. Mam takie samo prawo jak moi koledzy i koleżanki, nie ma takiej siły, która by mnie zatrzymała w domu.

Poszłaś?

No pewnie. Parę lat później musiałam wypić to piwo i przyznać mu rację.

To było jeszcze przed przemówieniem Gomułki?

Tak, ale on już wiedział, co się tam na górze dzieje, był redaktorem naczelnym „Szpilek". Coś ci opowiem, ale muszę sobie daty przypomnieć. 9 marca to była sobota, 11 marca poniedziałek. W tamten poniedziałek rano zadzwonił Stefan Bekier, że z dobrze poinformowanego źródła wie, że oni dostali pozwolenie na użycie wobec nas ostrej amunicji. Była planowana duża demonstracja studentów. Przyszedł do nas i zaczęliśmy obdzwaniać wszystkich, żeby powstrzymać rozlew krwi. Później przyszedł Adam Ringer i dalej dzwoniliśmy. W pewnym momencie usłyszeliśmy głos w telefonie – chcę, żebyś wiedział, że to nie był nikt z moich znajomych: jeśli, kurwa, nie przestaniecie gadać tych bzdur, to wam rozłączę telefon. Przenieśliśmy się do budki telefonicznej na placu Na Rozdrożu.

Ta demonstracja się odbyła?

Wiele razy próbowałam sobie to przypomnieć. W każdym razie nie strzelali. Kilka dni później zaczął się strajk na Uniwersytecie Warszawskim, a potem na Politechnice. I wtedy mnie zamknęli.

Wzięli cię z domu?

I tak, i nie. Przyszli do domu z nakazem na Halinę Elczewską. Mama włożyła buty, wzięła płaszcz i z nimi poszła. W pałacu Mostowskich stwierdzili, że jest za stara na studentkę. Zadzwonili do domu i powiedzieli, że mam się stawić. Powiedziałam, że nie mam czasu, a oni, że mają moją mamę. To ja na to, że zaraz przyjdę. Byłam kompletnie nieprzygotowana na to, że mnie zamkną na trzy doby. Nie wzięłam nawet majtek na zmianę, ale kupiłam kilka paczek papierosów. Mamę wypuścili, ja zostałam.

Widziałyście się tam?

Nie.

Z kim byłaś w celi?

Było nas sześć kobiet. Na szczęście nie byłam tam pierwszą studentką. Popatrzyły na mnie: studentka? Przeszkoliły, jak rozmawiać ze śledczymi. Mówiły, że będą mnie w nocy budzić i że muszę od razu być przytomna. Powiedziały, żebym się nie bała, bo tu rzadko biją.

Bili cię?

Nie. Oślepiali lampą. Chcieli wiedzieć, kogo znam, z kim się spotykam i kto wpływa na moje poglądy. Zachowałam się jak głupek, bo miałam w kieszeni notes ze wszystkimi numerami telefonów. Na szczęście zabrali mi go na samym początku i był u nich w przechowalni, nie ze mną. Nie byłam jeszcze wtedy taka mądra, żeby powiedzieć, że odmawiam zeznań. Znałam bardzo wielu ludzi. Ze wszystkimi babami się przyjaźniłam, spałam ze wszystkimi mężczyznami, z nikim nie gadałam o polityce. Tak powiedziałam, bo tylko to mi przyszło do głowy.

Jacy byli ci przesłuchujący?

To, że pytali, skąd przyjechali moi rodzice, kiedy zmienili nazwiska i tak dalej, to było w tamtym systemie zrozumiałe. Ale jak mi zaczęli tłumaczyć, że jestem wrogiem ludu, a moje miejsce powinno być zwolnione, bo tu nie ma dla takich miejsca… I ciągle tylko: żydki to, żydki tamto… Właśnie skończyłam dwadzieścia lat i spotkanie z tak jawnym antysemityzmem było dla mnie szokujące. Po trzech dniach mnie wypuścili. Wracałam do domu i po drodze spotkałam starego Szechtera, który już wiedział, że mnie zatrzymali. Objął mnie, pocałował w oba policzki: dziecko, dobrze cię widzieć. Wróciłam do domu i oznajmiłam mamie, że wyjeżdżam z Polski. Wbijasz mi gwóźdź do trumny – powiedziała. Wycofałam się.

Od razu?

Tak. Mama się bała, że gdy tylko złożę podanie o wyjazd, cofną moją siostrę Alę z Kuby.

Tylko o to chodziło?

Myślę, że bała się, że wtedy zaczną ją samą szykanować i że straci pracę. Poza tym mama zawsze sobie wmawiała, że w Polsce nie ma antysemityzmu.

A ty?

Ja zawsze wiedziałam, że jest, bo co jakiś czas rzucali w nas kamieniami. Poza tym czytałam polską literaturę, a tam nie było pozytywnych postaci żydowskich.

Namawiałaś mamę, żeby wyjechała z tobą?

Nie. To było moje życie i ja chciałam wyjechać, a ona nie chciała. To była jej sprawa.

Wróćmy jeszcze do tego dnia, kiedy wyszłaś z pałacu Mostowskich. Mama cię przytuliła?

Nie. Była wściekła. W domu był Arek Mostowicz i też był wściekły. Przyszłam do domu z kwiatami. Wiedziałam, że będę musiała ją przepraszać. Kupiłam je w zaprzyjaźnionej kwiaciarni, u pana Jana Nowakowskiego. Powiedziałam: panie Janie, właśnie mnie wypuścili z Mostowa. Potrzebuję jakichś kwiatów dla mamy, na przeprosiny.

Wiedziałaś, że będziesz musiała przepraszać?

Tak.

Byłaś aresztowana i musiałaś przepraszać.

Tak.

Dziwne.

Wiedziałam, że zadałam jej ból. Dałam jej te kwiaty, ale atmosfera była taka, że chyba lepiej już było być z powrotem w pałacu Mostowskich. A, w domu czekał jeszcze mój chłopak, Tomek Warowny. Jego tata należał do jakiejś chłopskiej partii. Chodziliśmy razem od jedenastej klasy. On nie był Żydem.

Czekali w domu, bo wiedzieli, że cię wypuszczą?

Byli w domu, a chwilę wcześniej się dowiedzieli, że wychodzę, bo pan Jan Nowakowski zadzwonił, że już jestem w drodze. Strasznie byli wszyscy wściekli na mnie.

Ten chłopak też?

Też. Po co ty się w to pchasz? Przecież to nie jest twoja sprawa! A ja mówiłam: dlaczego mam się nie pchać, to właśnie jest moja sprawa. A wujek Mostowicz na to: bo my jesteśmy Żydami, dlatego. A co mnie to obchodzi – odpowiedziałam.

Wytłumaczył ci, dlaczego Żydzi mają się w to nie pchać?

Tłumaczył, ale nie wytłumaczył. Mówił, że Żydzi mają się w to nie pchać, bo to się zamieni w antysemicką hecę.

Wtedy powstało dużo dobrych dowcipów, ale jeden był najśmieszniejszy. Kto to jest syjonista? Nie wiem, ale pisze się przez Ż. Później zaczęli za mną chodzić, miałam ogon. Największą radością było wyjść z domu, gdy bardzo padało, i pójść do baru mlecznego na Mokotowskiej. Widziałam przez szybę, jak on tam stał i mókł.

Zajrzałaś kiedyś do swojej teczki w Instytucie Pamięci Narodowej?

Okazuje się, że miałam całkiem pokaźną świtę, dawałam zatrudnienie wielu osobom. Chodzili za mną, podsłuchiwali, penetrowali środowisko na Politechnice. Tam jest cała kupa nazwisk, których zupełnie nie pamiętam.

Ktoś na ciebie donosił?

Tak, „Siódemka".

Miał pseudonim „Siódemka"?

Tak, pisany cyfrą. Byłam zszokowana, kiedy to wszystko czytałam.

Rozszyfrowałaś, kto był „Siódemką"?

Nie.

Wracałaś do rozmów z mamą o wyjeździe?

Nie, ale wróciłam na Politechnikę.

Na jakim wydziale byłaś?

Na inżynierii sanitarnej. Dwa dni po powrocie znalazłam taki napis na mojej ławce: „parszywa żydówa". Zapłakana zadzwoniłam do mamy. A gdyby ci napisali „parszywa Chinka", też byś tak płakała? Nie jestem Chinką – powiedziałam i rzuciłam słuchawką. Myślę, że dla własnego spokoju próbowała umniejszyć znaczenie tego wydarzenia.

Ktoś zmył ten napis?

Ja. Ale uparcie wracał. Zemściłam się na Politechnice po latach. W 1971 roku byłam po raz pierwszy w Izraelu. Kupiłam pocztówkę z izraelską żołnierką trzymającą karabin. Zaadresowałam ją z imienia i nazwiska do pierwszego sekretarza Podstawowej Organizacji Partyjnej na moim wydziale.

Co do niego napisałaś?

Napisałam: Ojczyzna na ciebie czeka.

Oj!

I podpisałam się: Majka Elczewska.

Odpisał?

Nie napisałam adresu zwrotnego.

Kiedy złożyłaś papiery o wyjazd?

Po drugim aresztowaniu, w marcu 1969.

Znowu przyszli do domu?

Zrobili tak jak przedtem. Ala już była w Polsce i najpierw ją zaprosili. Chcieli ją skonfrontować z jej ówczesnym chłopakiem, Romkiem Zawadzkim. Potem zadzwonili do mnie i powiedzieli, że Ala jest u nich. I że mam natychmiast przyjść. Wtedy już byłam mądra. Wzięłam majtki na zmianę, szczoteczkę do zębów i papierosy.

Bałaś się?

Już nie. Byłam podenerwowana, bo mieli Alę i nie wiedziałam, czy mnie zatrzymają, czy puszczą. Wprowadzili mnie do pokoju, w którym Ala siedziała na krześle przy ścianie i czytała gazetę. Było jeszcze biurko, za którym siedział jakiś pan. Kazali mi usiąść na krześle, które stało obok Ali. Usiadłam i wtedy Ala podała mi połowę gazety. Nie zamieniłyśmy ani słowa. Potem ten pan wyszedł, a my dalej nie rozmawiałyśmy, bo dobrze wiedziałyśmy, dlaczego on wyszedł. Po jakimś czasie wrócił i powiedział Ali, że może wyjść i że ma poinformować mamusię – nienawidzę tego słowa – że mnie zatrzymują.

Długo siedziałaś?

Przetrzymali mnie noc w tym pokoju. Przyszedł jakiś pan i zapytał, jak się czuję. Odpowiedziałam, że świetnie. Zaoferował mi szklankę wody, którą chętnie przyjęłam.

Wróciłam rano do domu i powiedziałam, że teraz to już się naprawdę stąd zbieram – *one way ticket*. Ala jest już w Polsce, znikąd jej nie cofną, koniec pieśni. Umowa była taka, że ja wyjeżdżam pierwsza, a Ala zaraz po mnie.

Dlaczego?

Żebyśmy mamie tak równocześnie nie zniknęły. Dalej mieszkałyśmy w naszym mieszkaniu w alei Przyjaciół.

Mieszkałaś tam do wyjazdu?

Gdy złożyłam papiery, mama zaczęła załatwiać zamianę mieszkania. Bała się, że kiedy my wyjedziemy, to ją wyrzucą. Później dorobiła sobie do tego ideologię, że to byłoby niemoralne, żeby jedna osoba mieszkała w tak dużym mieszkaniu. Mama wyniosła się na ulicę Armii Ludowej, a w naszym mieszkaniu zamieszkała Beata Tyszkiewicz. 23 września wyjechałam prosto do Sztokholmu. Prawdę powiedziawszy, chciałam jechać do Izraela, ale kiedy się okazało, że mama nigdzie się nie wybiera, zdecydowałam się na Szwecję. Byłam pewna, że jeśli wylądowałabym w Izraelu, to już nigdy bym mamy nie zobaczyła. Tak to wtedy wyglądało. Jej by nie wypuścili, mnie by nie wpuścili.

Żałowałaś potem, że nie pojechałaś jednak do Izraela?

Tak. W 1970 roku Birthright Israel organizowała dwutygodniową wycieczkę do Izraela. Mnie było w Szwecji tak niedobrze, że wiedziałam, że jeżeli tam pojadę, to już na pewno zostanę. Nie pojechałam, stchórzyłam.

Kiedy byłaś w Izraelu po raz pierwszy?

Rok później, z moim pierwszym mężem, Szwedem. Lecieliśmy El Alem. Podczas lądowania puszczali *Hatikwę**. Siedziałam obok tego szwedzkiego męża, a łzy lały mi się strumieniami.

Do Szwecji pojechałaś bez tego chłopca, co miał tatę w chłopskiej partii?

Zerwałam z nim po pierwszym więzieniu. Powiedziałam mu: Tomek, ja wyjeżdżam. Jesteś gotowy jechać ze mną? Nie był, to się rozstaliśmy.

Pamiętasz wyjazd z domu?

* *Hatikwa* – hymn Izraela.

Wyjeżdżałam od mamy. Razem wyszłyśmy z domu na dworzec. Miałam dwie kraciaste walizki, w których było wszystko, co miałam. Wiesz, gdzie się wtedy spotykało Żydów? Na kursach prawa jazdy albo w sklepach z walizkami. Były dwa dostępne modele walizek. Droższe, skórzane, i tańsze, płócienne w kratkę. Poza tym Żydzi kupowali kożuchy.

Na handel?

Nie, do Szwecji. Do noszenia. A, i jeszcze Żydzi się spotykali w Muzeum Narodowym, gdzie dawano pozwolenia na wywóz dzieł sztuki. Mi akurat nie dali.

Co chciałaś wywieźć?

Dwa obrazki wycięte z żurnala modowego i oprawione. Później się dowiedziałam, że wiele osób zanosiło takie rzeczy do ambasady duńskiej albo szwedzkiej i oni im to przewozili.

Mama cię odprowadzała, a siostra nie?

Jej już nie było, miała wyjechać po mnie, ale wyjechała pierwsza.

Odprowadzałaś ją?

Tak, z mamą.

Jaki był nastrój?

Minorowy. Wróciliśmy do domu i piliśmy wódkę. A kto wrócił po tym, jak mnie odprowadzali, nie wiem.

Ile czasu upłynęło między twoim wyjazdem a wyjazdem siostry?

Trzy tygodnie. Jechałam do Sztokholmu przez Berlin. W pociągu spotkałam ludzi, którzy też wyjeżdżali. Oni mieli butelkę wódki, ja miałam butelkę wódki… Urżnęliśmy się potwornie. Dotarliśmy do polskiej granicy. Byłam na pełnym luzie. Celnicy weszli do przedziału i kazali mi zdjąć walizki i otworzyć. Powiedziałam, że to nie jest robota dla kobiety. Zdjęli sami i przewrócili wszystko do góry nogami. Znaleźli sześć szklanek i sześć kieliszków do wódki. Kazali mi wybrać, które z nich zabieram. Wybrałam kieliszki. Poza tym wysłałyśmy z Alą skrzynię pełną książek. Z dzisiejszej perspektywy nie wiem, po jaką cholerę. W Berlinie wyszłam na chwilę z pociągu, ale byłam tak pijana, że szybko wróciłam i zasnęłam. Obudziło mnie walenie w drzwi przedziału. Otworzyłam, a po drugiej stronie stał mężczyzna w mundurze i coś mówił. Nie po polsku, nie po niemiecku... cały czas powtarzał: paszport, paszport. Dałam mu dokument podróży. Wziął, obejrzał, oddał. Poszłam spać. A potem działo się dużo różnych rzeczy. Sam widzisz, gdzie teraz jestem.

Jakie masz dzisiaj obywatelstwo?

Mam paszport szwedzki i mam amerykański. Do Polski wjeżdżam na amerykańskim i za każdym razem umieram ze strachu.

Dlaczego?

Dwa pierwsze razy, kiedy próbowałam wjechać do Polski, nie zostałam wpuszczona. Raz, kiedy płynęłam promem w 1972, okazało się, że jestem na liście osób niepożądanych w PRL-u. I drugi raz, później, kiedy leciałam samolotem.

Dzisiaj jesteś Polką?

Nie.

A kiedy przestałaś być?

Myślę, że wtedy, kiedy byłam taka nawalona w pociągu opuszczającym Polskę.

Kim się wtedy stałaś?

Wtedy jeszcze nikim, ale potem poszłam się uczyć, co to znaczy być Żydówką.

Gdzie się tego uczyłaś?

Na uniwersytecie, na judaistyce. Najpierw studiowałam psychologię, potem skończyłam matematykę, a potem poszłam jako wolny słuchacz uczyć się, kim jestem.

Jak przyjechałaś do Szwecji, to nie byłaś Żydówką?

W pierwszym roku dostałam list od przyjaciela mamy – Mietka Libracha – który mieszkał w Stanach. W środku było dwadzieścia pięć dolarów. To była dla mnie wtedy kupa forsy. Poza tym była jeszcze kartka, na której było napisane „*Happy Hanukkah*". Napisałam do mamy, że dostałam kartkę od Mietka i że tam jest tak napisane, i co to znaczy „Hanuk". Przyszła odpowiedź: po pierwsze nie Hanuk, tylko Chanuka, a po drugie było całe wytłumaczenie, skąd to święto i tak dalej. Minęło kilka miesięcy, przychodzi kartka od Mietka: „*Happy Purim*". To co ja robię? Jeśli Hanuk to Chanuka, to Purim musi być Purimą. Piszę do mamy: co to jest Purima?

Wyjechałaś z Polski, bo byłaś Żydówką, i poszłaś na uniwersytet, żeby się nauczyć, co to znaczy.

I już wiem.

A Szwedką jesteś?

Nie jestem Szwedką, nie jestem Amerykanką. Ja po prostu już nie mam korzeni. Mogę mieszkać wszędzie, ale mam potrzebę, żeby byli tam też Żydzi.

Od dawna nosisz gwiazdę Dawida na szyi?

W tych papierach Instytutu Pamięci Narodowej jest napisane, że ja już w Marcu „prowokowałam gwiazdą na szyi", ale wydaje mi się to nieprawdą. Pierwszą gwiazdę kupiłam chyba dopiero w Szwecji.

Dlaczego ją nosisz?

To, co się wydarzyło w Marcu, było bolesne, ale najboleśniejsze było to, że ludzie, o których myślałam, że są moimi znajomymi, nagle zaczęli się ode mnie odwracać. I po to mam tę gwiazdę. Nie musisz się ze mną przyjaźnić, nie musisz mnie lubić, ale od samego początku musisz wiedzieć, że jestem Żydówką. Nie wytrzymam już tego drugi raz. Rozumiesz? Żeby nie było historii, że z czasem to odkryjesz i zaczniesz pluć mi w twarz.

Tato, czym było dla ciebie przemówienie Gomułki w Sali Kongresowej?

Było przerażające. Sala zachwycona, wreszcie mówił to, co chcieli usłyszeć. Same złe skojarzenia.

Z czym ci się to kojarzyło?

Z kronikami filmowymi, w których widziałem przemówienia Hitlera. Przypominało mi to wszystko, czego uczyli nas o Niemczech po 1933 roku. Gomułka stał na mównicy i nachylał się nad swoimi papierami, trochę też się ślinił. Wypowiadał swoje życiowe credo i musiał ciągle uciszać publiczność, bo oni wszyscy kipieli ze szczęścia.

Andrzej Krakowski

Nowy Jork, Stany Zjednoczone

Nie wiem, czy to Andrzej Krakowski rozmawia z Mikołajem Grynbergiem, czy Mikołaj Grynberg z Andrzejem Krakowskim.

Czas pokaże. A na początek opowiesz…

Na początku to się człowiek musi któregoś dnia urodzić. Ze mną jest taki problem, że nigdy nie widziałem swojej metryki urodzenia. Mam tylko dokument ze szpitala Ministerstwa Obrony Narodowej na ulicy Koszykowej w Warszawie.

To nie jest akt urodzenia?

To jest dokument, że jestem produktem leczenia towarzyszki Krakowskiej, żony podpułkownika Krakowskiego, która przebywała tam na leczeniu od 4 do 18 listopada 1946 roku i urodziła niemowlę płci męskiej, donoszone. Moją siostrę przyjmował na świat cztery lata później ten sam lekarz, doktór Przygodzki, i ona ma już normalną metrykę.

Opowiesz coś…

Opowiem ci trochę o rodzinie, żebyś rozumiał nasze dalsze losy. Ze strony mamy rodzina jest z Łodzi. Moją babką była słynna łódzka rewolucjonistka Tekla Borowiak. Po wojnie ulice i szkoły nosiły jej imię. Nawet zdarzyło mi się zostać zawiadomionym, przez miłą panią dyrektor, o zmianie patrona szkoły. Z mojej babci na księdza Tischnera. Tak że już wiesz – jestem z rewolucyjnej rodziny. Tata mamy był łódzkim telefoniarzem. Krakowscy – to była wielka rodzina. Mieszkali w Łodzi, w Częstochowie, Zduńskiej Woli, Piotrkowie, Lelowie, Zelowie, Koniecpolu i w Warszawie. Mogłeś wśród nich znaleźć skrajnych ortodoksów, bo jesteśmy potomkami Baal Szem Towa*, oraz zupełnie zasymilowanych właścicieli majątków, kopalni i browarów. Byli też bardzo biedni Krakowscy. I jeszcze jedna ciekawostka. Mój dziadek ze strony mamy był pół Niemcem, pół Polakiem.

A babcia Tekla była Żydówką?

Nigdy się o tym nie mówiło, ale wszyscy twierdzili, że miała bardzo semickie rysy. Była rewolucjonistką, a rewolucjoniści nie zajmują się takimi detalami. Z domu była Wojtczak, ale wszyscy w tamtej rodzinie byli bardzo ciemni.

Andrzej, ale...

Posłuchaj. Kiedy w 1989 roku kręciłem w Oświęcimiu *Triumf ducha*, tak sobie pod nosem powiedziałem, że moją babcię zabrali z fabryki i tutaj przywieźli. Dla mnie ta historia nie była jasna: babcia nie była Żydówką, dla Żydów byłem goj i szajgec**, a dla Polaków Żyd. Przyzwyczaiłem się. A tu przychodzi 1989 rok, jestem w dobrze tobie znanym miejscu, w Oświęcimiu, i tak sobie w obecności dyrektora muzeum bąkam pod nosem, że moja babcia tu była... A on od razu: jak się nazywała? Tekla Borowiak – odpowiadam. Została spalona w Birkenau przed szeregiem więźniarek, jako przestroga przed organizowaniem buntów – mówi pan dyrektor. Coś mi się nie składało. Przecież Brzezinka to był żydowski obóz, a ją nie z getta przywieźli, tylko prosto z fabryki. Panie Andrzeju, może trzeba spojrzeć prawdzie w oczy, ona była Żydówką – tak mi powiedział dyrektor. Wziąłem od niego papiery i pojechałem do Łodzi, do dwóch kuzynek mamy. Jedna mi powiedziała: ja bym się z Niemcami nie kłóciła, oni mieli świetną buchalterię.

Zadałeś...

* Baal Szem Tow (1690–1760) – rabin, cadyk, jeden z twórców chasydyzmu na terenach dawnej Rzeczypospolitej.

** Szajgec (jid.) – pogardliwie wobec kogoś, kto nie jest Żydem, dosłownie: łobuz, paskudnik.

Pewnie, że zadałem pytanie wprost, ale one ani nie były, ani były Żydówkami. Pokazałem to wszystko mojej siostrze, a ona to samo: ty z wszystkich chcesz Żydów zrobić. Dzidziu – mówię do niej – i tak byśmy w getcie wylądowali, bo im nie robiło różnicy, czy połowa, czy trzy czwarte.

Mama do końca wojny była w Łodzi?

Tak, przechowali ją niemieccy aptekarze, Szyrmerowie.

A...

A dziadek, bo o niego ci chodzi, tak? Dziadek, pół Niemiec, pół Polak, uciekł do Błaszek pod Rzeszowem. Twierdził, że był w Niemczech na robotach u bauera, ale potem się okazało, że był u kuzyna i tam czekał, aż się wojna skończy.

A o twoim ojcu...

On bardzo wcześnie zaczął komunizować. Już jako dziewięciolatek pracował w Częstochowie w hotelu Kupiecki jako pomocnik. Wpadł w „złe towarzystwo", bo tam już działali tacy towarzysze jak Stasiak i Broniatowski. Do wojny przesiedział prawie pięć lat za komunizm. W czasie wojny dostał się do Lwowa.

Miał rodzinę przed wojną?

Miał żonę, Edzię Szpicberg, i miał z nią dzieci. Na dzień przed wejściem Niemców do Lwowa towarzysze zostali ewakuowani, a ich rodziny zostały. Edzia poszła do Bełżca albo do Treblinki. Z córką i z synem. Ojciec miał jeszcze jedną córkę, która mu się przytrafiła po ewakuacji w głąb Rosji.

Potem jest długa historia mojego ojca: armia Andersa, Związek Patriotów Polskich, partyzantka Armii Ludowej. I wreszcie w lipcu 1944 zostaje dowódcą Batalionu Ochrony Rządu. Z tego potem powstała Służba Bezpieczeństwa, do której ojciec nie chciał iść, ale został wezwany przez Gomułkę i Bieruta, którzy zapewnili, że to będzie tylko na sześć tygodni.

Wiesz...

Trochę wiem. Szedł od miasta do miasta, rekrutował ludzi, dawał im broń i szedł dalej. Te sześć tygodni przeciągnęło się do trzech lat. To mój tata zainstalował Moczara na stanowisku szefa Wojewódzkiego Urzędu Bezpieczeństwa Publicznego w Łodzi. Przyjaźnili się jeszcze przed wojną, ale wtedy ich przyjaźń dobiegła końca, bo ojciec odbił mu moją mamę. To jest jak z mitu o pięknej Helenie, tyle że o pięknej Henryce.

To przez twojego...

Przez mojego tatę był cały Marzec i antysemityzm w Polsce, tak. Później ojciec był w Gdańsku, a w końcu w Warszawie, w urzędzie wojewódzkim. Jego zastępcą był Światło. Ojciec został pułkownikiem, a ponieważ już nie chciał tam być, to przenieśli go do Departamentu III w MSW. Znowu mówili, że to będzie sześć tygodni. Dali mu nominację na generała i przenieśli do administracji, czyli do cywila. Podobno nigdy nie dotarł do tego Departamentu III. Od 1948 roku do marca 1957 roku był dyrektorem Orbisu i szefem turystyki w randze ministra. W 1957 roku postawiono mu trzy zarzuty i posadzono na parę miesięcy. Wyszedł z domu śniady, a po wypuszczeniu wrócił biały jak papier. Nic nie chciał opowiadać, ale był zdeterminowany, żeby wyjeżdżać z Polski.

Pamiętasz...

Najlepiej pamiętam rewizje. Wracam do domu po szkole i najbardziej rzuca mi się w oczy, że wszystkie dywany są pozwijane. Rozumiesz, o co chodzi? Szukają schowków. W przedpokoju był dywan – nie ma. W pokoju dziadka – dywan zwinięty. Sypialnia mamy – zwinięty.

Spali osobno?

Najpierw spali razem, ale ojciec tak chrapał, że zrobili osobne sypialnie, ale połączone wewnętrznymi drzwiami. Wchodzę do sypialni ojca, a on siedzi za stołem, a obok niego tajniacy. Mimo że był aresztowany, panował nad nimi. Nie pozwolił im zacząć rewizji, dopóki przy każdym z nich nie było jakiegoś domownika. Wiem, jak działa wasz system – mówił do nich. Wiedział, że będą próbowali coś podrzucić. Gdy mnie zobaczył, kazał dzwonić do mamy i powiedzieć, że jest w domu. Pracowała wtedy w radiu, ale bardzo szybko przyjechała. Chwilę później wrócił dziadek. Był na niezłej bani, bo zdrowo pił.

Gdzie…

Cegłowska 38, na Bielanach. To była dwurodzinna willa, wyjęta z kwaterunku. Drugą połowę miał najstarszy przyjaciel ojca, Ludwik Zagórski, przed wojną Leon Winter, dąbrowszczak. Po wojnie wspólnie odbudowali tę willę.

Tam mieszkały dwie rodziny?

Tuż przed aresztowaniem ojca został repatriowany jego brat z żoną Rosjanką i moją stryjeczną siostrą, Klarą. Mieszkali w suterenie. Pech chciał, że ten stryjek wszedł do domu w trakcie rewizji. Był już wtedy u nas Konon, prokurator. Kononowicz się chyba nazywał, ale wszyscy mówili na niego Konon. Spojrzał na mojego stryjka, na mojego ojca i jeszcze raz… Nie mógł zrozumieć, co się dzieje, bo byli tacy sami, tylko jeden ciemny, drugi jasny. Po chwili rzucił się do stryjka, żeby go przeszukać. A stryjek był prosto z Rosji, więc znał zasady i jak na niego ryknął: *A paszoł ty w pizdu! Ruki won!* Konon się przedstawił, a stryjek pyta: a nakaz na mnie masz? Jak nie masz, to nie ruszaj!

Wiesz, czego szukali?

Nie wiedzieliśmy. Z siostrą poszliśmy do naszego pokoju, a zaraz potem weszła mama i wsunęła mi do ręki złożoną karteczkę, i powiedziała, że muszę ją dać tacie. Nie wiedziałem, jak mam to zrobić, to mama zaaranżowała taką sytuację: ja biję siostrę i ona zaczyna wrzeszczeć. Mama wiedziała, że tata wtedy zareaguje. Na początku nie bardzo nam szło, ale w końcu ją trzepnąłem, ona zaczęła się drzeć i ojciec podbiegł. Udało się, dałem mu kartkę. Zaraz potem poszedł do ubikacji, żeby przeczytać.

Co było…

Nie wiem, do dzisiaj nie wiem, co było napisane na tej kartce.

Andrzej, mieliśmy rozmawiać o sześćdziesiątym ósmym.

Musisz zrozumieć, kim był mój stary, żebyś rozumiał to, co się później stało. Konon wstał, podszedł do mnie i zapytał, czy nie widziałem w domu srebrnych monet. Widziałem – mówię. A gdzie? Wsadzam łapy do kieszeni, a oni się rzucili na mnie, wykręcili ręce, przeszukali i znaleźli srebrne monety. Takie czeskie czekoladki zawinięte w aluminiowe sreberka. Tata mi je przywiózł z Pieszczan, gdzie był przed aresztowaniem na leczeniu. Ja zacząłem się śmiać, a ten Konon jak się nie zdenerwuje, jak mnie nie pacnie łapą w pysk... Ojciec się na niego rzucił, ledwo ich rozdzielili. Konon się otrzepał i poszedł dzwonić, a ojciec za nim, i wyrwał kabel ze ściany. Z mojego domu nie będziecie dzwonić, Konon – powiedział. My mamy skąd dzwonić, bo tu i posterunek milicji, i straż pożarna. I wyszedł. Wtedy ojciec zamknął drzwi na klucz, z mamy pokoju przyniósł dubeltówkę, pach, pach, pach, załadował, posadził mnie w fotelu naprzeciwko drzwi i kazał w nie celować. Jak ten pan, który cię uderzył, będzie chciał wejść przez te drzwi, to... masz moje pozwolenie, tutaj masz nacisnąć. A ja siedzę, policzek mnie piecze po uderzeniu Konona...

Andrzej...

Zaczekaj, to jest filmowa scena. Konon wraca, a oni mu mówią, że nie może tam wejść, bo syn towarzysza Krakowskiego siedzi z wycelowaną w drzwi dubeltówką. Konon znowu wyszedł zadzwonić i po trzech minutach wokół domu stały trzy samochody milicyjne. W czasie jego nieobecności prokurator Wiśniewski, bardzo porządnie się zachował, spisał protokół i kazał się ojcu podpisać. Gdy Konon wrócił, wszystko już było załatwione, ale ja dalej miałem tę dubeltówkę w rękach. Krzyczał na ojca, że dziecko uczy takich rzeczy, i zabrał mi broń. Okazało się, że była nienabita.

Za co ojca posadzili?

Próbowali zbudować dużą sprawę, ale skończyło się na oskarżeniu, że w jednym z pensjonatów Orbisu nie zostały rozliczone trzy koce. Rozumiesz, jemu podlegały wszystkie pensjonaty, hotele, wagony restauracyjne, sypialne, a oni o trzech kocach. Ta historia miała bardzo śmieszną pointę. Po latach opowiedziałem ją Esterce Bekier, która mieszka w Kanadzie. Skończyłem, a ona spuszcza oczy i mówi: to przez nas. Byłam z mamą w pensjonacie, tam były takie fajne koce, to myśmy je rąbnęły. Poza tym próbowali ojca oskarżyć o kumoterstwo, bo po procesach generałów zatrudniał ich żony w Orbisie. Wzywali go do Biura Politycznego i Ostap Dłuski strasznie na niego krzyczał, a tata mówił: po pierwsze ich dzieci muszą jeść, a po drugie dajcie mi kogoś lepszego niż one. I jeszcze tylko jedna historia o moim tacie. Tuż przed aresztowaniem kazali mu zrobić listę Żydów pracujących w Orbisie. Ojciec poszedł do Komitetu Centralnego i położył im na stole kartkę. Było na niej jedno nazwisko – Józef Krakowski. Szukacie Żydów, oto Żydzi. Zawsze się zastanawiałem, jak to było, że on im się tak ciągle stawiał. Kiedyś zapytałem o to Gienka Szyra, a on mi na to: zapominasz, kim była twoja babcia. I rzeczywiście, jak popatrzeć, kto wtedy rządził w partii, to było jasne jak słońce. To była grupa łódzka, wychowankowie mojej babci: Gomułka, Tatarkówna, Spychalski, Kliszko, Moczar, Witaszewski, Olszewski, Loga-Sowiński... Jak tylko ojca wsadzali czy zdejmowali z jakiegoś stanowiska, to moja mama biegła do KC, a oni już tam organizowali jakąś komisję i szybko to wszystko odkręcali.

Byłeś wtedy Żydem?

Tak.

Jakieś tradycje były w domu? Może maca?

Tak, była maca.

Kto...

Kierowca jeździł po macę. Mam dla ciebie dobrą historię. Kiedyś pan Wiertlewski – kierowca ojca – wraca z macą z gminy i pyta: szefie, a towarzysz Strumiński też Żyd? Dlaczego pytacie o Strumińskiego? – pyta tata. Bo jego kierowca też był po macę. Poza tym to nam mówiono, żeby się nie afiszować. Przez pierwsze trzy lata szkoły był spokój, a potem wprowadzili religię do szkół. Było nas dwóch z klasy, którzy mogli raz w tygodniu dłużej spać, bo religia była na pierwszej lekcji. I wtedy się zaczęło. Kroili mi tornistry. Ile ja miałem pociętych tornistrów. Cięli. Gwiazdę rysowali. Potem zaczęły się przezwiska: Mosiek, Srulek, Jojne... Brodę pokazywali. Opowiadałem ci o Aloszce? To był syn siostry pierwszej żony mojego taty.

Edzi.

Tak. Wprowadził się z mamą do nas na jakiś czas. W szkole dostawał mocne cięgi.

Za to, że Rosjanin...

Za to, że Żyd. Wtedy zapisałem się na Akademię Wychowania Fizycznego, na boks, i zacząłem się bronić.

Mówiłeś, że jak ojciec wyszedł z więzienia, to powiedział, że chce wyjechać z Polski.

Wyszedł i złożyliśmy papiery. Dostaliśmy paszporty emigracyjne. Ojciec nie chciał jechać do Izraela, to złożyliśmy o kanadyjskie wizy, bo większość rodziny tam właśnie była. Moja siostra dostała wizę, ja dostałem, dziadek pół-Niemiec dostał, a mama z ojcem dostali odmowę. I to wydarzenie zeszło się z tym, że Ford, Rybkowski i Wohl zaproponowali ojcu pracę w filmie. Co ja wiem o filmie? Filmu to my cię nauczymy w trzy tygodnie. Ty masz wszystko inne, czego my potrzebujemy. Ojciec został szefem zespołu Kamera. Tam byli Munk, Wajda, Has, Polański, Hoffman... i zostaliśmy. Zaczął się dla mnie bardzo ciekawy czas, bo przez nasz dom przewijały się takie osoby jak Diego Rivera, Pablo Picasso, Pablo Neruda, Nazim Hikmet, Ilja Erenburg, Yves Montand.

Byłem na wakacjach z marszałkiem Tito, mam zdjęcie z premierem Nehru.

Do kiedy...

Prawie do końca tak było. Do szkoły filmowej zdałem w 1964 i stamtąd pojechałem do Hollywood.

Skończyłeś studia?

Teoretycznie skończyłem, bo miałem napisaną i złożoną pracę. Została tylko obrona, ale żeby pojechać na staż do Paramount, musiałem być studentem. Z Polski wyjechałem 14 lipca sześćdziesiątego ósmego roku. Oficjalnie do Hollywood na stypendium Ministerstwa Kultury. Ojca wywalili z filmu w sześćdziesiątym ósmym. Po prostu zlikwidowali dwa zespoły filmowe. Jeden ojca, drugi Forda. W kwietniu ukazały się w łódzkiej prasie artykuły na mnie. Przyjechałem z tym do ojca, a on mówi: o, tym razem zaczęli od ciebie. Pewnie za miesiąc mnie zwolnią. I rzeczywiście, zwolnili go w maju.

Jak ci się udało dostać to amerykańskie stypendium?

Byłem u rodziców i zadzwonił wiceminister kultury Garstecki. Powiedział, że wie, o czym pisałem pracę magisterską.

O czym?

Wpływ emigracji niemieckiej lat trzydziestych na estetykę filmu amerykańskiego lat pięćdziesiątych. Te wszystkie Billy Wildery i Fritze Langi. Pojechałem do niego, na plac Komuny Paryskiej, dzisiaj plac Wilsona. Ojciec się z Garsteckim przyjaźnił, ale najbardziej przyjaźniła się z nim moja mama. Powiedział, że wydaje mu się, że to jest coś, co powinno mnie bardzo zainteresować, i że on uważa, że powinienem tam pojechać. Wróciłem do ojca, opowiadam, a on mówi: to prowokacja. To już było w maju, po tych łódzkich gazetach i tak dalej. Potem chwilę pomyślał i zmienił zdanie. Rodzina, która przedtem była w Kanadzie, od jakiegoś już czasu mieszka w Los Angeles, z głodu nie zginiesz. Do odważnych świat należy, ale dobrze by było, żeby Dzidka – czyli moja siostra – z tobą pojechała. Jeszcze nie wiem jak, ale to załatwię – powiedział.

Czy…

Ojciec już od Marca wiedział, że będzie wielka rozróba. Załatwił siostrze paszport turystyczny, ja miałem na pobyt czasowy i pojechaliśmy. 14 lipca wylądowaliśmy w Paryżu. Kuzyn zabrał nas na Sorbonę, tam pałowali jeszcze bardziej niż w Warszawie. Następnego dnia wsiedliśmy w samolot i 16 lipca sześćdziesiątego ósmego wylądowaliśmy w Los Angeles. Zamieszkaliśmy u kuzynów, a ja zacząłem staż w Paramount Pictures. Po trzech tygodniach u mojego kuzyna zadzwonił telefon. To był pułkownik Glanc z Warszawy, szef Biura Paszportów. Wpłynęło do nas podanie Józefa Krakowskiego o wyjazd do Izraela. Nie rozpatrzymy tego podania, dopóki nie zrzekniecie się polskiego obywatelstwa i nie odeślecie nam swoich paszportów. No i zrobił się bałagan. Siostra twierdziła, że tuż przed wyjazdem ojciec jej powiedział, że to jest na zawsze. Mnie dla odmiany powiedział: nawiąż kontakty, zrób, co masz zrobić, i wracajcie. Dla Dzidki wyjazd w tamtym momencie to był idiotyzm. Mogła zostać jeszcze rok i wyjechać z maturą. Z kuzynami też nie było prosto, bo oni myśleli, że nam życie ratują. Że niby my biedne dzieci z Polski, a ja im, że przyjechaliśmy na sześć miesięcy. Nic z tego nie rozumieli, bo ich wspomnienia z Polski dotyczyły głównie lat 1939–1945. Zagłada, zniszczenie, cmentarze, a tu przyjechaliśmy my: lepiej wykształceni od ich dzieci, więcej świata widzieliśmy. Kompletne nieporozumienie. Kuzyn mnie bierze na zewnątrz i pokazując na lincolna continentala, pyta, czy widziałem taki samochód. Skąd on mógł wiedzieć, że właścicielem jednego z dwóch prywatnych mercedesów w Polsce był mój tata.

A drugi…

Drugiego miał Burgin.

Co z paszportami?

Napisałem do nich złośliwy list. Przyszła odpowiedź, że to nie ich sprawa, a moje opinie polityczne w tej sprawie ich nie interesują. Kazali się komunikować z konsulatem polskim w Chicago. No i my, pod presją, w końcu wysłaliśmy im te paszporty. Po tygodniu wróciły z adnotacją, że ktoś niekompetentny i niezorientowany wprowadził nas w błąd. Mamy natychmiast wrócić do Polski i tam zwrócić paszporty.

Miałeś dwadzieścia jeden lat i...

Kompletny bałagan w głowie. Ojciec mi powiedział, że propozycja mojego wyjazdu to prowokacja, ale zachęcał mnie. To go zapytałem: Józek, a co będzie z tobą? Bałem się, że jeśli coś pójdzie nie tak, rozpadnie się nam rodzina. Mama już nie żyła, bałem się, co będzie z nami dalej. Ojciec wygłosił wtedy dłuższą przemowę. Co oni mogą mi zrobić? Poczekam kilka miesięcy i pójdę na generalską emeryturę. Z Polski nie wyjadę. Ja budowałem ten system, nie mogę uciekać z tonącego okrętu. Miejmy nadzieję, że nic się nie stanie. Jedźcie. No i gówno. Stało się odwrotnie. Dali ojcu dokument podróży. On zdał dom, co było skomplikowane, bo mieliśmy go na spółkę z Zagórskimi. Potem zdał samochód, a dzień przed wyjazdem odebrali mu dokumenty.

Dlaczego?

Pod pretekstem, że my nie oddaliśmy paszportów, mimo że oni nam już te paszporty odesłali.

To było...

Sierpień sześćdziesiąty ósmy, wtedy dostałem list od ojca, w którym mnie opierdala od góry do dołu, żeśmy go zostawili na odstrzał. Że nasz egoizm jest ważniejszy niż miłość do ojca. Szantażuje nas emocjonalnie, a my nie wiemy, o co mu chodzi.

Dzisiaj wiesz...

Dzisiaj wiem, co się działo dalej. Ojciec poszedł do mojego stryjka na Koszykową. Z jego okien było widać biuro generała Konarzewskiego, szefa Wydziału Paszportowego

Ministerstwa Spraw Wewnętrznych. Zadzwonił do niego i widział, jak odbiera sekretarka. Widzi Konarzewskiego w biurze i słyszy odpowiedź sekretarki: nie ma towarzysza Konarzewskiego. Proszę powiedzieć generałowi, że będę dzwonił codziennie. Kolejnego dnia będę dzwonił dwa razy częściej niż poprzedniego. Następnego dnia zadzwonił dwa razy, potem cztery, osiem razy... aż w końcu zaczął dzwonić co piętnaście minut. Ta sekretarka w końcu przestała przychodzić do pracy. Wreszcie Konarzewski odebrał, a ojciec mu powiedział, że go widzi. Na migi umówili się w Łazienkach i poszli na spacer. Kto wydał decyzję? – pyta ojciec. Witaszewski. On był wtedy dyrektorem Wydziału Administracyjnego KC, to też był wychowanek mojej babci. Ojciec poszedł pod jego dom i cierpliwie poczekał. Kazik, albo ja dostanę dokument podróży, albo za czterdzieści osiem godzin słuchaj Wolnej Europy. Następnego dnia dostał dokument podróży z nakazem opuszczenia Polski w ciągu dwudziestu czterech godzin. Wszystko miał już spakowane, więc zawiózł tylko na cło i poszedł do Czytelnika pożegnać się z przyjaciółmi. Tam spotkał Adka Forberta, który mu powiedział, że coś się dzieje, bo na dzisiaj wieczór wysłali wszystkie kamery Kroniki Filmowej na cło. Ojciec tam pojechał i wiesz, co mu przygotowali? Zwieźli eksponaty z Muzeum Narodowego i wymieszali z bagażem ojca. Nakręcili odcinek pod tytułem: „Co Żydzi wywożą z Polski". Tej nocy zresztą ktoś nam podpieprzył oryginalny obrazek gołębia pokoju z gałązką oliwną Pabla Picassa. Po lewej stronie Picasso napisał list, którego ostatnie zdanie brzmiało: *Qui est le fou**? Zabrali mu sporo innych rzeczy też. Pojechał do Wiednia, a stamtąd odebrali go Niemcy, z którymi przedtem nakręcił trzy filmy. Od razu dostał pracę w niemieckiej telewizji. W 1973 miał masywny zawał. Umarł w 1986 roku we Frankfurcie.

* *Qui est le fou?* (fr.) – Kto jest szaleńcem?

Dlaczego twój ojciec...

Zdecydował się wyjechać? Stracił pracę, a jak zaczął szukać, to zaproponowali mu posadę konduktora kolejowego. Mówił mi, że gdyby go zostawili w spokoju i dali mu być bezimiennym pracownikiem w fabryce, toby został. Oni chcieli mnie upokorzyć i wysłali mnie tam, gdzie wszyscy mnie znali, ja byłem ich szefem, ich ministrem – mówił. To ja ich pieprzę i wyjeżdżam. I wtedy złożył podanie. I wtedy my odesłaliśmy paszporty.

A twój amerykański początek?

Romek Polański zrobił przyjęcie z okazji naszego przyjazdu. Tam spotkałem polski satyrykon: Polański z żoną Sharon, Jurek Abratowski, znany kompozytor, Witold Kaczanowski, malarz, Henio Grynberg, pisarz, Gene Gutowski, Marek Hłasko i Krzyś Komeda. Jak oni wszyscy zobaczyli moją siostrę, to im się oczka zaświeciły. Ona od początku wpadła w mocny wir życia towarzyskiego.

Z czego żyłeś?

Pracowałem fizycznie. Robiłem przykręcane do ścian półki. W fabryce przyjaciela moich kuzynów, Szmula Salzberga. Byłem kierowcą tira. Gdyby nie Marek Hłasko, który przez telefon udzielił mi lekcji, jak tym jeździć, nic by z tego nie było. Pracowałem w hurtowni odzieżowej. Nawet zaprojektowałem marynarkę, ale wyszła za duża, bo zwymiarowałem ją w centymetrach, a oni ją zrobili w calach. Cały czas szukałem dojścia do filmu. Polańskiego już nie było w Stanach. Komeda już nie żył. Frykowski już też nie żył. Poszedłem do Bronka Kapera. Był w zarządzie Akademii Filmowej. Miał już za sobą Oscara za muzykę do *Lili*. Powiedział mi tak: panie Andrzeju, gdybym ja pomagał każdemu Polakowi, który mnie o to poprosi, to ja bym nie miał czasu na nic. Niech pan spróbuje, jeśli ktoś panu pomoże, ja chętnie zasekunduję. I wiesz co, ja mu powiedziałem: panie Bronku, jak ktoś mi raz pomoże, nikt więcej nie będzie mi musiał pomagać.

Jakoś opatrzność nade mną czuwała, bo parę tygodni później przyjechała do Los Angeles trupa Idy Kamińskiej z Nowego Jorku. Znaliśmy się z nią jeszcze z Warszawy, to poszedłem za kulisy się przywitać. Była miła, przedstawiła wszystkich wszystkim i mówi do mnie: to pan Józef Lejtes. Jak usłyszałem „Józef Lejtes", to o mało w portki nie nawaliłem. Na zajęciach z historii filmu u Toeplitza w łódzkiej szkole to my przez semestr zajmowaliśmy się tylko nim. Zacząłem mu to wszystko opowiadać i coś go w tym ujęło, bo wziął mnie pod swoje skrzydła. Mnie i Marka Hłaskę. To był bardzo dziwny układ, bo za wszystko, czego Marek nie robił, ja dostawałem w łeb. A Marek pił, Marek nie uczył się angielskiego, Marek bił, Marek nie pracował, Marek cały czas był w tarapatach. Wracałem z pracy do domu, a tam dzwonił telefon. Lejtes: idziesz do szkoły? Nie obchodziło go, czy jestem zmęczony, czy nie, miałem iść uczyć się języka.

Udało ci się skończyć studia filmowe?

Znowu miałem szczęście, bo do Los Angeles przyjechał Stanisław Wohl. Miał pomagać przy organizacji Amerykańskiego Instytutu Filmowego. Spotkaliśmy się, a on mi mówi, żebym składał papiery do tego instytutu. To ja na to: bardzo chętnie bym złożył, ale nie mam dyplomu ukończenia studiów. Powiedział, żebym się nie martwił, że przecież wszystko leży w szkole gotowe – nic, tylko podpisać. Wohl napisał do Łodzi. Po jakimś czasie przychodzi odpowiedź od p.o. rektora, Bolesława Lewickiego, z którym miałem zajęcia. Ta odpowiedź brzmi: nie było u nas studenta o nazwisku Krakowski. Wohl się wściekł i zamówił rozmowę z Łodzią. Żelazna kurtyna plus inne niedogodności spowodowały, że rozmowa będzie za dwa dni, i to w środku nocy. Przychodzimy, telefon dzwoni, Wohl odbiera i słyszę, jak ryczy na Lewickiego: jak ty się zachowujesz? Co ty sobie wyobrażasz? Jak można się tak zachowywać? Jestem tu na miejscu i wszystko potwierdzę. Parę tygodni potem przychodzi list podpisany przez p.o. rektora Lewickiego. Mam potwierdzenie czterech lat studiów. Wohla już nie ma w Stanach, bo poprosił o przedłużenie paszportu, ale mu przysłali, że takiego wała, ma natychmiast wracać. Przyjęli mnie warunkowo, ale muszę pokazać dyplom. Zaczynam szukać kontaktu do Wohla, a to nie jest proste, bo on miał dwie rodziny. Jedną w Warszawie z Renatą Kossobudzką, a drugą w Łodzi z Haliną Billing-Wohl. Tam miał dwie córki i syna. W końcu go namierzyłem, a on mówi: Andrzejku, ja ci powiem, co zrobimy. Zrobił dla mnie niewyobrażalną rzecz. W czerwcu 1969 zorganizował obronę mojego dyplomu w Berlinie. Przyjechali on, Kotowski, który zastąpił już wtedy Lewickiego, i Bosak z Kopenhagi.

W Berlinie Wschodnim?

Tak. Ja nie miałem żadnych ważnych dokumentów, ale znalazł się amerykański znajomy, który postanowił pomóc i dał mi swój paszport. Nazywał się Andrew i był adwokatem. Przyleciałem do Berlina Zachodniego, przeszedłem przez Checkpoint Charlie i spotkałem się z moją komisją w hotelu Mitropa.

Miałeś prawdziwy egzamin?

Tak. Musiałem obronić pracę magisterską, którą napisałem rok wcześniej. Wpisali mi tę obronę do indeksu i cześć. Zrobiłem fotokopie i pojechałem do Hollywood, ale ze względów ostrożnościowych poleciałem przez Kanadę. Na początku 1970 roku byłem już w Instytucie Filmowym. Specjalnie dla mnie stworzyli kierunek produkcja. Uznali, że po łódzkiej szkole nie ma co mnie uczyć reżyserii.

Ściągnąłeś swoje…

Moje szkolne filmy zostały zniszczone. Są ślady po tym, że je zrobiłem, ale ich samych nie ma. Podobno po tym, jak mi odebrano paszport, przyszła bezpieka i je zabrała.

Co ci zabrał sześćdziesiąty ósmy?

O, ciekawe pytanie. Odarł mnie ze złudzeń. Rodzina nam się rozpadła w ciągu jednego dnia.

Byłeś wtedy Polakiem?

Zawsze byłem Polakiem!

A dzisiaj?

No pewnie, dzisiaj też.

Dzisiaj jesteś bardziej Żydem niż wtedy?

W sześćdziesiątym ósmym roku zrobiono z nas grupę. Powiedziano nam, że jesteśmy mniejszością narodową, której u siebie nie chcą. Staliśmy się niechciani, nielubiani i toksyczni. Ludzie zaczęli się od nas odwracać. Wiesz, w 2003 roku pokazywałem w Warszawie jeden ze swoich filmów. Tam jest taki kawałek, w którym opowiadam, że w MSW powstał wydział do szukania żydowskich korzeni polskich obywateli. Film się skończył, przyszedł czas pytań. Siedzimy na scenie we trzech: Michał Sobelman, czyli attaché kulturalny z ambasady Izraela, profesor Eisler i ja. Z publiczności pada pytanie, czy rzeczywiście w MSW działał taki wydział. Jurek Eisler wyjął mi mikrofon z ręki i powiedział: jestem historykiem i panu odpowiem, czy taki wydział istniał. Między wojną sześciodniową a 1971 rokiem do MSW wpłynęło tyle donosów, że do dzisiaj nie udało nam się jeszcze wszystkich opracować. Czy to był wydział, proszę pana? To był, proszę pana, cały kraj.

Andrzej, wiedziałeś, że któregoś dnia wyjedziesz z Polski?

Rodzice zawsze nam mówili: przyjdzie taki dzień, że nas stąd wyrzucą. Więc kiedy nam odebrali te paszporty w Los Angeles, to zrozumieliśmy, że to, o czym rodzice mówili, właśnie się stało.

Od kiedy jesteś Amerykaninem?

W ogóle nie jestem Amerykaninem. Jestem z Polski, mieszkam w Ameryce. Jestem humanistą.

Powiesz coś wesołego na koniec?

W 1993 roku zadzwonił u nas telefon. Waldemar Dąbrowski, wiceminister kultury i szef Komitetu Kinematografii, dzwonił z propozycją, żebym napisał scenariusz *Ogniem i mieczem* dla Hoffmana. Dlaczego ja? – pytam. Andrzej, ty jesteś jedyny, który to może zrobić. Dla nas to za duża produkcja, u nas to się nie zwróci. Świetnie funkcjonujesz, zrobiłeś ostatnio w Polsce cztery amerykańskie filmy. A poza tym chcielibyśmy, żeby to był film dla Zachodu i żeby to była wizytówka polskiej kinematografii. Poczułem się tak, jakbym się naćpał czegoś, zacząłem się śmiać, a jak się uspokoiłem, to powiedziałem: Waldek, ty to masz, chłopie, hucpę, że sobie wizytówkę polskiej kinematografii zamawiasz u nowojorskich Żydów. Jakiś ty nowojorski Żyd? – mówi. – Przecież ty jesteś jednym z nas. Nie jestem jednym z was, Waldku. Wy mi zabraliście dokumenty dwadzieścia pięć lat temu, zabraliście mi kraj i zabraliście mi obywatelstwo. Mogę być wszystkim, ale na pewno nie jednym z was.

Zosia Braun

Tel Awiw, Izrael

Przedstawisz się?

Zanim się przedstawię, chcę, żebyś wiedział, że należę do grupy marcowych emigrantów, ale moja ścieżka życiowa bardzo się różni od pozostałych. Uważam, że w Polsce Holokaust odbył się dwukrotnie. Pierwszy polegał na fizycznej anihilacji Żydów przez hitlerowców, drugi – na zahamowaniu odrodzenia narodu żydowskiego przez Związek Radziecki. Na szczęście oba te straszne systemy poniosły klęskę, a naród żydowski ma dzisiaj swoje własne, okupione krwią, państwo Izrael.

Traktuję to jako wstęp i liczę na ciekawą rozmowę.

Ja też. Teraz już mogę się przedstawić. Mam trzy imiona. Serka, po babci z Tarnopola; Sofia, tak mnie nazywali w Leningradzie; i Tzofija, hebrajskie imię o dwóch znaczeniach: Oczekiwanie i Obserwacja. Wszystkie są bardzo sygnifikantne.

Znaczące.

Wieloznaczące.

A które jest dla ciebie najważniejsze?

Wszystkie, bo taki jest mój opis.

Opisują koleje życia?

Masz rację, to są koleje mojego życia.

To jest zawsze ta sama osoba?

Niby zawsze ta sama, ale to jednak wiele osób naraz.

Kiedy się urodziła ta osoba?

W 1947 roku. Pochodzę z powojennego pokolenia, tak zwanych *baby boomers**. Jestem jak wszyscy, a jednocześnie nikt nie jest taki jak ja.

Co cię różni od reszty?

Urodziłam się w Tarnopolu. Przed wojną to była Polska, a jak ja się rodziłam, to była Rosja, tak?

Związek Radziecki.

A teraz? Ukraina. Można powiedzieć, że od zawsze prowadzę życie koczownicze. Rodzice poznali się po wojnie. Tata był jedynym człowiekiem ze swojej rodziny, który przeżył. Był w Armii Czerwonej. Znalazł się w Leningradzie i szukał tam miejsca, żeby się zatrzymać na kilka tygodni. Powiedzieli mu, że wdowa z córką mają wolny pokój. To były moja babcia i mama. Przeżyły oblężenie Leningradu i były jedynymi, które miały własne dwupokojowe mieszkanie. Znalazł mieszkanie i znalazł żonę. Pobrali się w 1946 roku.

Mówisz po rosyjsku?

Mówię, bo mieszkaliśmy tam dziesięć lat. Pięć osób: rodzice, babcia, ja i siostra. W 1957 była wielka repatriacja i tata wyjechał do Polski. Mama powiedziała, że nigdzie nie wyjeżdża. Była rosyjską Żydówką, a jej mama była chasydką Rebe Lubawicz.

Dlaczego twój tata wyjechał bez was?

To był straszny czas. Wszyscy jego znajomi siedzieli w więzieniach. Wiedział, że musi uciekać. A mama powiedziała, że nigdzie nie jedzie, z wielkiego strachu. Babcia powiedziała, że jeśli tata zabierze ze sobą rodzinę, to ona umrze. I wiesz, co on zrobił?

Wyjechał.

Poszedł do rabina, żeby nie być o to oskarżonym. Rabin go wysłuchał i powiedział: nikt nie żyje wiecznie. W ten

* *Baby boomers* – pokolenie ludzi urodzonych w latach 1946–1964, w czasie powojennego, gwałtownego wzrostu urodzeń.

sposób tata dostał od niego rodzaj zezwolenia. Dojechałyśmy do niego po trzech miesiącach: mama, ja i moja młodsza siostra.

A babcia?

Została w Leningradzie.

Pamiętasz tę podróż?

Najlepiej pamiętam, że to była wielka tajemnica, nikt nie mógł się dowiedzieć, że wyjeżdżamy. Nikomu, ani koleżankom, ani sąsiadom, nie wolno było nic powiedzieć.

Czego się najbardziej bałaś?

Dwornika. To taki portier-dozorca, a tak naprawdę ukryty milicjant.

Widziałaś jeszcze potem babcię?

Moja babcia – Sarah Batia Szmulewicz – była prawdziwą chasydką i nauczyła mnie życiowej dewizy: nie bój się człowieka, nie bój się nikogo oprócz Pana B-Ga*. Była jedną z pierwszych emigrantek ze Związku Radzieckiego. W wieku osiemdziesięciu trzech lat wyjechała z Leningradu do Izraela. Sama. To ona nauczyła mojego młodszego syna mówić w jidysz. Muszę ci jeszcze powiedzieć kilka słów o B. P., mojej mamie, która była niezwykłą kobietą. Bardzo ładna i zawsze zadbana. Ojca straciła, gdy miała dwanaście lat. Przeżyła blokadę Leningradu, właściwie nigdy nie narzekała. W Polsce żyła wśród podobnych do niej koleżanek – żydowskich emigrantek z Rosji. Nigdy nie opanowała idealnie polskiego, co ją bardzo krępowało. Była dumna i miała twardy, rosyjski charakter – gotowa przetrwać każdą sytuację. Była twarda jak stal.

Jeździłyśmy do babci co rok, nawet dwa razy w roku. Stać nas było, bo nam się w tej komunistycznej Polsce dobrze powodziło.

* Pan B-G – w ortodoksyjnym judaizmie nie wypowiada się imienia Boga na głos.

Przez Warszawę trafiliśmy do Wrocławia. Tata znalazł dla nas czteropokojowe mieszkanie przy ulicy Jedności Narodowej. Nasze leningradzkie mieszkanie to była może połowa naszego wrocławskiego salonu. Miałam tam swój pokój z kominem.

Z kominkiem.

Tak, siostra też miała swój pokój, rodzice swój i jeszcze były kuchnia i salon. I tam przez jedenaście lat żyliśmy na walizkach. Byliśmy emigrantami.

Rozmawialiście o wyjeździe z Polski?

Miało się takie poczucie, że to nie jest koniec podróży. A z rozmawianiem to nie było najlepiej. Tamto pokolenie raczej mało mówiło – próbowali żyć.

Czym twój tata się zajmował we Wrocławiu?

Mój tata był zawsze bardzo przedsiębiorczy, miał dużo inicjatywy. Był typowym polskim Żydem z Galicji. Miał w sobie bardzo dużo radości i w każdej sytuacji widział jakieś korzyści. Był wybitnym przemysłowcem. Jako pierwszy zaczął używać tworzyw sztucznych. To się nazywało Zakład Wytworów z Tworzyw Sztucznych.

Zakład Wytwórstwa.

Może nie wytwórstwa, ale przerobów. Wiesz, co on robił? Plastiki. To był początek chemii organicznej. Dlatego poszłam później na chemię. Dla mojego taty, bo go uwielbiałam. Moi rodzice są moimi wielkimi bohaterami! Może dzisiaj z perspektywy czasu bardziej rozumiem ich trudności w budowaniu domu i rodziny w trzech państwach. Za każdym razem musieli budować od początku. Tata do dzisiaj jest moim wielkim bohaterem.

Co potem robili z tych plastików?

Przyrządy do geometrii: kątomierze i linijki do szkoły. Dotychczas wszystko było z drewna lub z metalu, a tata zaczął to zmieniać. Rozchodziły się po całej Polsce.

Mieliście samochód?

Tak, warszawę.

Do jakiej szkoły chodziłaś?

Chodziłam do żydowskiej szkoły imienia Szaloma Alejchema przy ulicy Pereca we Wrocławiu. Do Polski przyjechaliśmy w czerwcu 1957 roku, czyli na wakacje, a od września poszłam do szkoły. To była taka szkoła, że przez trzy lata nie udało się w naszej klasie założyć dziennika. Ciągle ktoś przyjeżdżał albo wyjeżdżał.

Mówiłaś po polsku?

Bardzo nad tym pracowałam, bo nie chciałam mieć rosyjskiego akcentu. Byłam celującą uczennicą, zwłaszcza z polskiego. Ta szkoła to było całe nasze życie.

Byliście jak rodzeństwo?

To było coś innego i czas to potwierdził. To była rodzina. Przecież nikt z nas nie miał bliskich krewnych, a jak już ktoś miał, to było dziwne. Myśleliśmy, że nie był Żydem, bo przecież wszyscy zginęli. Dzisiaj jestem inna, bo życie według żydowskiej religii spowodowało, że różnię się od innych.

To zacznijmy od początku. W domu była religia?

Było koszerne jedzenie, zazwyczaj mięso. Wiele z tego wtedy nie rozumiałam, ale mleczne i mięsne produkty były oddzielnie.

Do synagogi chodziłaś?

Tak. Wszyscy chodzili.

Wszyscy? Komuniści też?

Tak, to było takie spotkanie towarzyskie. Ci komuniści mieszkali niedaleko synagogi, to sobie przychodzili towarzysko. To jest idealny moment, by powiedzieć kilka słów o TSKŻ. Bez wątpienia w powojennej Polsce była to bardzo ważna organizacja pomocowa. Niestety stała się i namiastką, i symbolem Żydów i żydostwa. Niesłusznie, bo nie było to ani w jej zasięgu, ani nie miała do tego kompetencji. Większość członków TSKŻ pochodziła z przedwojennych religijnych domów, a w okresie, o którym mówimy, wyznawała zupełnie

inną religię – komunizm. TSKŻ odebrało nam tradycję, Torę i *micwot**, zastępując je teatrami i klubami.
Rodzice mówili w jidysz?
Nie, bo mama nie znała żydowskiego. Jeszcze ci opowiem o początkach mojego pierwszego roku w naszej szkole. Wrzesień, wiadomo – same żydowskie święta. My nic o tych świętach nie wiedzieliśmy. U nas w klasie był jeden religijny uczeń, Lewkowicz, został później rabinem. I się zaczyna: Rosz Haszana, Jom Kippur, Sukot, Simchat Tora… potem święto bolszewickiej rewolucji październikowej, a później Boże Narodzenie. Moja mama się zdenerwowała i poszła do szkoły pytać, czy ja w ogóle tam chodzę. Ile świąt można obchodzić? Co to za szkoła? – mówiła mama. To „komunistyczne żydowskie wychowanie" pozbawione naszej wielowiekowej tradycji wyrządziło nam wielką i prawie nienaprawialną szkodę. Mieszkając we Wrocławiu, nie wiedzieliśmy, że przed wojną było tam pięć wspaniałych synagog. Nikt nam nie mówił o wydarzeniach nocy kryształowej ani o tym, co się stało z Żydami, którzy zaledwie dwadzieścia lat wcześniej tam żyli i chodzili do tej samej synagogi, tylko mówili po niemiecku. To jest mój komentarz i moje oskarżenie naszej szkoły.
Nie dokuczali ci, że jesteś z Rosji?
Prawie wszyscy tam byli z Rosji. Z tej szkoły wyniosłam najważniejsze wartości życiowe: koleżeństwo, lojalność i poczucie przynależności.
Przynależność, że jesteście Żydami czy że jesteście razem?
Że jesteśmy Żydami.
Znałaś kogoś spoza żydowskiego świata?
Nie. Żyłam z wyboru w getcie, ale miałam tam dużo przywilejów, na przykład mogłam jeździć na kolonie żydowskie.

* *Micwot* – sześćset trzynaście przykazań żydowskiego prawa religijnego (halachy), opartych na zaleceniach Tory, ich wypełnianie obowiązuje każdego religijnego Żyda.

Co roku jeździłam, byłam w Poroninie, w Dziwnowie. Do matury w 1965 roku nie opuściłam żadnych kolonii. Potem poszłam na chemię i już przestałam jeździć.

Poszłaś na chemię, bo tata był chemikiem?

Tata skończył siedem lat szkoły i tyle, ale miał wielką głowę, to był geniusz. A poza tym był w naszej szkole bardzo dowcipny i przystojny chemik – pan profesor Bączkowski.

Dzięki tacie i panu Bączkowskiemu...

Moi przywódcy. Zawsze potrzebuję kogoś mieć nad sobą, żeby patrzeć do góry. To dla mnie bardzo ważne.

A na ciebie też ktoś tak patrzy?

Nie, ja tego nie lubię. Wydział chemiczny – bardzo ciężkie studia, ale byłam ambitna i zacięta. Zaczęłam mieć dobre wyniki, ale na trzecim roku, po wojnie sześciodniowej, rozpoczęły się wypadki marcowe. Wiesz, ja zawsze chciałam wyjechać do Izraela. Nawet w Leningradzie chciałam, ale nie wolno było.

Jako dziesięciolatka chciałaś już wyjechać do Izraela?

Tak, ale wtedy nie ja decydowałam. Tata pojechał na wycieczkę do Izraela w 1965. Znalazł tam kuzyna, został bardzo ciepło przyjęty. Wrócił, a potem wybuchła wojna sześciodniowa. We Wrocławiu było bardzo wielu Żydów i chyba wprowadzili godzinę policyjną. Bali się rozruchów, na ulicach była konna policja. Moja wyobraźnia zaczęła działać i byłam pewna, że zaraz zaczną budować getto. Zaczęto mówić, że my jesteśmy piątą kolumną. To było przerażające. A ja już wiedziałam, co nadchodzi po gettach, nie chciałam czekać.

Czułaś się Polką?

Nie, absolutnie. Gdy przyjechaliśmy z Leningradu do Warszawy, zobaczyłam pierwszy raz zakonnicę i pomyślałam, że to właśnie znaczy być Polką – znać ich religię. Polska nauczyła mnie kultury, języka, literatury, teatru, muzyki i wszystkiego na najwyższym poziomie. Z koleżanką Rutką chodziłyśmy co tydzień na koncerty, które odbywały się na Politechnice po wykładach.

To właśnie mi dała Polska, i to na całe życie. Teatr Grotowskiego nie ma sobie równych w Izraelu. Średnie to jest. Kocham Izrael, ale tutaj jest tyle wulgarności i hucpy. Czuję, że nie jestem stąd, jestem stamtąd.

Przed chwilą mówiłaś, że nie jesteś stamtąd. Nie chcesz powiedzieć, że masz w sobie coś polskiego?

Zrozum, po wyjeździe z Polski miałam w sobie bardzo dużo urazy, czułam się bardzo dotknięta i chciałam wykreślić wszystkie wspomnienia.

Do kogo żywiłaś urazę?

Do Polski. Do Polaków.

To co się stało, że teraz rozmawiamy w twoim mieszkaniu w Tel Awiwie?

Gomułka ogłosił, że Izrael jest państwem wrogim w stosunku do Polski, a my jesteśmy piątą kolumną. Oskarżyli nas o podwójną lojalność. Zerwali stosunki dyplomatyczne. Wojna sześciodniowa wybuchła w czerwcu 1967, a ja wyjechałam 24 marca 1968.

Pamiętasz pożegnanie?

Nie lubię pożegnań, bo nie mogę sobie na to pozwolić. To jest takie rozdzierające i dramatyczne. Tata mówił, że nie patrzy się wstecz. Idź do przodu i się nie oglądaj.

Pamiętasz składanie papierów o wyjazd?

Nie, ale pamiętam, że musiałam zrezygnować z polskiego obywatelstwa, żeby mi dali dokument podróży.

Masz go jeszcze?

Oczywiście.

Dlaczego go trzymasz?

Z Polski mam dwa bardzo ważne i symboliczne dokumenty: indeks i dokument podróży. Na pamiątkę.

Jak się dostałaś do Izraela?

Do Wiednia pociągiem, potem Sochnut zawiózł mnie do Schönau, gdzie spędziłam trzy tygodnie, i poleciałam do Izraela. Z lotniska odebrali mnie ludzie, którzy okazali się moją rodziną ze strony taty i mamy. Najlepiej zapamiętałam ciocię Wiesię z Warszawy, która powiedziała mi prorocze zdanie: pamiętaj, Zosiu, Izrael to jest piknik na wulkanie.

Dziesięć lat pomieszkałaś w Związku Radzieckim, jedenaście lat w Polsce i znowu wylądowałaś w kolejnym kraju, z nowym językiem do nauczenia.

Wylądowałam na ulpanie w Aradzie, koło Be'er Szewy. Przyjęli mnie fantastycznie.

Miałaś kontakt z rodzicami?

Korespondencyjny. A potem, we wrześniu, przyjechali tutaj. Tacie zamknięto warsztat, więc wszystko spakował i przywiózł tutaj w całości – ponad dwie tony maszyn. Zajął się recyklingiem. Robił plastikowe rączki do foliowych toreb i izolacje do kabli elektrycznych. Bardzo trudno mu było bez znajomości języka. Straszna izraelska biurokracja i zupełnie inna mentalność.

Mieszkałaś z rodzicami?

Już nigdy z nimi nie mieszkałam. Najpierw był akademik w Jerozolimie, a potem życie.

Pozwolili ci wywieźć indeks z zaliczonymi pięcioma semestrami?

Nie wiem, czy pozwolili, ale sama go wzięłam. Przyjęli mnie tu na drugi rok, było bardzo ciężko. Wykłady po hebrajsku, podręczniki po angielsku, a ja myślałam po polsku. Dobrze, że wzory chemiczne mają swój język. W półtora roku zrobiłam pierwszy stopień, ale stwierdziłam: co to jest pierwszy stopień? To jest dla laborantki. Muszę mieć drugi stopień z chemii organicznej.

Lubiłaś to?

Zawsze sobie myślałam, że jak nie zdam egzaminów, to pójdę studiować historię sztuki, bo to mnie najbardziej ciekawi. Ale niczego nie zawaliłam.

Dlaczego to robiłaś? Bo tata, bo pan Bączkowski?

Bo trzeba było zrobić drugi stopień i już. Zrobiłam go w półtora roku, a normalnie się robi w dwa, dwa i pół. A potem poznałam mojego męża, który też był z Warszawy, ale przyjechał tu wcześniej, bo był jeszcze bardziej zagorzałym syjonistą niż ja. Poznaliśmy się, gdy był w wojsku. Bardzo mi imponował. Ja chyba lubię wojskowych i ich mundury. Robił na mnie wrażenie. Był oficerem w izraelskim wojsku! Zabronił mi mówić po polsku, pewnie dlatego tak dobrze znam hebrajski. Przepisałam mu na maszynie całą pracę doktorską z archeologii. Trzysta stronic po hebrajsku. To był najlepszy ulpan.

Masz dzieci?

No pewnie! Mam dwóch synów. Michał urodził się w 1973 roku. Imię ma po moim dziadku Michaelu. Urodził się w Jerozolimie wtedy, kiedy zapala się piątą świeczkę chanukową. Dawid Mojsze urodził się w 1979 w Dniu Niepodległości Państwa Izrael. Więc mam dwóch bardzo świątecznych synów.

Mieliście religijny dom?

Nie.

Ale świeczki stawiałaś?

Nie. Mój mąż był bardzo antyreligijny. Jego rodzice byli komunistami, mimo że jego dziadkowie byli wielkimi rabinami w Buczaczu.

Gdzie mieszkaliście?

Piętnaście kilometrów od Jerozolimy, w Gilo, na terenach odzyskanych. Po arabsku to się kiedyś nazywało Bajt Dżala. Później pojechaliśmy do Londynu na podoktoranckie stypendium mojego męża. Przed tym wyjazdem pracowałam w Ministerstwie Zdrowia, w Instytucie Standaryzacji. Tam pierwszy raz zobaczyłam krem.

Krem?

Testowaliśmy w laboratorium krem Estée Lauder. Chemia kosmetyczna to jest to, pomyślałam. W Londynie mąż robił to podoktoranckie stypendium, a ja szukałam pracy. W końcu zostałam zatrudniona w fabryce Heleny Rubinstein. Zostałam kierowniczką laboratorium. Po dwóch latach wróciliśmy do Izraela, mąż dostał pracę na uniwersytecie w Be'er Szewie, urodził się nasz drugi syn, Dawid Mojsze, i zaraz potem nastąpił straszny rozwód. To był początek mojej drogi religijnej.

Szukałaś oparcia w religii?

Tak. I znalazłam. Muszę ci teraz coś pokazać. To jest zdjęcie mojego młodszego syna, który ma dziewięcioro dzieci, ale to dopiero początek.

Mieszkają w Bnei Brak*, są chasydami. To jest moje wielkie zwycięstwo. Mówią tylko w jidysz, a dzieci mają bardzo żydowskie imiona: Srulik, Chajele, Surele, Esti, Malki, Chani, Nechumi, Jochi i Leizer. Nazywam go Lejzorek Pierwszy, tak jak Król Maciuś Pierwszy z opowiadania Korczaka. Wszyscy mają po kimś te żydowskie imiona.

Rozmawiasz z nimi po hebrajsku?

Staram się mówić po żydowsku, ale oni nie mają do tego cierpliwości.

Kolejny twój język, tym razem po to, żeby rozmawiać z wnukami.

Przecież zdawaliśmy maturę z żydowskiego. Jestem jedyną osobą z mojej klasy, która może rozmawiać ze swoimi wnukami w jidysz. To właśnie jest kontynuacja pokoleń. Dla mnie jedna z najważniejszych wartości w judaizmie. Ciągłość pokoleń i naszego narodu. *Am Israel chaj le necach necachim***.

Gdybyś została w Polsce...

Toby ich nie było. Tragedia! Nie ma co nawet nad tym rozmyślać.

* Bnei Brak – dzielnica Tel Awiwu, w której mieszkają ortodoksyjni Żydzi.
** *Am Israel chaj le necach necachim* (hebr.) – Lud Izraela żyje na wieki wieków.

Wróćmy do twojej religijności.

Moją religijność określiłabym jako poszukiwanie sensu w tym życiu. Stare-nowe pytania: jaki to ma cel? Co jest ode mnie wymagane? Do czego mam dążyć? Dlaczego te cierpienia? Z wielu rzeczy musiałam zrezygnować. Całe moje kulturalne życie do tego nie pasowało. Teatry i cała reszta nie pasują do judaizmu.

Bardzo radykalnie to brzmi.

Opowiem ci coś. Któregoś dnia przeczytałam, że przyjeżdża do nas balet Bolszoj. Kultura, prawda? Kupuję najdroższe bilety i idę z moją wnuczką na przedstawienie. Najlepsze bilety – pierwszy rząd. Po chwili ona się mnie pyta: dlaczego te tancerki są takie nieskromne i tańczą w za krótkich spódniczkach? Mówię jej: nie przejmuj się, one są bardzo skromne, tylko tak się na scenę ubrały. Na drugi akt zabrałam ją do ostatniego rzędu, żeby tego nie oglądała z bliska. Mówię do niej: nie przejmuj się, one są bardzo skromne. Potem będzie ślub. A ona mi na to: a gdzie chupa?

Nie możesz jej pokazywać innego świata?

Nie zdawałam sobie z tego sprawy. Ale musisz zrozumieć, że to, co chasydzkim dzieciom umyka z kultury światowej, nadrabiają kulturą i duchowością judaizmu. Można zmienić spojrzenie na stroje baletnic, gdy się zmieni punkt widzenia. Ważne, by ludzie to zrozumieli.

Chodzisz dzisiaj na balet?

Nie. Chyba że w Warszawie, z koleżanką.

A jaka jest różnica?

W Izraelu chodzę na koncerty kantorów.

Pamiętasz, o czym rozmawiałaś w trakcie twojego pierwszego szabatu w Bnei Brak?

Zapytałam, gdzie był ten Pan B-G w trakcie Szoah*.

* Szoah (hebr.) – Zagłada.

I jaka jest odpowiedź?

Na to konkretne pytanie dzisiaj nie znamy odpowiedzi i może nigdy się tego nie dowiemy. Ale rabin w trakcie tamtej sobotniej kolacji powiedział coś, co mnie jeszcze bardziej zszokowało. To, co się dzieje dzisiaj w Ameryce, czyli to, że Żydzi odchodzą od swojej tożsamości, od swojej wiary, obrządków, świąt, tworzą mieszane małżeństwa i przyjmują religie innych – to jest anihilacja narodu. I tu wracamy do celu twojej wizyty, do Marca sześćdziesiątego ósmego. Może byś wolał, żebym ci opowiadała o Marcu, ale ja ci opowiem o celu. Mam żydowską rodzinę, zatoczyliśmy koło i jesteśmy z powrotem na swoim miejscu. Jestem Żydówką w inny sposób, niż można nią było być w Polsce. Nie piszą „żydowskiego pochodzenia" w nawiasie za moim nazwiskiem.

Izrael był słusznym i jedynym wyborem do emigracji z Polski. Moje dzieci i wnuki nie muszą stąd wyjeżdżać, tak jak Żydzi mieszkający w diasporze.

Miałaś tu chwile zwątpienia?

Nigdy. Wyszłam drugi raz za mąż, za niezwykłego człowieka z niesamowitą historią. W czasie wojny ukrywał go w Rzymie pewien kardynał i z jego polecenia pracował przez dwa lata w Bibliotece Watykańskiej. Do końca wojny tłumaczył im święte księgi z hebrajskiego i aramejskiego na włoski i angielski.

Tyle mi opowiedziałaś o sobie. Jednak udało nam się porozmawiać, mimo twoich twardych warunków.

Moje warunki były takie, że mogę rozmawiać, tylko jeśli nie jesteś komunistą, nie jesteś antysemitą i nie jesteś antysyjonistą. No i jeśli nie jesteś antyreligijny.

Mimo że nie jestem religijny.

Bądź, kim chcesz, ale ja chcę, żeby moje opinie były zapisane. Ludzie tęsknią za dawnymi czasami. Jedna moja koleżanka powiedziała: nie ma już tego żydostwa, tych sztetli, wszystko zostało spalone. A właśnie, że nie ma racji. To wszystko do dzisiaj istnieje, tylko niektórzy nie chcą tego widzieć. Opłakujecie, że nie ma sztetli i nie ma rabinów, i nie ma pejsatych? Wtedy już koniec rozmowy nadchodzi, bo my lubimy opłakiwać, celebrować żałoby i chodzić w marszach żałobnych. W moim życiu jest zwycięstwo, kontynuacja. Jesteśmy częścią Wieczności. Nasza rozmowa powinna nosić tytuł: „My, Żydzi polscy – powrót do korzeni”.

Olga Zambrowska

Petach Tikwa, Izrael

Nazywam się Olga Zambrowska, z domu Aszkenazy. Jestem nieodpowiedzialną staruszką, która wbrew zdrowemu rozsądkowi zgodziła się na rozmowę z tobą.

Przed sześćdziesiątym ósmym też byłaś Żydówką?

Zawsze nią byłam.

A byłaś Polką?

Byłam Polką pochodzenia żydowskiego. Taka była formuła.

W domu mówiło się po polsku?

Tylko po polsku. Moi rodzice nie znali jidysz.

Myślałaś przed sześćdziesiątym ósmym o wyjeździe z Polski?

W 1957 roku, kiedy miałam dziewiętnaście lat, po pierwszym roku studiów, pojechałam do Izraela, do mojej ciotki. Szalenie mi się tutaj podobało. Wyjechałam z Polski na trzy miesiące, ale przedłużyłam pobyt do pół roku. Wróciłam z przekonaniem, że bardzo chciałabym żyć tutaj.

Planowałaś wyjazd?

Nie, bo byłam już ze Stefanem – moim późniejszym mężem – a on nawet słyszeć o tym nie chciał.

Co robiłaś przez pół roku w Izraelu?

Mieszkałam u cioci w kibucu i byłam zachwycona.

Czym?

Tym, że ta mała społeczność realizowała życie komuny. Wszystko było wspólne oprócz kilku rzeczy, które miałeś w swoim pokoju. Wszystko było skromne i każdy dawał z siebie, ile mógł. Każdy człowiek chciałby być pracowity, zdolny, mądry i fizycznie wytrzymały, ale nie każdy może taki być.

W kibucu dla każdego było miejsce, bo wszyscy się starali dawać maksimum z siebie. Poza tym kwitły pomarańcze i cudownie pachniało. Miałam rodzinę, bo tam mieszkała moja ciotka z trojgiem kuzynów.

A w Polsce miałaś rodzinę?

Rodziców i o dziesięć lat młodszą siostrę, Wisię.

Chciałaś wtedy zostać w Izraelu?

Tak, ale rodzice i Stefan naciskali. Wróciłam, ale myślałam, że może jednak kiedyś tu wrócę.

Odczułaś antysemityzm w Polsce przed 1967 rokiem?

Nie. Nazywałam się Olga Aszkenazy i chodziłam do szkoły sióstr nazaretanek przy ulicy Czerniakowskiej. Byłam tam jedyna Aszkenazy, jedyna, która nie chodziła na religię, i nie było z tym kłopotów. Potem otworzyli szkołę TPD numer 5 na Parkowej i tam mnie rodzice przenieśli.

A tam jak było?

Tam też było w porządku, o ile w ogóle może być w porządku w szkole.

Kiedy wzięliście ze Stefanem ślub?

W 1962. A nasz syn, Michał, urodził się w 1965. Nie było wtedy żadnej mowy o wyjeździe. Od momentu, kiedy wyszłam za Stefana, to było moje zobowiązanie wobec niego i jego rodziców, że nigdzie nie wyjeżdżamy.

Co to znaczy?

Ojciec Stefana – Roman Zambrowski – był wtedy na bardzo wysokim stanowisku. Było nie do pomyślenia, że moglibyśmy mu coś takiego zrobić.

Kiedy to się zaczęło zmieniać?

W czerwcu 1967, w trakcie wojny sześciodniowej. Zaczęły się pojawiać artykuły i przemówienia o „podwójnej lojalności piątej kolumny". Mój teść nie był już tak wysoko, ale jednak był jeszcze prezesem Najwyższej Izby Kontroli.

Jak się wtedy czułaś?

Pierwszy raz poczułam coś, czego nigdy przedtem w Polsce nie czułam. Że jestem inna. Przedtem, mimo że całe dotychczasowe życie byłam Aszkenazy, nie czułam się inna. Studiowałam na polonistyce, miałam znakomitego profesora, Jana Kotta, który nauczył mnie metody analizy literackiej. Na polonistykę nie szłam, żeby nie czuć się inna, wręcz z odwrotnych powodów. Nie czułam tego towarzyskiego nieporozumienia, że ja, Żydówka, studiuję polonistykę.

Inni czuli?

Miałam dwie koleżanki, Ewę i Alinkę, z którymi do dzisiaj jestem w stałym kontakcie. Dopiero po latach dowiedziałam się, że one mnie trochę chroniły przed komentarzami innych kolegów. Ten 1967 spowodował, że mimo iż nie czułam się obca, czułam się już traktowana inaczej.

Przeczuwałaś, co nadchodzi?

Miałam przeczucie, że coś nadchodzi, ale jeszcze nie było wiadomo, w którą stronę to pójdzie.

W Marcu już wiedziałaś?

Wtedy to poszło w ciągu tygodnia, dziesięciu dni.

Co się wyjaśniło?

Nic się nie wyjaśniło, tylko dostaliśmy po głowie. Stefan wyjechał na narty przed 8 marca. Gdy po dziesięciu dniach wrócił, jego brat Antek siedział w więzieniu, ojca wyrzucili z partii i z pracy, a zaraz potem z mieszkania. To się działo w niewyobrażalnym tempie. Otwieramy gazetę, a tu Roman Zambrowski już jest przywódcą grupy syjonistyczno-rewizjonistycznej. Zaraz potem wyrzucili Stefana z Politechniki. Był tam asystentem, miał właściwie skończoną część eksperymentalną do swojego doktoratu. Został bez pracy.

Ty pracowałaś?

Tak, w redakcji miesięcznika „Zwierciadło". Nikt mnie do tego nie zmuszał, ale zaczęłam się podpisywać inicjałami.

Robiłaś to, żeby gazeta nie miała kłopotów czy żebyś ty nie miała?

Wszystko naraz. Któregoś dnia do naszego mieszkania zapukał młody blondyn. Powiedział, że jest technikiem od telefonów i chce sprawdzić, czy wszystko jest w porządku. Powiedziałam, że telefon działa bez zarzutu. Odpowiedział, że mimo wszystko chce sprawdzić. Coś rozkręcił, coś zrobił, zakręcił i poszedł. Później mój tata, gdy do nas dzwonił, robił takie żarty: uwaga, teraz będzie dowcip polityczny.

Wiedziałaś wtedy, w jakim celu ten blondyn przyszedł?

Wtedy to się potwornie bałam, że on będzie robił rewizję. Było już po rewizji w domu Antka, a u nas były schowane wspomnienia Romana. Kilka dni wcześniej przyniósł do nas dwie paczki zawinięte taśmą. Schowałam je pod ubrankami Michała. Gdy ten facet od telefonu przyszedł, to mi się ze strachu niedobrze zrobiło. Moja odporność psychiczna spadała na łeb na szyję. Jeszcze do tego ta pani, która codziennie chodziła za mną do pracy w szarym płaszczu.

Jaka pani?

Mieszkaliśmy na placu Dąbrowskiego, a redakcja była na Elektoralnej. Na piechotę to jest jakieś dwadzieścia minut. Szła za mną w takiej odległości, żebym ją widziała. A gdy jechaliśmy gdzieś autem, to za nami jechała warszawa z dwoma panami. Oprócz strachu czułam, że to jest celowe działanie, że chcą nas zastraszyć, wypchnąć z Polski. To by było na rękę władzom, bo potwierdzałoby, że Zambrowski jest syjonistą.

Jak wtedy wyglądał wasz dzień?

Michał w przedszkolu, Stefan szukał pracy, a ja czasami chodziłam do redakcji, ale coraz rzadziej. Nie wiedzieliśmy, z czego będziemy żyć. Mój tata dostawał jeszcze emeryturę, ale to było trochę mało, by utrzymać dwie rodziny.

Od kiedy tata był na emeryturze?

Przeniesiono go na emeryturę w 1965. Tata był pułkownikiem lotnictwa, dowódcą centrum obrony przeciwlotniczej. Była taka grupa, którą nazywano grupą Freya-Bieleckiego, oni pomagali Gomułce dojść do władzy w 1956, ale potem zrobili się niegrzeczni i usunięto ich wszystkich z wojska, w tym mojego tatę.

Zatrzymałaś się kiedyś, by zapytać tę panią w szarym płaszczu, po co za tobą idzie?

Nigdy! Do tego trzeba by było nie być zastraszoną myszą, a ja nie byłam bohaterką. Byłam przerażona. Brom z walerianą piłam butelkami. Wtedy to dawali zamiast Prozacu.

Działało?

Nie. Nie spałam, nie jadłam. Straciłam możliwość normalnego życia. Kiedyś przyszłam odebrać Michała z przedszkola, a jego wychowawczyni podchodzi do mnie i opowiada mi, że miała sen, że Michałkowi zagraża straszna woda... Obcy ludzie też czuli, że jesteśmy w groźnej sytuacji. Wtedy zaczęliśmy ze Stefanem poważnie rozmawiać o wyjeździe. Teściowie byli przeciwni, moi rodzice się nie wypowiadali.

Myśleli o wyjeździe?

Nie, ale siostra też powiedziała, że chce wyjechać. Stefan bardzo nie chciał, mimo że nie mógł nigdzie znaleźć pracy. Odpowiadał na wszystkie ogłoszenia: „szukamy inżyniera". Ale wystarczyło, że wypełnił ankietę i podał nazwisko, okazywało się, że stanowisko już jest zajęte. Myślę, że nie chciał wyjeżdżać ze względu na swojego ojca. To trwało trzy, cztery miesiące. Stefan widział, że jestem w coraz gorszym stanie, i zaczął się łamać, aż następnego dnia po wejściu wojsk Układu Warszawskiego do Czechosłowacji powiedział: idziemy do ambasady Holandii po izraelskie wizy. Dostaliśmy je od razu, a paszporty w styczniu.

Pamiętasz ostatnią noc w domu?

Nic nie pamiętam, oprócz Dworca Gdańskiego. Było tam dużo znajomych, chyba nawet twoi rodzice tam byli. Wyjeżdżaliśmy z uczuciem, że już nigdy się nie spotkamy z rodzicami, z przyjaciółmi. Wszyscy płakali. To było okropne. Żona kuzyna mojego taty – Bronisława Brocka – podpuściła Michała, żeby jak tylko wejdzie do wagonu, przez okno powiedział: dupa! On to ochoczo zrobił i to była jedyna chwila, kiedy na peronie płacz ustał. Wszyscy się śmiali. Trudno mi było rozstawać się z przyjaciółmi. Z tymi żydowskimi to była jeszcze nadzieja, że wyjadą i gdzieś się spotkamy. Ale wobec moich dwóch polskich koleżanek czułam się bardzo źle. Czułam, że sprzeniewierzam się tym, którzy nie traktowali mnie jako innej. Czułam, że zachowuję się wobec nich nielojalnie.

Pożegnalne spotkania? Picie wódki?

Słuchaj, ja nie piłam wódki, ja piłam brom z waleriana. Odbyłam wtedy jedną z najtrudniejszych rozmów w życiu. Z moimi koleżankami. Wiem, że dla nich to było też strasznie bolesne. Jedna z nich prosto z naszego spotkania pojechała do szpitala, gdzie poroniła. A ja po tym wszystkim zaczęłam się pakować.

Co zabraliście ze sobą?

Dużo książek, rzeczy Michała, kilim i samowar.

Masz je jeszcze?

Kilim się podarł, bo leżał na podłodze, a samowar komuś oddałam. Spróbuj w tym klimacie używać samowara.

Dyplomy zabraliście?

Tak, ale zarekwirowali nam wszystkie badania naukowe Stefana. Praktycznie cały jego doktorat. To była dla niego tragedia. Miał ich wtedy kilka: wyrzucenie ojca z pracy, Antoni w więzieniu i żona wariatka.

Tak o tobie wtedy myślał?

Wszyscy zdawali sobie wtedy sprawę, że jak tak dalej pójdzie, to skończę w Tworkach.

Zdecydowaliście się na wyjazd do Izraela?

Stefan obiecał ojcu, że tam nie pojedziemy.

Co się stało, że jednak tutaj wylądowaliście?

Pojechaliśmy do Wiednia, potem do Rzymu, bo tam czekało się na wizy do Stanów. Po trzech miesiącach dostaliśmy powiadomienie, że konsul amerykański chce się z nami spotkać. Najpierw mnie zaproszono do środka. Pan konsul kazał mi przysiąc na jakąś książkę, że będę mówiła prawdę. Trochę mnie to zdumiało. Miał przepiękny gabinet i był elegancko ubrany, a obok niego siedział pan, którego tak przedstawił: to jest pan, który specjalnie przyjechał z Waszyngtonu, żeby z wami porozmawiać. Ten pan świetnie mówił po polsku. Zaczął mnie wypytywać o Romana i o polską politykę. Powiedziałam, że pracowałam w „Zwierciadle", piśmie dla kobiet, a polityką się nie interesowałam. Tu skłamałam, ale miałam nadzieję, że przysięgałam na jakąś religijną książkę, która mnie w ogóle nie obchodziła, więc nic strasznego nie zrobiłam. Potem wszedł Stefan, któremu było tam bardzo trudno.

Wiedzieliście, że czeka was specjalne spotkanie z panem z Waszyngtonu?

Myśleliśmy, że idziemy na spotkanie z konsulem, według normalnej procedury.

Co powiedzieli Stefanowi?

Że nas przyjmą, mimo że był członkiem partii, ale musimy być przygotowani, że po naszym przyjeździe do Stanów będziemy jeszcze prowadzili takie rozmowy.

Takie, czyli jakie?

O Romanie, o partii, o znajomych. Dzisiaj już rozumiem, ale wtedy nie wiedziałam, o co chodzi. Stefan się wykręcał, jak umiał, mówił, że z tymi znajomymi ojca to tylko w bilard grał. Wyszedł z tego pokoju i powiedział, że jedziemy do Izraela. Nie był w stanie przekazać ojcu tej informacji i bardzo się martwił. Porozmawiali o tym dopiero po kilku latach, w Rumunii.

Kim był ten pan z Waszyngtonu?

Myślę, że to był agent CIA. Wyglądał jak Zbigniew Brzeziński, ale równie dobrze mógł to być kto inny.

Kto płacił za wasz pobyt w Rzymie?

HIAS, amerykańska organizacja żydowska.

Kiedy się lepiej poczułaś? Już w Wiedniu?

W Wiedniu jeszcze czułam się strasznie, ale po dziesięciu dniach pojechaliśmy do Rzymu i tam zaczęłam wracać do formy. Wyszliśmy z pociągu i poczułam ciepłe powietrze. Do dzisiaj to pamiętam. Bardzo szybko po tej rozmowie z Amerykanami wsiedliśmy na statek w Neapolu i po dwóch dobach byliśmy w Hajfie.

Ktoś tam na was czekał?

Siostra i rodzice. Po naszym wyjeździe z Warszawy podjęli decyzję i ponieważ nie czekali trzech miesięcy na wizę do Stanów, byli w Izraelu przed nami. Poza tym przyszli nas przywitać ciocia i kuzyn Romana, który był rabinem.

Wiesz, co zdecydowało o wyjeździe twoich rodziców?

Moje koleżanki, które utrzymywały z nimi kontakt, powiedziały mi, że byli kompletnie załamani po naszym wyjeździe i nie mogli sobie z tym poradzić. Pojechali za dziećmi.

Co było dalej?

Poszliśmy na ulpan i tam się okazało, że wrócił mi szybko mój hebrajski. Po tamtym półrocznym pobycie mówiłam płynnie, wystarczyło to trochę odświeżyć. Stefan intensywnie się uczył i powoli zaczynał mówić coraz lepiej. Znajoma z ulpanu pomogła nam znaleźć mieszkanie, w którym mieszkam do dzisiaj.

A jak było z pracą?

Stefanowi bardzo brakowało doktoratu. Poszedł odbyć rozmowę na tutejszą politechnikę – Technion. Profesor mu powiedział, że gdyby miał te swoje badania, toby nie było problemu, a tak to może go przyjąć na asystenta. To było niemożliwe, bobyśmy nie dali rady finansowo. Więc Stefan poszedł pracować jako inżynier do fabryki.

A ty?

Zaczęłam jako pracownik socjalny.

A twoi rodzice?

Mama zrobiła kurs buchalterii i pracowała jako księgowa w biurze. Była wykorzystywana przez pracodawcę, bo on tylko kombinował, jak mniej zapłacić. Zatrudniał niepełnosprawnych, nowo przybyłych i Arabów. Tata poszedł pracować jako kontroler dźwigów fabrycznych, na budowie. Po kilku miesiącach w tym klimacie dostał pierwszego zawału, po kilku następnych drugiego. Po dwóch i pół roku miał trzeci zawał, który go zabił. Zdążył mi jeszcze opowiedzieć przedwyjazdową rozmowę z ojczymem twojej mamy. Zapytał go, czy też wyjeżdżają, a on mu odpowiedział, że nie, bo właśnie zrobili wspaniałą, nową szafę. Dla mojego taty to był potworny wstrząs. W 1939 roku moi rodzice uciekali ze mną z bombardowanej Warszawy, miałam wtedy rok. Tata bardzo namawiał swoich rodziców, żeby uciekali z nami, ale mu powiedzieli, że właśnie kupili nowe meble i nie chcą, żeby im je skradziono… A dalej to już nie muszę ci tłumaczyć, co się z nimi stało.

Nie musisz. Udało wam się tutaj odbudować życie zawodowe i towarzyskie?

Nie… Wiesz, życie to jest jeden wielki bałagan. Życie Stefana zostało przerwane. Jeszcze w Warszawie twój dziadek, lekarz, zdiagnozował u niego chorobę. Na początku był tutaj bardzo zadowolony, bardzo mu się Izrael podobał. Z czasem to się zmieniło. Chorował, a potem umarł. Zostałam z dwoma nieznośnymi synami. Są bardzo fajni, wspaniali, ale też nieznośni. Do dzisiaj tak jest. Nie wiem, jak by to było, gdybyśmy zostali w Polsce, ale myślę, że byśmy nie przeżyli. Ja bym skończyła w Tworkach, a Stefan nie wiem gdzie. Tutaj skończyłam kolejne studia. Zrobiłam doktorat z nauk politycznych. Pracowałam, wychowałam synów, którzy założyli rodziny i mają mnóstwo dzieci. Przyjechałam do kraju, w którym cały czas jest wojna, a co jakiś czas jest taka jeszcze większa wojna. Największą niespodzianką mojego życia jest to, że nie czuję tutaj zagrożenia. Żyję tu jak wszyscy. Wreszcie jestem anonimowa i nie widzę codziennie swojego nazwiska w gazecie. To mi bardzo dobrze zrobiło. Poza tym mam poczucie, że te rakiety, które tutaj latają, nie lecą tylko na mnie. Lecą na wszystkich. A tam widziałam transparenty: „Syjoniści do Syjamu". I to chodziło o mnie.

Polskie społeczeństwo zdało wtedy egzamin?

Nie wiem, co to jest społeczeństwo.

Po doktoracie z nauk politycznych nie wiesz, co to jest społeczeństwo?

Wiem, że moje przyjaciółki zdały. Przedszkolanka Michasia też zdała.

Dzisiaj jesteś Polką?

O, to jest ciężkie pytanie. Nigdy nie byłam Polką. Byłam Polką pochodzenia żydowskiego. Tożsamość człowieka nie jest jednostkowa. Człowiek nie jest tylko Polakiem. Jest też mężczyzną albo kobietą, dzieckiem, młodym albo starym człowiekiem. Poza tym ma tożsamość zawodową. Tutaj mówią o mnie „*Polanija*".

To znaczy – „Żydówka z Polski"?

Też, ale o takich jest tutaj bardzo dużo dowcipów. Takich kpiących. Że dbam o dobre maniery, nie mówię głośno i nie macham rękami. Umiem posługiwać się nożem i widelcem. To wszystko żarty, ale czytam polskie książki, czytam w internecie, co się u was dzieje. Utrzymuję cudowny kontakt z moimi przyjaciółkami Polkami. Gdyby one były Chinkami, też bym z nimi utrzymywała kontakty, bo to są moje przyjaciółki.

Po jakim czasie poczułaś się Izraelką?

Po dwóch godzinach od przyjazdu. Nabrałam już trochę tych lewantyńskich manier, a niektóre z nich nawet sobie bardzo cenię.

Na przykład?

Na przykład to, co spowodowało, że zgodziłam się z tobą porozmawiać. To znaczy, że nic mnie nie obchodzi, co inni na ten temat powiedzą. A w Polsce to było dla mnie bardzo ważne.

Byłaś potem w Polsce?

Nie byłam. Prawie nigdzie nie byłam. Mam wstręt do podróżowania. Gdy miałam rok, na plecach taty uciekałam z Warszawy. Na wozie, na łódce. Gdy miałam trzy lata, znowu musieliśmy uciekać w głąb Rosji. Pociągi, wszy... Same ponure historie. Wystarczy mi.

Porozmawiajmy jeszcze o twoich synach. Kim są?

O, to jest temat do badań porównawczych. Patrzę na ciebie, twojego brata, wasze dzieci i patrzę na moich chłopców. Wy jesteście wspaniale wyhodowanymi roślinami. Wykształceni i rozwinięci intelektualnie, a moi chłopcy to chwasty.

Co ty mówisz?!

Oni są znacznie odporniejsi niż wy dwaj, bardziej waleczni, ale nie mają żadnych ambicji intelektualnych. W naszym warszawskim środowisku było oczywiste, że człowiek idzie na studia. Dla moich synów nic oczywistego w tym nie ma. To nie jest osąd, to jest diagnoza. Są bardzo porządnymi ludźmi. Michał buduje domy, jest wspaniałym inżynierem budowlanym. Dani zbudował firmę, ale głównie lubi swoją żonę i dzieci. Nie wiem, jak ty i twój brat byście sobie tutaj w wojsku poradzili. Nie jestem pewna, jak by to było.

Myślisz, że to, kim dzieci zostają, zależy od tego, gdzie się wychowują?

Myślę, że to jest kwestia środowiska, Izraela, innej kultury.

Że byt kształtuje świadomość?

Tak. Miejmy nadzieję, że moje dzieci tego nigdy nie przeczytają. Mogę spokojnie szkalować synów.

Twoi rodzice byli Polakami?

Gdy tutaj przyjechali, mój tata został zaproszony przez służby specjalne na spotkanie. Wiesz, pułkownik lotnictwa był dla nich nie lada gratką. Wszedł do pokoju, chwilę miło porozmawiali, że się cieszą z jego przyjazdu, witają i takie drobne grzeczności. Po chwili zaprosili go do pokoju obok. Tam na dużym stole była rozłożona mapa Polski. Poprosili go, by zaznaczył, gdzie są bazy wojskowe. Tata na nich spojrzał i powiedział: dzisiaj nie pokażę, ale jak tylko wybuchnie wojna między Polską a Izraelem, od razu wam powiem.

Tato, mieliście wielu żydowskich znajomych?

Nigdy nie wybieraliśmy sobie przyjaciół ze względu na pochodzenie, ale po sześćdziesiątym ósmym bardzo się wokół nas rozrzedziło. Ubyło nam wielu ważnych dla nas ludzi.

Piotr Wiślicki

Warszawa, Polska

Będę mówić, jak leci, a ty to później ładnie poukładasz, prawda?

Będę się starał.

Mój dziadek ze strony mamy był dużym hurtownikiem aptecznym. Babcia nie pracowała. Mieli trzy córki. Ciocia Lusia była najstarsza, ciocia Renia średnia i moja mama.

Byli religijni?

Zasymilowani. Babcia nie miała ogolonej głowy, ale na Jom Kippur chodzili do synagogi. Ubrania nosili normalne, polskie.

Znałeś ich?

Tak. Wszyscy przeżyli wojnę, Renia na Bałkanach, reszta na fałszywych papierach. Mama jako Królikowska, a pozostali jako Soleccy i Zielińscy.

Jesteś ewenementem, znałeś swoich dziadków.

Tak, nawet jako mały spryciarz niecnie wykorzystywałem dziadka. On potrafił w pamięci mnożyć trzycyfrowe liczby przez siebie. Zakładałem się z kolegami, przyprowadzałem ich do domu, dziadek mnożył, ja wygrywałem.

Opowiedz coś o rodzinie taty.

Mój ojciec urodził się jako syn wybitnego działacza społecznego Wacława Wiślickiego, który był posłem na sejm przez cztery kadencje od czasu odzyskania przez Polskę niepodległości. Do 1935 roku był non stop posłem, następnie został wybrany na kolejną kadencję, ale zmarł przed ślubowaniem. Wybitny działacz, prezes kupców żydowskich, społecznik. Wybrany do Bezpartyjnego Bloku

Współpracy z Rządem z ramienia organizacji żydowskich. Współpracował z Piłsudskim. Dzisiaj powiedzielibyśmy o nim: żydowski celebryta. Pomnik na jego grób zrobił Abraham Ostrzega, a napis tam jest taki: „Usuwał ludziom kamienie z drogi". Podobno świetnie tańczył, mimo że był gruby i miał sto sześćdziesiąt centymetrów wzrostu. Do historii przeszła jego sejmowa wypowiedź skierowana do ministra przemysłu Kwiatkowskiego, a dotycząca sytuacji Żydów: skoro jest tak dobrze, to dlaczego jest tak źle? Był facetem z klasą. Po pogromie Żydów w Rumunii odesłał ich królowi najwyższe odznaczenie, które przedtem od niego dostał. Mojego ojca leczył Korczak, bo dziadek się z nim przyjaźnił. Po wojnie to twój dziadek leczył całą naszą rodzinę.

Gdzie ojciec przeżył wojnę?

W Związku Radzieckim, na Zawołżu. Pracował tam jako pomocnik piekarza. Jest taka historia... mogę teraz opowiedzieć?

Pewnie.

Jako ten pomocnik piekarza napisał list do czasopisma „Nowe Widnokręgi", że czas już powołać wojsko polskie. Napisał: chcemy walczyć. I podpisał się: Tadeusz W., pomocnik piekarza. Ta kartka trafiła do czasopisma w okresie, w którym decydowano o powołaniu 1 Armii Wojska Polskiego. Wydrukowali to w „Widnokręgach" i przyszły tysiące pocztówek popierających ten pomysł. Wszyscy się śmiali, że mój tata powołał 1 Armię. Służył w niej i dorobił się stopnia kapitana.

Co robił po wojnie?

Był z wykształcenia inżynierem i dobrym organizatorem, został mianowany dyrektorem rewindykacji. W skrócie – sprowadzał z powrotem do Polski to, co Niemcy wywieźli. Później był inżynierem od budownictwa. Urodził się w 1913 roku, więc po wojnie był już dojrzałym mężczyzną.

W 1950 poznali się z moją mamą, która była wtedy bardzo lewicowych przekonań. Gdy związała się z tatą, dostała propozycję nie do odrzucenia: albo Wiślicki, albo działalność polityczna. Im Wiślicki kojarzył się z moim dziadkiem i z Piłsudskim. Mama wybrała ojca i urodziła się moja o dwa lata starsza siostra, Ania. Ja się urodziłem w 1951.

Coś się nie zgadza. Poznali się w 1950 roku. Jesteście obydwoje wcześniakami?

Przepraszam, masz rację. Poznali się w sylwestra 1948/1949, moja siostra urodziła się 1 stycznia 1950, a ja w grudniu 1951. Na szczęście mamę już wtedy odsunęli od działalności.

Czym się zajmowała?

Propagandą. Przenieśli ją do Ministerstwa Kultury i Sztuki, pracowała w Departamencie Plastyki.

Gdzie mieszkaliście?

Na Brackiej, *vis-à-vis* kina Nowy Świat. I co, teraz już chyba przejdę do siebie?

Do której szkoły chodziłeś?

Do szkoły numer 211 na Nowym Świecie. To była pierwsza szkoła z tych budowanych na tysiąclecie.

Byłeś wtedy Żydem?

Wiesz, miałem bardzo antysemicką urodę.

O, czegoś takiego jeszcze nie słyszałem.

No, że nie semicką. Byłem blondynem.

Przejęzyczenie, ale śmieszne.

I tutaj dochodzimy do drugiej części mojego opowiadania. Myślę, że na skutek sześćdziesiątego ósmego musiałem wymazać całą swoją pamięć. Dużo z siostrą o tym rozmawiamy. Dlaczego ja nic nie pamiętam? Nie wiem, czy czułem się Żydem. Pamiętam swoje pierwsze kolonie. Jeden chłopczyk, nie podam ci nazwiska, biegał i krzyczał: ty Żydzie!, a ja nie wiedziałem, o co chodzi.

Co to były za kolonie?

Chyba z Ministerstwa Kultury. W Urlach. Mieliśmy mniej więcej po pięć lat i on tak do mnie krzyczał.
Dlaczego nie chcesz podać jego nazwiska?
W jakim celu? Chyba zawsze wiedziałem, że jestem Żydem, ale kompletnie nie wiedziałem, co to znaczy. W naszym domu się o tym nie mówiło. W ogóle!
Się nie mówiło, ale wiedziałeś. Skąd?
Mówiło się o wojnie, ale dla mnie wtedy wojna to była taka jak z polskich filmów. Siostra mojej mamy, która w pewnym momencie wojny znalazła się na Bałkanach, mieszkała w Izraelu. Pamiętam, że kiedyś nas odwiedziła, ale w szkole miałem mówić, że przyjechała do mnie ciocia z Jugosławii. To dla mnie samego było niezrozumiałe. O, kolejny przykład. Chodziłem z ojcem na grób dziadka, czyli musiałem widzieć żydowskie groby.
Na cmentarzu żydowskim?
Tak, na Okopowej. Pamiętam tamten napis: „Usuwał ludziom kamienie z drogi".
Hebrajskich liter nie pamiętasz?
Nie. Ania mówi, że zawsze wiedziała, że jesteśmy Żydami. Był z tym jakiś problem, ale rozwiązywał go komunizm. Była choinka, był Dziadek Mróz, nie szliśmy do pierwszej komunii, mimo że inne dzieci szły. Może pomagało to, że jak się później okazało, duża część mojej szkoły to też byli Żydzi. Nie było u nas religii. Byłem w żydowskim środowisku, ale o tym nie wiedziałem. Albo wyparłem. Do sześćdziesiątego ósmego nikt się do mnie nie przypieprzał.
Oprócz kolegi bez nazwiska w Urlach.
Tak. Mam gdzieś w tyle głowy taki program, że jak padało słowo „Żyd", to ja znikałem. Uciekałem. Nie chciałem być świadkiem. Nic nie pamiętam, Mikołaj. Bardzo bym chciał odzyskać tamten czas, może bym sam siebie lepiej rozumiał.
A co pamiętasz z domu?

W 1960 roku przeprowadzili się do nas na Bracką dziadkowie i zrobiło się bardzo ciasno. Wtedy rodzice zdecydowali przeprowadzić się na Osiedle Młodych, na Grochów. Z Nowego Światu, gdzie byłem w centrum życia miejskiego i towarzyskiego, przenieśliśmy się na wieś. Dotychczas z jednej strony była szkoła, z drugiej kino Nowy Świat, gdzie sto razy obejrzałem już *Krzyżaków*. Naprzeciwko naszego mieszkania była Cepelia, w której moja mama była wiceprezesem. Byłem królem, a tu nagle wyprowadzka na wieś. Wtedy ani autobusy, ani tramwaje tam nie dojeżdżały. Do szkoły woził mnie tata naszym wartburgiem albo kierowca, który przyjeżdżał po mamę służbową wołgą. Do końca podstawówki dojeżdżałem ze wsi.

Odnalazłeś się na nowym podwórku?

Byłem tam „nowy". Po latach okazało się, że wszyscy od początku wiedzieli, że jestem Żydem. Dzięki kilku lekcjom gimnastyki i jakimś przewrotom, których się nauczyłem, udało mi się pokonać szefa „dziecięcej bandy". Umówiłem się z nim na solówę w piaskownicy. Na oczach wszystkich przewróciłem go i usiadłem na nim. Tak zostaliśmy przyjaciółmi. Na imieniny mamy pod nasz dom zajeżdżały samochody wypchane kwiatami. Wszyscy wiedzieli, że jesteśmy inni, ale nauczyłem się tam żyć. Do liceum poszedłem na Saską Kępę do Prusa. I wtedy się zaczęło. Sześćdziesiąty ósmy.

Czerwiec 1967 przeszedł bokiem?

Pamiętam, że byliśmy wtedy w Jugosławii na wakacjach. Siedzieliśmy na jakimś tarasie i mama mówiła ojcu, że Wiktora Kubara – przyjaciela domu i naczelnego „Kuriera Polskiego" – wyrzucono z pracy. Jego żona i dwie córki wyjechały, a on powiedział, że nie wyjeżdża. Mikołaj, chcę, żebyś wiedział, że za fakty z tamtego okresu nie dam sobie obciąć ręki. Mam takie flashbacki, ale sam im do końca nie ufam.

Co pamiętasz z sześćdziesiątego ósmego?

Byłem wtedy w dziesiątej klasie. Pierwszy raz w życiu wystąpiłem publicznie.

Z jakiej okazji?

Mój wychowawca, profesor od matematyki, zaatakował Izrael. Wtedy wstałem i powiedziałem, że jeśli Żydzi nie mają prawa do Jerozolimy, to jakie my mamy prawo do Szczecina? Skąd ja wziąłem ten Szczecin? Nie powiedziałem: „ja, Żyd", ale pierwszy raz w życiu publicznie w tej sprawie zabrałem głos.

Jak zareagował twój wychowawca?

Nie pamiętam, ale w tym samym czasie wyrzucono mamę z partii i z pracy w Cepelii. Siedziała w domu, była kompletnie załamana, a musisz wiedzieć, że ona była twarda baba. Postanowiła, że nikogo o nic nie będzie prosiła. Odkurzyła swój dyplom farmaceutki i poszła pracować do apteki, jako pomoc aptekarska. W aptece przy Ząbkowskiej, naprzeciwko kina Nowa Praha. Gorsze miejsce trudno sobie wyobrazić. Sprzedawała watę, bo jako pomoc apteczna nie miała prawa sprzedawać leków. Pracowała na dwuzmianowej szychcie. Później przenieśli ją na plac Leńskiego, gdzie była już samodzielną aptekarką. Tam pracowała do emerytury.

Ojca też wyrzucili?

Tak. Był w kierownictwie Instytutu Mechanizacji Budownictwa. Zredukowano go do szeregowego inżyniera. To był moment, w którym mój tata postanowił rozpocząć pracę naukową. Po latach został profesorem zwyczajnym historii techniki, wykładał na uczelni. Założył Polskie Towarzystwo Historii Techniki.

Dyskutowaliście o wyjeździe?

Tak, ojciec nawet załatwił sobie pracę na wydziale inżynieryjnym pod Londynem, mimo że nie mówił biegle po angielsku. W tym czasie moja zjawiskowo piękna siostra była na pierwszym roku fizyki albo już na psychologii. Właśnie wtedy poznała swojego przyszłego męża. Powiedziała, że bardzo jej przykro, ale nie może wyjechać. Ona została, to my też zostaliśmy. Pamiętam, że u nas w domu odbywały się wtedy pożegnania emigrujących ludzi. Na przykład żegnaliśmy rodzinę Przenickich, którzy wyjeżdżali do Anglii. Mówili, że teraz będą musieli wznosić toasty *to the Queen!*

Chodziłeś na Dworzec Gdański?

Tak. Ale w dalszym ciągu nie przypominam sobie, by miały miejsce jakieś bezpośrednie ataki na mnie, choć cały czas bardzo się bałem.

Czego?

Takiego ataku. Na mnie jako Żyda. Powiem ci, że wtedy sprawa mojego żydostwa była dla mnie najważniejsza na świecie. Nic się tak nie liczyło. Całymi dniami kombinowałem, jak ja to powiem moim przyjaciołom. Mam podejść i powiedzieć, że jestem Żydem? To byłoby dla mnie zdradzeniem tajemnicy całego życia. W końcu powiedziałem trzem najbliższym przyjaciołom. Kazałem im przysięgać na krew, że nikomu nie powtórzą tego, co im powiem. Po latach okazało się, że to nie było dla nich żadne zaskoczenie. Zawsze o tym wiedzieli.

Czułeś po Marcu, że wokół ciebie opustoszało?

Raczej wokół moich rodziców. Wielu ich znajomych wyjechało. Bardzo dobrze też pamiętam smutek tych rodziców, którzy nie pojechali za swoimi dziećmi. Z tego okresu wywodzi się mój paniczny lęk, żeby dzieci nie wyjechały. Dzisiaj wiem, że kompletnie niesłusznie manipulowałem dwójką moich starszych dzieci. Zniechęcałem je do studiowania za granicą. To dlatego, że tak dobrze zapamiętałem ten smutek pozostawionych rodziców.

Co się z tobą działo po Marcu?

To już jest zupełnie inna historia. Zdawałem na architekturę, bo tak chcieli rodzice, ale się nie dostałem. Zawsze byłem słabym uczniem, dysgrafikiem, dyslektykiem, a poza tym nauka mnie nie interesowała. Panicznie bałem się wojska, ale udało mi się załatwić kategorię „D", na krzywy kręgosłup. Miałem jednak obsesję posiadania czarnej legitymacji studenckiej, nie wiem, czy pamiętasz…

Takie były wtedy te legitymacje, też taką miałem.

No właśnie. W siedemdziesiątych latach ta legitymacja była symbolem nobilitacji społecznej, chciałem ją mieć. Dostałem się na Politechnikę na wydział samochodowy, miałem do tego smykałkę. Zdałem na samych piątkach i pojechałem z przyjacielem do Szwecji. Studenci jechali zarobić w czasie wakacji, taka formuła. Żadna emigracja, normalny paszport. Wziąłem butelkę wódki, kiełbasę i dziesięć dolarów. Wysiedliśmy ze statku handlowego za kołem polarnym, sprzedaliśmy kiełbasę, wódkę i zaczęliśmy się rozglądać. Znaleźliśmy kemping, na którym było wielu Cyganów z Polski. Przestałem już dawno być blondynem i wyglądałem podobnie jak oni. Ich kierowca akurat stracił prawo jazdy, więc dostałem u nich robotę. Dwa tygodnie byłem kierowcą Cyganów domokrążców, którzy sprzedawali dywany. Później pojechaliśmy do Sztokholmu, gdzie mieszkaliśmy pod mostem. Tam roznosiłem ulotki. W końcu trafiliśmy na Francuzów, którzy sprzedawali po domach swoje akwarele. I wtedy złożyły mi się w głowie dwie rzeczy: domokrążcy i sprzedaż obrazków. Zrozumiałem też jeszcze jedną rzecz. Sprzedawca musi być ekstrawertykiem. Wchodzi do budynku, w którym jest sto mieszkań, i ma nie myśleć: o, tu nie wejdę, bo mają drogi zamek, a tam jakieś dziwne drzwi… Ma wchodzić i sprzedawać. Mój kolega sprzedawał dziennie dziesięć obrazków, ja jeden. Wróciliśmy do Polski, poszedłem na staż u ojca mojej przyjaciółki, który nauczył mnie sitodruku. Potem zatrudniłem przyjaciół z ASP, którzy zrobili mi trochę zmienione kopie rysunków Wyspiańskiego, Malczewskiego: dzieci, konie, trojka, tego typu. Zawiozłem to do Szwecji i tam założyliśmy fabrykę sitodruku. Najpierw to był wakacyjny biznes, potem zrobił się całoroczny. Kupowałem samochody, reperowałem je, przyjeżdżali ludzie z Polski i sprzedawali to w całej Szwecji, którą podzieliłem na kwartały. W szczycie zatrudnialiśmy dwieście pięćdziesiąt osób. Dostawali karteczkę, na której było po szwedzku napisane, co mają mówić, jeśli Szwed otworzy drzwi.

Co mieli mówić?

Jestem studentem sztuki, zwiedzam Szwecję, sprzedaję swoje obrazki, dziękuję za pomoc. I oczywiście dziecko Wyspiańskiego to był mój brat, gondole to łódki na Wiśle, ratusz w Wiedniu to kościół w Warszawie, trojka…

Sprzedawało się.

Ludzie zarabiali w wakacje trzy, cztery tysiące dolarów. Marzenie nas wszystkich. Mieszkanie na osiedlu Za Żelazną Bramą kosztowało wtedy tysiąc dwieście dolarów, a mały fiat sześćset. Miałem żółtego fiata sport coupé, wpłaciłem na mieszkanie, kupiłem sprzęt grający, kolekcję płyt i zatrudniałem w Szwecji tłumy ludzi. I bałem się słowa „Żyd".

Co się potem stało z tym szwedzkim biznesem?

W 1975 roku zadzwonili do mnie dżentelmeni z MSW. Zaprosili na spotkanie. Byłem pewien, że chodzi o ten szwedzki handel, a okazało się, że chcą, żebym z nimi współpracował i donosił, co się dzieje w żydowskich środowiskach w Skandynawii. Dali mi do podpisania papier, że nikomu o naszej rozmowie nie powiem. Byłem przerażony, ale powiedziałem, że mogę nikomu nie mówić, ale rodzicom muszę powiedzieć. Zróbmy tak, teraz niech już pan idzie, podpisze pan następnym razem – powiedzieli. Poszedłem do rodziców, a oni dostali furii i zabronili mi cokolwiek podpisywać. Po dłuższym czasie zostałem znowu zaproszony, to był dzień, w którym był koncert Procol Harum w Sali Kongresowej, pamiętam, bo po tej rozmowie tam właśnie poszedłem. Nie podpisałem, a oni powiedzieli, że rodziców wyrzucą z pracy.

Nie wiedzieli, że moi rodzice już dawno zostali wyrzuceni. Niezły burdel tam musieli mieć. A mnie mieli wyrzucić ze studiów i posłać do wojska, mimo tej mojej kategorii „D". Co było bardzo możliwe. Powiedzieli mi też, że jeśli nie, to droga do emigracji wolna. Opowiedziałem to rodzicom. Ojciec wysłuchał i napisał list otwarty do Jaroszewicza, żeby się ode mnie odpieprzyli.

O, odważnie. Widziałeś ten list?

Nie widziałem, ale tak mówił. Ojciec powiedział, żebym się nie martwił, w najgorszym wypadku wyemigruję z Polski. W 2005 roku zwróciłem się do Instytutu Pamięci Narodowej i dostałem status poszkodowanego. Przeczytałem, co było w mojej teczce. Same pierdoły, trochę anonimów – porucznik Kapusta czy Kwiatkowski pisał do mojego rektora, że ja się niemoralnie zachowuję i w Polsce, i za granicą.

Dalej jeździłeś do Szwecji?

No właśnie nie, bo już nie dostawałem paszportu. I nigdzie nie mogłem znaleźć pracy, bo byłem na czarnej liście. Miałem mieszkanie, samochód, pieniądze i to swoje żydostwo. Bałem się. Bałem się, idąc na grób dziadka, że mnie ktoś tam zobaczy. Ty widzisz, która jest godzina? Wystarczy tego. Nie musisz już iść? Ile czasu my rozmawiamy?

Najwyraźniej za krótko. Wróćmy do sześćdziesiątego ósmego roku.

Sześćdziesiąty ósmy rok spowodował spustoszenie w moim mózgu. Bałem się, że przyjdą do mnie i powiedzą dwa słowa: „ty Żydzie!". Nic więcej. To Marzec zrobił ze mnie Żyda. Wtedy mogłem stać się facetem, który wykreśli swoje żydostwo całkowicie, albo mogłem zostać Żydem. Zostałem Żydem, ale bardzo samotnym.

Z ojcem nie rozmawiałeś?

Nie.

Z mamą?

Też nie. Nie wiem dlaczego, ale tak było. Trochę jak w twojej książce *Oskarżam Auschwitz**. To nawet nie było tabu, po prostu o tym się nie rozmawiało.

Piotrze, w waszym mieszkaniu żyło czworo Żydów i nie rozmawialiście o tym, że jesteście Żydami. To znaczy, że ten temat był tabu.

No tak.

Dziewczyny, z którymi wtedy byłeś, wiedziały, że jesteś Żydem?

W 1977 ożeniłem się po raz pierwszy. Powiedziałem żonie, kim jestem, i zakazałem do tego wracać. Wyznałem, że to jest największa tajemnica mojego życia. Nie pozwoliłem nawet, żeby podzieliła się tym ze swoją mamą. W 1983 poznałem moją aktualną żonę. Wtedy już się nie bałem, ale prosiłem o zachowanie tajemnicy.

Nie bałeś się mówić, ale prosiłeś, żeby siedzieć cicho.

Powiedziała rodzicom, a oni na to: Boże, Jezu, kogo ty poznałaś! Słuchaj, może ta moja historia nie jest jakaś typowa i nie warto jej pchać do twojej książki.

Mnie się podoba.

Byłem dziwnym Żydem. Trochę wiedziałem o obozach koncentracyjnych i gettach, nic o Kielcach i nic o Jedwabnem. Nie dostawałem paszportu, miałem z czego żyć, ale wszystko było w zawieszeniu. Postanowiłem, że zostanę nauczycielem, bo to jest zawód zaufania publicznego, a takim ludziom daje się paszporty. Zatrudniłem się w zespole szkół wieczorowych. Moi uczniowie mieli średnio o pięć, dziesięć lat więcej ode mnie. Sam niewiele umiałem, ale wprowadziłem zasadę, że każdy, kto przychodzi na zajęcia, zalicza.

Dostałeś paszport?

Składałem o niego pięć razy i nie dostałem.

* *Oskarżam Auschwitz* – tytuł książki Mikołaja Grynberga wydanej po raz pierwszy w 2014 roku; wybór rozmów, które autor przeprowadził z dziećmi ocalałych z Holokaustu.

Nie wykiwałeś systemu.

Nie to nie, pomyślałem. Idąc ulicą, zobaczyłem ogłoszenie firmy Warexpo, która szukała kogoś do organizacji wystaw. Tam zrobiłem szybką karierę i zostałem szefem działu wystaw w Warszawie. Z większych rzeczy to robiłem w 1979 roku ołtarz dla Jana Pawła II. Zdałem egzamin i dwa lata później budowałem ołtarz na Jasnej Górze i mieszkałem w klasztorze. W 1979 roku zrobiłem jeszcze jedną wystawę – na siedemsetlecie Warszawy, którą zbudowałem w Domu Braci Jabłkowskich. I ta wystawa została zaproszona do Helsinek. Miałem z nią jechać, ale nie miałem paszportu. Ktoś do kogoś zadzwonił i po dziesięciu minutach paszport był. Potem już nigdy nie miałem problemów z paszportem.

A jak było z twoją tożsamością?

Ewoluowała.

Opowiedz.

W 1995 roku moi rodzice umarli w odstępie dwóch tygodni. Po ich śmierci poszedłem do gminy żydowskiej w Warszawie, bo Kostek Gebert zaprosił mnie do pomocy w tworzeniu Fundacji Ochrony Dziedzictwa Żydowskiego. Byłem zdruzgotany śmiercią rodziców, ale z drugiej strony byłem facetem, który miał już za sobą sukces zawodowo-biznesowy. Czułem się pewnie. Znalazłem się w środowisku, gdzie słowo „Żyd" było przyjmowane normalnie. Wziąłem formularz aplikacji członkowskiej, wypełniłem i zostawiłem w sekretariacie gminy. Zrobiłem sto kroków, wróciłem i podarłem go. Wyszedłem, zrobiłem sto kroków, wróciłem, wypełniłem raz jeszcze, podpisałem i zostałem członkiem gminy.

Co to dla ciebie wtedy znaczyło?

Zostałem polskim Żydem i to właśnie jest moja tożsamość. Nie Polakiem z żydowskimi korzeniami.

Co ci zabrał sześćdziesiąty ósmy rok?

Nie wiem, co mi zabrał, mogę ci powiedzieć, co mi przyniósł. Potworny, paraliżujący strach. Na lata. Przyniósł poniżenie i odczuwalną pogardę. Dał mi też wielką rzecz, bo wtedy zostałem Żydem i przeszedłem bardzo długą drogę, by móc ci o tym opowiedzieć.

Wiesz co? To nie może tak zostać. Opowiedziałem ci dużo rzeczy, ale nie ma w tym wszystkim tego, co najważniejsze. Sześćdziesiątego ósmego roku nie ma. Śmieszne pomyłki, że ja miałem antysemicki wygląd, nie opowiedzą tamtej historii. Blondynem byłem bardzo krótko, a potem miałem najbardziej semicki wygląd na świecie. Moja siostra – piękna blondynka o niebieskich oczach, a ja – mały Żyd. Ona mówi, że w naszym domu przed sześćdziesiątym ósmym rozmawiało się o żydostwie, ja nic nie pamiętam. Mikołaj, to jest dla mnie najważniejsze, bo to się stało przez Marzec. Nic nie pamiętam, ani jednej historii, ani jednego dowcipu. Marzec jest dla mnie najważniejszą datą w życiu, mimo że z tamtego okresu pamiętam tylko wielki strach. Myślę, że Marzec jest w moim życiu tak samo istotnym wydarzeniem jak śmierć moich rodziców. Ich odejście musiało się zdarzyć, Marzec nie musiał. Wiem, że dla różnych pokoleń różne wydarzenia w historii są punktami odniesienia. Dla jednych to jest Holokaust, dla innych pogrom kielecki, a dla mnie Marzec. Rozmawiałem ostatnio z siostrą, przypomniała mi, że byliśmy razem na pogrzebie babci w 1967 roku. Przecież to było na cmentarzu żydowskim, musiałem włożyć czapkę i przejść między setkami macew. Nic nie pamiętam. Napisałeś książkę *Oskarżam Auschwitz*, a ja oskarżam Marzec o zabranie mi młodości i pamięci.

Po sześćdziesiątym ósmym dalej czułeś lęk?

Nikt mi osobiście nic złego nie zrobił, ale atmosfera była straszna. Ten wyjechał, tamci wyjechali. Co zrobić z zastawą stołową, gdy ma się tylko miesiąc na spakowanie całego życia? Żadna Desa nie przyjmuje, komisy już są pełne pożydowskiego mienia. Ludzie w pułapce czasu miotający się z całym swoim dorobkiem.

Jak sobie radziłeś z tym lękiem?

Ukrywałem się. Do sześćdziesiątego ósmego nie reagowałem na żydowskie dowcipy, a po – uciekałem. Jeszcze później już nie uciekałem, po prostu odchodziłem. I do tego ta historia z obrazkami w Szwecji. Można by pomyśleć, że skorzystałem na Marcu.

Nie miałem nawet cienia takiej myśli.

Wiesz, dlaczego to robiłem? Byłem niski, musiałem być mocny nie siłą fizyczną, ale czymś innym. Dzięki tym obrazkom nauczyłem się robić pieniądze. To też jest pewien rodzaj siły, która ci daje życiową pewność. Cały czas myślałem o tym, że muszę być silny. Dlatego zrobiłem karierę finansową i zawodową.

Przestałeś czuć lęk?

8 marca 1981 roku poszedłem zobaczyć manifestację odrodzonego Zjednoczenia Patriotycznego Grunwald pod Ministerstwem Bezpieczeństwa na Koszykowej. Wróciłem do domu roztrzęsiony. Wtedy bardzo się bałem. Chyba jednak trzeba było wyjechać w Marcu – mówiłem. Wszystko przestało być ważne. To, że znowu dostawałem paszport, że miałem pieniądze. Myślałem, że zrobiłem błąd, że zostałem. Wiesz, co tam się działo? Wydawało mi się, że tam była grupa kilkuset osób. Wykrzykiwali paskudne hasła. A wiesz, co ja zobaczyłem? Całą Polskę. Mój strach mi to zrobił. Moje czułki wyczuwały antysemityzm, były już wyćwiczone do perfekcji. Dzisiaj też działają, ale już się nie boję. Mogę pójść z kipą na głowie i stanąć przed marszem ONR-u.

Nie polecam.

No dobra, masz rację, ale wiesz, o co mi chodzi. Dzisiaj pierwsza rzecz, jaką ci o sobie powiem, to to, że jestem Żydem. Stoję wyprostowany, nie boję się i jestem dumny. Od dziesięciu lat pracuję *pro publico bono* w Stowarzyszeniu Żydowski Instytut Historyczny. Poświęciłem cały swój wolny czas na to, by powstało Muzeum POLIN, i udało się!

Odrodzenie życia żydowskiego? Proszę bardzo, jestem jednym z jego przykładów. Chcesz inny? Mój starszy syn miał kilka lat temu poważny wypadek samochodowy. Na szczęście wszystko dobrze się zakończyło, ale następnego dnia zniknął na dłuższy czas. Wreszcie udało mi się z nim skontaktować, pytam: gdzie byłeś? Poszedłem do synagogi. Mikołaj, on był i jest niewierzący. Chcę, żebyś zrozumiał, że to jest prawdziwe, to się dzieje, naprawdę przestałem się bać. Jak by to dziwnie nie zabrzmiało, to Marzec właśnie zrobił ze mnie Żyda. Nie spowodował, że wróciłem do żydostwa, tylko pchnął mnie do tego, bym zaczął być Żydem. Jestem szczęśliwy, że nie wyemigrowałem po Marcu. Czuję, że jestem u siebie. Dziadek byłby ze mnie dumny.

Halina i Leon Marymont

Holon, Izrael

Leon: Nazywamy się Marymont.

Halina: Jesteśmy rodzeństwem, nie małżeństwem.

Urodziliście się...

H.: On w 1948, ja w 1954.

Skąd tu przyjechaliście?

H.: Z Katowic.

A kim byli wasi rodzice?

L.: To byli przedwojenni komuniści, oboje pochodzili z religijnych rodzin.

H.: Z obu tych rodzin przeżył tylko brat matki, który uciekł do Rosji, a potem był w wojsku. Wiem, że doszedł do samego Berlina.

L.: Nazywał się Heniek i to on w 1946 sprowadził naszych rodziców do Katowic. Jeszcze w tym samym roku w lipcu nasz tata pojechał do Kielc szukać swojej rodziny.

W lipcu 1946 roku?

L.: Miał szczęście, bo wyjechał stamtąd rano, a w południe zaczął się pogrom.

H.: Nikogo nie znalazł.

Gdzie rodzice pracowali?

L.: Tata był krawcem, ale po wojnie został zastępcą dyrektora cenzury na Śląsku. W późniejszych latach był kierownikiem Wyższej Szkoły Ekonomicznej w Katowicach.

H.: Takiej partyjnej.

L.: Po śmierci Stalina postanowił wrócić do krawiectwa.

A mama?

L.: Wiemy, że przez jakiś czas pracowała w milicji, ale później pomagała tacie w krawiectwie.

H.: A my chodziliśmy do szkoły i wszystko było normalnie.

Czyli jak?

H.: Nie mieliśmy żadnych problemów z powodu bycia Żydami.

Czuliście się wtedy Żydami?

L.: Czuliśmy się całkowicie Polakami.

H.: Tylko chodziliśmy do TSKŻ na rozmaite imprezy. Dostawaliśmy paczki i słodycze.

L.: Jeździliśmy też na żydowskie kolonie i to był nasz najmocniejszy związek z żydostwem. Co najmniej miesiąc w roku, a były i takie lata, że udawało się dwa.

H.: To było niesamowite.

L.: Wspaniałe. Miałem porównanie, bo raz byłem na polskiej kolonii.

Jaka była różnica?

L.: Towarzysko było nie bardzo. I jedzenie było takie, że wylądowaliśmy wszyscy w szpitalu. Zatruli nas bigosem.

H.: Wiesz, że wielu Polaków starało się wysłać swoje dzieci na nasze kolonie? U nas nikt się nie utopił ani nie zatruł.

L.: Moje najlepsze wspomnienia z Polski są z tych kolonii. Do sześćdziesiątego ósmego było nam tam dobrze. Dopiero jak się zaczęły te historie z „syjoniści do Syjamu", to się zmieniło. Byłem wtedy na drugim roku matematyki w Katowicach, studiowałem w filii Uniwersytetu Jagiellońskiego.

Chodziłeś na demonstracje?

L.: Nie, bo partyjni koledzy mojego taty powiedzieli: niech pan powie synowi, żeby tam nie szedł, bo będą szukać Żydów.

Kto podjął decyzję o waszym wyjeździe?

H.: Ojciec.

L.: Do dziś nie mogę zrozumieć, jak mu się udało nas tak szybko przekonać.

H.: Myśleliśmy, że jedziemy na kolejną żydowską kolonię.

L.: Możliwe, choć mnie to dziwi, przecież byłem całkowicie Polakiem.

H.: I nagle ta wiadomość, że jedziemy do innego kraju!

L.: Nie wiedziałem, co się dzieje w Polsce. Docierały do mnie tylko opowieści, że w zakładach pracy tępią Żydów.

H.: Miałam koleżankę, która chciała iść do liceum, ale jej nie pozwolili i musiała iść do szkoły pielęgniarskiej. Ojciec mi wytłumaczył, że jej nie przyjęli, bo była Żydówką. Za rok miałam zdawać do liceum i zaczęłam sobie zdawać sprawę z sytuacji.

Dlaczego pojechaliście właśnie do Izraela?

H.: Ojciec powiedział, że jeśli już ma zostawić Polskę, to jest już tylko jedno miejsce na świecie, do którego może pojechać – Izrael.

L.: Zaczęliśmy się pakować. Zanieśliśmy listę naszych rzeczy do zatwierdzenia. Mieliśmy nowy stół i krzesła. Ojciec pomalował im nogi farbą, żeby wyglądały na starsze, ale i tak zabronili nam je wywieźć.

H.: To było śmieszne, bo my naprawdę nic nie mieliśmy.

L.: Ktoś ojcu powiedział, żeby im dał butelkę wódki. Przyniósł, a ci powiedzieli, że to nic nie pomoże. To było strasznie smutne.

H.: Mam do dzisiaj tę listę, na której stół i krzesła są przekreślone.

A brat mamy został w Polsce?

H.: Leon, ty mu opowiesz?

L.: Może później.

H.: Ostatnią noc przed wyjazdem spałam u koleżanki, bo w domu już nic nie było.

L.: Ja zostałem w domu, bo dużo ludzi przyszło się z nami żegnać do tego pustego mieszkania. Pamiętam też, jak szliśmy następnego dnia wieczorem na dworzec. Noc, pierwszy listopadowy śnieg i odprowadzający nas ludzie. Smutne.

H.: Blisko stacji mieszkała jedna z moich koleżanek. Rodzice nie chcieli, żeby szła sama, więc przyprowadził ją ojciec.

Pamiętam, że nasz tata się tym zachwycał, a ja nie wiedziałam, o co mu chodzi. Dopiero później zrozumiałam, że tamten dużo ryzykował, ale uznał to za ważną sprawę.

L.: Później była bardzo długa podróż do Wiednia.

H.: W Wiedniu zabrał nas Sochnut.

L.: Do pałacyku pod Wiedniem, do Schönau.

H.: Tam byli ludzie z Polski, wielu znałam z kolonii. Znowu byliśmy razem.

L.: Po pięciu dniach polecieliśmy do Izraela.

H.: W Wiedniu była zima. Mieliśmy na sobie czapki, rękawiczki, płaszcze i swetry. Wylądowaliśmy ubrani w to wszystko w Izraelu, w upalny dzień. Byłam w szoku.

L.: Odebrał nas kolega ojca i zawiózł do siebie, do Holonu. Po drodze kolejny szok, zatrzymują nas żołnierze z bronią, bo w okolicy był zamach.

H.: Następnego dnia rano schodzimy do sklepu. Zatkało nas. Nie wyobrażaliśmy sobie, że w sklepie może być tyle rzeczy.

A co z tym bratem mamy? Możecie już o nim opowiedzieć?

L.: To jest nasza rodzinna telenowela. Tuż po wojnie ożenił się z Polką. Miałem rok, gdy urodził im się syn. Rodzice mnie zapakowali do wózka i pojechaliśmy ich odwiedzić. Zobaczył nas przez okno, zszedł i powiedział: słuchajcie, przyjechała rodzina mojej żony, oni nie wiedzą, że jestem Żydem. Nie przychodźcie więcej.

Nigdy?

L.: Nigdy.

H.: Nie chciał kontaktów, bo bał się, że kiedyś przyjdą do nas i zobaczą, że nie ma na ścianie krzyża. I zapytają, dlaczego nie chodzimy do kościoła. Rozumiesz?

L.: Prawdopodobnie tamci byli antysemitami, a on się strasznie bał. Dwadzieścia lat mieszkaliśmy w tym samym mieście, w Katowicach. Wiedzieliśmy, że ma dzieci i że jest naszym wujkiem. Jego żona wiedziała o nas, ale nas nie odwiedzała.

A on?

H.: Dwa, trzy razy do roku. Mama mu wtedy przygotowywała żydowskie potrawy. Siedzieli przy stole, on zawsze płakał. Rozmawiali po żydowsku.

Nigdy nie widzieliście jego dzieci?

L.: W okolicach 1963 roku przyprowadził dwoje dzieci do krawca. Pamiętam, jak nasz ojciec brał z nich miarę. Potem siedzieliśmy razem przy stole.

H.: Wiedzieliśmy, że nie możemy puścić pary z ust. Rozmawialiśmy jak dzieci. Do dzisiaj pamiętam, jak wyglądali. Przyszli jeszcze dwa, może trzy razy zmierzyć płaszcze i na tym się skończyło.

Wasza mama wtedy po raz pierwszy widziała swoich bratanków?

L.: Tak. Dla niej to musiało być coś strasznego.

H.: Myślę, że dla niego to musiało być znacznie trudniejsze.

L.: W 1964 umarł. Ale zanim umarł, kazał przyrzec naszym rodzicom, że nigdy nie wyjawią tej tajemnicy.

H.: Mama obiecała dotrzymać słowa.

I dotrzymała?

H.: Tak.

A wy?

H.: Też.

Jakoś bez przekonania to mówisz.

H.: Czekaj. Na razie dotrzymaliśmy. Jesteśmy dopiero w 1964 roku. Mama nie poszła na pogrzeb brata, żeby się nikt nie zastanawiał, co to za kobieta tak płacze. Później się dowiedzieliśmy, że ojciec był na pogrzebie.

L.: Stał z boku.

Myślisz, że zmówił kadisz?

L.: Nie był pobożny, ale kto wie…

H.: Na pewno umiał.

L.: Po żydowsku bardzo dobrze mówił. Rozmawiali z mamą, żebyśmy nie rozumieli.

Jak rodzice się nazywali?

L.: Ojciec był Izydor, bo się nazywał Izrael. Mama wołała na niego: Srulek. Ona się nazywała Franciszka, bo Fruma.

H.: Pamiętam, że jak wujek umarł, to jego żona obróciła mu kalesony tył na przód. Że niby przez pomyłkę, ale rozporek miał być z tyłu, żeby kiedy go będą ubierać, nie zauważyli, że jest obrzezany.

L.: Jedźmy dalej. W sześćdziesiątym ósmym wyjechaliśmy.

H.: Przyszła się z nami pożegnać. Przyniosła mi zabawkę, misia.

I co, koniec historii wujka?

L.: Gdy już byliśmy dorośli, to od czasu do czasu wracaliśmy do rozmowy o kuzynach.

H.: Że ich mamy, że nie mamy kontaktu.

L.: Chcieliśmy ich poznać, ale lata leciały, a my nic w tej sprawie nie robiliśmy.

H.: W 1992 postanowiliśmy pojechać do Polski.

L.: Otworzyliśmy książkę telefoniczną. Wiedzieliśmy, że córka wuja jest lekarką.

Znaliście jej nazwisko?

L.: Znaliśmy, to było nazwisko X. A ich imiona znaliśmy jeszcze sprzed wyjazdu. Znaleźliśmy lekarkę o nazwisku X, miała imię jak nasza kuzynka. Zadzwoniłem i pytam się, czy nazwisko Marymont coś jej mówi. Usłyszałem bardzo głośne i stanowcze NIE. Wróciliśmy do Izraela.

H.: Bardzo się zastanawiałam, czy w ogóle podejmować tę próbę. Może okażą się niesympatyczni? Pokręcę im w życiu. Miałam dużo wątpliwości, i to nie dlatego, że mama obiecała milczeć. No, ale skończyło się, jak się skończyło.

Jak?

L.: Przyszedł rok 2008. Koleżanka z Rosji powiedziała mi, że u nich powstał portal Nasza Szkoła i że tam ludzie się odnajdują. Poszperałem w internecie i znalazłem Naszą Klasę. Odnalazłem swoją klasę i zapisałem się tam. Była tam już koleżanka Małgosia. Opowiedziałem jej historię z wujkiem i poprosiłem o pomoc. Po dwóch dniach ona mi pisze, że na Naszej Klasie znalazła kogoś, kto ma tyle lat, ile mój kuzyn, na nazwisko X i na imię jak trzeba. Idąc tym tropem, natychmiast go odnalazłem i napisałem do niego.

H.: Ja cały czas byłam na telefonie.

Dalej miałaś wątpliwości?

H.: Ja dalej miałam, Leon dalej nie miał.

Co napisałeś?

L.: Przepraszam, że do pana piszę, ale czy pana ojciec miał na imię tak i tak i czy ma pan siostrę, która nazywa się tak i tak? O trzeciej po południu wysłałem tego maila i całą noc sprawdzałem, czy odpisał. Rano przyszła odpowiedź: a skąd pan to wie? Czy my się znamy? Od razu odpisałem: mam nadzieję, że masz zdrowe serce. Lepiej usiądź, nim przeczytasz dalszy ciąg. Ale zanim ci wszystko opowiem, napisz, co słychać u twojej matki. Natychmiast odpisał, że mama zmarła dwa lata temu. Kamień spadł mi z serca.

H.: Gdyby się dowiedziała, że nawiązujemy kontakt z kuzynami, pewnie by umarła.

L.: Więc napisałem: twój tata i nasza mama byli rodzeństwem. Trochę się obawiałem reakcji, bo mogli się ucieszyć albo kazać się wypchać. Odpowiedź przyszła natychmiast: jesteśmy wzruszeni. Zawsze czuliśmy, że gdzieś jest ojca rodzina.

H.: Ubzdurał sobie, że gdzieś we Wrocławiu.

On wiedział, że piszesz z Izraela?

L.: Oczywiście, bo na Naszej Klasie podałem swoje dane.

Napisałeś mu, że jesteście Żydami?

L.: Chciałem delikatnie.

Co z waszymi rodzicami? – pyta. Też już nie żyją – odpowiadam. Cieszymy się, że się odezwaliście. Umówmy się na Skypie. To był środek tygodnia, umówiliśmy się na sobotę.

H.: Otworzyliśmy Skype'a i wszyscy się zobaczyliśmy. To było bardzo wzruszające. Dużo ciepła między nami przepłynęło. Kiedy przyjeżdżacie? – zapytali. Jutro – odpisaliśmy.

L.: Po tygodniu byliśmy w Katowicach.

Kontaktowaliście się w międzyczasie?

L.: Przesyłaliśmy sobie rodzinne zdjęcia.

H.: Posłaliśmy zdjęcia, na których oni byli mali. Zdjęcie ich ojca, a na odwrocie napis: „mojej kochanej siostrze Frani" i podpis ich ojca. Przysłali nam zdjęcie jego grobu.

L.: Z krzyżem.

Czekali na was na lotnisku?

L.: Cała czwórka. Rodzeństwo z małżonkami. Rzuciliśmy się sobie w ramiona.

Płakaliście?

H.: Oni chyba bardziej. My trochę panowaliśmy nad sobą.

Ale w środku płakałaś?

H.: Jeszcze jak.

Gdzie mieszkaliście?

L.: Halina chciała, żebyśmy mieszkali w hotelu.

H.: Nie w hotelu, tylko u moich koleżanek.

L.: Ja mówiłem, żeby u nich. Idziemy na całość. Oczywiście zabrali nas do siebie. Te cztery dni były jak cztery miesiące.

Dłużyły się czy tyle się działo?

L.: Tyle się działo. Dużo rozmawialiśmy o tym, dlaczego ich ojciec nie chciał powiedzieć, że jest Żydem. Myśleliśmy o tym podobnie. Może przez kielecki pogrom. Może przez to, że jej rodzina pochodziła z bardzo katolickiej rodziny. Byli prymitywni, on się bał.

H.: Największe zamieszanie w głowie miał nasz kuzyn. Nagle został pół Żydem, pół Polakiem. Zaczął czytać, szukać. Był u nas od tego czasu trzy razy, a my u nich pięć.

L.: Tak jakbyśmy chcieli nadrobić stracone lata. Mają dużą rodzinę od strony matki, ale nie utrzymują z nimi kontaktu.

Zrobiliście z nich Żydów?

H.: Moim zdaniem nasza kuzynka nie chciałaby, żeby wszyscy się o tym dowiedzieli.

L.: On chyba nie ma z tym problemu.

H.: Mnie się wydaje, że ona nie chce, żeby to doszło do rodziny jej matki. Dalej się boją tych samych ludzi.

Będziemy musieli ukryć ich nazwiska.

L.: Możemy ich spytać.

H.: Wiem, że oni by nie chcieli. Kiedyś im zaproponowano wywiad w telewizji i się nie zgodzili. Jestem na sto procent pewna, że nie powinno być ich nazwisk i imion.

Zapytajcie i zrobimy tak, jak będą chcieli.

H.: Ty jesteś w Polsce znany? Mogli o tobie słyszeć.

Wątpię.

L.: Napiszę do nich i dam ci znać. (*Leon napisał. Jak już się zapewne, Czytelniku, domyślasz, odpowiedzieli, że chcą pozostać anonimowi*).

Ale rodzinę odzyskaliście.

L.: To jest historia z dobrym zakończeniem.

H.: Gdyby ich mama żyła, to w tym właśnie momencie by umarła.

Tęskniliście za Polską?

L.: Po kilku miesiącach dotarło do mnie, że ja już tam nie wrócę, i wtedy zacząłem strasznie tęsknić. Przez wiele lat.

A dzisiaj jesteś Polakiem?

L.: Gdybyś mnie zapytał przed spotkaniem z kuzynami, to odpowiedziałbym, że jestem stuprocentowym Izraelczykiem. Teraz czuję coś do Polski.

To „coś" wyceniasz na ile?

L.: Na dziesięć procent.

H.: Tęskniłam za Polską, bo wyjeżdżając, straciłam tożsamość. Powrót do samooceny, którą miałam w chwili wyjazdu z Polski, zajął mi wiele lat.

Kiedy się poczułaś Izraelką?

H.: Gdy poszłam do wojska, czyli cztery lata po przyjeździe.

Lepiej mówicie po polsku czy po hebrajsku?

H.: Po hebrajsku. Czasami zaczynamy rozmawiać po polsku, ale szybko przechodzimy na hebrajski.

A w głowie po jakiemu liczysz?

H.: Śmieszne, ale po polsku.

L.: Tata do końca życia liczył po żydowsku.

Dawid Guterbaum

Kopenhaga, Dania

Nie wiem, od czego się powinno zaczynać. Mogę ci powiedzieć, że mój ojciec był wielce rozpolitykowanym krawcem. Też wyjechał z Polski. Ja do Danii, on do Ameryki.

A mama?

Z mamą to trudna sprawa. Urodziłem się w 1946 roku w Rosji. Tata był Żydem, a mama Rosjanką. Dużo było takich mieszanych małżeństw. Ona jemu pomogła, a potem wzięli ślub. Opowiedziała mi o tym po latach ciotka z Izraela.

Co ci opowiedziała?

O tym, jak ojciec rozstał się z mamą i mnie zabrał. Miałem wtedy około roku.

Ojciec potem cię sam wychowywał?

Nie, oddał mnie do żydowskiego domu dziecka w Krakowie.

Dlaczego?

Może nie miał warunków, nie wiem. Wyszedłem stamtąd, gdy miałem około trzech lat.

Wróciłeś do taty?

Nie.

Miałeś kontakt z mamą?

Nie.

To gdzie byłeś później?

Tata umieścił mnie u jednej kobiety – pani Poldy – która była wdową po Żydzie, ale sama nie była Żydówką. Była z Wiednia i mieszkała wtedy w Krakowie. Pokochałem ją bardzo i mówiłem do niej: mamo. Poszedłem do pierwszej klasy do żydowskiej szkoły, ale szybko przenieśli mnie do innej. Zdążyłem się tylko nauczyć pisać hebrajską literę alef.

Dlaczego cię przenieśli?

Tata się pokłócił z Poldą i przeniósł mnie do Hanki, która była Żydówką z Zakopanego. Też mieszkała w Krakowie, tyle że daleko od żydowskiej szkoły.

Długo u niej byłeś?

Dwa, może trzy lata. Potem ojciec się ożenił. Zrobił to, gdy byłem na koloniach w Okocimiu. Wróciłem i zamieszkałem z nimi na Karmelickiej w Krakowie. A, i jeszcze mieszkałem u Silbermanów, którzy mieli trzy córki i jednego chłopaka. Strasznie tam u nich w mieszkaniu było zimno. Ich ojciec – Szymek Silberman – był krawcem.

Później już mieszkałeś cały czas z tatą i jego nową żoną?

Do piątej klasy. Byłem wtedy najlepszym biegaczem w klasie. Nikt nie mógł mi dorównać na krótkim dystansie. I wtedy wybuchła epidemia azjatyckiej grypy. Bardzo długo chorowałem, a zaraz potem dostałem ostrego zapalenia kości. To było szalenie bolesne. Tak cierpiałem, że prosiłem ojca, żeby mnie ktoś zastrzelił, bo nie mogłem już wytrzymać. W końcu ojciec zawiózł mnie do szpitala na ulicy Kopernika. Przyjęli mnie z łaski, bo nikt nie wiedział, co mi dolega, a ja już wtedy chorowałem na *osteomyelitis* (zapalenie kości i szpiku). Grypa zniszczyła moją odporność i przyplątało mi się to. Potem jeszcze na chwilę wróciłem do szkoły, ale tam jeden chłopak mnie zwyzywał od „parszywych Żydów" i strasznie skopał, takimi wielkimi buciorami, po nogach. W tych miejscach dostałem zapalenia, które do końca udało się wyleczyć dopiero w Danii w 1972 roku.

Przez ten cały czas byłeś w szpitalu?

Bez przerwy do niego wracałem. Raz tylko poczułem ulgę, gdy dostałem morfinę. Pielęgniarki były dla mnie nieprzyjemne. Była tylko jedna miła i ładna. Przyszła do mnie w nocy, gdy gorączkowałem, a ja obiecałem, że przyślę jej kiedyś pomarańcze z Izraela. Do dzisiaj pamiętam, jak się rozpłakała.

Miałeś około dwunastu lat i planowałeś wyjazd do Izraela?

To ojciec ciągle o tym mówił. Spędził wojnę na wyspach Nowej Ziemi – w Rosji, pod kręgiem polarnym – i już wiedział, czym pachnie komunizm. Przeżył tam tylko dlatego, że był krawcem. Jak pojechał do Ameryki, to tam też krawiectwo mu życie uratowało. Pracował przy szyciu kostiumów do filmów i teatrów. Regularnie szył dla Elizabeth Taylor, która zawsze mówiła mu: *Michael, regards for your son**. Czyli dla mnie.

Byłeś z nim w Stanach?

Nie, ale mi o tym opowiadał.

Co było dalej? Leżysz w szpitalu, masz wysoką gorączkę.

Miałem czterdzieści dwa stopnie i byłem już w agonii. Wtedy przyszedł chirurg z białej chirurgii.

Co to jest biała chirurgia?

Ja leżałem na czerwonej – budynek był czerwony, a naprzeciwko był drugi budynek – biały.

Wszystko dzieje się na ulicy Kopernika w Krakowie?

Tak. Przyszedł doktór Wróblewski i zrobił mi punkcję, wyciągnął ropę. Uratował mi życie, ale do wyjazdu ciągle chorowałem. Szkołę robiłem głównie w szpitalach. Dwa lata byłem w szpitalu, potem w sanatorium, w Zakopanem.

Miałeś tam dobrych kolegów?

Nie mogłem na nich liczyć, w krytycznych momentach się odsuwali.

Które to były te krytyczne momenty?

Było już po odwilży i w szkołach i sanatoriach wisiały krzyże. Szedłem po schodach w berecie, a tu podchodzi do mnie matka kolegi i jak mnie nie wyrżnie w ten beret, i krzyczy: tu Jezus Chrystus na ścianie wisi! Ty taki owaki!

* *Michael, regards for your son* (ang.) – Michael, pozdrowienia dla twojego syna.

Tak krzyczała: „taki owaki"?

Krzyczała o takich owakich Żydach. Często się zdarzało słyszeć takie teksty w Polsce. Pierwszy raz to usłyszałem w przedszkolu. Moja koleżanka z grupy powiedziała, że moja matka to „żydówica". Wróciłem do domu, do tej pani z Wiednia, i powiedziałem jej, że mówią o niej „żydówica". Rozpłakała się, mimo że nie była żadną „żydówicą".

Często ci się to zdarzało w Polsce?

Wystarczająco. Gdy zamieszkałem u ojca na Karmelickiej, to chodziłem się bawić na niedaleki skwerek. Wszystko było dobrze, dopóki nie rozeszła się wiadomość, że jestem Żydem. Zaczęli mnie tam prześladować i zorganizowali lincz. Starsi dali młodszym kije i kazali mnie bić. Nie chciałem lać tych małych, więc bardzo oberwałem. Wróciłem zapłakany do domu. Moja macocha się zdenerwowała i pobiegła na dół dać im nauczkę. Zrobili sobie z niej pośmiewisko, nie mogła nikogo dogonić, a na koniec się przewróciła. To było tragikomiczne. Okropne.

Miałeś jakiegoś przyjaciela?

Miałem, Kazek się nazywał, jeszcze żyje w Krakowie. Ma młodszą siostrę, która bardzo mnie lubiła. Zawsze siedziała w oknie i czekała, aż będę przechodził. Wołała: Dunek, Dunek.

Masz z nimi kontakt?

Coś się z nią dziwnego stało na stare lata. Rozmawiamy czasami przez Skype'a, a ona mi non stop o tym, że Żydzi niszczą świat, manipulują, są pasożytami... Nie mogę już tego słuchać.

A Kazek?

Kazkowi najbardziej zależy, żebym wszystkim Żydom, którzy jadą do Krakowa, dał namiary na firmę jego synów. Oni mają takie wózki, meleksy, którymi wożą turystów. Zaniosłem jego wizytówki do gminy w Kopenhadze, ale przecież nie mogę mu nic obiecać. Nasza przyjaźń, jeśli tak można powiedzieć, zerodowała.

Zdałeś maturę?

Tak, i dostałem się na studia do Wyższej Szkoły Pedagogicznej w Krakowie, na Wydział Biologiczny.

Dalej się leczyłeś?

Bez przerwy. W końcu zostałem przyjęty do bardzo dobrego ośrodka w Otwocku. Wiązałem z nim wielkie nadzieje. Niestety spotkała mnie tam wielka nienawiść.

Z czyjej strony?

Przede wszystkim ze strony innych pacjentów, a personel udawał, że nic się nie dzieje.

Od czego się zaczęło?

Że Dawid, a do tego jeszcze, że Guterbaum. Od tego się zaczęło. Zostałem naznaczony: „na wieki wieków Żyd". Ruszyła fala masywnego chamstwa i niewybrednych dowcipów.

Typu?

„Żydy z Izraela, co strzelają z krzywej lufy".

Co to znaczy?

Że są tchórzliwi i strzelają zza węgła. Bez przerwy mnie prowokowali: no i co, co, pierdolony Żydzie?

Ktoś stanął po twojej stronie?

Nie chciałem rozróby, zależało mi na leczeniu.

Dawid, ktoś stanął po twojej stronie?

To już było po Marcu. Gdy wchodziłem do stołówki, to słyszałem: co wpierdalasz polski chleb? Zostaw to, to niekoszerne.

Ktoś stanął po twojej stronie?

Czasami mówili: zostaw go, przecież to nie jego wina, że Hitler go nie wykończył. Byłem w sali na pierwszym piętrze i żeby się dostać na dwór, musiałem sporo przeszkód minąć. Najczęściej słyszałem, że trzeba by Hitlerowi pomnik wystawić. Najgorsze było to, że gdy zaczynały padać te wszystkie wyzwiska, personel znikał. Ich herszt czuł się bezkarny.

Pamiętasz, jak się nazywał?

Nie pamiętam, ale jego ojciec był wtedy polskim ambasadorem w Moskwie. Nie miałem gdzie się schować. Byłem zaszczuty. W łazience do mnie krzyczeli: co się tak po żydowsku myjesz?! I cały czas żydłaczyli, rechocząc. Gdy schodziłem po schodach, wysyłali jakiegoś pyrdka, by mnie kopał w dupę i mówił wierszyki typu: „bij Żyda, króla Dawida". Nie byłem nawet w stanie takiego gówniarza dogonić. Wyglądałem żałośnie. Postanowiłem, że umrę, ale z honorem. Wszyscy się ciągle śmiali, że Żydzi dali się zaprowadzić na śmierć i nie walczyli. A przecież to nie jest prawda. Było wielu fantastycznych bohaterów, na przykład bracia Bielscy. Byłem załamany, w gardle siedziała mi taka klumpa i nie mogłem się jej pozbyć. Nawet nie mogłem płakać, bo łzy się nie chciały pojawić. Byłem sam. Prześladowany i zagubiony.

Nie chciałeś stamtąd wyjechać?

Chciałem, ale najpierw musiałem załatwić sprawy. Byłem już przygotowany na grubszą rozróbę. Wiedziałem, że walka musi odbyć się na moim terenie. Wszystko przygotowałem, by przyszli do mojej sali i bym mógł walczyć między dwoma łóżkami. Musiałem mieć pewność, że się nie przewrócę. A gdyby nawet, to będę mógł dalej walczyć z łóżka. Byłem zdeterminowany, żeby umrzeć z honorem. W końcu się pojawili. Herszt z bandą z tyłu, a na przedzie Sławek. Zawsze jego wystawiali do zaczepiania mnie. Młody, gibki, zgrabny i ruchliwy. Podszedł do mnie i powiedział: co tu, kurwa, robisz? Tutaj Żydom wstęp wzbroniony. A ja mu na to: a co ty, kurwa, do mnie mówisz? Wtedy odezwał się syn ambasadora: idź zapierdol temu żydowskiemu chujowi. Podszedł do mnie w samych slipkach i z papierosem w zębach. Wstałem i ustawiłem się między łóżkami. On powoli podchodzi, ja czekam. Patrzę mu prosto w oczy i gdy mam go w zasięgu, walę mu wyliczonego co do centymetra haka. Zadziałało, więc się na niego rzuciłem i walę, ile sił. Podbiegli i zgodnie z moimi przewidywaniami rzucili mnie na łóżko, i trzymają.

Wtedy podkurczyłem nogi i z całych sił kopnąłem tego Sławka. Przeleciał półprzytomny przez salę. Reszta już się zabierała do linczu, ale w tym momencie mój sąsiad, który do tej pory ani słowem się nie odezwał, zaprotestował. O nie, panowie. Chciał rozróby, to niech się bije do końca. Puścili mnie, a wtedy Sławek złapał ciężarki od wyciągów ortopedycznych i ruszył na mnie. Wtedy poczułem taki przypływ energii, jak nigdy dotąd. Ty bydlaku, z żelastwem się na mnie rzucasz? Zdążyłem pierwszy w mordę walnąć. Był już tak otumaniony, że waliłem dalej, a on się już nawet nie bronił. Był nieczynny. Skończyłem z nim, podszedłem do reszty i zapytałem: który teraz, kurwa mać? I w tym momencie pojawił się personel.

Co poczułeś?

Siłę i rozkosz zemsty. Endorfiny i adrenalinę. Byłem panem sytuacji. Krzyczałem do nich wszystkich: czekaliście, aż wasz reprezentant zniszczy Żyda ku uciesze zgromadzonych? Załatwiłem to po polsku, z otwartą przyłbicą. Kto chce, może jeszcze po ryju dostać. To było po polsku. A teraz uwaga, będzie po żydowsku. Jeśli mnie ten skurwysyn nie przeprosi, to znajdę takich, którzy jeszcze was załatwią! Wszystkich! Okropnie się darłem i bluzgałem. Dałem im czas na przeprosiny do następnego dnia. W końcu przyprowadzili Sławka, który mnie przeprosił.

Po żydowsku to jak by było? Kogo byś poprosił, żeby ich załatwił?

Nie wiem. Nie znałem nikogo takiego, ale liczyłem, że się przestraszą, i miałem rację. Zadziałało. Następnego dnia pojechałem do Warszawy i złożyłem papiery o wyjazd. Miałem wiele spraw na głowie. Musiałem się zrzec polskiego obywatelstwa na komendzie w Krakowie i załatwić dużo innych rzeczy. Wcale nie chciałem wyjeżdżać z Polski. Kochałem Polskę. Byłem polskim obywatelem, byłem Polakiem. Zawsze się czułem Polakiem… Musimy przerwać… bo ja tak mogę długo płakać.

Straszną rzecz ci zrobili.

Tak. Zawsze już będę tęsknił za Krakowem, który był treścią mojego życia.

Dawid, co ci zabrał sześćdziesiąty ósmy rok?

Zabrał mi młodość, zabrał mi radość. Wtedy, kiedy inni się bawili, ja musiałem studiować duński. Co za potworny język. Zostałem zepchnięty na margines i nigdy już nie poczułem się pewnie.

Jesteś dziś Duńczykiem?

Nej.

Śmieszne, że na to jedno pytanie odpowiedziałeś po duńsku. Masz duńskich przyjaciół?

Nie mam.

Dania jest twoim domem?

Dania jest moją macochą.

W tej sprawie masz duże doświadczenie.

Tak. A wiesz, że dopiero tutaj poznałem moją mamę? Okazało się, że ona też mieszka w Danii. Wyszła za Żyda i nawet mam brata. W Izraelu.

Ile miałeś lat, kiedy spotkałeś mamę?

Dwadzieścia cztery. Mieszkałem w akademiku w Kopenhadze. Przyszła jakaś kobieta i zapytała, czy wiem, kim ona jest. Powiedziałem: chyba moją matką.

Skąd wiedziałeś?

Intuicyjnie.

Zbliżyliście się do siebie?

Dzwoniliśmy czasami do siebie, ale jakoś mi się z mamą nie ułożyło. Nie było chemii.

Tato, byłeś wtedy aktywny politycznie?

Nie pamiętam, kiedy to dokładnie było, ale podpisałem list przeciwko relegowaniu Adama Michnika z Uniwersytetu Warszawskiego. Z grubsza w tym samym czasie dostałem zaproszenie na trzymiesięczny staż do Triestu. Odmówiono mi paszportu. Odwoływałem się, ale bez skutku. Wtedy mój profesor – Jerzy Pniewski – nie informując mnie, udał się do Ministerstwa Nauki i Szkolnictwa Wyższego i spotkał się tam z wiceministrem. Któregoś dnia przyszedłem na wydział i dowiedziałem się, że profesor mnie oczekuje. Panie Marianie, mam do pana prośbę. Proszę się udać do ministerstwa i spotkać się z wiceministrem. Nie zamierzam, nie mam o czym z nim rozmawiać – oznajmiłem. Pan nic nie będzie mówił, proszę tylko powiedzieć, że przyszedł pan z mojego polecenia – odparł Pniewski. Odbyła się między nami dosyć gwałtowna rozmowa, bo uważałem, że oni ukartowali, że ja coś potępię i za to dostanę paszport.

Poszedłeś?

Tak.

Co cię ostatecznie przekonało?

Usilna prośba mojego profesora. Poszedłem, poczekałem pod gabinetem na zaproszenie i wszedłem. Powiedziałem, że przychodzę z polecenia profesora Pniewskiego. Wtedy on wygłosił zdanie, które do dzisiaj jest dla mnie symptomem tamtych czasów: występujecie przeciwko nim, a potem przychodzicie do nas, żebyśmy się starali wam pomóc u nich. Kompletnie zbaraniałem. Wysłuchałem, wstałem i wyszedłem. Nie wiedziałem nawet, co mu odpowiedzieć. Po kilku dniach dostałem paszport. Widocznie ten wiceminister chciał wygłosić to właśnie zdanie.

Wiesz, o co chodziło?

Dzisiaj wydaje mi się, że to dotyczyło podziału na moczarowców i niemoczarowców.

Pojechałeś do Triestu?

Tak, byłem tam zimą 1967/1968.

Adam Gryniewicz

Jerozolima, Izrael

Nazywam się Adam Gryniewicz, z urodzenia Awram Gruenewize, po ojcu z Pacanowa i matce z Wielunia, z domu Jakubowicz. Urodziłem się w roku 1941, a do Polski przyjechaliśmy w 1946. Rodzice wrócili ze względów ideologicznych. Oboje byli komunistami, ale nigdy nie zajmowali żadnych stanowisk partyjnych. Tata był bardzo zindoktrynowanym komunistą.

Co to znaczy?

Wszystkie antysemickie wydarzenia w Polsce interpretował jako przejściowe. Dlatego nie wyjechaliśmy po pogromie kieleckim. Mama chciała, ale tata uważał, że sytuacja jest nieunormowana, władza ludowa walczy i tak dalej. W 1956 twierdził, że to jest kwestia tarć politycznych i pozostałości kultu jednostki i że to szybko przejdzie. W międzyczasie, w 1948 roku, urodziła się moja siostra. Wyjechała do Izraela w sześćdziesiątym ósmym. Sama.

Zaczekaj, nie pędź tak. Trochę się jeszcze wydarzyło pomiędzy tymi datami.

Tak, mama złożyła legitymację partyjną, twierdząc, że nie może mieszkać w kraju, w którym nie ma miejsca dla jej dzieci.

Ciebie już wtedy nie było w Polsce?

Byłem, bo musiałem odpracować studia. W 1965 skończyłem Wydział Maszyn Roboczych i Pojazdów na Politechnice Warszawskiej i miałem nakaz pracy w Ursusie do 1969 roku. Czyli wtedy został mi jeszcze rok.

Dokąd chciałeś jechać?

Zawsze chciałem jechać do Izraela, ale w międzyczasie się ożeniłem, a moja żona nie chciała tam wyjeżdżać. Urodziła się we Francji, jej mama spędziła tam wojnę.

Możemy jeszcze dwa słowa powiedzieć o twoim imieniu i nazwisku?

Zaraz po przyjeździe ze Związku Radzieckiego moi rodzice dokonali pewnych operacji na imionach i nazwiskach. Ojciec z Gutmana Tuvii zrobił się Gustawem, a mama z Miriam zmieniła się w Marię, ale zostawiła sobie nazwisko panieńskie, Jakubowicz. Gruenewize zmieniliśmy wszyscy na Gryniewicz i moja siostra już od samego początku tak się nazywała.

Jak to wyglądało w praktyce? Ojciec powiedział do mamy: słuchaj, chyba musimy zmienić nazwisko?

Powodem była bardzo znana postać Zosi Gomułkowej, którą nazywano „matką chrzestną partii". Ona wszystkich Żydów chrzciła na polskie nazwiska. Miała takie słynne powiedzenie: towarzysze, co wy chcecie robić z takimi nazwiskami w Polsce? O, i tak to było, a co tata powiedział mamie i czy to było w kuchni, czy gdzie indziej, to nie wiem.

Od zawsze wiedziałeś, że jesteście Żydami?

Słuchaj, ja w Łodzi najpierw byłem w żydowskim przedszkolu, a potem w żydowskiej szkole, to raczej wątpliwości w tej sprawie nie miałem. Co prawda szkoła żydowska nie mieściła się w internacjonalizmie mojego ojca, ale zachorowałem – jak wszystkie dzieci urodzone w Rosji – na gruźlicę. Kto przyjechał z Rosji w wieku pięciu czy sześciu lat, przywiózł gruźlicę. Miałem zwapnienie płuc wielkości orzecha włoskiego. Byłem w sanatoriach w Śródborowie i Otwocku. Gdy mogłem już iść do szkoły, to nie było wolnych miejsc w żadnej szkole TPD, czyli takiej, w której nie było religii. Pozostała tylko szkoła żydowska i tam mnie posłali.

Pamiętasz coś stamtąd?

Różne rzeczy pamiętam, ale najbardziej chodzenie do szkoły w niedzielę. To było, jakby ktoś nam przykleił na tornister żółtą łatę z gwiazdą Dawida. Niektórzy koledzy nie jeździli do szkoły tramwajem w niedzielę, bo się bali, i przemykali pod ścianami. Pamiętam, że co niedziela towarzyszyły mi w drodze do szkoły komentarze typu: „żydy do szkoły idą". Tata rozumiał tę traumę i co niedziela zabierał mnie w nagrodę do teatru. Przychodził po lekcjach i razem szliśmy do teatru kukiełkowego. Na szczęście po pierwszej klasie przeprowadziliśmy się do Warszawy. Ojciec był kurierem dyplomatycznym i w ministerstwie woleli, by mieszkał w Warszawie. Był takim listonoszem, który lata samolotami po całym świecie.

Gdzie zamieszkaliście?

W nowych budynkach wybudowanych dla Ministerstwa Spraw Zagranicznych na ulicy Wejnerta, na Mokotowie. One miały numery 20, 22, 24. Nasz był ten pierwszy. Ale zanim tam zamieszkaliśmy, chwilę jeszcze mieszkaliśmy w mieszkaniu przejściowym przy Szucha 1, Marszałkowskiej 2. To taki narożny dom przy placu Unii, tam gdzie była sławna knajpa Pod Dwójką. Wtedy na placu był jeszcze pomnik Lotnika, ale tak naprawdę stały tam tylko same buty, bo lotnika zburzono, jak się wojna zaczęła.

Do której szkoły poszedłeś w Warszawie?

Do TPD na Narbutta 14. W mojej klasie co najmniej jedna trzecia dzieci to były dzieci żydowskie. Dlaczego? Bo w Alejach Niepodległości wybudowano nowe osiedla i umieszczono tam pracowników MSW i wojska. Niektóre dzieci wiedziały, że są Żydami, a niektóre były, ale nie wiedziały.

Ty wiedziałeś, że ci, co nie wiedzą, są Żydami?

Oczywiście. Miałem koleżankę, Anię Rapaczyńską – niedawno zmarła w Paryżu – była naszą sąsiadką z piętra. W 1965 albo 1966 wyjechała do Paryża, a tego, że jest Żydówką, dowiedziała się, gdy jej rodzice w sześćdziesiątym ósmym wyjechali z Polski do Szwajcarii. Po latach ona się mnie pyta: Adam, tyś wiedział, że ja jestem Żydówką? Oczywiście – mówię. A ona: to dlaczego żeś mi nic nie powiedział?

Aniu, w Polsce jest cały szereg lepszych wiadomości niż akurat ta. Twoi rodzice powinni ci byli powiedzieć. Obydwoje byli Żydami, którzy ukryli się na aryjskich papierach i przeżyli wojnę w Polsce. Po wojnie doszli do wniosku, że jak będą kontynuować, to problem żydowski zniknie sam. Udało się tak przeżyć pięć lat, wystarczy kontynuować.

Wróćmy do szkoły.

Miałem duży problem w tej szkole na Narbutta, nie znałem polskiego.

Jak to?

Umiałem mówić, ale nie umiałem pisać, a oni wszyscy już pisali.

Przecież chodziłeś przedtem do szkoły.

Tak, ale do żydowskiej, a tam wszystkie zajęcia były po żydowsku, dopiero w drugiej klasie wchodził język polski. Mama poszła do szkoły i poprosiła, bym nie był klasyfikowany z polskiego, i obiecała, że wszystko ze mną nadrobi. Przez pół roku mama robiła mi dyktanda i się udało. Moja siostra powtórzyła tę samą historię parę lat później, bo była w Chinach.

W Chinach?

Rodzice w 1954 wyjechali na placówkę do Chin. Siostra miała sześć lat i pojechała z nimi, potem musiała nadrabiać. Ja zostałem jako zakładnik, w przechowalni dzieci dyplomatów. Chcieli mieć pewność, że pracownicy ambasad i konsulatów będą wracać, to zatrzymywali ich dzieci w specjalnym internacie. Byłem tam przez dwa lata.

Jakie masz stamtąd wspomnienia?

Bardzo dobre. Miałem wtedy już czternaście lat, więc nie tęskniłem jak niektóre siedmio- czy ośmiolatki. Było jak na koloniach, dziewczyny, tańce i ping-pong. O nauce nikt nie myślał.

Pamiętasz ich wyjazd?

Tak, ojciec wyjechał w 1954, w maju. Pamiętam, bo w szkole była akademia z okazji 1 Maja i ja tam tańczyłem kazaczoka.

Tata podjechał taksówką pod szkołę, żeby się ze mną pożegnać, a ja akurat miałem swoją scenę, więc tylko na chwilę w przebraniu Kozaka wyskoczyłem do niego. Mama z siostrą wyjechały we wrześniu.

Nie widzieliście się przez dwa lata?

Odwiedziłem ich na dwa i pół miesiąca w 1955 roku. Wyobraź sobie, to była rewelacja. Miałem czternaście lat i wybrałem się sam w podróż do Chin. Najpierw leciałem do Moskwy, a stamtąd jeszcze dalej, czterdzieści godzin. Samolot lądował co jakieś pięć godzin, żeby zatankować. Jadło się i dalej w drogę. Nawet nocowałem w Irkucku.

Podobało ci się?

Bardzo. Po powrocie rodziców byłem jeszcze w Belgii zimą 1956. Ojciec bał się antysemickiej atmosfery przed wyborami i wysłał nas do rodziny. Ja pojechałem tylko na zimowe wakacje, a siostra z mamą zostały tam przez trzy miesiące.

Ojciec jednak miał radar na antysemityzm.

Trochę miał, ale jego problemem w 1956 roku była nieświadomość. Przez dwa lata żył w innym kraju, w innej propagandzie, po prostu w innym obrazku. Do tego stopnia, że nie rozumiał Żydów, którzy wyjeżdżali wtedy z Polski. Miał im to za złe. Żył w innym świecie. Jeździł za granicę i tam nas ubierał. Jedyne, czego nie umiał trafić, to rozmiar butów, nigdy na nas nie pasowały. Wyjątkiem były tylko trampki dla mnie. Ojciec twierdził, że jak ktoś ma nogi ze wsi, to buty z miasta na niego nie pasują. Był wesołym człowiekiem, duszą towarzystwa, ale nic nie rozumiał z bieżących wydarzeń. Taki był wtedy kłopot ludzi z placówek. Mam dla ciebie taką historię z sześćdziesiątego ósmego roku. Jedna nasza znajoma popełniła samobójstwo 8 marca i jej brat przyjechał na pogrzeb dwa czy trzy dni później. Pracował w polskiej ambasadzie w Budapeszcie. I na tym pogrzebie on mi mówi, że to, co się teraz dzieje, to „chuligańskie, syjonistyczne wybryki". Patrzę na niego i mówię: panie Fiedler, czy pan wie, co pan mówi? On wiedział, jemu powiedzieli. Mówię mu: to, co panu powiedzieli, to ja mogę w gazetach przeczytać, ale pan nie wie, co tu się dzieje. Jeżeli pan myśli, że to pana nie dotyczy, to się pan myli. Pana za te „chuligańskie, syjonistyczne wybryki" najdalej za dwa miesiące wywalą z tej ambasady.

Wywalili?

Bardzo szybko. Rapacki sam zrezygnował – jedyny porządny człowiek w tamtym towarzystwie – i się zaczęło. Ja ci powiem, może i sześćdziesiąty ósmy był zaskoczeniem, ale tylko dla tych, co chcieli, żeby ich zaskoczył. Ja ten scenariusz już rozumiałem wcześniej i na jesieni 1967 opowiedziałem go dwóm facetom, Alikowi Smolarowi i Waldkowi Kuczyńskiemu. Spotkaliśmy się u Smolara na Opoczyńskiej, znałem dobrze to mieszkanie, bo tam mieszkali rodzice jego ówczesnej żony, Niny, z którą chodziłem przez dziewięć lat do jednej klasy. Powiedziałem im wtedy tak: wiecie, chłopcy, ta wasza działalność opozycyjna na uniwersytecie to ma jedną wadę – za dużo tam Żydów. Waldek na to, że przesadzam, że nie ma tam wcale tylu Żydów. Waldek – mówię – wszystkich nie znam, ale tych, co znam, to już jest za dużo. Jak wy cokolwiek zrobicie, wiec czy strajk, to was tak po tym żydostwie uderzą, że w ogóle nie zdajecie sobie sprawy.

Skąd wiedziałeś?

Po 1967 roku w sferach decyzyjnych ten kraj cuchnął antysemityzmem. Po przemówieniu Gomułki, w którym padły słowa o piątej kolumnie, to trzeba było być głuchym i ślepym, żeby nie widzieć, jaka sytuacja się robi w kraju. Normalna pułapka. Powiedziałem im, że jak ktoś się bawi w polityka, to zanim pozna słabe strony przeciwnika, powinien znać swoje słabe strony. To was dyskwalifikuje w tym kraju – powiedziałem.

Rozumiałeś ten kraj?

Jeździłem na polskie kolonie. Albo z MSZ od taty, albo z RSW Prasa od mamy. Mama pracowała w żydowskiej gazecie „Fołks Sztyme". Na tych koloniach nie było żadnych problemów, bo tam nikt nie chodził do kościoła. Któregoś lata pojechałem na kolonie, które były wymianą między MSZ a Głównymi Zakładami Mierniczymi. Mnie i kolegę, Andrzeja Chrabałowskiego, wymieniło MSZ, a dwóch braci Gałeckich Urząd Rady Ministrów, bo ich mama była tam sekretarką. To było w Wągrowcu. My byliśmy jedynymi, którzy nie chodzili do kościoła. Sprawa była prosta, ja wiedziałem, za co my w nocy manto dostajemy. A żaden z tych dwóch Gałeckich nie miał świadomości, że jest Żydem. Nawiasem mówiąc, to ja nie wiem, jak oni mogli nie wiedzieć, bo ich rodzice wyglądali na Żydów nawet z wielkiej odległości. A oni do sześćdziesiątego ósmego nie mieli o niczym pojęcia, aż im ojca z milicji wyrzucili.

Co noc tak was lali?

Nie, dopiero od pierwszej niedzieli. Wcześniej wszystko było OK. Byłem dobrym piłkarzem, opowiadałem dowcipy i byłem lubiany. W pierwszą niedzielę czterysta dzieci poszło do kościoła, a czterech chłopaków nie, no to się zaczęło. Najgorzej miał Andrzej, bo się bronił. Straszne lanie tam dostawał. Przychodzili do nas w kilku, lali nas paskami, pięściami i krzyczeli: Żydzi, Żydzi! Dla nich każdy, kto nie chodził do kościoła, był Żydem. Wierz mi, że Gałeckim było trudniej niż mnie, bo nic z tego nie rozumieli.

Kiedy to było?

Lipiec 1953.

Pisałeś do rodziców, żeby cię zabrali?

Chyba nie. Wiesz, ja mogłem wtedy uważać, że to jest trochę normalne. Dla mnie najważniejsze było przeżyć. Pod kołdrę i przeżyć. A rano już było w porządku, koledzy, wszystko w normie.

Wychowawcom też nie pisnąłeś słówka?

Nie, po co? Przypomniała mi się jeszcze jedna historia, z żydowskiej szkoły, z 1948 roku. Stoimy przed gabinetem lekarskim, a na ścianie wisi gazetka o wojnie w Izraelu. Siedmioletni chłopcy rozmawiają, że pojadą walczyć. Ty pojedziesz? Pojadę. A ty? – pytają się mnie. Ja nie – odpowiadam. I w pysk, bum. Z Polski wyjechałem, kiedy już dostałem z obu stron. Przez większość czasu było w porządku, bo ja się nie nazywałem Tenenbaum czy Rozenblum, tylko Gryniewicz. Polacy nie wiedzą, jak wygląda Żyd, dla nich Gruzin to też Żyd, bo czarny. Byłem lubiany, na studiach miałem wszystkie notatki, które pożyczałem, jak sam zdałem egzamin. Jak ktoś chciał, mógł korzystać z nich u mnie w domu. W trakcie sesji przesiadywało u mnie siedem, osiem osób. Na żydowskie kolonie zacząłem jeździć, jak tylko powstały. Miałem już wtedy siedemnaście lat i byłem w Poroninie na pierwszym obozie. Stamtąd pochodziła cała kadra na następne dziesięć lat. To był lipcowy turnus dla studentów i uczniów, którzy zdali do jedenastej klasy. Byli tam Felek Cieszyński, Heniek Jakubowski, Alik Brauner, Saszka Glikson i ja. Sierpniowy turnus był dla tegorocznych maturzystów i studentów. Tam byli Włodek Konar i Marek Web. Wszyscy zostali później wychowawcami. Pracowałem na koloniach do końca studiów, później już nie miałem tyle wakacji.

Dlaczego się tym zajmowałeś?

Wiesz, ja do klubu TSKŻ przyszedłem w 1957 roku. Przeżyłem kilka pokoleń, bo w sześćdziesiątym ósmym na moich oczach go zamknęli. Przeżyłem wielu kierowników, nawet zdążyłem jeszcze poznać tych, którzy wyjechali w 1957.

Mówisz o klubie Babel?

Babel to były ostatnie dwa lata, wcześniej nie miał żadnej nazwy. To był po prostu klub dziecięco-młodzieżowy TSKŻ. Bablem stał się w 1966.

A kolonie?

To było coś bardzo ważnego. Dla nas i dla tych dzieci. One się po raz pierwszy czuły bezpiecznie, nie było żadnego zagrożenia z zewnątrz. Było tam dużo dzieci, które dopóki nie przyjechały do nas, na kolonie, nie miały żydowskiego towarzystwa. A później już stamtąd nie wychodziły.

Chodziło o poczucie bezpieczeństwa?

Myślę, że to było poczucie bycia u siebie.

A gdzie indziej nie byliście do końca u siebie?

Dbano o to, żebyśmy się tak nie poczuli.

I dlatego wyjechałeś?

Zrozumiałem różnicę między sześćdziesiątym ósmym rokiem a wszystkimi poprzednimi emigracjami. To była zasadnicza różnica. Dlaczego w sześćdziesiątym ósmym wyjechała prawie cała młodzież? Wtedy już nikt nie wierzył, że to jest kwestia „uwarunkowań chwili". Wszyscy zrozumieli, że historia co jakiś czas będzie się powtarzać i najlepiej nie być przy tym, kiedy się to znowu stanie. W sześćdziesiątym ósmym miałem dwadzieścia siedem lat i wiedziałem, że muszę sobie życie ułożyć, nim będę za stary, nim będę miał trzydzieści pięć lat czy więcej. Wyjechałem z Polski w sposób całkowicie przemyślany. W Ursusie było nas dwóch Żydów. Jeden miał stanowisko, drugi nie. Wyrzucono tego, co był kierownikiem domu kultury. Wyobrażasz sobie syjonizm kierownika domu kultury w Ursusie? Mnie nie wyrzucono, byłem szeregowym pracownikiem. Oni raczej nie wiedzieli, że jestem Żydem, bo jak do nich dotarło, że wyjeżdżam, to byli bardzo zdumieni.

Co zostawiałeś za sobą?

Tata zmarł w 1958. Prawie wszyscy znajomi już wyjechali, siostra była w Izraelu. Mamę zostawiałem. Gdy się dowiedziała, że każde z nas będzie w innym kraju, postanowiła zostać. Zresztą to była doskonała decyzja, bo była już w swoim wieku i nie zbudowałaby sobie życia gdzie indziej. Miała pięćdziesiąt cztery lata. Pracowała w żydowskiej gazecie, miała swoją grupę brydżową i teatr.

Miałeś polskich przyjaciół?

Kogoś z Politechniki, ze szkoły, ale prawdziwe grono przyjaciół miałem tylko żydowskie. Tyle czasu spędzałem w klubie, że trudno, żebym miał innych.

Wszyscy wyjechali?

Praktycznie wszyscy. Znałem jednego Polaka, który też wtedy wyjechał. On miał samych żydowskich przyjaciół, dużo przebywał w klubie. Fredek na niego mówiliśmy, ale nazywał się Wiesław Łuszczyna. Ożenił się z Żydówką i wyjechał do Izraela. Byłem na jego ślubie, mówię mu: Fredek, co to za pomysł z tym Izraelem? A on mi na to: ja jestem emigracja towarzyska. Mieszkał w Izraelu dziesięć lat, a potem pojechali do Szwecji i się rozwiedli. Tam się wszyscy rozwodzą. Muszę ci jeszcze coś opowiedzieć. W sześćdziesiątym ósmym moja mama była przerażona sytuacją i bardzo się bała, że ja się w coś zamieszam, co świadczy o tym, że mnie w ogóle nie znała. W trakcie tej rozmowy z Kuczyńskim i Smolarem powiedziałem im: wiecie, chłopcy, moim zdaniem Żydzi przyłożyli rękę do jednej rewolucji w Polsce i jak na milenium to wystarczy. Drugą Polacy powinni sobie już robić sami. Na co Waldek powiedział: przesadzasz, stawiasz się w roli obywatela drugiej kategorii. To ja mu na to: Waldek, ja jestem obywatelem drugiej kategorii, tylko jestem tego świadomy. Wszyscy jesteśmy obywatelami drugiej kategorii, nawet Polacy w swoim kraju są drugiej kategorii. Mamy prawo żyć, pracować, oddychać i jeździć na wakacje, a cała reszta to działalność polityczna. Mój przyjaciel Włodek Bursztyn, który w sześćdziesiątym ósmym roku był asystentem na ekonomii, poszedł się przed wyjazdem pożegnać z profesorem Brusem. Zapytał, jak profesor widzi przyszłość. Brus mu odpowiedział, że nigdzie się nie wybiera, bo wielu jego uczniów i asystentów jest w więzieniu i że jeszcze dużo ma tutaj do zrobienia. Na co mu Włodek odpowiedział: też uważam, że tu jest dużo do zrobienia, ale każda sprawa, do której pan przyłoży rękę, będzie z góry przegrana. I miał rację, a kto tego nie wiedział, żył w obłokach.

Uważasz, że to jest charakterystyczne dla Polski?

W Polsce antysemityzm jest religią. Kto tam Żyda na oczy widział? Ci, którzy widzieli i mogliby go jeszcze pamiętać, mają po osiemdziesiąt lat i więcej. Polska jest pod tym względem krajem absolutnie nienormalnym. Gdyby ktoś z Marsa tam wylądował i przez miesiąc czytał polskie gazety, toby pomyślał, że Żydzi to najpoważniejszy problem tego kraju. Tylu artykułów o Żydach, co w Polsce rocznie, nie przeczytałem w prasie belgijskiej przez całe czterdzieści siedem lat. Czy w Polsce naprawdę nie ma innych problemów?

Wróćmy do twojej mamy.

A, no właśnie. Bała się, że w coś się zamieszam, i postanowiła mnie wysłać na wycieczkę do Belgii, żebym zniknął z horyzontu. To był cały tor przeszkód do pokonania: zaproszenie do Belgii, promesa wizy, paszport... Klub został zamknięty w kwietniu, a w lipcu zgłosił się do mnie w Ursusie major bezpieki. Wyciągnął mnie na korytarz i powiedział, że oni wszystko o mnie wiedzą i chcą porozmawiać. No dobra – mówię – rozmawiajmy. A on mi na to, że wolałby tam, gdzie ja nie ryzykuję, że spotkam znajomych. Na Pradze – mówię. Umówił się ze mną w kawiarni na Pradze. Ten facet mówi znowu, że wszystko o mnie wiedzą. Pyta: zna pan Bolesława Srebro? Znam, byłem z nim w jednej klasie – odpowiadam. Pyta: zna pan Jerzego Bogusławskiego? Znam, byłem z nim w jednej klasie – odpowiadam. A Aleksandra Smolara pan zna? Znam. Skąd? Jego żona była ze mną w jednej klasie. I wtedy on do mnie mówi: panie, gdzie jest ta szkoła? Proszę pana, przecież pan mówił, że pan wszystko o mnie wie. A teraz proszę, by mi pan powiedział, o co panu chodzi, to odpowiem, co o tym myślę. Następnym razem proszę mnie wzywać do komendy. Chcieliby, żebym im zrobił przysługę. Jaką? – pytam. Gdy będę w Belgii, żebym się dowiedział, jaka jest opinia o Polsce w środowisku żydowskim. Patrzę na faceta i mówię: pan tak na poważnie? Macie tam konsulaty, ambasadę, misję gospodarczą, misję wojskową, prasową i tak dalej i Gryniewicz musi jechać do Belgii, żeby się tego dowiedzieć? On na to, że tak właśnie jest. Pytam go: pan sobie zdaje sprawę, w jakim języku mówią Żydzi w Belgii? Ja uważam, że mówią po żydowsku i po francusku, o obu mam dobrą opinię, ale żadnego z nich nie znam. Znam za to mojego wujka, który jest żydowskim środowiskiem, ale nie wiem, co jego obchodzi Polska. Za to on mówi po polsku. Jak się dowiem, co on myśli, to panu powiem. Wszystko było oficjalnie. Dostałem pseudonim – imię mojego belgijskiego wujka. Facet wyciąga tysiąc złotych i mówi, że to na wydatki. Żadnych wydatków nie przewiduję – odpowiadam. Pieniądze wziąłem, chciałem pojechać do Belgii, nie chciałem się z nim kłócić.

Podpisałeś?

Nawet nie wiem, czy cokolwiek podpisałem, nie przypominam sobie. Przyjechałem do Belgii, a tu, jak na nieszczęście, wojska polskie wyzwoliły Czechosłowację i codziennie oglądałem na ten temat reportaże w telewizji. Po dwóch miesiącach wracam do kraju. Teraz ci odpowiem na pytanie, dlaczego wyjechałem z Polski. Pociąg od Poznania przestaje być międzynarodowy i staje się lokalny. Wsiadają tubylcy. Dotychczas byłem sam w przedziale, a tu zapełniły się wszystkie miejsca i zaczyna się rozmowa, jak to my tym pepikom pokazaliśmy. I wtedy podjąłem decyzję o wyjeździe. Gdy wyjeżdżałem z Belgii, jeszcze o wyjeździe z Polski nie myślałem. A w Poznaniu z tej Polski wyjechałem. Wracam do Warszawy, spotykam majora i od razu go informuję, że zamierzam wyjechać z Polski, jak tylko odpracuję w Ursusie ostatni rok. A w sprawie, o którą pan major pytał, to powiem tak: dokładnie nie wiem, ale wyobrażam sobie, że opinia jest jak najgorsza. Zeszłoroczna piąta kolumna im jeszcze przez gardło nie przeszła, a tu wyzwolenie Czechosłowacji przez wojska polskie nadeszło. To, moim zdaniem, będzie twardy orzech do zgryzienia. A on mi na to: ale tam weszły nie tylko polskie wojska. To grzecznie odpowiadam: proszę pana, co polskich Żydów w Belgii interesuje wejście węgierskich wojsk? Może Żydzi węgierscy się tym przejmują.

Oddałeś mu pieniądze?

Tak. Położyłem na stole i wyszedłem.

Nie bałeś się, że cię nie wypuszczą?

Nie było powodu, żeby mnie zatrzymać. Wiesz, dlaczego ludzie współpracowali z bezpieką? Z trzech powodów. Albo z ideologicznych – znam takich wariatów, nawet byli w klubie Babel – albo dla pieniędzy, albo z powodu szantażu. Pieniędzy nie potrzebowałem, szantażu nie było, a ideologii to już na pewno nie. Z Polski wyjechałem w 1969 roku bez problemów. Do Belgii.

Przecież chciałeś jechać do Izraela.

Tak, chciałem stworzyć dom mojej młodszej siostrze. Zaczęliśmy się z żoną uczyć hebrajskiego w Warszawie, ale im bliżej było wyjazdu, tym ona mniej chciała do Izraela. Byliśmy świeżo po ślubie, żona bała się wojny. Były dwa wyjścia: albo rozwód, albo jakaś umowa między nami. Stanęło na tym, że nie jedziemy do Izraela, tylko do Belgii, ale jeśli w ciągu dwóch lat nie znajdę tam pracy jako inżynier, jedziemy do Izraela.

Dlaczego Belgia?

Wzięliśmy mapę i najpierw wykreśliliśmy wszystkie kraje, do których nie chcemy jechać. Potem kraje, do których nie możemy. I została Belgia. Pierwszy pomysł to kraj, gdzie można mówić po angielsku. Do Stanów nie chciałem jechać, bo w Ameryce się żyje, żeby pracować, a nie pracuje, żeby żyć. Nie dla mnie. Australia i Nowa Zelandia za daleko, bo mama w Polsce. Anglia to zły kraj dla inżyniera, bo przyjadę na dworzec i gdzie zostawię walizki? Nikogo tam nie znam. Belgia rozwiązała nasz problem. Walizki mogłem zostawić u rodziny.

Kiedy pierwszy raz wróciłeś do Polski?

W 1976 roku.

To było pierwsze spotkanie z mamą?

Nie, mama przyjeżdżała do nas, do Belgii.

Jak wyglądała pierwsza wizyta po siedmiu latach?

Przyjechaliśmy w grudniu z wycieczką Towarzystwa Przyjaźni Polsko-Belgijskiej. To był taki zorganizowany sylwester. Pięciodniowy pobyt w hotelu Forum, śniadania, bal sylwestrowy, szampan... Wszystko za grosze, a do tego można było przedłużyć pobyt. Moja belgijska firma potraktowała to jako częściowo służbowy wyjazd i opłaciła mi dwa dni w hotelu. Sprawa była dziwna, bo na pierwszym zebraniu przedwyjazdowym organizatorzy zapewnili, że wszyscy dostaniemy wizy. Skąd oni to mogą wiedzieć? – myślałem.

Już rok wcześniej, w 1975 roku, postanowiliśmy z żoną spróbować wjechać do Polski. Wiedzieliśmy, że normalną drogą, przez ambasadę, nie dostaniemy wiz, więc spróbowaliśmy inaczej. Znałem jednego Belga, którego rodzice byli polskimi komunistami. On wsiadał w samochód i jechał do polskiej granicy, tam mu dawali wizę i wjeżdżał. My też tak spróbowaliśmy. Mówię do żony: chodź, pojedziemy, jak nas nie wpuszczą, pojedziemy sobie do Wiednia. Dojeżdżamy do granicy, prosimy o wizę, facet sprawdza i po chwili mówi do mnie dużymi literami: pan to musi prosić o wizę w Brukseli. To ja się pytam: a inni Belgowie nie muszą? NIE. No to pojechaliśmy do Wiednia. Potem jeszcze raz nie dostałem służbowej wizy, gdy miałem jechać z delegacją z firmy.

Pracowałeś jako inżynier?

Tak, w firmie, która budowała cukrownie.

W grudniu 1976 przyjechałeś z żoną?

Tak, i z czteromiesięczną córką. Dotarliśmy do hotelu, kąpiemy dziecko, a tu telefon dzwoni non stop, bo uprzedziliśmy znajomych, że przyjeżdżamy. Biegamy do tego telefonu na zmiany, bo ktoś musi to dziecko wykąpać. Kolej żony, by odebrać. Pytam, kto dzwonił, a ona mówi, że pewnie jakiś tajniak, bo nie chciał się przedstawić. Myślała, że żartuje, ale jak znowu zadzwonił, poszedłem odebrać i rzeczywiście, tajniak. Przedstawił się jako kolega pana majora z sześćdziesiątego ósmego roku i zaprosił do pokoju w tym hotelu. Powiedział, żebym żonie nic nie mówił. To ja mówię do żony: słuchaj, to naprawdę był tajniak. Idę do takiego a takiego pokoju i jak nie wrócę za piętnaście minut, dzwoń tam. Wchodzę, siedzi dwóch i zaczynają, że to miło, że dostałem wizę i tak dalej. Chcieliby się dowiedzieć, jakie są opinie o Polsce wśród tych, których spotykam. Co ludzie myślą o KOR-ze? A ja się pytam: co to jest kora? Od wyjazdu nie interesowałem się polskimi sprawami, nie wiedziałem, co to jest Komitet Obrony Robotników. Powiedziałem, że jak się dowiem, to powiem. Trwało to oczywiście dłużej niż piętnaście minut, więc zadzwoniła moja żona. A facet mówi do mnie: prosiliśmy, żeby pan żonie nie mówił. To ja mu na to: pan zadzwonił, kiedy kąpaliśmy dziecko. Co miałem żonie powiedzieć? Ty dokończ, a ja pójdę na piwo? Powiedziałem jej, że mam spotkanie z wami, tak jak przedtem jej opowiedziałem o tamtym spotkaniu. Powiedzieli, że chcą się spotkać pod koniec mojego pobytu. Przyszli i znowu pytają: co ludzie myślą? Proszę pana, powiem panu prawdę, nie mam zielonego pojęcia, nikt ze mną nie rozmawiał o sytuacji w Polsce, a i mnie to nie interesuje. Sytuacja w Polsce mnie ani ziębi, ani grzeje. To przestało być moją sprawą w 1969 roku. A z kim pan się widział? Trzeba mnie było śledzić. Okazało się, że chcą mnie namówić do współpracy, przekonani, że mogą mnie szantażować. Pozwolilibyśmy panu do Polski przyjeżdżać. Proszę pana, ja pana od razu zatrzymam, moja praca w Belgii nie ma nic wspólnego z Polską. Jeżeli moja firma wystąpiła dla mnie o wizę, to ona wystąpiła dla siebie. Tłumacze, których im tutaj dajecie, być może polski znają znakomicie, ale francuski bardzo słabo i ci Belgowie niczego nie rozumieją. Później próbował mnie wziąć na wdzięczność dla Polski za studia. To powiedziałem: proszę pana, tu panu też wyjaśnię, moi rodzice odsiedzieli, każde po dwa lata, za tę ideę, której ja wprawdzie nie podzielam, ale to była ich sprawa. Nie wiem, co wtedy robili pańscy rodzice. Miałem potem kłopoty z tego powodu, ale nie w Polsce, tylko w żydowskim świecie. Wytłumacz Żydom, że bycie na liście Wildsteina to nie jest jeszcze na nic dowód. Wytłumacz im, że możliwe jest powiedzieć bezpiece „nie". Nie żebym całe życie był bardzo odważny, ale wtedy oni naprawdę nic mi nie mogli zrobić. Żaden z tych trzech warunków nie został spełniony. Nie mogli mnie przekonać do współpracy.

Co sześćdziesiąty ósmy rok zrobił z twoim życiem?

Zmienił mi kraj, zmienił mi język, zmienił mi całe życie.

Tęskniłeś za Polską?

Nie, bo wszyscy, za którymi mógłbym tęsknić, wyjechali. Oprócz mamy, ale ona do nas przyjeżdżała. Ludzie, którzy mnie łączą z tym krajem, są w Ameryce, Izraelu, Szwecji, Danii. Na całym świecie, ale nie w Polsce. Brałem ślub w Warszawie jesienią 1969 roku. Potem wszyscy nasi ślubni goście wyjechali. Poza kilkoma Polakami, kolegami ze studiów mojej żony. Poza nimi to został tylko Szmul Tenenblatt. Nawet Fredek z klubu Babel wyjechał.

Dlaczego dzisiaj mieszkasz w Izraelu?

Zawsze chciałem tu mieszkać i moja druga żona też zawsze chciała tu mieszkać. A poza tym uważam, że dla Żydów w Belgii nie ma przyszłości. Mało tego, uważam, że w Europie nie ma dla Żydów przyszłości.

A w Polsce?

W Polsce to jest raczej problemem teoretycznym. Kiedyś na nasze kolonie i obozy jeździło cztery tysiące dzieci. Co roku organizowaliśmy trzydzieści–czterdzieści wyjazdów. Lokalnych i ogólnopolskich. A dzisiaj?

Dzisiaj raz w roku wyjeżdża około stu dzieci.

Sam widzisz.

Kim się dzisiaj czujesz?

Nie Polakiem. Polskim Żydem, który robi aliję.

Kim są dla ciebie inni polscy Żydzi, którzy opuścili Polskę po Marcu?

Część z nich jest dla mnie jak rodzina, bo innej nie mamy. Dlatego się spotykamy i mamy dobre stosunki. Lata 1957–1968 to były cudowne lata życia żydowskiego w Polsce. Za jointowskie pieniądze były organizowane kolonie, kluby i zespoły muzyczne. Dla naszej identyfikacji nic istotniejszego się nie wydarzyło. Przypomniała mi się historia z wizytacją delegata Jointu na naszych koloniach, w 1963 albo 1964 roku. Panika była, bo ma przyjechać delegat. On sam jechał z Pragi, tam mieszkał. W TSKŻ strach, bo zawartość ideologiczna naszych kolonii nie zawsze pokrywała się z ideologią Jointu. Przyjechał, obejrzał, a potem powiedział: nas w ogóle nie interesuje, co wy tutaj robicie i czego was uczą. To nie jest nasza sprawa. My mamy tylko jeden cel, żeby Żydzi byli razem. I tylko dlatego dajemy pieniądze. W 2014 roku była dwudziesta piąta rocznica naszych zlotów w Aszkelonie, postanowiłem zaprosić kogoś z dyrektoriatu Jointu. Przyjechał facet i przy pełnej sali powiedziałem: wasz delegat w sześćdziesiątych latach powiedział, że wydajecie pieniądze po to, żebyśmy byli razem. To ja wam powiem, że te pieniądze zostały najlepiej zainwestowane, bo nie tylko wtedy byliśmy razem, ale jesteśmy razem do dzisiaj. Jeżeli w czasie stu lat waszej działalności jakakolwiek historia może zostać uznana za *success story*, to właśnie ta. Ten facet miał łzy w oczach. Ale jest jeszcze jedna rzecz, którą ci muszę opowiedzieć na koniec. Moja druga żona przeszła na judaizm. Gdy już zakończyła wszystkie procedury, jedna stara Żydówka jej powiedziała: Yael, teraz, jak już jesteś Żydówką, musisz wiedzieć dwie najważniejsze dla Żydów rzeczy. Pierwsza to umieć się szybko spakować, druga to mieć zawsze ważny paszport. A najlepiej dwa.

Lidia Zajde

Göteborg, Szwecja

Z iloma osobami już rozmawiałeś?

Z co najmniej siedemdziesięcioma.

O, to będzie gruba książka.

Będę musiał wybrać rozmowy, które w niej umieszczę.

Może i ja się tam znajdę.

Dlaczego zgodziłaś się ze mną porozmawiać?

Z ciekawości.

Opowiesz trochę o domu, z którego pochodzisz?

Pochodzę ze Szczecina. Moi rodzice byli rzemieślnikami. Mama, z domu Akerman, urodziła się w Lubelskim, ale potem jej rodzina przeniosła się do Warszawy. Była krawcową. Mój ojciec miał warsztat usług malarskich i zatrudniał pięć osób. Tuż po wojnie był w milicji, ale go wyrzucili stamtąd „za syjonizm" w 1951 roku. Wtedy od razu wziął się do malarstwa, bo jego ojciec i dziadek byli malarzami. Można powiedzieć: malarska rodzina. Ojciec się nazywał Eliasz i dobrze mu szło. Umiał się kręcić, był bardzo barwną postacią. Miał talent do robienia pieniędzy i do ich przepijania.

Był z religijnej rodziny?

Jego dziadkowie byli religijni, ale jego ojciec już obciął pejsy i wyjechał z Łodzi do Koła. Podobno był bardzo zdolnym człowiekiem. Chodził do chederu i do jesziwy.

Ojciec mówił w jidysz?

Oczywiście. Z mamą rozmawiali po żydowsku. Ja się nigdy nie nauczyłam, ale pierwszym językiem mojego brata był żydowski.

Chodzili do synagogi?

Tak.

W którym roku się urodziłaś?

Ja w 1951, a brat w 1947.

Rodzice znali się przed wojną?

Poznali się w czasie wojny w Samarkandzie i tam wzięli ślub pod chupą. Do Polski wrócili chyba w 1946, do Wrocławia. Dobrze nam się powodziło. Jak się przenieśliśmy do Szczecina, to ojciec dostał z kwaterunku dom w dobrej dzielnicy, na Pogodnie.

Wychowałaś się w żydowskim domu?

To był dom poniemiecki.

To wiem, pytam o waszą rodzinę.

I tak, i nie. Rodzice mówili ze sobą po żydowsku. Byli lewicowi, świąt nie było. Ale mama robiła na Pesach rybę po żydowsku i gechakte leber* co tydzień. Wiesz, teraz jednak myślę, że to był żydowski dom.

Koszer?

Gdzie tam!

Wieprzowina?

Oczywiście! A, przy mnie starali się nie mówić po żydowsku, żebym miała dobry akcent, w razie czego.

I co, masz dobry akcent?

Chyba mam, nie wiem.

Masz żydowski akcent.

Nie mam żydowskiego akcentu przecież.

Masz.

Czyli nie pomogło. Pewnie go mam po mamie. Potwierdza się, że to jednak był żydowski dom. Zresztą i tak mieliśmy w 1956 jechać do Izraela, ale się nie udało, bo ojca wsadzili i nie pojechaliśmy.

Za co?

* Gechakte leber (jid.) – siekana wątróbka.

Coś się w firmie nie powiodło. Jakiś przekręt ze wspólnikiem zrobili. Tamten też był Żydem, ale zdążył wyjechać, a ojca do ciupy wsadzili. Oskarżono ich o paserstwo, sprzedawali kradziony towar. Posiedział rok albo pół, wyszedł i dalej się kręcił.

Od kiedy mówiło się w waszym domu o wyjeździe?

Od zawsze. Dla dziecka to była taka informacja jakby za mgłą, ale od zawsze wiedziałam, że kiedyś wyjedziemy z Polski. Ojciec albo siedział, albo pił, ale to był pewnik.

Bardzo pił?

Na początku to on był pijany tydzień, a trzeźwy dziewięć miesięcy. Niestety później proporcje się odwróciły. Gdy wyjeżdżaliśmy, to tak się upił, że nie przyszedł na odprawę celną.

Kiedy wyjeżdżałaś z Polski, byłaś Polką?

Nigdy nie byłam Polką. Zawsze byłam Żydówką i to było powodem mojego cierpienia w Polsce. Gdy miałam pięć, może sześć lat, pierwszy raz z tego powodu mnie wyzwano. Nie wiedziałam, o co chodzi, spytałam mamę, ale ona była tak bezradna, że nie umiała mi pomóc. Znalazłam jeszcze jedną dziewczynkę, która była tak jak ja wyzywana, i też ją zwyzywałam.

Dołączyłaś do antysemickiego chóru.

Tylko jeden raz. Potem, gdy mnie wyzywano i bito, walczyłam. Też umiałam w mordę dać. Całe dzieciństwo się biłam, takie mam wspomnienie. W piątej klasie napisali mi na ławce: „tu siedzi parszywa żydówa, wyjeżdżaj do Palestyny!". Narysowali jeszcze gwiazdę Dawida. Wróciłam do domu i powiedziałam mamie, że nie pójdę już nigdy do szkoły. Nie wróciłam tam przez trzy miesiące. W końcu mama kupiła mi rosyjski zegarek Wiesna, żebym jednak poszła.

I poszłaś?

Poszłam, ale cały czas miałam kłopoty, całą podstawówkę. Mnie bili, ja biłam. Napisali nam na drzwiach: „tu mieszkają parszywi Żydzi". Rzucali we mnie kamieniami, różne rzeczy nam robili. W siódmej klasie wszyscy dostali karę za to, że ja gadałam na lekcji. Musieliśmy się jakiegoś wiersza na pamięć nauczyć. Wstał jeden kolega i powiedział, że to wszystko przez „parszywą żydówę".

Cały czas tak było?

Całą podstawówkę. Ale w liceum było już w porządku. To było liceum numer 1 w Szczecinie. Poszłam do klasy z wykładowym angielskim, tam była taka szczecińska śmietanka i my, czworo żydowskich dzieci. Tam miałam polskie koleżanki. Do matury nie było żadnych problemów.

W którym roku zdawałaś maturę?

W sześćdziesiątym ósmym. Po Marcu przyszła do naszej klasy dyrektorka i powiedziała, że wie, że tu są Żydzi. I że nie mamy się czego obawiać. Siedźcie cicho, nie protestujcie, nie będzie żadnych problemów.

Nie było?

Nie.

Jeździłaś na żydowskie kolonie?

Zaczęłam jeździć, kiedy miałam czternaście lat. Uwielbiałam to. Byłam w Ostrowcu, w Marianówku i w Węgorzynie. Ostatnie były w Piotrkowie Lubelskim, tam byłam przez dwa turnusy. Raz byłam na obozie zuchowym. Napisałam stamtąd do mamy list: błagam cię na kolanach, weź mnie stąd zabierz. Mama wsiadła w taksówkę i po mnie przyjechała. Tam nie było jak na żydowskich koloniach – źle nas karmili i było niemiło.

A jak było na żydowskich koloniach?

Kapitalnie! Dobre jedzenie i poznawało się ludzi z całego świata.

Jak to „z całego świata"?

Stamtąd znam ludzi, którzy teraz mieszkają na całym świecie.

Lidka, oni jeszcze wtedy nie byli z całego świata.

Nie byli, ale już są.

Marzec dotarł do ciebie w słowach dyrektorki liceum?

Tak. Maturę zdałam. Pamiętam, że chyba były tam jakieś prowokacyjne pytania o *Dziady*. Dostałam się na Politechnikę, na budownictwo lądowe. Na egzaminach wstępnych wiedzieli, kim jestem. Wypełniłam ankietę, a oni się mnie pytają: nazwisko matki, Akerman? To ja mówię: nie słyszał pan o stepach akermańskich w Związku Radzieckim? I już był spokój, ani słowa więcej. Skończyłam pierwszy rok i złożyliśmy o wyjazd. Wtedy mnie wyrzucili ze studiów. W sierpniu 1969 pojawiła się informacja, że po wrześniu już nie będą wydawać dokumentów na wyjazd. Na początku roku wróciłam na studia i dowiedziałam się, że jestem skreślona z listy studentów. Nawet nie protestowałam, bo już nie chciałam być w Polsce.

Kiedy podjęliście decyzję o wyjeździe?

W sześćdziesiątym ósmym. Mój brat wyjechał jako jeden z pierwszych. Prosto do Izraela. Wtedy już wiedzieliśmy, że za nim tam pojedziemy. Ale przyszedł od niego list: nie przyjeżdżajcie, tu jest okropnie. To postanowiliśmy jechać do Szwecji.

Dojechał tam do was?

Nie, do dzisiaj jest w Izraelu. Mówi, że bardzo żałuje, że nam tak wtedy napisał. Jest izraelskim patriotą i nie może sobie tego darować.

Jak wyglądały przygotowania?

Tuż przed wyjazdem zakochałam się w takim polskim panu, więc było mi bardzo na rękę, żeby jechać do Szwecji, bo to przecież bliżej niż Izrael.

I co z tym polskim panem się dalej działo?

Dwa dni po moim wyjeździe był już z inną. Okazało się, że jemu chodziło o to, by z nami wyjechać.

Wróćmy na to cło, do którego ojciec nie dotarł.

Wtedy wyszły obostrzenia dotyczące tego, co i ile można zabrać. Na przykład, że nie można było zabrać więcej niż jeden dywan na pokój, że rowerów to tylko tyle, a kryształów też nie więcej niż. Była taka czarna brygada i oni to sprawdzali.

Czarna brygada?

Tak się o nich mówiło. Wyznaczyli nam termin i wtedy tata się spił. Zadzwoniłam i spytałam, czy mogą nam dać inny termin. I wiesz, co ten facet mi powiedział? Pani mi to mówi przez telefon? To się do ręki mówi. Byłam w szoku. Nie wiedziałam, o co mu chodzi.

Tata wiedział?

Przed odprawą cała czarna brygada piła u nas w domu wódkę z moim ojcem.

Coś wam zatrzymali?

No co ty!

Masz dzisiaj coś z tamtych rzeczy?

Mam, stołek ze Swarzędza. Ojciec zamówił tam meble na wyjazd. Bardzo dużo. Wszystko później oddałam Armii Zbawienia. Tylko ten stołek sobie zostawiłam, na pamiątkę.

Kiedy wyjechaliście?

W kwietniu 1970.

Pamiętasz ostatnią noc w domu?

Tak, nawet zrobiłam zdjęcie – ostatnie wyjście z domu. Nic tam nie było, bo mama była genialna do sprzedawania. Sprzedała nawet jakiemuś szewcowi stare kalesony ojca.

Jak się czułaś, wychodząc z domu ostatni raz?

Czułam, że to koniec jakiejś epoki. Wtedy było dla nas wszystkich jasne, że nigdy tam już nie wrócimy. Smutno mi było, ale z drugiej strony byłam bardzo ciekawa zagranicy. Mama cały czas mi powtarzała: Lidia, to nie jest wycieczka, pamiętaj.

A co się działo między październikiem 1969, kiedy się dowiedziałaś, że już nie jesteś studentką, a kwietniem 1970?

Miałam wesoły czas. Chodziłam po klubach, rozrabiałam, miałam *good life*.

Wtedy poznałaś tego polskiego pana?

Tak. Było przyjemnie, ale i nieprzyjemnie. Trochę koleżanek się ode mnie odsunęło, bo się bały, że je ktoś ze mną zobaczy. O, mam taką historię. Przyszła do mnie koleżanka, a jej ojciec stał cztery godziny na dworze i czekał, aż ona ode mnie wyjdzie. Bał się.

Czego się bał?

Wiesz, wtedy były kiepskie czasy dla Żydów. On się bał, że Polacy mogą przyjść coś nam zrobić i jego córce przy okazji się oberwie.

Jak pojechaliście do Szwecji?

Taksówką do Świnoujścia, a dalej promem do Ystad.

Taksówką?

Mój tata miał styl. Był zadłużony, ale z miasta odjeżdżał taksówką. Na statku graliśmy jeszcze w jednorękich bandytów i wygraliśmy pięćdziesiąt koron. Byliśmy szczęśliwi.

Co się z wami działo po zejściu z promu?

Czekała na nas policja, ale zabrała nas taka doszywana ciocia, jak to u Żydów powojennych bywa. Ona dotarła do Szwecji białymi autobusami. Byliśmy u niej kilka dni, a potem przywieźli nas z powrotem do Ystad, do obozu. Tam byliśmy trzy miesiące, uczyliśmy się szwedzkiego. Mieszkaliśmy w jednym pokoju w hotelu, okropnie było.

Tęskniłaś za Polską?

Coś ci powiem. Wtedy myślałam, że to Polska mnie opuściła. Byłam na Polskę obrażona, nie chciałam mieć z nią nic wspólnego. Po angielsku się mówi: *thank you, fuck you very much**. Od wtedy nie interesuję się Polską. Omijam informacje w telewizji i w gazetach, nie chcę się denerwować,

* *Thank you, fuck you very much* (ang.) – gra słów, w dosłownym tłumaczeniu: „dziękuję, wal się uprzejmie".

czy oni teraz lubią Żydów, czy akurat znowu nie. Nie mam na to siły.

Nie jeździsz do Polski?

Byłam kilka razy. Pierwszy raz po dziesięciu latach. Byłam bardzo podniecona. Zawiozłam koleżankom trochę jedzenia i innych rzeczy. One były szczęśliwe.

Koleżanki z klasy?

Tak. Mam dwie, jednej pomogłam się tutaj sprowadzić, a druga jest we Wrocławiu. Obie Polki.

Z resztą klasy się widujesz?

To była bardzo przyjemna klasa. Pierwszy raz spotkali się w dziesięciolecie matury w 1978 roku w Niemczech, w Rostocku. Zorganizowali to tam, żebyśmy my też mogli przyjechać. Wtedy jeszcze nas do Polski nie wpuszczali.

Dalej się spotykacie?

Najpierw były spotkania co pięć lat, a teraz już co dwa. Raz się obraziłam i nie chciałam jechać.

Bo?

Jeden z kolegów zaczął opowiadać antysemickie dowcipy. Nikt mu nie przerwał ani nie zwrócił uwagi. Kolega, który tak jak ja wyjechał z Polski po Marcu, powiedział: Zajdzia, wychodzimy. A ja: nie, siedzimy. Ta koleżanka, której pomogłam się do Szwecji sprowadzić, też tam była. Widziałam, Lidka, że źle się z tym czułaś – powiedziała. Dlaczego nie wstałaś i nie powiedziałaś, żeby zamknął ryło? – pytam. Nie umiała i tyle. Tam nie ma tego odruchu.

Nie byłaś na następnym spotkaniu?

Byłam, bo mnie przeprosili. Pomyślałam, że nie mogę być mściwa.

Przyjechałaś tutaj, w trzy miesiące nauczyłaś się szwedzkiego i poszłaś na studia?

Tak, na budownictwo lądowe, ale szybko to rzuciłam. Skończyłam ekonomię, a jeszcze przedtem technikum chemiczne. Dzisiaj pracuję jako ekonom.

Jako ekonomistka.

A, bo ekonom to bije ludzi. Ekonomistką zostałam.

Masz rodzinę?

Mam syna, który mieszka na Manhattanie. Rozwiodłam się. Brat jest w Izraelu. W końcu wylądowałam sama. Jak palec.

Ożeniłaś się z chłopakiem z Polski?

Z Żydem z Polski. Niestety nie nadawał się dla mnie. Co zrobić, żaden się nie nadaje.

Żaden?

Jak widać, żaden. Nie byłabym sama, gdyby któryś się nadawał.

A ten, z którym się minąłem w drzwiach?

Coś ty! Musiałabym zwariować, żeby z sąsiadem. Mamy dobre relacje, ale żadne tam *hanky-panky**.

Widziałem, jak na ciebie patrzył.

Popatrzeć to jeszcze nic nie kosztuje. On lubi, gdy spotyka u mnie jakichś mężczyzn, czuje się wtedy silny. Jak się spotykamy na ulicy, to mnie po rękach całuje, a jak jesteśmy sami, to się boi. Żadne z nas nie chce zrobić pierwszego kroku. Taka historia.

W jakim świecie tutaj żyjesz?

W polsko-żydowskim. Trochę szwedzkim. Najbardziej jednak żydowskim.

Na Jom Kippur chodzisz do synagogi?

Chodzę, ale dla mnie w tej gminie to są za bardzo religijni.

Masz przyjaciół Szwedów?

No, na przykład tego sąsiada.

On cię rozumie?

Trochę.

Teraz jesteś bardziej żydowska niż przed wyjazdem z Polski?

* *Hanky-panky* (ang.) – dosłownie: podejrzane sprawy; tu: amory, bara-bara.

Taka sama jestem. Dla Szwedów jestem Polką, bo przyjechałam z Polski. Oni sobie w ogóle nie mogą poradzić z żydostwem.

Jesteś dzisiaj Szwedką?

Mówię po szwedzku, rozumiem szwedzką politykę, ale nigdy nie będę Szwedką. Mój syn mówi, że jest żydowskim Szwedem. Może ja jestem żydowska Polka?

Mówiłaś, że nie jesteś Polką.

No i sam widzisz. Ale byłam w Polsce w zeszłym roku. Chodziłam sobie do teatrów.

Jesteś obrażona na Polskę, ale do teatrów przyjeżdżasz?

Lubię polską kulturę, a obrażona jestem na Polaków jako takich. Troszkę tylko obrażona.

Podobało ci się w teatrze?

Nie, nawet napisałam do reżysera, że aktorzy zachowywali się antysemicko. Mówili o Żydach i pokazywali taki gest ręką, że mieli brody. W Polsce to cały czas wisi w powietrzu. Jadę taksówką, a kierowca mówi: na emigrantów najlepsza niemiecka petrochemia. Szału można dostać, ale ty przecież lepiej to wiesz, bo cały czas tam mieszkasz.

Tak, trochę się orientuję. Opowiedz mi, jak rodzice się tutaj odnaleźli.

Tata uważał, że to były najlepsze lata jego życia. Otworzył sobie tutaj mały biznesik i zarobił trochę pieniędzy.

Malował?

Nie, sklep otworzył.

Z czym?

Szmata biznes.

Import, eksport, rapaport.

Właśnie tak. Nastawił się na ruskich marynarzy. Jego sklepik był znany w całej Rosji. Sprzedawał im kremplinę, dżinsy, kalkulatory, peruki, szampony i takie różne rzeczy. Kolejki do niego stały, do Magazina Elja Jefimowicza. Gdyby mieszkał w Stanach, to zostałby miliarderem.

Legalny był ten jego biznes?

Tak.

Podatki płacił normalnie?

Normalnie to nie.

Trochę płacił, trochę nie płacił?

Chyba tak właśnie było.

Mówił po szwedzku?

Tak sobie. Dużo czasu spędzał w gminie. Potem w żydowskim domu starców. Tam był ekspertem od jidysz, wszyscy się z nim konsultowali. W Szwecji był szczęśliwy. Żył tutaj trzydzieści pięć lat. Mama umarła wcześniej. Ona całe życie była w depresji.

Rodzice jeździli do Polski?

Mama nie zdążyła, bo wcześnie umarła, a tata jeździł i stawiał pomniki poległym Żydom. Postawił w swoim mieście i wielu innych miejscach. Kiedyś zabrał szwedzkich Żydów na wycieczkę po obozach. Tak się udzielał.

Co mama myślała o Polakach?

Zawsze to samo: niech ich szlag trafi. Miała dużo złych doświadczeń. Na początku wojny Polacy wyrzucili ją w Warszawie z kolejki po chleb.

Co ci zabrał sześćdziesiąty ósmy rok?

Trochę curesów* mi dał i tyle. A poza tym chyba wiesz, że to nie jest przyjemne zostać wyrzuconym z kraju. Mama miała rację: Lidia, to nie jest wycieczka. Nie jest, ale mieliśmy dużo szczęścia i mogę powiedzieć, że nam się poprawiło.

Kiedy do ciebie przyszedłem, to najpierw zapytałaś, czy jestem Żydem. Gdybym nie był, tobyśmy inaczej rozmawiali?

Najprawdopodobniej.

Czego byś mi nie powiedziała?

Powiedziałabym, ale nie wiem, czybyś zrozumiał.

A skąd wiesz, że rozumiem?

* Cures (jid.) – kłopot, zmartwienie.

Zakładam i mam nadzieję.

Jak się czujesz, gdy teraz przyjeżdżasz do Polski?

Cały czas mam te czułki, które badają, co oni powiedzą o Żydach i co to dla mnie oznacza. Czułam się bardzo żydowska i wiedziałam, że inaczej wyglądam. Dużo gestykulowałam, byłam ciemna… Nie chciałam się tak czuć całe życie. Wyjechałam i teraz mówię, że nic oprócz dziewictwa tam nie zostawiłam.

Marek Elbaum

Hrabstwo Westchester w stanie Nowy Jork, Stany Zjednoczone

Urodziłem się w 1941 roku w Kowlu. Kilka miesięcy później mama uciekała ze mną na Syberię. Ojciec już tam był.

Skąd pochodzili twoi rodzice?

Ojciec z Zamościa, mama z Kowla. Ojciec komunizował od czternastego roku życia. Gdy miał osiemnaście lat, przyjechał do Warszawy, gdzie założył swój warsztat elektrotechniczny – reperował radia. Matka pochodziła z drobnomieszczańskiej rodziny, jej ojciec był talmudystą.

Masz rodzeństwo?

Mam o siedem lat młodszego brata. Wyobrażałem sobie, że będzie o głowę ode mnie wyższy.

Dlaczego?

Bo on już miał normalne jedzenie. A okazało się, że jesteśmy tego samego wzrostu. Nauka musi zweryfikować kwestię wpływu odżywiania na wzrost. Grupa kontrolna wykazała, że korelacje są tu słabiutkie.

Kiedy przyjechaliście do Polski?

Byliśmy repatriowani w 1946 i zamieszkaliśmy we Wrocławiu. Wiesz, mam takie wspomnienia z Rosji, z Wrocławia i z Warszawy, które właściwie ukształtowały moje życie.

Zacznijmy od tych najwcześniejszych.

Mam niecałe cztery lata, jesteśmy na Syberii. Rodzice pracują całe dnie, a ja siedzę sam w klatkowatym pokoju, który ma tylko jedno okno, tak wysoko, że nie mogę do niego sięgnąć. Któregoś dnia rodzice przynoszą mi cztery kostki czekolady, wiesz, takie kosteczki, nie całą tabliczkę. Pierwszy raz coś takiego widzę, jestem bardzo nieufny, ale zachęcają, bym spróbował. Zjadam pierwszy kawałek – niebo w gębie. Mówię im, że zjem jeszcze jeden, a pozostałe dwa będą dla nich. Następnego dnia wychodzą do pracy, a ja jak zwykle zostaję w pokoju, ale tym razem z tymi dwoma kawałkami czekolady. Cierpię katusze. Próbuję się rozproszyć, żeby o nich nie myśleć – skaczę raz na jednej, raz na drugiej nodze, od ściany do ściany. Nie mogę przestać myśleć o tej czekoladzie. Zjadam obydwie kostki i czuję się strasznie, strasznie niedobrze. Mam wielkie poczucie winy. Przychodzą rodzice, a ja nie mogę z siebie wydusić, że poniosłem wielką klęskę. Rodzice się śmieją i mnie przytulają, ale to zdarzenie ma wielki wpływ na moje późniejsze zachowanie.

Druga przygoda ma miejsce we Wrocławiu. Mam wtedy dwanaście lat. W drodze do szkoły zatrzymuje mnie grupa małych chuliganów. Pytają, jak mam na nazwisko. Odpowiadam: Elbaum, i dostaję w mordę. Następnego dnia idę tą samą drogą. Mógłbym iść inną, ale czuję, że powinienem iść tą, którą szedłem wczoraj. Nie wiem, co myśli taki szczeniak, ale wydaje mi się, że chodziło tu o godność. Sytuacja się powtarza, tyle że tym razem pytam ich, dlaczego mnie biją. Bo jesteś Żydem i zabiłeś Jezusa Chrystusa – odpowiadają. Wracam do domu i pytam ojca, czy jestem Żydem. Jestem. Czy zabiłem Jezusa Chrystusa? – pytam. Nie, nie zabiłeś, a poza tym Jezus też był Żydem. Takiej lekcji udzielił mi tata. Trzeciego dnia poszedłem tą samą drogą i powiedziałem im, że nie zabiłem Jezusa Chrystusa. Nie mogłem go zabić, bo go nawet nie znałem – tak im powiedziałem. Najpierw ich zatkało, potem wybuchnęli śmiechem, a najbardziej śmiał się ich herszt. Straciłem nad sobą kontrolę i rzuciłem się na niego. Od tego czasu ja byłem hersztem. Byłem „ich żydkiem, który niczego się nie boi". Ale to nie była prawda, bo bałem się wielu rzeczy i może dlatego ciągle wystawiałem się na ekstremalne sytuacje.

Jakiego rodzaju?

Taternictwo, mordobicia... Gdy przyjechałem do Nowego Jorku, to często próbowano mnie okraść. Nie mogłem się zdobyć na to, żeby dobrowolnie oddać pieniądze, więc się biłem, a tutaj to naprawdę nie było bezpieczne. Po jednym z takich incydentów przyszedłem do pracy i opowiedziałem technikowi, co mi się przydarzyło. Zapytałem, co by zrobił na moim miejscu. To był wielki czarnoskóry mężczyzna. Wiesz, co odpowiedział? Że on by oddał wszystko. Wielki ciężar spadł mi z ramion, nie musiałem już nikomu niczego udowadniać.

A jaka jest ta warszawska historia z serii tych, które miały wpływ na twoje życie?

Odprawa na Dworcu Gdańskim. Nam nie wolno było ruszać naszych rzeczy, tylko celnicy i tragarze mogli się do nich zbliżać. Ja i moja żona byliśmy świeżo po ślubie i mieliśmy taką drewnianą skrzynkę, w której był komplet szklanych naczyń. To ważyło z pięć, może sześć kilogramów. Tragarz stwierdził, że zaniesie mi to do wagonu pod warunkiem, że zapłacę mu pewną sumę pieniędzy. Powiedziałem, że chyba się pomylił, bo tyle to ja zarabiam miesięcznie w instytucie Polskiej Akademii Nauk. Spojrzał mi prosto w oczy i zdążyłem tylko pomyśleć, że to są oczy kogoś, kto mógłby moich dziadków wydać Niemcom. W tym momencie, patrząc mi w twarz, upuścił tę skrzynkę i wszystko się potłukło. Złapałem go za kark i powiedziałem, że idziemy do jego przełożonego, że to jest niemożliwe, żebyście mogli się tak zachowywać. Ojciec mnie odciągał i mówił, że oni to robią specjalnie. Nie wierzyłem, zaciągnąłem go do szefa. Wymienili spojrzenia i nic więcej się nie wydarzyło. To była trauma, która nie pozwoliła mi wrócić do Polski przez następne trzydzieści lat.

Jakie było twoje polskie życie do tego momentu?

Miałem fajną młodość.

Krótko i do rzeczy.

Ojciec został dyrektorem wieczorowego uniwersytetu marksizmu i leninizmu.

To była bursa partyjna?

Chyba tak. Zabierał mnie na seminaria Kołakowskiego i Baczki. Gdy mu oświadczyłem, że chcę iść na filozofię, to się rozpłakał.

Ze wzruszenia?

Z rozpaczy. Mówił, że w Polsce nie można uprawiać filozofii. Chyba wiedział, co mówi, bo pracował wtedy nad habilitacją z marksizmu i leninizmu. Stwierdził, że muszę zdobyć porządny zawód. Nawet Jezus miał uczciwy zawód – powiedział.

Rzadko marksiści stawiali innym Jezusa za wzór.

Był marksistą z otwartą głową i nigdy się nie wstydził swoich komunistycznych przekonań. Do tego dojdziemy w innej scenie.

Masz poukładane sceny do naszej rozmowy?

Przygotowałem się, żeby powstała narracja. Zastanawiałem się nad trajektorią mojego życia i chciałbym ci pokazać ważne wydarzenia, które miały na nią wpływ. Na przykład moja postawa wobec rodziców, potrzeba wyciągnięcia ich z Polski wtedy, gdy ja wyjeżdżałem.

Co za nią stało?

Gdy miałem siedemnaście lat, zapytałem ojca, jak zginęli jego rodzice. Opowiedział mi, jak wszyscy razem planowali wyjechać z Kowla. W dniu wyjazdu tata poszedł do swoich rodziców i zobaczył, że oni nigdzie się nie wybierają. Dlaczego? Dlatego, że młodszy brat mojego ojca powiedział, że to nie jest mądre wyjeżdżać. Przecież Niemcy nigdy nie zabijali Żydów. Mój ojciec obraził się na nich, że mu nie ufają i że słuchają jego niewykształconego brata. Dziadkowie zostali i zginęli. A brat ojca się uratował. Po wysłuchaniu tej historii obiecałem sobie, że nigdy się nie obrażę na mojego ojca, a wierz mi, że to nie był łatwy człowiek. W sześćdziesiątym ósmym podjąłem decyzję o wyjeździe i w trzy tygodnie miałem zieloną kartę. Ojciec leżał wtedy w głębokiej depresji. Wyrzucili go z Instytutu Badań Jądrowych – był tam sekretarzem organizacji partyjnej. Zrobili na niego nagonkę, oskarżyli, że mówił w autobusie po hebrajsku. Jego depresja nie wzięła się tylko z tego zwolnienia. Wzywali jego współpracowników, młodych naukowców, fizyków i inżynierów, którym pomagał między innymi w załatwianiu zagranicznych staży. Próbowali ich zmusić, by dostarczyli dowody na winę mojego ojca, ale żaden się nie zgodził – potem wszystkich ich zwolniono z pracy.

Powiedz kilka słów o sobie, o tym, co miałeś w głowie w sześćdziesiątym ósmym roku.

Widzisz, żeby to zrozumieć, muszę ci opowiedzieć kolejne wydarzenie, które wywarło na mnie wpływ. Gdy miałem szesnaście lat, dostałem od ojca zadanie. Wysyłał mnie do Paryża, do siostry mojej matki, która była tam modelką. Miałem skończyć tam liceum, pójść na studia i ściągnąć rodzinę.

Tata powiedział ci to otwartym tekstem?

Tak. Jako pierworodny syn takie dostałem zadanie. Pojechałem, szybko nauczyłem się francuskiego, zostałem szanowanym i popularnym uczniem. Pod koniec roku był egzamin i kolega, który siedział obok mnie, dostał trójkę, a ja piątkę, mimo że obaj udzieliliśmy takich samych odpowiedzi. Wziąłem nasze prace, poszedłem do profesora i zapytałem, dlaczego za takie same odpowiedzi on dostał trójkę, a ja piątkę. Powiedział, że tamten kolega zawsze ledwo zdawał, więc to niemożliwe, żeby tym razem tak dobrze mu poszło. Ja oczywiście wiedziałem, dlaczego tak się stało, ale wiedziałem również, że nie ma na to dowodu. Nauczyciel był twardy, ja też. Oznajmiłem, że jeśli nie postawi mojemu koledze piątki, będzie strajk.

I był strajk?

Był.

Namówiłeś kolegów z innych klas?

Tak. Strajk trwał kilka dni. Mówiłem, że nasz kolega został niesprawiedliwie oskarżony, walczmy o sprawiedliwość!

Nie chodziliście do szkoły?

Chodziliśmy do szkoły, nie chodziliśmy do klas. Wezwał mnie dyrektor i kazał odwołać strajk. Powiedział, że jeśli tego nie zrobię, to będę musiał wyjechać. Odparłem, że jestem rzecznikiem sprawiedliwości. Żeby oskarżać, trzeba mieć dowody – mówiłem. Nie odwołałem strajku, bo to było przeciw zasadom demagoga, którym przecież wtedy byłem. Poniosłem klęskę, nie ściągnąłem rodziny do Francji. Ale wróćmy do tego, co chciałeś wiedzieć o zawartości mojej głowy w sześćdziesiątym ósmym. Zanim poszedłem do ambasady USA, zostałem powołany do wojska. Byłem już rok albo dwa w PAN-ie i zaczynałem pracować nad doktoratem z fizyki. Jako absolwent Politechniki, Wydziału Łączności, byłem pożądanym oficerem Dywizji Kościuszkowskiej.

Miałeś już wtedy plan wyjazdu?

Miałem, ale nie dzieliłem się nim z moją żoną.

Dlaczego?

Czułem się za wszystko odpowiedzialny i chciałem wszystko sam załatwić.

Dlaczego chciałeś wyjechać?

Dusiłem się w Polsce. Klika ludzi, których nie znałem, decydowała o moim losie. I znowu musimy wrócić do ważnych wydarzeń. W trakcie pobytu w Paryżu dorwałem się do literatury i odkryłem egzystencjalistów. Oni mnie wyzwolili z marksizmu. Zrozumiałem, że jest miejsce na indywidualizm.

Dostałeś powołanie do wojska.

Ponieważ nienawidziłem wojska, musiałem tam być najlepszy.

Wytłumaczysz mi to?

W skrócie: wolałem dowodzić plutonem, niż być dowodzonym.

Kiedy wylądowałeś w wojsku?

Latem 1967, na trzy miesiące. Z tego okresu mam dla ciebie dwie sceny. Pierwsza to zajęcia obowiązkowe dla wszystkich oficerów, czyli strzelanie z pistoletu. Ponieważ nienawidziłem wojska, dużo ćwiczyłem. Kładłem na przedramieniu cegłę, żeby ręka nie drżała, i strzelałem. Na kilkuset oficerów tylko jeden miał wynik trzydzieści na trzydzieści, nazywał się Elbaum. Zebrali się wokół mnie, gratulowali i mówili: my to byśmy tym Izraelczykom pokazali, jak się walczy.

Jaki jest wydźwięk tego zdania? Nie rozumiem.

Widzieli, że facet z żydowskim nazwiskiem jest z nich najlepszy, więc uważali, że my byśmy pokazali w Izraelu, jak się walczy. To było w trakcie wojny sześciodniowej i nie było jeszcze wiadomo, jak to się skończy.

Co czułeś?

Tylko oburzenie. I teraz przychodzi pora na opowiedzenie drugiej sceny z wojska. Nasza dywizja jedzie bronić muru berlińskiego. Wtedy zrozumiałem, że ja naprawdę jestem piątą kolumną, bo moje wartości są po drugiej stronie muru. Byłem w niewłaściwym mundurze. Od tego wydarzenia moja potrzeba wyjazdu była zdefiniowana i skrystalizowana.

Rozmawiałeś z kimś o tych planach?

W sześćdziesiątym ósmym szedłem Krakowskim Przedmieściem i spotkałem tam pana Artura Ramera, który miał kilku synów, bardzo zdolnych matematyków. Rywalizowałem z jednym z nich w szkole. On rozwiązywał problem, zanim ja zdążyłem przeczytać zadanie. Co u pana słychać? – pyta pan Ramer. Z takim dużym szacunkiem się do mnie odniósł, nie wiem, na jakiej podstawie, bo jego syn był naprawdę znacznie ode mnie lepszy. Powinieneś iść do ambasady amerykańskiej, jestem przekonany, że dostaniesz zieloną kartę – powiedział mi.

To było już po Marcu?

Tak. Idę do mojego ojca i oznajmiam mu, że wybieram się do ambasady. To oznacza, że mój brat będzie zagrożony na studiach oraz że moja żona również będzie zagrożona na swoich. Żona jest w ciąży. Idę do mojej szefowej w Polskiej Akademii Nauk i proszę, by mnie zwolniła. Ona za żadne skarby nie chce tego zrobić. Proszę ją ponownie i mówię, że idę do amerykańskiej ambasady.

Dlaczego chciałeś, żeby cię zwolniła?

Nie chciałem, żeby miała potem z mojego powodu jakieś kłopoty. Minimalizowałem straty. Poszedłem do ambasady Stanów Zjednoczonych i powiedziałem, czym się zajmuję. Byli bardzo zainteresowani moją pracą magisterską, bo pracowałem nad jednym z pierwszych laserów na świecie. Powiedzieli, że dadzą mi znać za kilka dni. Wróciłem do nich, a oni mówią: dostaniesz zieloną kartę, za kilka dni będziesz w Nowym Jorku. Bardzo podziękowałem i oznajmiłem, że bez żony nie wyjadę. I że muszę jeszcze zabrać ze sobą ojca, który jest komunistą. I że nie wyjadę też bez rodziny mojej żony, której ojciec również jest komunistą. I że jeszcze muszą wyjechać mój brat oraz siostra mojej żony. Hucpa, po prostu hucpa. Mój ojciec i mój teść zostają zaproszeni na *interview*. Obydwaj dostają pozwolenie wjazdu. To byli bardzo odpowiedzialni, etyczni i ideowi ludzie, którymi nie kierowała gorycz. Pewien rozdział w ich życiu dobiegł końca – ich marzenie się nie urzeczywistniło. Mieli po sześćdziesiąt lat i chcieli być ze swoimi dziećmi.

A twój brat i siostra żony?

Wszyscy wyjechali. My pierwsi, a reszta sukcesywnie dojeżdżała.

Polecieliście do Nowego Jorku?

Tak, chociaż miałem plan, by dostać się do Stanfordu, a to jest na Zachodnim Wybrzeżu. Nic z tego nie wyszło, bo żona była na koniec już w zaawansowanej ciąży i nie bardzo mogliśmy się ruszyć. Trzy miesiące mieszkaliśmy w obskurnym hotelu i ona cały czas mówiła, że nie urodzi tutaj dziecka. Zacząłem szukać pracy, ale nie miałem pojęcia, jak to się robi. Nie wiedziałem, co to jest *résumé*, CV ani ile chcę zarabiać. Pół mili od naszego hotelu, przy Czterdziestej Drugiej Ulicy, była biblioteka publiczna. Spędzałem tam dzień i noc. Zapoznawałem się z tym, co w Stanach zrobiono w mojej dziedzinie. Gdy po trzech miesiącach przyjechał ojciec, najpierw jemu załatwiłem pracę.

Z czego żyliście?

Charytatywna organizacja żydowska płaciła za nasz hotel i dawała nam drobne pieniądze. Nazywali się NYANA, czyli New York Association for New Americans. Dawali nam pieniądze przez pierwsze dwa miesiące, a my byliśmy w Stanach już trzy miesiące. Zaczynało się robić nerwowo. Kolejna ważna scena do narracji. Idę do tej organizacji i proszę pracownicę społeczną o dwadzieścia dolarów na ciepłe ubranie dla mojej żony. Nasze rzeczy wciąż jeszcze nie dopłynęły z Polski. Rozmowa o dwudziestu dolarach trwa ponad dwie godziny. W końcu mówię: twój czas spędzony ze mną wart już jest więcej niż te cholerne dwadzieścia dolarów. Trochę ją to zaskakuje i daje mi te pieniądze. W końcu idę na *interview* do wielkiej firmy elektronicznej Ratio. Proszą, żebym powiedział, jaka jest różnica między triodą próżniową a tranzystorem. To jest proste pytanie, ale ja chcę im pokazać, jak dużo wiem, i wygłaszam cały wykład z mechaniki kwantowej. Po wszystkim usłyszałem, że widzą, iż bardzo dużo wiem, ale to nie była odpowiedź inżyniera. Dziękujemy. To była bardzo niebezpieczna porażka, ale dzięki niej dowiedziałem się, na czym polega *interview*. Później poszedłem na Columbię i zapukałem do drzwi, na których było napisane, że w środku jest profesor. Łamaną angielszczyzną tłumaczę mu, że jestem z Polski, znam się na elektronice kwantowej i pytam, czy może mi pomóc. On na to: niedaleko stąd jest instytut wysokich energii, pojedź tam. Wsiadam w pociąg, jadę do Westchester, idę do tego instytutu i mówię, że miałem przyjść na *interview*, ale bardzo słabo znam angielski. A francuski znasz? Znam – odpowiadam zadowolony. To dobrze, bo dyrektorem instytutu jest Francuz. Po dwóch godzinach rozmowy dyrektor pyta, ile bym chciał zarabiać. Nigdy nikt nie zadawał mi takich pytań. Zamykam oczy i myślę sobie, że ładną cyfrą jest dziesięć tysięcy dolarów rocznie. On się zgadza. Wtedy zyskuję trochę więcej odwagi i mówię, że chcę skończyć pisać doktorat. Żeby robić doktorat, trzeba być na studiach doktoranckich, które zabierają sto procent czasu, a ty masz u nas pracować. Takiej odpowiedzi nie chciałem usłyszeć. Dzwonię do ojca: mam ofertę pracy za dziesięć tysięcy rocznie. Przyjąłeś? – pyta tata. Powiedziałem, że się zastanowię – odpowiadam. Masz żonę, masz dziecko – tata robi mi wykład. Ale ja już byłem umówiony na kolejne *interview* w innym instytucie Columbii. Zadają mi pytania, rozumiem, ale nie umiem odpowiedzieć. Piszę równania, robię schematy. Pytają, ile chcę zarabiać. Znowu zamykam oczy i myślę, że cudownie byłoby zarabiać tysiąc dolarów miesięcznie. Dwanaście tysięcy – mówię. OK – odpowiadają. Wiesz, w tamtym okresie masowo zwalniano fizyków, to był koniec programu Apollo. Wielu taksówkarzy w Nowym Jorku miało wtedy doktoraty z fizyki. Dostałem tę pracę, ale Ameryka jeszcze nie była moim domem. Stała się nim dopiero trzy miesiące później. Prowadziłem bardzo ożywioną rozmowę z kolegą Michaelem Greenbergiem, który skończył Massachusetts Institute of Technology, a poza tym był rabinem. Jest piątek po południu, stoimy przy tablicy i zawzięcie sobie coś tłumaczymy. Otwierają się drzwi, wchodzi nasz kolega George Leat, irlandzki katolik, i mówi: Michael, jeśli nie przestaniesz rozmawiać, to się spóźnisz na szabat. Michael mnie przeprasza i pędzi do metra. Wtedy sobie pomyślałem: to jest mój dom. Katolik przypomina Żydowi o szabacie.

A gdybyś miał się pokusić o bardziej filozoficzną definicję?

Mój kraj jest tam, gdzie są moje wartości.

Przyjąłeś tę drugą ofertę?

Przepracowałem tam trzydzieści lat, a później odszedłem do firmy, którą sam założyłem.

Zrobiłeś doktorat?

Po siedmiu latach. Pracowałem dla ARP-y, czyli Advanced Research Projects Agency, dla programu Star Wars, a potem odszedłem.

Sześćdziesiąty ósmy czegoś cię pozbawił?

Niczego. Dla mnie to były otwarte wrota. Zresztą nie tylko dla mnie. Dla mojej całej rodziny również. Nie lubię słuchać opowieści o marcowych krzywdach. Tak, to była tragedia, ale na jaką skalę? Jesteście mięczakami, płaczecie nad sobą, podczas gdy znakomita większość z was dostała wtedy szansę na ciekawe życie.

Jesteś teraz bardziej Żydem niż przed wyjazdem z Polski?

W dniu wyjazdu spotkałem się z gronem najbliższych przyjaciół – Polaków i Żydów. Powiedziałem im, że uważałem się za Polaka, wiedząc o swoim żydostwie, którego nigdy się nie wstydziłem. Ale wyjeżdżam jako Żyd. Żyd z Polski. Żyjąc w Polsce, miałem większych przyjaciół w greckich filozofach niż w księdzu i w większości polskiego społeczeństwa.

Tato, opowiedz mi o ówczesnym pejzażu, ale nie tym politycznym, tylko o tym, co się przydarzyło wam i waszym znajomym.

Czyli interesują cię bardziej skutki niż przyczyny, tak?

O przyczynach piszą historycy.

Co wieczór, gdy już ciebie położyliśmy, opowiadaliśmy sobie przy stole, kto i kiedy zamierza wyjechać. Kto już wyjechał. Kiedy idziemy żegnać kolejnych znajomych na Dworzec Gdański. To wszystko były bardzo bolesne strzały. Wiesz, czuliśmy, że to jest ostateczne. Że już nigdy więcej się nie spotkamy.

Dyskutowaliście ze znajomymi swoje plany?

Niektórzy próbowali nas namawiać, żebyśmy nie zwlekali i też wyjeżdżali. Inni uznali, że to jest nasza decyzja i należy ją uszanować.

Co było w tym najtrudniejszego?

To nagabywanie. Słuchałem, ale się nie odzywałem. Nie chciałem wprowadzać wątków osobistych do dyskusji.

Przecież tam były same wątki osobiste.

Nie byłem gotowy każdej z tych osób opowiadać tego, co teraz opowiadam tobie. Od kiedy zrozumiałem, że nie mogę opuścić rodziców, wiedziałem, że nie wyjedziemy. Nie chciałem brać udziału w dyskusji, kto jest ważniejszy, dzieci czy rodzice.

Ale przecież to były rozmowy z bliskimi wam ludźmi, pewnie często z przyjaciółmi.

Napisałeś książkę o drugim pokoleniu, więc powinieneś już wiedzieć, że nie wszyscy mieli idealne stosunki z rodzicami. Że nie wspomnę o tych, którzy swoich rodziców już nie mieli.

Anna Frajlich-Zając i Władysław Zając

Nowy Jork, Stany Zjednoczone

Anna: Nazywam się Anna Frajlich-Zając, ale w książkach podpisuję się Anna Frajlich. Na Uniwersytecie Warszawskim zrobiłam magisterium z polonistyki, a na Uniwersytecie Nowojorskim doktorat ze slawistyki.

Cofnijmy się do początku.

A.: Wojna rozłączyła moich rodziców, ojciec został zmobilizowany w sowieckim wówczas Lwowie do robotniczych batalionów, a matka uciekła na wschód sama.

Nie wiedzieli wówczas, że byłam w drodze. Ale nawet jakby wiedzieli, to nic by nie pomogło. Po jakimś czasie odnaleźli się i matka moja dostała pozwolenie na wyjazd na Ural. Miałam może z jedenaście miesięcy.

Kiedy przyjechaliście do Polski?

A.: W 1946 przyjechaliśmy do Szczecina i w tym samym roku urodziła się moja siostra.

Pamięta pani coś z tej podróży?

A.: Pamiętam, że każda rodzina miała swoją półkę w wagonie.

Półkę?

A.: Takie miejsce, na którym się spało. A w środku stał piecyk, na którym się gotowało.

A z początków życia w Szczecinie?

A.: Pamiętam, że na ścianach były tapety w kwiatki. Dla mnie to był ósmy cud świata. Nie drewniane ściany jak w Łysewie na Uralu, tylko kwiatki. Biegałam i krzyczałam: Polska, Polska! Ojciec wszedł do pokoju i powiedział: to nie jest Polska, to jest Szczecin. To zdanie utkwiło w mojej pamięci na zawsze. Dla nich Polska to był utracony Lwów. Przyjechali z ogromnym bólem serca. Ojciec chodził do komitetu żydowskiego i do Czerwonego Krzyża. Czytał te wszystkie „listy ocalonych" i nie znalazł nikogo. Został zupełnie sam. Matka miała w Palestynie brata i siostrę, i jeszcze jednego brata w Urugwaju.

To nie jest Polska, to jest Szczecin. Ale po jakimś czasie Szczecin stał się dla nas Polską. Matka poszła do szpitala urodzić moją siostrę, tata pracował, a mnie zostawili u bardzo religijnych sąsiadów. Strasznie się tam nudziłam i uciekłam do naszego mieszkania. Gdy mnie zapytali, dlaczego nie jestem u tego wujka, to odpowiedziałam: on ciągle mówi wiersze. To był stary Żyd, który się całe dnie modlił po hebrajsku.

Znała pani żydowski?

A.: Nigdy nie nauczyłam się żydowskiego. Rodzice troszkę ze sobą rozmawiali po żydowsku, ale byłam dobrze wychowana i nie chciałam wiedzieć, o czym mówią.

W Szczecinie poszła pani do szkoły?

A.: Tak, do Szkoły Ćwiczeń. My byliśmy na dole, a na pierwszym piętrze mieściło się liceum pedagogiczne. Przychodzili na nasze lekcje i na nas ćwiczyli. W tej szkole było stosunkowo dużo dzieci z lwowskich i wileńskich rodzin. Było sporo Żydów i autochtonów.

Czyli Niemców.

A.: Tak. Później dołączyli do nas Grecy, którzy uciekli przed wojną domową. Jedną z moich najbliższych przyjaciółek była Paraskiewi Dalagianidu. Przepięknie śpiewała piosenkę: „Asturio, ziemio mych młodych lat. Wrócę i wejdę na drzewo, i zerwę kwiat pełen rosy…".

A co pani rodzice robili zawodowo?

A.: Ojciec był technikiem, a mama najpierw pracowała jako krawcowa. Była bardzo zdolna, również do pisania. Przyjęli ją na jakiś czas do „Głosu Szczecińskiego", do działu listów.

Potem jeszcze przez chwilę była w radiu. Obydwoje stracili pracę w 1956.

Odczuwaliście przejawy antysemityzmu?

A.: Byliśmy dumnymi Żydami. Gdy na ulicy ktoś do mojego ojca powiedział: Żyd!, to on odpowiadał: szmalcownik! W szkole wszyscy wiedzieli, kim jestem. Nazwisko? Frajlich. Imię ojca? Psachie. Wszystko jasne. Poza tym nie było żadnych Icchaków czy Mosze. Wszyscy zmieniali imiona. Jak był Chaim, to robił się Michałem. Jak był Izaak, to stawał się Izydorem.

Rodzice byli związani z gminą żydowską?

A.: Nie wiem, czy tam była gmina, na pewno było TSKŻ, od którego moi rodzice się trzymali z daleka. Wszystkie wspomnienia, które mam z TSKŻ, są gorsze niż wspomnienia z antysemitami.

Opowie pani coś o tym?

A.: Może przy okazji.

Może jednak teraz.

A.: Nie chodziłam do żydowskiej szkoły. Mieszkaliśmy daleko od TSKŻ. Pan zna Szczecin?

Nie.

A.: W TSKŻ przewodniczącym był pan Białostocki. W późniejszym życiu zauważyłam, że każde zamknięte środowisko jest po prostu beczką z kapustą. Kwas idzie do środka, robi się sitwa. Jeśli ktoś się komuś nie kłania, to tamten już nie jest człowiekiem.

Kto tu się komu nie kłaniał?

A.: Moi rodzice Białostockiemu. Dlatego nie zostałam przyjęta na żydowskie kolonie do Poronina. Ale i tak tam pojechałam. Mama wynajęła pokój i mieszkałyśmy tuż obok. Obejrzałam sobie tę złotą młodzież. Mój mąż, którego wtedy jeszcze nie znałam, też tam był.

Władysław: Tak było.

Trochę pani jednak do nich chadzała?

A.: Dzięki temu wyjazdowi zadebiutowałam jako poetka. Tam była Hadasa Rubin i moja mama pokazała jej moje wiersze. Hadasa przeczytała i zaaprobowała, ale asekurowała się, że sama nie może podjąć decyzji o debiucie. Wtedy uważali, że jak się komuś pozwoli zadebiutować, a nie daj Boże, ten człowiek się nie sprawdzi…

W.: Stchórzyła?

A.: Powiedziała, że chce pokazać Stanisławowi Wygodzkiemu, który miał odwiedzić te kolonie. Miałam pecha, bo przyjechał, gdy byłyśmy na wycieczce. Hadasa przekazała mi jego opinię: niewątpliwy talent poetycki. Mój pierwszy wiersz ukazał się drukiem w „Fołks Sztyme", w polskim dodatku, który się nazywał „Nasz Głos". Był 1958 rok, miałam szesnaście lat.

Nie przypadła pani do gustu ta złota młodzież, z przyszłym mężem na czele?

A.: Przyszły mąż miał tam inną kobietę.

W.: Byłem starszy, miałem już wtedy osiemnaście lat.

A.: Tam każdy z kimś chodził. Poza tym gasili ognisko, siusiając.

Nie podobało się to pani?

A.: Chcą siusiać, niech siusiają. Dla mnie najważniejsze było, że poznałam tam Hadasę Rubin. Przez następny rok była moją mentorką. Spotkałyśmy się w jeszcze potem w Izraelu, w 1991 roku. A na tych koloniach było przyjemnie.

Czyli to nie było złe doświadczenie?

A.: Pojechałam drugi raz.

Białostocki już panią przyjął?

A.: Widocznie tak. Pojechała też koleżanka z mojej klasy, która dostała tam ataku schizofrenii. Ponieważ ja najlepiej ją znałam, troszkę się nią opiekowałam. To była bardzo zdolna matematyczka, rosyjska Żydówka. W dziewiątej klasie rozwiązała wszystkie zadania maturalne. Na koloniach się rozchorowała, straszne rzeczy się z nią działy. Uciekała, krzyczała, nikt się nią nie zajmował. Puścili ją do domu z młodymi osobami, które miały po siedemnaście, osiemnaście lat. Różne rzeczy dotychczas widziałam. Jeździłam na polskie kolonie, byli tam antysemici, było to, było tamto, ale żeby tak zaniedbać opiekę? Ona chodziła po Zakopanem, zatrzymywała obcych ludzi i mówiła, że spotkała się z Mesjaszem, Mahometem i Jezusem. Mogli ją wtedy za to zamknąć. Powinno się tych opiekunów pociągnąć do odpowiedzialności. To był drugi raz i postanowiłam więcej się do tych kolonii nie zbliżać.

W.: Do czasu.

A.: Zaraz panu opowiem. Byłam po maturze. Lato. Zdałam egzaminy na studia. Do mojego domu przyszedł kolega i przyprowadził znajomego. Tym znajomym był mój przyszły mąż, który leży za panem na kanapie. Był wychowawcą na kolonii w Głusku, obok Szczecina. Gdy się dowiedział, że szukam pracy, zasugerował, żebym została wychowawczynią. Złożyłam wszystkie papiery i mnie przyjęli.

I jak było?

A.: Już nie mówię o tym, że wszystkie kobiety, które tam pracowały i miały tam dzieci, dbały przede wszystkim o nie. Kierowniczka kuchni, kierowniczka tego, kierowniczka tamtego… Przychodziły i patrzyły, czy ich dzieci nie piją z obtłuczonych kubków, sprawdzały, czy dostają dobre kawałki, a jak nie, to im przynosiły lepsze z kuchni. Było tam kilkoro dzieci z religijnych domów. Joint dawał specjalny fundusz na koszerne jedzenie. Któregoś dnia była kiełbasa i jedna z religijnych dziewczynek podeszła do mnie i zapytała, czy to jest koszerne. Nie miałam pojęcia, poszłam do Białostockiego i zapytałam. Powiedział: powiedz, że koszerne. Nie powiedział, że koszerne, tylko: powiedz, że koszerne. Poza tym nie wziął kłamstwa na swoje sumienie. Hipokryzja. Oni kradli jedzenie i tyle. Pod koniec kolonii okazało się, że w mojej grupie brakuje pięciu prześcieradeł. Odciągają z mojej pensji po pięćdziesiąt złotych za każde, w sumie dwieście pięćdziesiąt złotych. A co, wyniosłam je na rynek i sprzedałam? Te matki, które tam pracowały, zmieniały swoim dzieciom prześcieradła co trzy dni. Przynosiły, wynosiły. W końcu wszyscy wychowawcy się solidarnie złożyli i każde z nas dostało o pięćdziesiąt złotych mniej.

W którym roku wzięliście ślub?

W.: W 1965.

A.: Byliśmy już w Warszawie. Współpracowałam z „Naszym Głosem" i pracowałam w Polskim Związku Niewidomych.

Cofnijmy się do wyjazdu ze Szczecina.

A.: Jeszcze muszę panu wspomnieć o liceum. W szkole była religia. Mnie to specjalnie nie przeszkadzało. Na te lekcje wychodziłam z klasy i szłam do szatni.

I co pani tam robiła?

A.: Rozmawiałam z miłą panią szatniarką. Trochę wcześniej moje koleżanki zbierały podpisy, żeby była religia w szkole. Przyjaciółka podeszła do mnie i pyta: podpiszesz? Przecież wiesz, że ja nie chcę, żeby była religia – powiedziałam. Jasno postawiona sprawa i już. To nie znaczy, że byłam szczęśliwa, że jestem Żydówką. Byłabym wtedy bardzo szczęśliwa, gdybym nie była Żydówką.

Kim by pani wtedy wolała być?

A.: Jak to kim? Polką, katoliczką, jak inni. Moja siostra miała znacznie gorzej. Jest cztery lata młodsza, a wtedy w szkołach było już o wiele większe społeczne przyzwolenie.

Na co?

A.: Na antysemityzm.

Maturę pani zdała w...

A.: W maju 1960 roku i zdałam na polonistykę do Warszawy. Wylądowałam w akademiku, w pięcioosobowym pokoju. Z tego pokoju do dzisiaj mam dwie przyjaciółki.

Tam pani była szczecinianką czy Żydówką?

A.: Wiedziały, że nie chodzę do kościoła. Przypuszczam, że wiedziały, że jestem Żydówką. W pewnym momencie powiedziały, że chcą powiesić w pokoju krzyż. Jak chcecie, to powieście – odparłam. Nie dlatego, że chciałam, ale byłam niewierząca. Przez długi czas myślałam, że na tym polega bycie Żydem. Na byciu niewierzącym.

Powiesiły?

A.: Nie. Dochodziły różne sygnały, ale żyłam normalnie.

Jakie sygnały?

A.: Jedna koleżanka powiedziała, że jakaś dziewczyna przy praniu mówiła, że te płatki mydlane to chyba są z Żydów, bo się wcale nie pienią.

Była pani wtedy Polką?

A.: Zawsze byłam Polką. W sensie kulturowym nie mam innej tożsamości. Ale Polska nie jest moją ojczyzną, moją ojczyzną jest język polski. Wtedy byłam polską Żydówką. Zdarzało się, że ktoś do mnie podchodził na ulicy i mówił: Żydówka!

Pani nie odpowiadała: szmalcownik?

A.: Ja nie wiedziałam, kim jest szmalcownik. Ale wiedziałam, co to znaczy, że nam na drzwiach napisali: „tu mieszka hołota, Żydzi".

Przed sześćdziesiątym ósmym?

A.: W 1969.

W.: 1 stycznia.

A.: Władek pierwszy wrócił do domu i nie starł tego, żebym zobaczyła. Wiedział, że bym mu nie uwierzyła. Zmyliśmy to potem, ale już byliśmy naznaczeni. Wtedy już poważnie zaczęliśmy myśleć o wyjeździe.

Kiedy się zaczął wasz sześćdziesiąty ósmy rok?

A.: Późno. Mąż pracował w Polskich Zakładach Optycznych. Był inżynierem optykiem. Miał kolegów Polaków, którzy byli nam bardzo bliscy i lojalni wobec nas.

U pani w pracy też było spokojnie?

A.: Gdy mnie przyjmowali do Polskiego Związku Niewidomych, to padło pytanie: Frajlich, Frajlich, co to jest za nazwisko? Mogłam powiedzieć, że niemieckie, ale powiedziałam, że żydowskie. Trochę się zmieszał ten pan, ale pyta dalej: co, ma pani kogoś w rodzinie? Tak, matkę i ojca – odparłam. Gdy się lepiej poznaliśmy, oświadczył: mnie to pani powiedziała, ale innym niech pani tego nie mówi. Kiedyś jeden kolega z pracy się mnie zapytał: mam nadzieję, że nie z tych chałaciarzy? Tak, właśnie z tych – oznajmiłam. Przewodniczącym tego związku był siostrzeniec Spychalskiego, wzrok stracił w Szarych Szeregach, w powstaniu warszawskim. Gdy zbieraliśmy się do wyjazdu, powiedział: wie pani co? Były takie lata, kiedy moja siostra nie mogła się dostać na studia i cała nasza rodzina była prześladowana. Trzeba odczekać, to minie. Władek, wstań z kanapy i opowiedz, jak z twoimi szefami było.

W.: Sześć lat w sumie tam przepracowałem. W czasie marcowych rozruchów to od nas robotników na masówki wozili. Koledzy mi wtedy mówili: zostań, nie jedź z nami. Gdy zdecydowaliśmy, że już wyjeżdżamy, to poszedłem do szefów: zdecydowałem, że wyjeżdżam do Izraela. Pracuj, jak długo potrzebujesz – stwierdzili – do ostatniej chwili. To ja na to: dobrze. Tuż przed wyjazdem szef mnie wezwał i powiedział: słuchaj, są straszne naciski, żeby ciebie zwolnić. Powiedziałem, że dlaczego mam cię zwalniać, jeżeli to nie ja cię przyjmowałem. Chcecie, to zwolnijcie. Ja tego nie zrobię. Poszli do wicedyrektora, który był nad moim szefem, ale on też nie chciał mnie zwolnić, mimo że był partyjny. I w związku z tym nikt mnie nie zwolnił. Szef mi jeszcze powiedział, że gdy mnie przyjmował, to jeden z kolegów pytał go, czy on wie, że ja jestem Żydem. Nie wiedział. To mu się kazał zastanowić, czy ma mnie przyjąć. Przyjął. Inna sprawa, że musieli mnie przyjąć, bo na studiach miałem stypendium fundowane przez Państwowe Zakłady Optyczne. To było to tak zwane lepsze stypendium i trzeba je było odpracować. Odszedłem z pracy dzień czy dwa dni przed wyjazdem. Mało tego, oni dopilnowali, żebym zostawił upoważnienia na pieniądze, które będą mi się należały. Wypłacili mi później wszystkie premie i zaległości. Koleżanka je odbierała i zawoziła moim teściom. Ci koledzy z PZO i ze studiów odwiedzali nas do ostatniego dnia, a na koniec przewieźli nas na dworzec swoimi samochodami. Nie bali się, mimo że wszystko było filmowane przez służby.

A.: Mój niewidomy szef też do końca zachowywał się przyjaźnie. Codziennie po pracy odprowadzałam go do domu. Szliśmy przez Krakowskie Przedmieście, więc byliśmy świadkami tych wszystkich pogoni za studentami. Bardzo się zaprzyjaźniliśmy i dużo rozmawialiśmy. Obydwoje dostaliśmy się na elitarny kurs francuskiego do Pałacu Kultury. W trakcie zajęć facet z Huty Lenina nazwał mojego szefa Żydem. Gdy wracaliśmy, spytałam go, dlaczego tak został nazwany. Przecież pani rozumie, ja jestem z panią, on jest dżentelmenem, nie może pani zaatakować.

Taki był sześćdziesiąty ósmy rok. Chodziłam z nim też do KC na zebrania partyjnych literatów. Tam się nasłuchałam pomysłów, żeby wszystkich wyrzucić ze Związku Literatów i zacząć od nowa. Wysłuchałam przemówień Hołuja i Putramenta.

Kiedy podjęliście decyzję o wyjeździe?

A.: Po pogrzebie.

Czyim?

A.: Nie chcę za dużo mówić, bo żyją jeszcze ci ludzie... Jedna rodzina była taka, druga taka.

Jedna żydowska, druga nieżydowska?

A.: Mieszane małżeństwo. Wiadomo było, że ta śmierć była jakaś niejasna.

Nie rozumiem. To była śmierć samobójcza?

A.: Nie chcę o tym mówić. Na pogrzeb przyszedł człowiek ze Związku Młodzieży Socjalistycznej i wygłosił idiotyczne, cyniczne przemówienie. Że on już nigdy więcej nie będzie z nimi działał. To nas zniesmaczyło. Nie chciałam wyjeżdżać.

Władek nie chciał wyjeżdżać. A tu czołgi jechały Alejami Jerozolimskimi, żołnierze szli... Nie myślałam, że kiedykolwiek coś takiego zobaczę. Ciągle myślałam o wojnie. Chyba ostateczną decyzję podjęliśmy, gdy przeczytaliśmy oświadczenie Polskiej Agencji Prasowej, że tylko do któregoś momentu będą możliwe wyjazdy. Oni to robili po to, żeby jak najwięcej ludzi wyjechało. Potrzebowali mieszkań i stanowisk pracy dla tych, którzy popierali moczarowców. Wiedzieli, że za mało ludzi wyjeżdża, to postraszyli, że zamkną granice. Kilka lat temu poznałam osobiście Józefa Hena w Czytelniku. Powiedział, że powinniśmy wystawić Moczarowi pomnik.

W.: Chyba ma rację.

A.: Jeszcze wczesnym latem 1969 pojechałam z mamą do Lwowa, bo jej bardzo zależało, żebym przed wyjazdem zobaczyła jej miasto.

Jak się pakowaliście?

A.: Bardzo szybko. Książki i część rzeczy wysłaliśmy do Stanów, do siostry Władka.

Od razu wiedzieliście, że jedziecie do Stanów?

A.: Wiedzieliśmy, że nie chcemy do Izraela. Mój powód – nie chciałam mieć drugiej ojczyzny. Nie chciałam mieć kraju, w stosunku do którego będę się czuła zobowiązana, że go muszę kochać, że muszę być lojalna. Wie pan, nie chciałam mieć takiego poczucia, że od jednego się odwracam, rozstaję i biorę ślub z innym. Przeżyłam za duży zawód. A powód Władka – jak już wyjeżdżamy z Polski, to trzeba pojechać jak najdalej od Europy. Jak najdalej od wojny i tego miejsca.

Pamięta pani moment zrzekania się obywatelstwa?

A.: Bardzo to przeżyłam ze względu na naszego syna, który miał wtedy dwa lata. Był urodzony w Warszawie. Miałam wyrzuty sumienia, że podpisuję to za niego. To było bardzo bolesne.

Miał dwa lata, widziała już pani napisy na waszych drzwiach i dużo innych zdarzeń...

A.: Ja wiem, ale to było jego obywatelstwo, nie moje...

Rozmawiała z nim pani o tym potem?

A.: Nie wiem, czy o takich rzeczach się rozmawia z mamusią. Może mu to powiedziałam, a może był chroniczny brak okazji do tej rozmowy.

Decyzja o wyjeździe była dobrą decyzją?

A.: Tak. To było rozwojowe. Zrobiłam doktorat, wydałam cztery książki, a potem jeszcze następne. Mąż zajmował się systemami optycznymi w satelitach.

W.: Z perspektywy czasu uważam ją za dobrą, ale wtedy byliśmy nieszczęśliwi.

Dzisiaj jesteście Amerykanami?

A.: Tak.

Mimo że nie chciała pani nowej ojczyzny?

A.: Tak.

W.: Myślę, że stałem się Amerykaninem wtedy, kiedy dostałem dostęp do tajemnic. Wtedy, kiedy się rozejrzałem i zobaczyłem, że jestem traktowany jak wszyscy inni.

A co wam zabrał sześćdziesiąty ósmy?

A.: Poczucie przynależności. Ale przypomniał nam, kim jesteśmy. Gdy się patrzy na historię Żydów, to widać, że jesteśmy jej ogniwem. Cząstką żydowskiej historii, która się powtarza. I że trzeba się modlić, żeby się znowu nie powtórzyła.

W.: Nie ma żadnej gwarancji.

Teraz bardziej jesteście Żydami niż przed wyjazdem z Polski?

A.: Jesteśmy jednodniowymi Żydami.

To znaczy, że w Jom Kippur chodzicie do synagogi?

A.: Tak. I pościmy. Wiemy już, że Żydzi to nie są ludzie, którzy nie wierzą w Boga.

A wy wierzycie w Boga?

A.: Ja chyba jestem agnostyczką.

W.: Myślę, że wierzę w Boga. Ale nie mam na myśli chodzenia do synagogi i modlenia się.

A.: Przemyślałam to. Mogę panu powiedzieć, kiedy poczułam się Amerykanką. Tutaj od przedwojny mieszkał brat mojego dziadka i niedługo po naszym przyjeździe umarł. Pojechaliśmy na pogrzeb i wtedy pierwszy raz zobaczyłam grób naszej rodziny. Taki grób, w którymś już ktoś leżał. Jego żona, którą moja matka pamiętała jeszcze ze Lwowa.

I co pani wtedy pomyślała?

A.: To jest moja ziemia.

Tato, myślisz czasami o tym, czy to była dobra decyzja?

Kiedyś jako wiceprezes Fundacji na rzecz Rozwoju Nauki miałem przyjemność jeść kolację z prezydentem na uchodźstwie, panem Kaczorowskim. Opowiadał o polskiej emigracji w Anglii. Pierwsze pokolenie umiera jako Polacy. Drugie stara się być Anglikami. Mówią poprawniej po angielsku od miejscowych i wcale nie zajmują się swoimi korzeniami. Trzecie pokolenie cały swój wysiłek poświęca na wracanie do korzeni. Jeżdżą do Polski, uczą się polskiego – do czegoś jest im to wszystko potrzebne. Nie wiem, czy mój ojciec był w pełni zasymilowany, czy poważnie zasymilowany. Nie wiem, czy ja chciałem być tylko Polakiem i nie zajmować się żydostwem. Widzę za to, że dla was obu, dla ciebie i dla Marcina, jest to bardzo ważna sprawa.

Piotr i Flora Fejgin

Göteborg, Szwecja

Piotr: Będziemy rozmawiać o mnie i o Florce, nie o moim ojcu. Taki jest warunek.

Idealnie się składa, bo ja o was właśnie chciałem rozmawiać.

P.: Wyjechałem z Polski w 1971 roku. Oficjalnie do Izraela.

Flora: Wszyscy oficjalnie wyjeżdżaliśmy do Izraela, bo inaczej by nas nie wypuścili. Musiałeś się zadeklarować, że to tam jedziesz.

P.: A tak naprawdę wyjechałem do Szwecji.

Dlaczego dopiero w 1971?

P.: Miałem kwarantannę po wojsku.

F.: Miał tam bardzo poważne stanowisko, był w wojskach rakietowych.

P.: Rakiety ziemia–powietrze. Łopata, ziemia, powietrze, łopata, ziemia, powietrze.

F.: Bali się go wypuścić, żeby nie zdradził wymiarów łopaty.

Razem wyjechaliście?

P.: Florka wyjechała wcześniej, w 1969 roku. Na początku uważałem, że nie można wyjeżdżać, że trzeba z tym walczyć. Byłem wychowany we właściwej wierze.

To znaczy?

P.: Że trzeba walczyć z ekscesami, które trafiły na podatny grunt w narodzie. Gdybyś mnie teraz zapytał, co ja straciłem w sześćdziesiątym ósmym, tobym ci powiedział, że złudzenia. Byłem wychowany w duchu komunistycznym i internacjonalistycznym. Nie miało znaczenia, czy ktoś jest Żyd, czy czarny, czy Cygan, wszyscy są równi. A tu się okazało, że Orwell miał rację. Wszystkie świnie są równe, ale niektóre równiejsze.

Studiowałeś wtedy?

P.: Byłem na czwartym roku socjologii. Wydział rozwiązano, a potem ogłoszono ponowny nabór. Niestety nie zostałem przyjęty. Musiałem iść do pracy, bo ojca i matkę wyrzucono z roboty.

Co ojciec wtedy robił?

P.: Pracował jako ekonomista w Zarządzie Energii Jądrowej. Był po więzieniu, został ułaskawiony w 1964. Odsiedział osiem z zasądzonych dwunastu lat. Długo nie mógł znaleźć pracy, a jak znalazł, to go szybko wywalili.

A ty znalazłeś pracę?

P.: Musiałem, bo nikt w naszym domu już wtedy nie pracował. Zostałem spawaczem punktowym w hali rozruchu Fiata 125p. Po dwóch tygodniach nabawiłem się tam choroby oczu. Lekarka napisała zaświadczenie zwalniające mnie z tej pracy. Kierownictwo się ucieszyło nawet, bo podobno długo się zastanawiali, czy w ogóle mnie przyjąć. Nie chcieli takich u siebie.

Takich, czyli jakich?

P.: Takich, czyli Fejginów, czyli Żydów, czyli studentów, którzy będą rozsadą „fermentu i demoralizacji" w ciele zdrowego środowiska robotniczego.

A mamę skąd wyrzucili?

P.: Z Ministerstwa Handlu Zagranicznego. Śmieszne to było, bo cztery miesiące wcześniej dostała list pochwalny na dwudziestopięciolecie PRL-u i tak zwany order chlebowy – nagrodę ministra. A zaraz potem ją wyrzucili, bo „nie umiała mnie wychować". Byłem studentem z tych rozrabiających.

F.: A tak właściwie, to nie byłeś z tych rozrabiających.

P.: To prawda, ale wystarczyło, że ich wszystkich znałem.

Byłeś w tej knującej grupie?

P.: Przyszli do mnie koledzy i powiedzieli: słuchaj, nie włączaj się do tego, bo jedyna rzecz, której my tu naprawdę nie potrzebujemy, to twojego nazwiska. Nie było przyjemnie to usłyszeć. Racjonalnie mogę to zrozumieć, ale bardzo to było przykre.

F.: Twoja mama…

P.: Moja mama dostała wtedy szału. Kazała mi siedzieć w domu i dzwoniła co piętnaście minut, żeby sprawdzić, czy gdzieś nie wyszedłem. Błagała, żebym się w nic nie mieszał. Moi koledzy biegali i byli bici, a ja siedziałem w domu i pilnowałem telefonu. Chcesz wiedzieć, gdzie pracowałem po odejściu z Żerania? Znowu poszedłem do urzędu pośrednictwa pracy i po jakimś czasie zostałem młodszym inspektorem w Zjednoczeniu Handlu Spożywczego. Robiliśmy remanenty w sklepach spożywczych na terenie miasta stołecznego Warszawy. Tam pracowałem do października, bo wtedy dostałem wezwanie do wojska. Najdziwniejsze w tym wszystkim było to, że ja byłem już po trzech latach studiów i po studium wojskowym. Miałem przed sobą miesiąc służby garnizonowej, żeby zostać podoficerem, kapralem podchorążym czy kimś takim. Dostałem wezwanie do Wojskowej Komendy Rejonowej na Ochocie. Przyszedłem z tym papierem i próbuję im tłumaczyć, że to jest jakieś nieporozumienie, bo ja już jestem po służbie. W końcu poprosiłem o spotkanie z komendantem wojskowej komisji rekrutacyjnej, pułkownikiem Abramowiczem. Mówiłem, że to przecież bez sensu, bo najpierw ojczyzna wydaje pieniądze na moje kształcenie oficerskie, a teraz… A on mi na to krótko: żadnych pomyłek tu nie ma, nie udało się z was zrobić oficera, to zrobimy porządnego żołnierza. Tymi słowami zostałem odprawiony.

Co myślałeś wtedy?

P.: Obyś się udusił. Ludzie przeżywają służbę wojskową, więc i ja przeżyję, ale to była potworna strata czasu. Wezwali mnie na powtórną komisję poborową. Siedzi kilku oficerów, czyta nazwiska i pada: starszy szeregowy Fejgin, kategoria „A". Próbuję im pokazywać jakieś papiery, mówić, że nie czuję się dobrze, a sierżant z bańką wazeliny do mnie: pochylić się. Palec w dupę. Zdrowy! Skierowanie do twierdzy Modlin na 22 października, jednostka wojskowa 22-21 albo 21-21. Miałem niecały tydzień. Przepracowałem jeszcze ze dwa dni w zarządzie inwentaryzacji przy Miejskim Handlu Detalicznym (MHD) Warszawa na ulicy Noakowskiego. Koledzy z tej pracy opowiadali, że w Marcu z okien tego przedsiębiorstwa Służba Bezpieczeństwa filmowała strajk na Politechnice. Idealne ujęcie na całą ulicę Noakowskiego, aż do placu.

Sam pojechałeś do Modlina?

P.: Nie, koledzy mnie odwieźli, bo sam bym tam nie dotarł. Ostatnie kilka dni świętowaliśmy moje pożegnanie. Odstawili mnie na bramę. Dalej już wojskowi mnie zaprowadzili. Zimno jak cholera, stoję w wielkiej sali na golasa, ale nawalony, więc niewiele mi to robi. Znowu siedzi komisja: a, szeregowy Fejgin, my tu już na was czekamy. Witamy.

Pobrałem mundur, plecak i co tam jeszcze było do pobrania. Oczywiście już pierwszego dnia ktoś mi podpieprzył czapkę, za którą mnie potem obciążyli. I taki był początek. Drugiego dnia raban się zrobił i każą nam wybiec z sal. Stu czterdziestu chłopa ustawili na korytarzu w dwuszeregu. Przyszedł elegancki major w rękawiczkach, czołem, żołnierze, i gadka, że my tu razem będziemy odbywać zasadniczą służbę wojskową, a on jest zastępcą dowódcy batalionu od spraw politycznych. I od razu pyta: jest tu starszy szeregowy Fejgin? Wystąp! Wystąpiłem, a on podszedł do mnie, ściągnął rękawiczkę, podał dłoń i się przedstawił. Zameldujcie się u mnie o ósmej. Strach na mnie padł, nie wiedziałem, co jest grane. Pobudka o wpół do piątej. Czas, żeby się wysiusiać, potem gimnastyka, dwadzieścia pięć minut na potrzeby toaletowe i marsz na śniadanie, które było o wpół do siódmej czy o szóstej nawet. Czarna kawa, chleb komiśniak, ciężki, żytni i gliniasty, kawałek margaryny i taka ledwo ciepła lura, kawa. O ósmej zameldowałem się u majora. Jego gabinet miał ze sto metrów kwadratowych. Pod oknem stały biurko i kilka krzeseł, w drugim końcu dwie kanapy i stolik do kawy, na którym leżały wszystkie tygodniki i miesięczniki, jakie wychodziły wtedy w Polsce. Powiedział mi, że dostał rozkaz z Warszawy, by na mnie mieć baczenie, a że nie chce mu się za mną po krzakach uganiać, to będę się u niego codziennie meldował o ósmej rano, a o czwartej będę wychodził, żeby jeszcze zdążyć na kolację. Trzy tygodnie tak u niego przesiedziałem.

Rozmawialiście?

P.: Nie, ale czasami do mnie mówił: zbliża się rocznica powstania Armii Czerwonej, zrób mi gazetkę. Dostawałem wielki kawał kartonu, taki trzy na dwa metry, i miałem na nim gazetkę ścienną zrobić. Ale jak? – pytam. Wytnij sobie z tych czasopism, co potrzeba. Wycinałem, tu wojsko maszeruje, tu jadą czołgi, tam rakiety, tu Gagarin się uśmiecha. Dostałem klej i nożyczki, to wycinałem i przyklejałem. Trzeba było coś ładnie napisać, to zatrudniałem sekretarkę, która mi piękne, duże tytuły pisała. Niestety po trzech tygodniach upomnieli się o mnie i musiałem przejść przeszkolenie rekruckie. Po dwóch dniach miałem już stopy otarte do krwi i wylądowałem na dwa dni w izbie chorych. Wiesz, co w tym wojsku było najgorsze? Rano pobudka, siadasz na łóżku i myślisz tak: wczoraj przepierdoliłem dwadzieścia cztery godziny, a teraz zaczynają się kolejne dwadzieścia cztery godziny, które też będą przepierdolone. W okresie rekruckim miałem jeszcze szkolenie polityczne, na które musiałem chodzić, ale miałem zakaz zabierania głosu. Oficer prowadzący powiedział: Fejgin, żebyś ty mi, kurwa, tylko nic nie mówił. To co ja mam robić, panie oficerze? – ja na to. A, idź sobie poczytaj. Była w batalionie biblioteka, w której były pięknie wydane książki, cała klasyka światowa. Jak je brałem w ręce, to one aż chrzęściły, bo nigdy nie były otwierane. I czytałem jeszcze raz, jak szło. I Balzaca, i Maupassanta, i Steinbecka, i Hemingwaya, i Tołstoja. Problem miałem tylko jeden, że ciężko się czytało w trakcie wykładu, ale jakoś dawałem radę. Zmieniali się ci oficerowie prowadzący, każdy coś opowiadał, a jeden tak gada, gada, patrzy na mnie i pyta: Fejgin, dobrze mówię? Pokiwałem głową, że dobrze, i był spokój. Któregoś dnia przyszedł do mnie dowódca mojego plutonu, zaprowadził do dowódcy innego plutonu i mówi, że tutaj kolega potrzebuje napisać referat o zjeździe rolniczym KC. Napisałem mu szybko kilka stron. Po tym zaczęli zgłaszać się inni z zamówieniami na różne referaty. Powiedziałem, że chętnie, ale muszę mieć kogoś do pomocy. I wtedy spadł mi z nieba kolega Andrzej. Zrobili nam kolejną zbiórkę. Nie wiem, czy wiesz, ale w wojsku zbiórki są co chwila, żeby żołnierze nie zaczęli sami myśleć. Już nie mogłem zdzierżyć tych zbiórek i na hasło: potrzebuję dwóch ochotników, natychmiast się zgłosiłem. Kątem oka zobaczyłem, że po mojej prawej stronie też ktoś wystąpił z szeregu. Szef kompanii zakomenderował: ochotnicy, w prawo zwrot i do czyszczenia kibli marsz. Nigdy przedtem nie słyszałem, jak stu czterdziestu chłopa ryczy ze śmiechu. Idziemy za szefem, on się odwraca i mówi: nie martwcie się, chłopaki, to jest bardzo dobra fucha. Dał nam po kilogramie chlorku, zaprowadził do kibli, pokazał, gdzie jest szlauch, i mówi tak: lejecie po wszystkim, nasypujecie wszędzie chlorku, zamykacie to i odpoczywacie dwie godziny. Po dwóch godzinach otwieracie, zlewacie to wszystko wodą, zamykacie i odpoczywacie dwie godziny. Nie wiem, czy możesz sobie wyobrazić, co się dzieje z wojskiem, gdy ma na cztery godziny zamknięte kible. Tak zakolegowałem się z Andrzejem. Jego wyrzucili ze Szkoły Głównej Gospodarstwa Wiejskiego. Głupio się odezwał na zebraniu. Wzywali tam personel do potępiania profesorów syjonistów, którzy zniesławili dobre imię SGGW. Andrzej tego posłuchał, a potem powiedział: ja przepraszam, ale dopiero co to były wielkie sławy naukowe, a dzisiaj słyszymy, że to są skurwysyny i pętaki? Następnego dnia został wywalony i wezwany do odbycia zasadniczej służby wojskowej. I z nim właśnie pisałem te wszystkie referaty. Funkcjonowaliśmy jako duet autorski. Pisaliśmy na dowolne tematy, na przykład o piramidzie Cheopsa i o rewolucji francuskiej. Żadnych materiałów nie było, więc pisaliśmy z głowy. Mieliśmy swoje stawki – płacili nam przepustkami. Jeśli to było dla naszego dowódcy plutonu, to musiał dać każdemu z nas jednodniową przepustkę, a jak to byli inni, to musieli dawać po dwie jednodniowe przepustki.

Wychodziliście wtedy na dwa dni każdy?

P.: Nie, za każdym razem musieliśmy wrócić, bo to były dniowe, a nie dobowe przepustki. W wojsku byłem dziewięć miesięcy bez tygodnia, a na urlopach okolicznościowych i przepustkach ponad trzydzieści dni. Raz nawet dostałem odznakę wzorowego żołnierza.

F.: No to już jest zupełny cyrk.

P.: Florka, to było ważne, bo to była trzydniowa przepustka.

Za co ta odznaka?

P.: Za całokształt. Za zostanie kierownikiem klubu żołnierskiego w naszej kompanii. Powiedziałem, że sam nie dam rady, to znowu robiliśmy to we dwóch. Dali nam wielką, pustą salę. Nic w niej nie było oprócz kaloryferów, które jakiś wał podłączył do zimnej wody. Poprosiliśmy dowódcę o pieniądze, żeby kupić różne rzeczy, a on: co wyście, chłopaki, zwariowali? Dam wam dziesięciu chłopaków do pomocy i kombinujcie. Ci chłopcy to nie byle kto, bo oni pochodzili z warszawskiej Woli i z Kamionka. Umieli wiele rzeczy. Poszli w teren i przynieśli dwa wiadra smoły do podwozi samochodowych i spirale ogrzewnicze, każda po dwa tysiące watów. Postanowiliśmy zrobić kominek, a lepikiem posmarowaliśmy rury i kaloryfery, bo jak czegoś nie można schować, to trzeba wyeksponować, prawda? Chłopcy znowu poszli na szaber i przynieśli około osiemdziesięciu cegieł. Powstał kominek ogrzewany prądem. Jak tylko go podłączyliśmy, to w całym garnizonie żarówki świeciły ledwo na żółto. Ale grzało jak się patrzy. Stanęliśmy dumni wkoło i grzejemy dupy, a tu drzwi się otwierają i wpada dwóch elektryków. Gdzieś mamy nielegalny pobór mocy! To my im, żeby szli szukać tego poboru, bo u nas go nie znajdą. Potem się nauczyliśmy, kiedy można włączać grzanie.

W trakcie służby wojskowej myślałeś już o wyjeździe z Polski?

P.: Jeszcze nie, ale muszę ci coś opowiedzieć. Któregoś dnia wzywa mnie sekretarz POP i oznajmia: słuchajcie, mam do was pismo. Podaje mi kartkę A4 kredowego papieru. W górnym lewym rogu jest napisane: „Ludowe Wojsko Polskie, Główny Zarząd Polityczny". Oddaję mu tę kartkę i mówię, że to nie do mnie. Czytaj – sekretarz na to. Strzałka i napisane: „Zastępca Dowódcy Batalionu". Oddaję i mówię, że nie do mnie. Czytaj! Czytam dalej, a tam kolejna strzałka do nazwiska tego sekretarza. Nie do mnie – powtarzam. On bierze ode mnie kartkę, robi następną strzałkę i pisze: „starszy szeregowy Fejgin". Teraz już do ciebie. Czytaj! A tam: w związku ze zbliżającą się dwudziestą piątą rocznicą powstania PRL-u należy zorganizować teatrzyki żołnierskie. W ten sposób zostałem dyrektorem teatru. Razem z Andrzejem zorganizowaliśmy zespół.

Z chłopakami z Woli i Kamionka?

P.: Oczywiście. Bardzo śmiesznie to momentami wyglądało, ale się nauczyli. Dostaliśmy teczkę kurierską i jeździliśmy z Andrzejem po materiały do Warszawy. Znaleźliśmy wypisy szkolne z języka polskiego, te z wierszami. Poza tym mieliśmy w teczce dwa ołówki i gumkę myszkę. Jeden żołnierz nie może z taką teczką jechać, zawsze musi być dwóch, więc bardzo nam to pasowało. Musieliśmy przedstawić program specjalnej komisji.

Kto w niej był?

P.: Jacyś oficerowie, ten sekretarz partyjny i kilku jego podkomendnych, szef sztabu i szef batalionu. Na pierwszy ogień poszedł wiersz Słonimskiego, który kończy się słowami: „Iperyt, iperytem, śmierć od iperytu". Potem Tuwim: „Rżnij karabinem w bruk ulicy...". Bardzo wojennie. To nam od razu skreślili.

Zaskoczyło was?

P.: Nie, ale musieliśmy dać coś na pożarcie. Gałczyński przeszedł. *Kwiaty polskie* Tuwima, a oni na to: Tuwim to żydowskie nazwisko. To ja odpowiadam: panie kapitanie, ale on nie żyje od 1953 roku. A, to może być. I przeszło. Chyba też coś Broniewskiego było. Zostało nam jeszcze napisanie wstępu, wiesz, takiego słowa wiążącego wszystkie utwory. Andrzej był wierzącym katolikiem, straszliwym antykomunistą i szlag go trafiał, że musimy to pisać, ale jakoś go przekonałem. Zorganizowaliśmy scenografię. Znaleźliśmy tyczki, pomalowaliśmy je na zielono i robiły za las. Na scenie było dwudziestu żołnierzy, z czego dziesięciu trzymało te tyczki i przesuwało się z nimi, że niby las żyje. Reszta deklamowała owe zatwierdzone wiersze. Ja wygłaszałem słowo wiążące, bo Andrzej nie chciał.

F.: Aż dziwne, że nie zostałeś potem człowiekiem teatru.

P.: Andrzej miał znajomych w radiu, to nam nagrali tło muzyczne do tego przedstawienia. Całość trwała godzinę. Pierwszy konkurs był w naszej brygadzie. Nie zajęliśmy pierwszego miejsca, bo pierwsze miejsce zajął zespół składający się z wynajętych aktorów, a żołnierze stali w tle. Postawili na profesjonalizm. My zajęliśmy drugie miejsce. Po paru tygodniach były zawody na poziomie garnizonu. Nie zajęliśmy pierwszego miejsca. Zajął je inny zespół, ale nie ten, co poprzednio. Ich zdyskwalifikowali, bo tam żołnierze nic nie mówili. Ci od pierwszego miejsca mieli orkiestrę dętą. My zajęliśmy drugie miejsce. Przyszła pora na zawody na poziomie okręgu wojskowego. Pojechaliśmy na zawody do Bartoszyc, gdzie nie zajęliśmy pierwszego miejsca, bo zajął je inny zespół. My zajęliśmy drugie miejsce. Potem zostaliśmy teatrem objazdowym. Zagraliśmy jeszcze na 1 Maja gdzieś na Śląsku. Po spektaklu organizatorzy zaprosili nas na poczęstunek. Tam stała się rzecz straszna – każdego z nas posadzili przy osobnym stoliku z miejscowymi. Wtedy nauczyłem się pić wódkę po śląsku. Jeden idzie i kupuje flaszkę. Na stole stoi kieliszek i: „piję w twoje ręce". Przy moim stoliku było nas czterech. Kiedy oni wypili po jednym, ja miałem już wypite trzy. Jeden z naszych chłopaków wpadł jeszcze gorzej, bo przy jego stoliku siedziało sześciu. Ten był gotowy w pół godziny.

F.: Ale to już chyba z sześćdziesiątym ósmym nie ma nic wspólnego.

P.: Do kwietnia siedziałem w Modlinie. Potem pojechaliśmy na poligon. W Oświęcimiu batalion saperski miał budować i poprawiać drogi w okolicach obozu. Na drugi dzień przyjechał po mnie jakiś oficer i powiedział, że jestem potrzebny gdzie indziej, i zostałem wicedyrektorem składu materiałów do budowy dróg. Miałem pod swoją opieką trzy pryzmy. Już wszystko tłumaczę. Pryzma w przekroju poprzecznym jest trapezem. Około trzydzieści–czterdzieści metrów u podstawy, piętnaście metrów wysokości, ile miał bok trapezu, nie pamiętam. Długość: sto pięćdziesiąt metrów. Trzy pryzmy. Pryzma pospółki numer jeden, pryzma pospółki numer dwa i pryzma piachu. Pospółka numer jeden różni się tym od pospółki numer dwa, że kamienie w niej są dwa razy mniejsze. Albo na odwrót.

Co to jest pospółka?

P.: To są otoczaki, wyciągnięte najprawdopodobniej z Dunajca. Te mniejsze mają do dwóch centymetrów średnicy, a te większe około trzech. To są kamyki używane razem z piaskiem do produkcji betonu. Ja tam siedziałem i pilnowałem, żeby ciężarówki, które po to przyjeżdżały, brały tylko z jednego końca pryzmy, nie z boków.

Kierowałeś ruchem.

P.: Tak. Miałem jeszcze dyrektora, który oprócz za pryzmy odpowiadał też za kilofy, łopaty, grabie i kalosze. Miałem biuro, w którym stały biurko, krzesło i szafa. Po prawej stronie była ściana, po lewej drzwi wejściowe, a z tyłu właśnie ta szafa. Jak tylko zjadłem obiad, to zamykałem drzwi wejściowe, otwierałem drzwi od szafy, nogi na stół i spałem. Podstawowa zasada w wojsku jest taka, że trzeba spać, kiedy tylko można, bo nie wiadomo, kiedy znowu nadarzy się okazja. I jeszcze miałem przed sobą okno z widokiem na bramę główną obozu z napisem „*Arbeit macht frei*". Całe dnie się na nią patrzyłem, miałem do niej jakieś dwieście pięćdziesiąt metrów. Kiedyś wracam z kierowania ruchem, a tam stoją miski, w których przywozili nam obiad. Jedna, głębsza, z zupą, a druga, płytsza, z dwoma kartoflami i czymś, co nie bardzo wiadomo, czym było. Stawka żywieniowa wynosiła wtedy trzy i pół złotego dziennie. W to nie wchodziły ani chleb, który był pieczony w wojskowej piekarni, ani kartofle, które pochodziły z wojskowego poligonu. Podchodzę do tych menażek, a nad nimi stoją trzy kobiety i płaczą – sekretarka i dwie pomoce biurowe. Pytam, dlaczego płaczą. A one, że płaczą, bo widzą to jedzenie. Jedna miała męża, który właśnie poszedł na ćwiczenia rezerwy, druga miała syna, który na jesieni miał iść do wojska, a ta trzecia to chyba płakała do towarzystwa. Następnego dnia rano przyszły i: panie Piotrusiu, szyneczka, bułeczka, świeże masełko, pomidorki z ogródka. Pan wyrzuci to ich jedzenie i niech im powie, żeby nie przywozili, bo to przecież szkoda wyrzucać. Bardzo było przyjemnie, to surówka, to kotlecik…

Siedziałeś w Oświęcimiu do końca służby?

P.: Nie, wróciłem do Modlina. Oddałem, przepraszam, zdałem wszystko, co ojczyzna dała, i do cywila. No to koniec wojska, wyszedłem po dziewięciu miesiącach bez tygodnia. Wtedy się okazało, że od trzech miesięcy byłem z powrotem przyjęty na studia, ale mi nikt o tym nie powiedział. Wyszedłem 15 lipca 1969 i poszedłem przemeldować moją książeczkę wojskową z tym pismem o zwolnieniu. Siedzi jakaś panienka i wszystko wpisuje. Gdy skończyła, mówię, że chciałbym pogadać z pułkownikiem, a ona na to, że u nich nie ma pułkownika, jest major. To ja jej grzecznie odpowiadam, że jest pułkownik, pułkownik Abramowicz. Abramowicz to Żyd – mówi – już dawno jest w Izraelu. Mówię ci, że jakbym tego skurwysyna spotkał, tobym mu natłukł. Słowo daję.

Dlaczego zdecydowałeś się wyjechać?

P.: Florka wyjechała we wrześniu, ja mimo że się uwinąłem z magisterką, nie mogłem znaleźć nigdzie pracy. Rok szukałem i nic. Ktoś mi powiedział, że w Komitecie Wojewódzkim PZPR widział listę jakichś trzydziestu pięciu nazwisk, z adnotacją „nie zatrudniać". W końcu zacząłem pracować pod nazwiskami znajomych, oddawali mi swoje zlecenia i honoraria. Głównie ankiety. Zjeździłem Polskę wzdłuż i wszerz. Czasami pracowałem pod swoim nazwiskiem w Ośrodku Badań Opinii Publicznej, znajoma załatwiła robienie ankiet. Śmiesznie tam bywało.

Takie radosne historie opowiadasz, ale to nie był najpiękniejszy czas dla ciebie?

P.: Z perspektywy pięćdziesięciu lat człowiek pamięta głównie zabawne elementy.

Zależy, który człowiek.

F.: Nie mów tak, bo krzywdy też zapamiętujesz.

P.: To prawda, ja byłem krzywdzony systemowo.

F.: Zahartowałeś się.

P.: Byłem tępiony jako przedstawiciel jakiejś grupy, jako syn mojego ojca, jako student… Nie jako Piotr Fejgin.

Myślałeś, że już całe twoje życie tak będzie?

P.: Byłem o tym całkowicie przekonany.

Myślałeś o zmianie nazwiska?

P.: Myślałem, ale uznałem, że to nie ma sensu.

F.: To by nic nie zmieniło, oni tam mieli wszystko w papierach, wszystko wiedzieli.

P.: Słuchaj, mojemu koledze ze studiów znaleźli żydowskie pochodzenie, którego nawet Gestapo mimo wielokrotnych rewizji u jego dziadka nie znalazło.

Bałaś się o niego, gdy był w wojsku?

F.: Mamy znajomego, który po trzech miesiącach w wojsku dostał zawału. Przyjeżdżałam do Piotra na wizyty, to było okropne. Przygnębiające. Dwa miesiące po jego wyjściu z wojska wyjechałam do Szwecji. Piotr odwiózł mnie do samego Świnoujścia.

Wierzyliście, że uda wam się jeszcze spotkać?

P.: Nie wiedziałem, w jaki sposób, ale wierzyłem. Pisałem podania o wyjazd i dostawałem odmowy. Najpierw z bardzo ważnych względów państwowych. Pisałem odwołanie, to dostawałem odmowę z bardzo ważnych względów społecznych. Pisałem odwołanie, że moi rodzice są dorośli, moja siostra jest dorosła, ja nie mam dzieci na utrzymaniu... To przychodziła odmowa bez uzasadnienia. Wtedy poszedłem do pałacu Mostowskich – tam się składało te podania o wyjazd – do takiego rudego urzędnika, zapytać, co mam teraz robić. Na początku był bardzo antypatyczny, ale po którejś wizycie nabrał do mnie lepszego stosunku. Pokazał mi teczkę i powiedział, że w niej leżą nowe podania. Niech pan napisze nowe podanie. To napisałem. Dostałem odmowę. Pytam się rudego, co teraz mam robić. Powiedział, żebym poprosił o rozmowę z kierownikiem Biura Paszportów na Koszykowej. Zadzwoniłem, umówili mnie jakiegoś dnia o jedenastej. Przyszedłem, przyjął mnie starszy facet, przedstawił się: pułkownik Kowalski. Siedzimy przy stole i on do mnie mówi: panie Fejgin, daj pan sobie spokój, my pana nie wypuścimy. Ale dlaczego, jakie są powody? – pytam. – Co mam zrobić? A bo ja wiem – powiedział. I poszedł.

Dalej pisałeś podania?

P.: Dostałem odmowę, ale już taką końcową. Od niej można się było odwołać tylko w gabinecie ministra MSW, w biurze skarg i zażaleń. No to ja w tramwaj i na Rakowiecką do tego biura. Przyjęła mnie tam jakaś pani: ja wszystko sprawdzę i się odezwę. Zadzwoniła, gdy byłem z ankietami w terenie, i kazała przyjść we wtorek. Przyszedłem, a ona mówi, że musi na chwilę wyjść, do sklepu. Czybym z nią nie poszedł. Poza terenem ministerstwa powiedziała: nie wiem jak, ale to załatwię. Nie wiem, ile to będzie trwało, niech pan nie traci nadziei, wszystko będzie dobrze. A, jeszcze w międzyczasie szwedzka koleżanka Florki napisała list do towarzysza Gierka, żeby wypuścił jej narzeczonego z Polski. Chodziło o mnie, ale towarzysz Gierek się nie sprawdził, zawiódł.

F.: Na szczęście Piotra wypuścili na tydzień na Węgry i tam się spotkaliśmy.

P.: Wracam z tych Węgier, a w domu zastaję taką scenę. Rodzice chodzą dookoła stołu, na którym leży list. Patrzę, a na nim napisane moje nazwisko i moja jednostka 21-21 czy 22-21. Otwieram, a tam list pochwalny od mojego majora. Znowu minęło kilka tygodni, wracam z chałtur, jest już jesień 1971 roku. Rodzice chodzą dookoła stołu. Otwieram list – mam dwanaście dni na opuszczenie Polski. Było tam jeszcze napisane, że mam się zgłosić po odbiór dokumentu podróży, i dopisek: „załatwić obiegówkę". Wiesz, ile w tej obiegówce było pozycji? Jedenaście czy trzynaście, wszystkie urzędy. Dwa czy trzy, z którymi w ogóle miałem do czynienia: Wojskowa Komisja Rekrutacyjna, książeczka mieszkaniowa i zameldowanie w Radzie Narodowej. Cała reszta to urzędy, do których musiałem pójść, napisać podanie, zapłacić opłatę skarbową i wrócić za dwa dni. I za to dawali takie wpisy: „nie dotyczy", „nie zalega", „niezarejestrowany".

Co spakowałeś?

P.: Już byłem doświadczony, bo pomagałem wyjechać Florce, pomagałem jej mamie, pomagałem jej ojczymowi i starszym znajomym, którym nie można było nie pomóc. Pomyślałem, że sobie to wszystko odpuszczę i nie wezmę nic, ominę te przykrości. Żadnej odprawy, dwie walizki i do widzenia.

Obyło się bez kłopotów?

P.: Na granicy zaczęli mnie sprawdzać. Jedną walizkę wypakowali, nic nie znaleźli. Chcieli drugą, ale nie mogłem znaleźć kluczyka. W końcu machnęli na to ręką.

Co w niej miałeś?

P.: Gacie. A, przed wyjazdem musiałem zarejestrować dokumenty.

Jakie dokumenty?

P.: Na przykład pracę magisterską. Wiesz, co z tego wszystkiego było najboleśniejsze? Podpisywanie, że zrzekam się obywatelstwa.

A u ciebie?

F.: Słuchaj, ja już wiedziałam, że co dziesięć lat powtarza się nagonka na Żydów. Miałam mamę komunistkę, ale bez żadnych stanowisk – była laborantką w szpitalu. Ojczym też komunista, też bez stanowiska. Że jestem Żydówką, dowiedziałam się od jednej pani na ulicy, gdy miałam około pięciu lat. Podeszła i zapytała, czy jestem Żydówką. Poszłam do domu i też zapytałam, i się dowiedziałam. Potem miałam jeszcze trochę problemów to tu, to tam. Głównie na ulicy, bo byłam ciemna.

Jakie problemy?

F.: Nie wiesz? Tu ktoś splunął na mnie, tam nazwał „żydówą". W szkole starszy uczeń uderzył mnie w brzuch, normalnie, jak to w Polsce.

Dorośli w twoim domu rozmawiali o wyjeździe, gdy byłaś młodsza?

F.: W 1956 roku po ciężkiej chorobie umarł mój ojciec. Mama była w strasznej depresji i przez kilka miesięcy nie wstawała z łóżka. Po pół roku pojechałyśmy do Australii na zaproszenie jej przedwojennych przyjaciółek. Wszyscy nas namawiali, żebyśmy zostały. Nawet przyjaciele z Polski dzwonili i przekonywali, żebyśmy nie wracały. Chodziłam już do szkoły, a mama pracowała. Poza Polską świata nie widziała, a ja też chciałam wrócić do koleżanek i do szkoły. Do Szwecji też nie za bardzo chciała wyjeżdżać, ale większość jej znajomych wyjechała z Polski, więc i ona pojechała. Całe swoje tutejsze życie tęskniła za Polską.

A ty dlaczego zdecydowałaś się wyjechać?

F.: Miałam takiego wujka, przyszywanego, bo z rodziny mamy nikt nie przeżył, który pracował na wysokiej pozycji rządowej, i on mi powiedział: wyjeżdżaj. Nie masz tu już czego szukać, nie będziesz miała życia w tym kraju. Zdecydowałam się, złożyłam papiery i zaczęło się to całe szaleństwo ze stempelkami. Trzeba było pójść do ambasady szwedzkiej. Trzeba było pójść i podpisać papierek, że jestem bardziej przywiązana do Izraela niż do Polski. Chciałam tam jeszcze dopisać: i dlatego wyjeżdżam do Szwecji.

W Polsce żyłaś w żydowskim świecie?

F.: Miałam znajomych, którzy byli Żydami. Na koloniach żydowskich byłam ze dwa razy. Chyba we Władysławowie.

W Dziwnowie.

F.: Ty wiesz, jakbyś sam tam był. Tak, w Dziwnowie.

Dlaczego wybrałaś Szwecję?

F.: Gdy wyjeżdżałam, moi rodzice jeszcze się nie zdecydowali, chciałam być blisko. Wiedziałam z grubsza, co mnie czeka, bo moja przyjaciółka już tam była i pisała.

Tęskniłaś za Polską?

F.: Nie, za Piotrem tęskniłam, ale to już była jego sprawa, że tak powiem, jak on to załatwi.

Trochę się nazałatwiał.

F.: Udało się.

Piotrze, twoi rodzice tu przyjeżdżali?

F.: Tak. On się z ojcem tak kłócił, że byłam pewna, że któryś z nich dostanie zawału.

O co się kłóciliście?

P.: O politykę, bo mówiłem, że system równa się PZPR i KPZR. Podobno miał być najlepszy dla ludzi, a popełnił takie zbrodnie, że nie powinien mieć prawa bytu. Uważałem, że i jemu, i mnie te rozmowy są potrzebne. Mama płakała, a Florka krzyczała, żebyśmy się uspokoili. Wiesz, to nie jest proste być synem jednego z tych trzech Żydów. Romkowski, Różański i Fejgin jeszcze w PRL-u zostali instrumentalnie uznani odpowiedzialnymi za beriowszczyznę w Polsce.

Co to znaczy „instrumentalnie"?

P.: Dla dobra PZPR. Ojciec kiedyś nazwał to zjawisko „parch pro toto". Ponoć określenie się przyjęło.

Ponieważ mamy umowę, że nie pytam cię o ojca, idźmy dalej. Florka, a co tobie zabrał sześćdziesiąty ósmy?

F.: Samopoczucie mi zabrał. To było okropne uczucie, wiesz? Oni nam dali negatywne poczucie żydostwa. To, co pisali w gazetach i pokazywali w telewizji, było okropne.

Byłaś wtedy Polką?

F.: Nie wiem, chyba byłam kimś pośrednim. Byłam Polką, bo znałam polską literaturę i urodziłam się w Warszawie. Miałam wszystkie dane, żeby być Polką, ale nie traktowano mnie w ten sposób. W trakcie tych historii na uniwersytecie moi koledzy mówili: my cię znamy, my wiemy, że ty jesteś w porządku, ale ci inni Żydzi…

A dzisiaj jesteś Polką?

F.: Nie.

A ty?

P.: Nie wiem. Bardziej się dzisiaj czuję obywatelem świata niż Polakiem, Szwedem czy Żydem.

Jesteście dzisiaj bardziej żydowscy, niż byliście w Polsce?

P.: Zaczęliśmy się interesować kulturą żydowską, zaczęliśmy czytać literaturę żydowską.

Obchodzicie święta żydowskie?

P.: Nie, w naszych domach nie było ani świąt, ani macy. Mój ojciec tępił takie rzeczy. Mówił, że najgorszy ze wszystkich nacjonalizmów jest nacjonalizm żydowski. Kiedyś się zapytałem, dlaczego ten jest gorszy od polskiego czy niemieckiego, to mi odpowiedział, że dlatego, że ten to on zna.

Jeździcie do Polski?

P.: W tym roku byliśmy cztery razy.

Leon Sfard

Tel Awiw, Izrael

Nazywam się Leon Sfard i urodziłem się w 1947 roku. Mówię jak na przesłuchaniu w marcu sześćdziesiątego ósmego. Wtedy też mnie nagrywali.

Jesteś jeszcze związany z Polską?

O, widzę, że od razu przechodzimy do najtrudniejszych pytań.

Do najciekawszych.

W Polsce przeżyłem dwadzieścia jeden lat i często słyszałem pytanie: kto ty jesteś, Polak czy Żyd?

Kto cię pytał?

Na ulicy nikt nie pytał, ale na obozach TSKŻ non stop o tym rozmawialiśmy: kim jesteś przede wszystkim? Albo: co postawisz na pierwszym miejscu…?

I co odpowiadałeś?

Że nie rozumiem pytania. Człowiek ma dwoje uszu, prawe i lewe, tak? I teraz spytaj mnie: które wolisz? Nie wiem, czasem prawe, czasem lewe, zależy, z której strony dźwięki dochodzą. Mam i to, i to ucho. Mam jeszcze dużo innych cech, o które mnie nie pytacie. Czy jestem przede wszystkim romantyk? A może jestem przede wszystkim naukowiec?

A co jesteś bardziej?

Nie wiem. Gdybym umiał odpowiedzieć na to pytanie, pewnie umiałbym też odpowiedzieć na to, czy jestem bardziej Żydem, czy Polakiem. Niewątpliwie, gdy mieszkałem w Polsce, byłem bardzo mocno Polakiem, a Żydem byłem jakby trochę w tle, mimo że mój dom był bardzo żydowski. Mój tata był poetą, który pisał w jidysz.

To, co mówisz o uszach, Żydzie i Polaku w sobie, możesz też powiedzieć w czasie teraźniejszym?

Oczywiście, tyle że teraz jest jeszcze jeden element – izraelski. Co nie znaczy, że zniknęły moje polskie cechy. Dlaczego wy zawsze mnie o to pytacie?

Dlaczego zwracasz się do mnie per wy?

Chodzi mi o polskie rozmowy. Nie mówię, że to nie jest ważne, ale inne rzeczy też są, a wy mnie o nie nie pytacie. Jestem i to, i to, w różnym stopniu w różnych okresach.

Denerwują cię te pytania?

Co ty! Byłem podniecony tymi rozmowami, bo czułem, że muszę walczyć, by nie dać sobie czegoś zabrać. Że jak powiem, że jestem Żydem, to stracę jedną część, a jak powiem, że jestem Polakiem, to drugą. Bardziej naturalne dla mnie było być Polakiem, mimo że miałem w domu tatę poetę żydowskiego. Moim ulubionym pytaniem z tej serii jest: kiedy się dowiedziałeś, że jesteś Żydem? Ja się nigdy nie dowiedziałem, bo ja w tym wyrosłem.

Do której szkoły chodziłeś?

W Warszawie, na Świętokrzyskiej, do szkoły imienia Dąbrowskiego. Tam nie było religii.

Wielu tam było Żydów?

Wielu Żydów to było w czternastce, u Gottwalda. Pewnie spotkasz jeszcze ludzi z tamtej szkoły.

Moja mama chodziła do Gottwalda.

O, proszę. U nas było mniej Żydów, ale na przykład w mojej klasie byli Natan Tenenbaum, Heniek Waszkiewicz, późniejsza mistrzyni świata Kirszenstein. I – uprzedzając twoje kolejne pytanie – nie, nigdy mnie w Polsce nikt jako Żyda nie obraził. Wiem, że to może brzmieć wyjątkowo, ale tak było.

Nigdy, nigdy?

Nigdy. Do Marca.

Kiedy się skończył twój polski czas?

W styczniu 1969. Nie dali mi wcześniej wyjechać. Tuż po przemówieniu Gomułki mnie wsadzili. Byłem przedstawicielem Wydziału Matematyki w komitecie studenckim Uniwersytetu Warszawskiego. Współorganizowałem demonstracje i strajki. Byłem w grupie, o której się mówi „komandosi". Ci uważani przez władzę za najgorszych byli moimi najlepszymi kolegami. Chodziłem na spotkania Klubu Krzywego Koła, dyskutowałem. Kolportowałem list Modzelewskiego i Kuronia, a później zbierałem podpisy pod protestem przeciwko zdjęciu *Dziadów*. Byłem aktywny, ale nie w pierwszym, raczej w drugim kręgu.

O co walczyłeś?

O swój kraj, o sprawy podstawowe. Nienawidziliśmy tego reżimu nie tylko dlatego, że był niedemokratyczny i totalitarny, ale także dlatego, że był taki nieestetyczny. Nienawidziliśmy tej mowy, obłudy, tego strasznego gadania. Od tego uszy bolały, a lało się to zewsząd. To było nie do zniesienia, człowiek nie mógł oddychać. Dziwię się, że było nas tak mało.

Twój tata był komunistą?

Tak.

Rozmawialiście o tym, co się dzieje?

To jest dla mnie bardzo przykry wątek. Nie mogę sobie darować, że tak mało rozmawialiśmy. W ogóle to dużo, ale o tym – bardzo mało. Nie zadawałem mu osobistych pytań.

Na przykład: tato, jak możesz być komunistą, gdy dzieją się takie rzeczy?

No właśnie, takich pytań mu nie zadałem. Ani: tato, czy ty jeszcze w to wierzysz? Myślę, że on ewoluował, że widział, co się dzieje.

Dzisiaj wiesz, dlaczego mu nie zadałeś tych pytań?

Może dlatego, że byłem kretynem, a może dlatego, że nie chciałem go do muru przyciskać. A potem to już mieliśmy inne rzeczy na głowie.

Jakie?

W Marcu posadzili mnie na Rakowieckiej, na trzy miesiące. Najpierw trzy dni siedziałem w pałacu Mostowskich. To było straszne, bo byłem tam z jakimiś zbrodniarzami, zbirami. Jeden kradł penicylinę i czegoś do niej dodawał, rozwadniał i sprzedawał. Podobno wiele osób przez niego umarło. Siedziałem tam w podziemiu, w takim średniowiecznym lochu z małym okienkiem. Podszedł do mnie wielki zbir i mówi: student, nic się martw – my z wami. Wtedy zrozumiałem, że mam ochronę i już nie muszę się bać.

On wiedział, co się dzieje?

Wiedzieli dokładnie, co się dzieje. Oni by ten rząd rozwalili na kawałki, gdyby mogli. Co prawda z zupełnie innych przyczyn, ale kto był przeciwko władzy, był z nimi. Nic złego mi tam nie zrobili, nawet podnosili mnie na duchu. Po trzech dniach przenieśli mnie na Rakowiecką.

Tam już sam siedziałeś?

Tam była taka strategia, że ciągle mnie przenosili, ciągle przetasowywali. W tym czasie siedziałem z dwoma studentami, a widziałem trzech. Pierwszy to był syn ministra Lesia z Komitetu do spraw Technologii, młodziutki chłopaczek. Poczułem się za niego odpowiedzialny i wziąłem go pod swoje skrzydła. Był programistą. Pierwszy raz się z tym zetknąłem, sporo mnie nauczył. Ja zaś mu opowiadałem o naukach politycznych. Poza tym siedziałem jeszcze z Witkiem Nagórskim, znanym działaczem marcowym. A z tym trzecim to była śmieszna historia. Krzyczą, że do celi wchodzi nowy więzień. Drzwi się otwierają i widzę jednego z moich najlepszych kolegów – Jasia Grossa. Rzucamy się sobie na szyję i cieszymy, że będziemy razem siedzieć, a tu się znowu drzwi otwierają, zabierają Jasia. Pomylili się.

Co do ciebie z zewnątrz docierało?

Nic.

Co myślałeś?

Miałem same najgorsze myśli, że moczarowska zgraja zdobywa coraz więcej władzy i że w Polsce jest fatalnie. Byłem przygotowany na najgorsze.

To znaczy?

Że będę siedział wiele lat. Byłem ciągle bez procesu. W którymś momencie powiedzieli mi, że mam zapłacić kaucję i jako chuligan zostanę wypuszczony. Podpisać dokument, na którym jest napisane, że jestem chuliganem? W życiu tego nie zrobię i niech mnie biorą do więzienia, nie płacę. Moja mama nic o tym nie wiedziała i poszła im zapłacić.

I wtedy cię wypuścili?

Nie, później. Tych najaktywniejszych – Michnika, Lityńskiego i jeszcze kilku – posadzili na parę lat, a tych ludzi z drugiego kręgu na trzy miesiące. Gross wyszedł po czterech czy pięciu miesiącach. Wypuścili mnie, ale nie zamknęli sprawy.

Wiedziałeś, że mama zapłaciła?

Nie miałem pojęcia. Wypuścili mnie, wziąłem taksówkę i przyjechałem do naszego mieszkania na placu Na Rozdrożu. Rodzice nie wiedzieli, że przyjdę, nikt ich nie poinformował, że wyszedłem. Otworzyłem drzwi i przeraziłem się. W ciągu tych trzech miesięcy rodzice postarzeli się o trzydzieści lat. To było coś nieprawdopodobnego, jak oni się skurczyli. Posadzili mnie przy stole i sami usiedli bardzo blisko. Powiedzieli, że mają mi coś bardzo ważnego do zakomunikowania, i cały czas patrzyli mi głęboko w oczy. To była trudna rozmowa i niewiele z niej pamiętam.

Co mówili?

Zapytali, co myślę o opuszczeniu Polski i wyjeździe do Izraela. Dla mnie Izrael był wtedy jak jakaś bajka z tysiąca i jednej nocy. Gdzieś tam koło Arabii Saudyjskiej jest kraj Izrael. Oczywiście bardzo ważny, bo wreszcie żydowski, a ja jestem Żydem. To był szok! Wiedziałem już, że nie mogę im powiedzieć: wy jedźcie, ja zostaję, bo oni byli już na to za starzy. Miałem wtedy taki dylemat: z jednej strony nie mogę opuścić moich przyjaciół, którzy siedzą w więzieniach, z drugiej nie mogę opuścić rodziców. Bałem się, że gdy odmówię wyjazdu, ojciec umrze z rozpaczy. On musiał wyjechać, bo całe jego życie poszło na marne. Jego towarzysze stali się najgorszymi antysemitami. Zwróć uwagę, że ja właśnie wyszedłem z pierdla i nie miałem świadomości, że ludzie zaczynają wyjeżdżać. W tej samej rozmowie się dowiedziałem, że tak właśnie jest oraz że moja ukochana – Ania Bauman, która później została moją żoną – już wyjechała z rodzicami do Izraela. Ledwo się zakochaliśmy, to był sam początek. Cały pobyt w więzieniu myślałem o tym, że jak tylko wyjdę, to ją spotkam. Jej ojciec to Zygmunt Bauman. Dali im dwa tygodnie na wyjazd.

Zostawiła ci jakąś wiadomość?

Tak, list.

Co w nim było, jeśli można wiedzieć?

To był list miłosny. Nie można.

Napisała, że cię kocha i że czeka?

Nie napisała, że czeka. Pewnie dlatego, że była bardzo dumna i nie chciała mnie do niczego zmuszać. Oni pojechali do Izraela. Mój ojciec na początku rozważał wyjazd do Francji, ale nic z tego nie wyszło. Mówił wtedy: ja nie skaczę od komunistów do syjonistów na czworakach. Więc ona też nie wiedziała, dokąd my pojedziemy. Jej rodzice byli młodsi. Gdy ja się urodziłem, mój tata miał czterdzieści cztery lata. Gdy ona przyszła na świat, jej rodzice byli dwudziestolatkami. Życie mojego ojca legło w gruzach. Całą młodość poświęcił komunistycznym ideałom. Po wojnie budował w Polsce kulturę jidysz. To była rzecz bez precedensu. W żadnym kraju po wschodniej stronie żelaznej kurtyny nie było czegoś takiego. To bardzo dużo znaczyło dla diaspory. Był redaktorem naczelnym Jidysz Buch, wydawał pisarzy z Polski, Rumunii, Rosji… Przez wiele lat był sekretarzem generalnym TSKŻ. Miał wielki wkład w budowanie żydowskiego życia: żydowska gazeta codzienna…

„Fołks Sztyme"?

Nie, „Fołks Sztyme" prowadził Smolar. Tata był też naczelnym miesięcznika literackiego „Jidisze Szriftn". Był jeszcze teatr Idy Kamińskiej, były kolonie TSKŻ, prawie w każdym mieście kluby. To było coś bardzo dużego, to było imp…

Jakoś ci to słowo „imperium" zgasło na ustach.

Tak, ale wierz mi, że to było coś niespotykanego. Wielka organizacja dla trzydziestu tysięcy Żydów mieszkających wtedy w Polsce. A wracając do mojego ojca, to myślę, że on już znacznie wcześniej przestał wierzyć w komunizm, ale zajmował się tym nadal, bo uważał, że jest to winny tym wszystkim ocalałym z Holokaustu.

Co dokładnie był im winien?

Kulturę jidysz. I żeby to robić, musiał współpracować z reżimem. Dlatego bardzo mnie denerwują ataki na TSKŻ, że było „organizacją komunistyczną". A która organizacja w tamtej Polsce nie była komunistyczna? Udało im się to utrzymać do wojny sześciodniowej, potem zaczęło się wszystko walić, jeszcze przed Marcem. To chciałem powiedzieć do protokołu, mam nadzieję, że to działa? Świeci się, znaczy nagrywa?

Nagrywa.

Wkurza mnie ta dyskusja o „zdrajcach Żydów". Było wręcz odwrotnie, oni byli Żydom najwierniejsi. W 1967 roku mój ojciec walczył, żeby TSKŻ nie wydało rezolucji potępiającej Izrael w wojnie sześciodniowej. Tata zaproponował swój tekst, który z grubsza brzmiał następująco: TSKŻ jest przeciwko gwałtowi z każdej strony i jest za pokojem. Pertraktował z Komitetem Centralnym. Mówił: my, Żydzi, nie możemy podpisać rezolucji potępiającej Izrael, bo w tym momencie przestaniemy istnieć. Byliśmy na urlopie w Sopocie i tam ojciec się dowiedział z radia czy z gazety, że pod jego nieobecność koledzy podpisali tę rezolucję potępiającą Izrael.

Do 1967 roku w waszym domu nie padło słowo o emigracji?

Padło dopiero w czerwcu sześćdziesiątego ósmego, kiedy wyszedłem z więzienia. Tak jak ci mówiłem, najpierw mnie to zszokowało, ale później zacząłem się rozglądać i zobaczyłem, że nie jesteśmy pierwsi, którzy o tym myślimy.

Przestałeś mieć wątpliwości?

Nigdy nie przestałem mieć wątpliwości. Zawsze miałem problem z tym, że wyjechałem. No, powiedzmy, że to uczucie z czasem trochę blednie. Ale wtedy nie mogłem przecież powiedzieć: uciekam. Uważałem, że trzeba walczyć z reżimem, to nie antysemityzm był problemem. Rasizm trzeba traktować jak przestępstwo. Antysemici są jak złodzieje i trzeba z nimi walczyć, a nie wyjeżdżać. To nie jest pole, które się oddaje. Wręcz odwrotnie. Oni bardziej, to ty też bardziej. Ale byli moi rodzice i poczucie, że zaraz już nie będzie można wyjechać. Czułem, że ich zostawiam i uciekam.

Rozmawiałeś z nimi o tym?

Tak. Rodzice mnie błagali, żebym nie szedł na proces Jasia Lityńskiego, ale nie wyobrażałem sobie, że mnie tam nie będzie. Bali się, że mnie na tej sali zaaresztują.

Po co tam szedłeś?

Żeby mu powiedzieć: trzymaj się, Jasiu.

Wróciliście z przyjaciółmi do tej sprawy po latach? Rozmawiałeś z nimi o tym?

Rozmawialiśmy. Wprost i nie wprost. I przy wódce, i bez wódki. Wiesz, ja nie byłem jedyny z takim problemem. Jasio Gross wyjechał, Alik Smolar wyjechał. Mnóstwo ludzi z tego pierwszego kręgu wyjechało.

W końcu złożyliście papiery.

Tak, zamknęli mi sprawę i wtedy rodzice poszli złożyć papiery. Wtedy zaczął się okres ohydny. Permanentny strach, że cię zatrzymają na granicy, bo coś jest nie tak na przykład z twoim bagażem. Mieliśmy tysiące książek i każdą trzeba było ponumerować i wpisać na listę. Numer, tytuł i autora. Poza tym nie wiedzieliśmy, co nas czeka na miejscu. Że nie będziemy mieli pieniędzy na życie.

Cofnijmy się trochę. Wyrzucili cię ze studiów?

Jak z katapulty. Zostałem relegowany, tak to się nazywało. Byłem na trzecim roku matematyki.

Miałeś zaliczone...

Dwa i pół roku.

Pamiętasz pakowanie mieszkania?

Jak tylko się okazało, że wyjeżdżamy, odwiedził nas milicjant w cywilu z żoną. Żeby obejrzeć i pomierzyć pożydowskie mienie. Bardzo mili ludzie, nie mieliśmy do nich pretensji. Ta żona chciała się zorientować, jaką szafę musi kupić. Zostawiliśmy im dużo rzeczy, szafy też.

Coś wam zarekwirowano?

Zabrali mi listy od Ani. Dużo zabrali Baumanom. Na przykład dzienniki, które mama Ani, Janina, pisała w getcie.

Co zabraliście ze sobą?

Książki.

Majtki, ręczniki, pościel...?

Chyba tak. Mieliśmy zamówiony lift, wiesz, taką skrzynię, bo tych książek było bardzo dużo. Nie wiedzieliśmy, co mamy jeszcze do niej wsadzić, co będzie potrzebne. Szaf nie braliśmy, ale jeden fotelik tu z nami przyjechał. Może po to, żeby coś do tej skrzyni wsadzić.

Skąd mieliście tę skrzynię?

Była taka firma, która wszystkim Żydom robiła skrzynie. Świetny interes – żydowski transport.

Pamiętasz ostatnią noc w waszym warszawskim mieszkaniu?

Tak, zrobiłem pożegnalne przyjęcie dla znajomych.

Było wesoło czy smutno?

Wesoło, ale wisielczo.

Stypa?

Tak, stypa. Piliśmy w tym moczarowsko-gomułkowskim bagnie. W piekle. Wszystko w oparach dziwnego samopoczucia, zawieszenia w próżni. Już nie jestem Polakiem? To kim jestem? Główna myśl z tamtego wieczoru to rzeczywiście to pytanie: to co, już nie jestem Polakiem?

Jechaliście pociągiem?

Tak, do Wiednia.

Pamiętasz Dworzec Gdański?

Pamiętam tych, którzy nas odprowadzali, i okrzyki dodające otuchy, typu: „niech żyje Sfard!". Byłem w szoku, wszystko pamiętam, jakbym był we mgle albo pijany.

Przyjazd do Wiednia?

Wysiedliśmy i od razu przyczepił się do nas pracownik Sochnutu, który cały czas nam mówił: zostawcie ten Paryż! Co wyście, oszaleli? W Izraelu macie już zapewnioną pracę.

Chcieliście jechać do Francji?

Tata miał tam przyjaciół z okresu studenckiego. Mnie było wszystko jedno, bo wiedziałem, że muszę jechać z rodzicami. Dostaliśmy hotel, w którym rodzice położyli się do łóżka i kompletnie się pozapadali psychicznie. Nie chorowali, ale wyglądali jak śmierć i nie wstawali przez kilka dni. W końcu zapadła ostateczna decyzja o Izraelu.

Nie byłeś entuzjastą tego pomysłu?

Ani byłem, ani nie byłem. Byłem Polakiem, którego wyrzucono z kraju. Prawdę powiedziawszy, byłem trochę zdezorientowany. Cieszyłem się, że spotkam się z Anią.

Ile czasu byliście w Wiedniu?

Ze dwa tygodnie.

Pamiętasz przylot do Izraela?

29 stycznia wylądowaliśmy tutaj. Czekali na mnie przyjaciele i oczywiście Ania. Po pierwszej radości wróciło poczucie

winy, że zostawiłem przyjaciół w więzieniu. Co ja tu robię? Ania bardzo mnie wtedy wspierała.

Gdzie zamieszkaliście?

Dostaliśmy tymczasowe mieszkanie w Jerozolimie. Wspaniałe, jasne, z wielkimi oknami.

Co było widać przez te okna?

Ja, warszawiak, wyglądam przez okno i widzę owieczki z arabskim pastuszkiem.

Jak rodzice się tutaj odnaleźli?

Tata w miarę szybko. Dostał pracę w Yad Vashem. Mama, która w Polsce pracowała w Instytucie Sztuki Polskiej Akademii Nauk i zakładała łódzką szkołę filmową, poszła porozmawiać o pracy na jedyny wydział filmowy w Izraelu, na telawiwskim uniwersytecie. Powiedziała, że jest historykiem filmu, i pokazała im swoją książkę o Eisensteinie. Tysiąclecia czekaliśmy na ciebie! – powiedzieli. Dostała pracę i stanowisko profesora. Miała sześćdziesiąt pięć lat i nie mówiła po hebrajsku. Wzięła prywatną nauczycielkę i harowała całe wakacje. Pisała przy jej pomocy wykłady, najpierw fonetycznie łacińskimi literami. Z biegiem czasu jakoś przeszła na hebrajskie, ale do końca czytała swoje wykłady. Do emerytury wykładała historię filmu, studenci ją uwielbiali.

A wam jak się ułożyło?

Nauczyliśmy się hebrajskiego, skończyliśmy studia. Żeby móc razem mieszkać w akademiku, wzięliśmy ślub w Sztokholmie, bo nie chcieliśmy brać tutaj rabinackiego. W kraju, w którym religijni mają coś do powiedzenia, bez ślubu nie możesz mieszkać razem.

Dlaczego w Sztokholmie?

W wakacje 1970 roku pojechaliśmy w podróż po Europie, po znajomych z Polski, którzy też wyjechali. Przy okazji wzięliśmy ślub. Wróciliśmy do Izraela i poszliśmy do

Ministerstwa Spraw Wewnętrznych, żeby zarejestrować ślub, a oni nam dali papierek, na którym było napisane: „pobrani w rabinacie sztokholmskim”. To nie była prawda, ale nie prostowaliśmy.

Kiedy poczułeś się Izraelczykiem?

To był proces, ale tak naprawdę poczułem się nim wtedy, gdy znowu zacząłem działać społecznie i politycznie.

(*Dzwoni telefon*).

Aniu, rozmawiam teraz z Mikołajem. Po raz któryś przechodzę nasze życie od początku do końca i to jest bardzo ekscytujące.

Tato, pamiętasz, że gdy w latach osiemdziesiątych mieszkaliśmy we Francji, podjąłeś próbę, byśmy tam zostali?

Nie.

Tak. Nawet zrobiłeś na ten temat głosowanie.

To prawda. Uważałem, że decyzja o pozostaniu lub powrocie nie może być tylko po mojej stronie.

Kiedy wyjeżdżaliśmy z Polski, byłem pewny, że wrócimy.

Chciałem wspólnej decyzji, Danieli, waszej i mojej. Gdybyście wy dwaj chcieli zostać, pewnie byśmy zostali. Byłem gotowy do rozważenia takiego ruchu, jeślibyście wyrazili chęć.

Mama chciała wracać.

Ja też.

Ja też, a Marcin miał dziesięć lat i ubłagałem go, żeby powiedział, że chce wracać. Bałem się, że będzie remis. Myślałem, że ty chcesz zostać, a wiedziałem, że Marcin już tam zaczynał się dobrze czuć.

Rozważałem wiele wariantów. Moja mama już nie żyła, tata miał nową żonę. Sytuacja wyglądała inaczej niż w sześćdziesiątym ósmym. Czekałem na wasz głos.

Pamiętasz naszą rozmowę o antysemityzmie, którą odbyliśmy w drodze do Francji? Jechaliśmy ładą i powiedziałeś, że we Francji nie muszę się obawiać, że z powodu bycia Żydem może się coś złego przydarzyć. Miałem już za sobą trochę trudnych doświadczeń. Na tyle trudnych, że postanowiliście nawet przeprowadzić się do innej dzielnicy, żeby mi było lżej.

Byłem już po co najmniej półtorarocznym pobycie we Francji i wiedziałem, że tamtejszy antysemityzm miewa się całkiem dobrze.

Ale mi powiedziałeś, że będzie lepiej.

Bo tam on jest mniej otwarty, bardziej podskórny.

Zaraz po naszym przyjeździe podłożono bombę pod paryską synagogę przy ulicy Copernic. Francuski premier – Raymond Barre – powiedział, że w zamachu zginęło tylu i tylu Żydów oraz tylu i tylu niewinnych Francuzów, pamiętasz?

Tak, i pamiętam, że się wtedy przestraszyłeś.

Przestraszyłem się nie samego zamachu, tylko tego, że twoja obietnica odfrunęła w siną dal. Powiedziałeś mi wtedy, że bardzo mnie przepraszasz, ale twoje słowa okazały się nieprawdą.

A co innego mogłem powiedzieć?

Naum Norman

Sztokholm, Szwecja

Moi rodzice poznali się po wojnie. Wrócili do małych miasteczek, z których pochodzili – do Lidy i do Starej Wilejki – nikogo już tam nie odnaleźli. Ani rodziny, ani żadnych innych Żydów. Z ich rodzin ocalała tylko siostra taty z mężem.

Gdzie są te miasteczka?

Dzisiaj na terenie Białorusi.

Potem obydwoje pojechali stamtąd do Wilna i tam się spotkali.

Urodziłeś się w Wilnie?

Tak, w 1953. Mieszkałem tam sześć lat, ale nie mówię ani słowa po litewsku. Miałem kolegę – Zygmunta – z polskiej rodziny. Z nim rozmawiałem po polsku. Tam też, cztery lata po mnie, urodził się mój brat.

Czym rodzice się tam zajmowali?

Tata był rzeźnikiem. Przed wojną jego rodzice mieli rzeźnię i koszerny sklep. Mama nie pracowała.

A pamiętasz, gdzie pracowali ciocia i wujek?

Nie wiem, co robiła ciocia, ale wujek był komunistą. Został wiceministrem rolnictwa na Litwie. W 1958 i 1959 były repatriacje, a że my wciąż byliśmy polskimi obywatelami, wyjechaliśmy do Polski. Wydaje mi się, że rodzice chcieli raczej jechać do Izraela, ale z ZSRR nie było szansy, żeby bezpośrednio tam pojechać. Stamtąd to cię najwyżej mogli na Ural do Birobidżanu wysłać.

W domu mówiliście po polsku?

To jest bardzo ciekawa sprawa. Rodzice mówili między sobą po żydowsku i trochę po polsku. Wujek mówił też po rosyjsku. Wydaje mi się, że nikt z nich nie mówił po litewsku, nawet ten wiceminister.

Przyjechaliście do Polski w 1959?

Tak, do Łodzi. Zamieszkaliśmy na ulicy Traugutta. Pamiętam to bardzo dobrze, bo z naszych okien widać było hotel Savoy. Bardzo mi imponowało, że mieszkamy obok takiego eleganckiego miejsca, do którego ludzie przyjeżdżają spać. Ojciec w Łodzi dostał pracę w prywatnym sklepie z mięsem. W żydowskiej jatce.

Rodzice próbowali wyjechać do Izraela?

Trochę się z tym spóźniliśmy, bo wielu Żydów wyjechało w 1957, a później zamknęli granice.

A co robiła mama?

Mama pracowała w żydowskiej spółdzielni.

Do końca mieszkaliście na ulicy Traugutta?

Przeprowadziliśmy się bliżej szkoły i bliżej gminy. Zamieszkaliśmy na Zachodniej 80, a gmina żydowska była na Zachodniej 78.

Chodziłeś do żydowskiej szkoły?

Tak, do szkoły imienia Pereca. Byłem tam od pierwszej klasy do sześćdziesiątego ósmego, bo potem ją chyba zamknęli. A może już przestałem chodzić, bo wiedziałem, że i tak wyjadę? Uczyliśmy się żydowskiego i historii Żydów, ale z tego, co pamiętam, to nie doszliśmy dalej niż do 1490 roku. Wtedy nie wiedziałem dlaczego, dzisiaj myślę, że nauczyciel postanowił opuścić losy Żydów w Polsce. Może to było kłopotliwe, a może nie wszyscy uważali na ten temat to samo. Kilka słów o królu Kazimierzu, że sprowadził Żydów, żeby kontrolować chłopów, i koniec.

Rodzice byli religijni?

Niespecjalnie. Raczej tradycyjni. *Brit mila** zrobili mi w Wilnie. Miałem nawet bar micwę za czasów komunistycznych.

* *Brit mila* (hebr.) – rytuał obrzezania wprowadzający chłopca/mężczyznę do religijnej społeczności żydowskiej.

Nie znałem hebrajskiego, ale nauczyłem się tekstu na pamięć i miałem prawdziwą bar micwę w łódzkiej synagodze. Rodzice nie byli bardzo religijni, w sobotę nie chodzili do synagogi, ale w Jom Kippur nie jedli cały dzień. W Pesach mieliśmy w domu macę. I mieliśmy też radio, tata słuchał Radia Wolna Europa.

Zawsze wiedziałeś, że wyjedziecie z Polski?

Od zawsze mnie koledzy przezywali: parszywy Żyd! Przezywali, potem się znowu bawiliśmy na podwórku i potem znowu: parszywy Żyd! Biłem się z nimi i kolegowałem, i tak cały czas, na zmianę. Ojciec zachorował na serce, musiał przerwać pracę i poszedł na rentę. Już nie miał odwagi jechać do Izraela. W Polsce miał lekarzy, a nie wiedział, co go tam czeka.

Do choroby ojca temat wyjazdu był cały czas aktualny?

Wiesz, mieliśmy taki duży pokój w tamtym mieszkaniu. Naprawdę duży i naprawdę wysoki, a na środku stała drewniana skrzynia, w której trzymaliśmy rzeczy na wyjazd do Izraela.

Cały czas siedzieliście na walizkach.

Na skrzyni. Na ulicach wołali za mną „żydek!", a w domu czekała skrzynia. W 1967 roku mama pojechała do Izraela, do swojej świeżo odnalezionej przyjaciółki z Lidy. Pojechała w maju.

Trafiła na wojnę sześciodniową.

I nie mogła wrócić. Opowiadała, jak tam pomagała przy pakowaniu rzeczy dla żołnierzy i jak to wszystko gdzieś woziła. I była bardzo zadowolona. Ja tego wszystkiego słuchałem i jak w sześćdziesiątym ósmym ruszyły te wszystkie „Żydzi tu, Żydzi tam", to powiedziałem, że biorę paszport i jadę do Izraela. Ciągle mi w Polsce mówili, że my, Żydzi, bijemy Arabów. Dobra – pomyślałem – pojadę i to właśnie będę robić. Takie gadanie piętnastolatka, który widział, że coraz więcej ludzi z jego otoczenia wyjeżdża albo mówi, że wyjedzie. Z mojej szkoły to już nic prawie nie zostało. Wiosną 1969 roku pierwszy raz pojechałem do Warszawy nie jako turysta. Z kolegami lataliśmy po różnych urzędach i jakieś stemple zbieraliśmy. Nie wiem, o co chodziło, ale później w Łodzi też od urzędu do urzędu po te stempelki. I jeszcze wszędzie trzeba było naklejać znaczki skarbowe. I byłem też w ambasadzie Holandii.

Po wizę izraelską.

Dziwne, ale pewnie tak.

Zdecydowaliście się jechać do Izraela?

Rozmawialiśmy o tym, że wyjeżdżamy z Polski. Nie było mowy dokąd. Pewnego dnia przychodzę ze szkoły, a na stole leży beżowa koperta A4, w górnym lewym rogu ma trzy korony. A na środku napisano: „Dawid Norman". Mój tata dostał list ze szwedzkiej ambasady? Nie mogłem zrozumieć, o co chodzi. Tata, co to jest? – pytam. Wiesz co, synek, może my pojedziemy do Szwecji – mówi tata. Tata, co ty wiesz o Szwecji? Dużo nie wiem, ale wiem, że oni nie mieli wojny przez ostatnie trzysta lat. To musi być dobre państwo – odpowiada tata. Rozmawiałem z kolegami, okazało się, że część z nich też do Szwecji jedzie. Musieliśmy gdzieś pójść i zrzec się polskiego obywatelstwa. Dostaliśmy paszporty, w których było napisane, że nie jesteśmy polskimi obywatelami. Jakoś to się nazywało…

Dokument podróży.

Tak! Potem musieliśmy zapakować naszą skrzynię. Tam były jakieś reguły, co można, a czego nie można zabrać. Ja się tym nie zajmowałem. Zabrałem swoje znaczki, ale to nie były żadne wartościowe egzemplarze. Rodzice zabrali ze sobą przede wszystkim zdjęcia. I jeszcze musieliśmy iść do banku wymienić pieniądze. Niedużo, pięć dolarów na głowę. I pojechaliśmy.

Żegnałeś się z kolegami?

Z sąsiadami, a kolegów ze szkoły to było już coraz mniej. Nie było kogo żegnać.

Miałeś polskich znajomych?

Bardzo mało, bo skąd w żydowskiej szkole polscy znajomi? Byłem w zuchach, ale żydowskich, więc tam nie było Polaków. A, bym zapomniał! Do naszej szkoły chodził jeden uczeń, który nie był Żydem – nazywał się Koślaga. Był Cyganem.

Dlaczego był w żydowskiej szkole?

Chyba mu było u nas lepiej niż w polskiej szkole.

Kiedy przyjechaliście do Szwecji?

Najpierw jechaliśmy ciężarówką do Szczecina, potem promem do Ystad. 22 października 1969 byliśmy już w Szwecji. W porcie podszedł do nas tłumacz, był Czechem, ale dawał sobie radę po polsku. Powiedział moim rodzicom, że po paru dniach w Ystad pojadą do obozu. Słowo „obóz" dla moich rodziców... Do dzisiaj pamiętam, że mój tata zrobił się cały siny. Do obozu? Do jakiego obozu?! – pytał. Po paru dniach wylądowaliśmy w tym obozie. Rodzice odetchnęli, bo to był obóz językowy. Tylko dla takich jak my – Żydów z Polski. Dostaliśmy ubrania, mieszkanie w małym hoteliku i jedzenie.

Długo tam byliście?

Trzy miesiące, a potem pojechaliśmy do Malmö.

Rodzice nauczyli się języka?

Tata chodził na kursy z takimi starymi Żydami, wszyscy mówili po żydowsku i uważali, że szwedzki wcale nie jest taki trudny. Później się okazało, że ich nauczyciel bardziej interesował się żydowskim niż oni szwedzkim. Tata szwedzkiego nigdy się nie nauczył. Mamie szło znacznie lepiej. W Malmö zamieszkaliśmy naprzeciwko gminy.

Przez przypadek?

Nie ma takich przypadków. Rodzice przez przypadek poznali Żydówkę, która była z Wilna, i ona nam w tym pomogła. Po paru latach się stamtąd przeprowadziliśmy. Skończyłem tam liceum techniczne i poszedłem na politechnikę do Sztokholmu. Na technologię lotnictwa. I zamieszkałem z Basią w mieszkaniu studenckim.

Musimy Basię wprowadzić, bo pojawia się znienacka.

Basia przyjechała z Zielonej Góry do Szwecji tydzień po mnie. Poznaliśmy się, bo do naszego żydowskiego obozu przyjechał inny żydowski obóz. Na party z okazji sylwestra 1969/1970. Spotkaliśmy się później na kolejnym party, z okazji zimowych wakacji. W 1971 znowu się zobaczyliśmy w gminie i od wtedy jesteśmy razem. Gdy się przeprowadzałem w 1974 do Sztokholmu, ona pojechała ze mną, mimo że była w przedostatniej klasie liceum. Skończyła szkołę w Sztokholmie. Mieszkaliśmy razem. Mój tata nas nie odwiedzał, bo uważał, że nie powinno się mieszkać razem bez ślubu.

Po ślubie już było dla niego OK?

Tego nie wiem, bo ślub wzięliśmy w 1980 roku, a tata zmarł w 1976. Ślub był pod chupą. Tata byłby zadowolony. A tata Basi płakał ze wzruszenia, mimo że był komunistą.

Naum, powiedz mi, dlaczego wy w końcu wyjechaliście całą rodziną?

Myślę, że bardzo im było smutno na myśl, że ja wyjadę sam. Poza tym nagle wszyscy naokoło zaczęli wyjeżdżać, nie chcieli zostawać sami, mimo że nie byli tacy chętni do wyjazdu.

Gdy mieszkałeś w Polsce, to byłeś Polakiem?

Nie, nigdy nie byłem Polakiem. Zawsze byłem Żydem. Nawet jak sam o tym nie mówiłem, to inni mi mówili, że jestem Żydem.

Polska była twoją ojczyzną?

Nie wiem.

A dzisiaj?

W tej chwili Szwecja jest moją ojczyzną, a ja jestem Żydem mieszkającym w Szwecji. Szwecja to prawie moja ojczyzna.

Masz kłopoty z ojczyzną. Może ty jesteś szwedzkim Żydem? Albo polskim Żydem? Może litewskim? Sporo masz do wyboru.

Zastanawiam się nad tym, co będzie ze mną, kiedy dostanę alzheimera. W jakim języku będę wtedy mówić?

A co obstawiasz?

Polski i żydowski. Chociaż kiedy zacząłem mówić po żydowsku, to tata mi powiedział, że mówię jak goj. To przestałem.

Jesteś bardziej żydowski niż wtedy, gdy wyjeżdżałeś z Polski?

Jestem bardziej żydowski, niż byłem nawet dwadzieścia lat temu. Staram się teraz wracać do tradycji, uczę się języka. Na starość człowiek mądrzeje.

Jak zostaliście przyjęci przez szwedzkich Żydów?

...

Aż tak źle?

Pierwsze pytanie, które ludzie z gminy w Malmö postawili moim rodzicom, to: dlaczego przyjechaliście do Szwecji, a nie do Izraela? Rodzice uważali, że to było agresywne pytanie. Jak przyjechali? Zdecydowali się i przyjechali. Wiem, że chcieli się zapytać: a wy, też tutaj mieszkacie? Nie pojechaliście do Izraela? W Sztokholmie też podobno nie było miło na początku.

Kiedy pierwszy raz wróciliście do Polski?

Basia była wcześniej, bo jeździła służbowo. Razem pojechaliśmy jakieś siedem, osiem lat temu. Do tego czasu robiłem tak, jak sobie przyrzekłem, wyjeżdżając z Polski.

Czyli?

Że moja noga więcej już tu nigdy nie stanie. Że już nigdy nikt nie będzie do mnie krzyczał: „Żydzie parszywy!".

Dlaczego zmieniłeś zdanie?

Chcieliśmy dzieciom pokazać, gdzie mieszkaliśmy. Pojechaliśmy do Łodzi i zamieszkaliśmy w... hotelu Savoy.

Nie przez przypadek.

Nie. Musiałem spełnić swoje dziecięce marzenie.

Podobało ci się?

Nie po to jechałem, żeby mi się podobało, ale ci powiem, że ten hotel to była taka postkomunistyczna katastrofa. Poszliśmy na ulicę Zachodnią 80, dom zniszczony. Poszliśmy do szkoły, a tam gdzie zawsze były stołówka i świetlica, była szkoła nauki jazdy. Wyszedł jeden pan i na nas patrzył, to mu powiedziałem, że tutaj chodziłem do żydowskiej szkoły. Nic o tym nie wiedziałem, ale proszę sobie popatrzeć – powiedział i poszedł. Potem poszliśmy na Piotrkowską, pokazałem dzieciom, gdzie biegałem po tamte stemple. I pojechaliśmy też do Basi, do Zielonej Góry. Dziwnie było, bo sprzedawczynie w sklepach próbowały do nas mówić po niemiecku albo po angielsku. Byliśmy jeszcze potem w Polsce kilka razy, trochę się uspokoiłem, ale nie wiem, czy teraz bym pojechał.

Co ci zabrał sześćdziesiąty ósmy rok?

Nic mi nie zabrał. Wręcz przeciwnie. Z „parszywego Żyda" zrobił ze mnie świadomego swojej tożsamości mężczyznę. Tylko żeby to się stało, musiałem wyjechać, bo tam do dzisiaj byłbym tym parchem.

Teresa Pollin

Waszyngton, Stany Zjednoczone

Zawsze się nazywałaś Teresa Pollin?

Nie.

A jak się nazywałaś przedtem?

Zależy kiedy. Mam bardzo skomplikowaną historię rodzinną. Bardzo skomplikowaną. Nie wiem, czy chcesz tego słuchać, bo to nie ma nic wspólnego z tym, co ciebie interesuje.

Ja mam bardzo szerokie zainteresowania.

Mój ojciec urodził się w 1912 roku w Nadwórnej jako Bencyjon Kercner. Tuż po wojnie kazali mu zmienić nazwisko. I imię zresztą też. Chciał zachować inicjały i stanęło na Benedykcie Korczewskim.

Skąd się wzięło to nazwisko?

Ojciec mówił, że z książki telefonicznej. Potem został wysłany jako dyplomata do Izraela, a stamtąd do…

Zaczekaj. O jakich latach mówimy?

Do Izraela wyjechał w 1948, ale już nie jako Kercner. Też nie jako Korczewski. Wysłali go tam jako Stankiewicza.

Skąd się nagle wziął Stankiewicz?

W puli mieli Stankiewicza, to mu dali Stankiewicza. Znam jeszcze jednego Stankiewicza, którego to nie jest prawdziwe nazwisko.

W Izraelu tata nazywał się Benedykt Stankiewicz?

Nie, Stanisław Stankiewicz. Potem przenieśli go do Berlina i tam się urodziłam, w 1951 roku. Mam dwa akty urodzenia, ale według obu urodziłam się tego samego dnia. Z tej samej matki, Felicji z domu Gruber, i z dwóch różnych ojców. W jednym akcie jest napisane, że ojciec to Benedykt Korczewski, a w drugim – Stanisław Stankiewicz. W obu przypadkach urodziłam się w Warszawie. Cuda komunizmu.

Do kiedy byliście w Berlinie?

Do 1955. Moja starsza siostra została w Warszawie jako zakładniczka. Nazywa się Marysia Korczewska, ale przedtem miała na imię Gutka. Urodziła się w Teheranie. W 1944 roku tata już był z powrotem w Polsce, w Lublinie. Zajmował się tworzeniem szkoły, gdzie uczy się ludzi ideologii. Strasznie tego nie lubił i ciągle pisał podania o przeniesienie. Mama z siostrą wróciły do Polski w marcu 1945. Spotkały się z tatą w Łodzi. Mama bardzo się martwiła, że siostra jest chuda i nic nie je. Zaniosła ją do pediatry. Lekarz pyta: co to dziecko jadło w czasie wojny? No co ona jadła? Trochę kawioru i banany – mama na to. W chwili gdy wypowiadała te słowa, już wiedziała, że głupio mówi. Od tego czasu u nas w rodzinie mówimy: nic się nie jadło, tylko kawior i banany.

Kim ojciec był w Izraelu od 1948 roku?

Wicekonsulem. Pierwszy raz widziałam go uśmiechniętego na zdjęciach stamtąd właśnie. Po dwóch latach przenieśli go do Berlina.

Dalej był uśmiechnięty?

Niespecjalnie. Ale podobno cieszył się, że mama znowu była w ciąży, czekał na syna. W Łodzi urodziła się moja siostra, więc mieli już dwie dziewczynki. Po moim urodzeniu babcia z Izraela wysłała telegram: „bardzo się cieszę, że urodziła się dziewczynka. *Mazel tow**!" Dobrze, że dziewczynka, bo wy niewierzący i byście nawet nie zrobili *bris***.

* *Mazel tow* (jid.) – gratulacje, (hebr.) – szczęście.

** *Bris*, inaczej *brit* (hebr.) – przymierze; tu w domyśle: *bris mila*, czyli przymierze obrzezania.

Co ojciec robił w Berlinie?

Był w Polskiej Misji Wojskowej.

W wywiadzie?

Nie mam pojęcia. W tych materiałach, które udało mi się wyciągnąć z Instytutu Pamięci Narodowej, nic na ten temat nie ma. Ani słowa na temat jego pobytu w Izraelu ani w Berlinie.

Mama pracowała?

Był jeden taki rok, w którym udawała, że pracuje.

Rodzice rozmawiali ze sobą po żydowsku?

Tak, choć mi mówili, że to jest francuski. Któregoś dnia przyniosłam od sąsiadów list po francusku. Pomyślałam, że skoro oni cały czas mówią po francusku, to pomogą im przetłumaczyć.

Przetłumaczyli?

Dobrze, że tata miał słowniki. Przetłumaczył wszystko.

Cały czas mieszkaliście w Łodzi?

Nie, mieszkaliśmy do wyjazdu w Warszawie, na rogu Narbutta i Wiśniowej. Wydaje mi się, że tuż obok były koszary Wojsk Ochrony Pogranicza. Mieliśmy tam ładne mieszkanie. Któregoś dnia w 1960 roku ojciec wrócił z pracy i powiedział, że niedługo go wyrzucą, bo dostał okolicznościowy zegarek. I rzeczywiście, w 1961 przenieśli go na wcześniejszą emeryturę. Głupi był ten mój ojciec, bo od dawna wiedział, co się dzieje. Był wcześniej moment, że byliśmy całą piątką w Berlinie. Mógł nas zabrać i byśmy bez problemu przeszli przez ten nieistniejący jeszcze wtedy mur. Niestety uważał, że to nie byłoby w porządku.

W stosunku do kogo?

To nie jest coś, co robi porządny człowiek. Nie ucieka.

Chodziło o honor?

Tak. To kosztowało naszą rodzinę wiele lat. Oni potem przez dziesięć lat składali podania o wyjazd i ciągle dostawali odmowy. W dokumentach z Instytutu Pamięci Narodowej przeczytałam, że w końcu dostali prawo wyjazdu, kiedy tata zrezygnował z emerytury.

Wyjechaliście wszyscy?

Ja z rodzicami. Najstarsza siostra została, a średnia była w Izraelu już od 1964 roku.

Kiedy wyjechaliście?

W lutym sześćdziesiątego ósmego.

Dlaczego najstarsza siostra z wami nie pojechała?

Wyszła za mąż za Polaka. Wyjechali potem do Kanady, tuż po stanie wojennym.

Pamiętasz ostatnie chwile w Polsce?

Oczywiście. W Polsce mieszkałam dwanaście lat. To były dobre lata, ale trzeba pamiętać, że Żydzi mieszkający w Warszawie mieli inne życie niż pozostali. Żyłam tylko wśród Żydów, nie znałam Polaków.

To skąd twoja starsza siostra wzięła polskiego męża?

Rodzice bardzo chcieli, żeby znalazła sobie Żyda, ale poszła na jakiś festiwal i wróciła stamtąd z Polakiem. Świetnie pamiętam rozmowę na ten temat przy naszym stole. Pierwszy i ostatni raz dostałam od ojca w twarz. Miałam z dziesięć lat i swoje zdanie na ten temat.

Które brzmiało jak?

Wybrałeś dla nas kraj, w którym większość to Polacy, to kogo ona miała znaleźć? Mnie ten policzek nie zabolał, bo wiedziałam, że mam rację. A dostałam go dlatego, że tatę zabolało, bo też wiedział, że mam rację.

Do jakiej szkoły chodziłaś?

Do Konopnickiej na Madalińskiego. Tam przyjaźniłam się z samymi Żydami. Chodziłam do TSKŻ i jeździłam na żydowskie kolonie.

Byłaś wtedy Polką?

Nie.

Polska nie była twoją ojczyzną?

Może i była, ale wszyscy mnie nazywali Żydówką. Na Narbutta jest mały kościół, w którym moje sąsiadki przystępowały do komunii. Wiesz, miały te piękne białe sukienki. Też chciałam taką mieć. Poszłam do tego kościoła, powiedziałam księdzu, że jestem Żydówką i że chcę się przechrzcić.

Chodziło o sukienkę.

Tego nie mogłam powiedzieć. Ale oczywiście tak, chciałam być taka jak wszyscy.

Co powiedział ksiądz?

Żebym przyniosła zgodę rodziców. Zrozumiałam, że nic z tego nie będzie. Później przyjechała ciocia z Izraela i przywiozła mi białą sukienkę.

Nie przez przypadek.

Nie wierzę w takie przypadki.

Chodziłaś do szkoły, w której byłaś Żydówką. W domu też byłaś Żydówką...

W szkole co jakiś czas trzeba było wypełniać ankiety i trzeba było wpisać narodowość. Wśród przyjaciół dużo o tym rozmawialiśmy. Ci, którzy wpisywali „narodowość polska", byli wyśmiewani.

Przez Polaków czy przez Żydów?

Przez Żydów. Po co udajesz, że jesteś kimś innym, niż jesteś? – tak mówili.

A ty co o tym myślałaś?

Nie byłam zbyt dociekliwa, ale myślałam, że im chodzi o to, by łatwiej się dostać na studia. Myślałam, że są tacy sami jak ja, więc wiedziałam, jak się mogą czuć.

Jak?

No żydowsko, a jak? Była jeszcze grupa Żydów nie z Warszawy, spotykaliśmy się z nimi na koloniach. Byli z Łodzi, Wrocławia, Dzierżoniowa... Oni inaczej na nas patrzyli. Z lekką pogardą.

Dlaczego?

Wielu z nas miało polskie nazwiska. Uważali, że się ukrywamy, że udajemy kogoś innego.

Byłaś kiedyś na nieżydowskich koloniach?

Byłam na koloniach Ministerstwa Spraw Wewnętrznych. Na miejscu trzeba było wypełnić ankietę i tam było dla odmiany pytanie: „gdzie byłaś na pierwszym turnusie?".

Bo to był drugi?

Tak. I bałam się napisać, że byłam na koloniach TSKŻ. Nakłamałam, że byłam na czymś związanym z żeglugą.

Jak tam było?

Strasznie. Maltretowali mnie. Zakrywali kocem i bili. Chodzili do kościoła i się modlili, a ja nie. Nie dawali mi żyć i krzyczeli: „ty żydówo!". Nie pamiętam, żeby na którekolwiek żydowskie kolonie przyjechał jakiś rodzic sprawdzić, co słychać. A na tę przyjechała moja mama.

Przyjechała i zapytała, jak się czujesz?

Nie, zapytała, czy mam ochotę coś zjeść. Powiedziałam, że tak. Dla niej wszystko było jasne. Zabrała mnie tego samego dnia. Nie wiem, dlaczego akurat teraz mi się coś przypomniało. Na naszej klatce mieszkał facet, który dużo pił. Gdy wypijał mało, był w porządku. Gdy dużo, to przychodził pod nasze drzwi, walił w nie i krzyczał: wy, Żydzi, pijecie naszą polską krew! Ja się go nie bałam, ale widziałam, że mój tata się go boi. Teraz umiem go zrozumieć i dlatego płaczę. Zaraz mi przejdzie… Wtedy patrzyłam na niego z pogardą. Chciałam, żeby miał siłę, a on po prostu… nie miał sił.

…

Teraz ci opowiem coś weselszego. Mieliśmy w domu nie wiem ile tomów sowieckiej encyklopedii. Tata kazał, by za każdym wyjściem z domu zabierać jeden tom i wkładać na mieście w zaspy śnieżne.

Kiedy to było?

Tuż przed wyjazdem. Bał się wyrzucać je do śmieci, a z jakiegoś powodu nie chciał, żeby zostały w domu. Wyobrażasz sobie wiosnę, gdy z każdej zaspy wyłania się encyklopedia?

W której byłaś klasie, kiedy dostaliście pozwolenie na wyjazd?

W dziesiątej. Za rok miałam zdawać maturę.

Miałaś chłopaka?

No pewnie!

Polaka?

Wtedy już nie, ale kiedyś miałam polskiego. Byłam z nim raz na łyżwach, a potem poszliśmy do jego domu na herbatę. Gdy weszłam, jego babcia powiedziała: oj, ty chyba jesteś Żydóweczka. Tak, jestem. Pamiętam, jak ci Żydzi wyskakiwali w getcie przez okna – dodała babcia. Byłam przerażona. Mało wiedziałam o tym, co się działo w czasie wojny, ale czułam, że jej ton jest wrogi. Wyszłam i nigdy więcej nie spotkałam się z tamtym chłopcem.

A ten niepolski chłopiec?

Dla niego chciałam zostać w Polsce. Walczyłam, byśmy wyjechali po mojej maturze, ale się nie udało. On wyjechał kilka miesięcy później do Ameryki. Nic z tego nie wyszło, ale nie szkodzi.

Przed wyjazdem chodziłaś do klubu TSKŻ?

Oczywiście! Byłam członkiem klubu Babel, który później okazał się kryminalną organizacją. Tańczyliśmy, graliśmy w karty, dyskutowaliśmy. Byłam w kabarecie i śpiewałam piosenki, bo się bałam, że jak nie będę śpiewać, to mnie wyrzucą. Natan Tenenbaum i Józek Sobelman byli kierownikami tej zabawy. To był wspaniały czas. Przyszedł do nas taki redaktor z „Polityki" i strasznie go zakrzyczeliśmy, bo była mowa o wojnie sześciodniowej. Pytaliśmy, dlaczego Polska jest przeciwko Izraelowi. Wiesz, jak się nazywał ten redaktor?

Mieczysław Rakowski, później był premierem.

Tak, to on. Nie wiedziałam, że był premierem.

Pamiętasz opróżnianie mieszkania?

Pamiętam, że przyszła do nas para, która miała przejąć nasze mieszkanie. Ta pani narzekała, że łazienka jest za mała. I ni stąd, ni zowąd mój tata znalazł w sobie odwagę i powiedział: to niech pani nie bierze. Kilka ostatnich nocy spędziłam u mojej przyjaciółki Anki Karpińskiej, która też potem wyjechała. W domu było już kompletnie pusto, tylko moi starzy rodzice, nie chciałam tam być. Rodzice mieli po pięćdziesiąt pięć lat, strasznie byli starzy. Mieli o dziesięć lat mniej, niż ja mam teraz.

Co wtedy myślałaś o wyjeździe?

Że to będzie przygoda. Myślałam też, że jak mi się nie spodoba, to wrócę. Później ludzie od nas zaczęli przyjeżdżać do Izraela, to znowu znalazłam się na naszych koloniach. To było to samo grono. Pierwsi przyjechali Baumanowie, byliśmy w tym samym centrum absorpcyjnym. Później dotarli Sfardowie. To było wspaniałe, że znowu się spotykamy.

Którędy jechaliście?

Najpierw pojechaliśmy do Paryża. Rodzice nie chcieli za bardzo oddalać się od najstarszej córki, a poza tym był już wnuk. Bardzo się martwili, że nigdy ich już nie zobaczą. Wybrali Francję, kombinowali, że będziemy wszyscy w takim trójkącie Polska–Izrael–Francja. Po miesiącu się okazało, że we Francji nie da się zostać. Poza tym bali się, że znajdę sposób, by się z Francji dostać do Polski, do mojego ukochanego.

Rzeczywiście o tym myślałaś?

Tak, a tym bardziej gdy się dowiedziałam, co się wydarzyło w Marcu. Tata mnie okłamał, że mama ma raka i musimy czym prędzej jechać do Izraela, bo tutaj nie ma warunków, by ją leczyć. I popłynęliśmy statkiem do Hajfy. W maju sześćdziesiątego ósmego dotarliśmy do Izraela.

Co cię wyleczyło z chęci powrotu do Polski?

Jak zrozumiałam, na czym polegał Marzec i co tam się stało – wyleczyłam się. Trochę później dotarło do mnie, że ci wszyscy, którzy są dla mnie ważni, też wyjechali. Mogłam ich odwiedzać na całym świecie i bardzo szybko zaczęłam to robić.

Ile ci zajęło zdanie matury?

Szybko zaczęłam tam chodzić do szkoły średniej, ale jakoś nie pasowałam. Spotkałam pana Baumingera, który pracował w Ministerstwie Oświaty. Był bratem tego, który brał udział w zamachu na lokal Cyganeria w Krakowie. Bardzo mi pomógł. A może ty byś zamiast hebrajskiego zdawała polski? – zapytał. Dobrze, że umiałam matematykę, bo inaczej bym nie zdała. Rok po przyjeździe miałam maturę, czyli tak, jak bym miała w Polsce. Powiedziałam tacie, że będę zdawała na historię. Niedobrze – powiedział – historia nie jest dobra dla Żydów.

A co jest dobre dla Żydów?

Uważał, że od studiowania historii człowiek robi się komunistą. A poza tym powinnam mieć prawdziwy zawód. Poszłam do szkoły, gdzie uczyłam się fotografii naukowej. To było kompletnie bez sensu. W końcu zaczęłam studiować biologię i dlatego pracuję w Muzeum Holokaustu w Waszyngtonie.

Kiedy zostałaś Izraelką?

Wtedy, kiedy zostałam mamą.

Jak długo mieszkałaś w Izraelu?

Dwadzieścia lat. Wyszłam tam za mąż i urodziłam dwoje dzieci. Przyjechałam do Stanów, bo moje młodsze dziecko miało guza mózgu. Szukałam tutaj cudu. Cud się nie znalazł, ale syn miał dobre sześć lat życia. Lepsze, niż gdyby został w Izraelu. Dzięki temu, że wyjechaliśmy, mogłam się rozwieść z pierwszym mężem i znaleźć cudownego drugiego męża. I z nim miałam wspaniałe dwadzieścia lat.

Bardzo mi przykro.

Niech ci nie będzie przykro, to tylko pokazuje, że jestem optymistką.

Kiedy pierwszy raz przyjechałaś do Polski?

Chyba w 1988 roku. To była służbowa podróż z Muzeum Holokaustu. Umówiłam się telefonicznie z dyrektorem jakiegoś małego muzeum.

Jakiego muzeum?

Słowo honoru, nie pamiętam. Gadaliśmy przez telefon, było bardzo przyjemnie. Świetnie, czekamy na panią – powiedział. To przyjechałam. Otworzył mi drzwi, spojrzał na mnie: o, myślałem, że pani z naszych.

Tato, myśleliście kiedyś z mamą, że może przyjść taki moment, że Marcin i ja z rodzinami będziemy chcieli stąd wyjeżdżać?

Tak.

Rozmawialiście o tym?

Tak. Głównie o tym, jak powinniśmy się zachować, żeby wam nie przeszkodzić. Żeby nie zabraniać, ale ułatwiać. Rozmawialiśmy o tym, że nie możemy się stać hamulcowymi.

Aleksander Markowski

Sztokholm, Szwecja

Czy to znaczy, że pan chce publikować to, co ja powiem? Bo ja nie jestem przekonany.

Może pan pozostać anonimowy.

W moim przypadku to nie jest możliwe. Na swoją obronę mogę powiedzieć, że napisał pan do mnie, że chce porozmawiać o sześćdziesiątym ósmym. Porozmawiać mogę. Myślałem, że pan potrzebuje jakiegoś *background material**.

Dlaczego pan się waha?

Chętnie panu opowiem, przecież obiecałem. Natomiast nie wiem, czy chcę, żeby to było opublikowane. Muszę się jeszcze nad tym zastanowić. Dobre pytanie pan zadał: dlaczego? Nie wiem. Powiem panu, gdy do tego dojdę.

Nie wyłączam dyktafonu.

Proszę, możemy jechać.

Jaki był pański dom rodzinny? Żydowski?

Nie, chociaż moi rodzice byli Żydami, ale tylko do wojny. Potem uciekli do Rosji, a potem wrócili i wtedy, że tak powiem, zrobili się nagle Polakami.

Mieli dzieci przed wojną?

O ile wiem, to nie.

Jak się zrobili Polakami?

Oni się nie zrobili Polakami naprawdę. Przyszedł nakaz z partii, żeby zmienić nazwiska, no to zmienili. W domu dalej mówili, że są pochodzenia żydowskiego, ale byli zupełnie

* *Background material* (ang.) – tło, kontekst.

niereligijni, byli komunistami. Usiłowali stworzyć nowego człowieka socjalistycznego.

Nazwisko zmienili na podobne?

Mój tata nazywał się Jaffe vel Kronenberg, to nie jest podobne do Markowskiego. I ja jestem ofiarą tego eksperymentu stworzenia nowego człowieka.

Pan jest jedynakiem?

Tak. Nie dali mi kultury żydowskiej, a polskiej nie znali. Chyba nawet nie chcieli znać. Więc uważam, że to jest bardzo nieprzyjemna sytuacja. Oni mi trochę krzywdę zrobili. Ojciec kiedyś powiedział: ty jesteś unikat socjologiczny – człowiek bez historii. Czyli wiedział, jak jest, ale nic z tego nie wynikało.

Ktoś przeżył z rodzin pana rodziców?

Bardzo niewielu. Z ojca rodziny, o ile wiem, to nikt, a z mamy jakaś mała część.

Rodzice żyli po wojnie w żydowskim świecie? Chodzili do TSKŻ?

Tam nie chodzili, ale praktycznie wszyscy ich znajomi to byli Żydzi. Najśmieszniejsze jest to, że większość moich znajomych to też byli Żydzi, mimo że ja nie wiedziałem, kto jest, a kto nie jest Żydem.

A o sobie pan wiedział, że jest Żydem?

Tak.

Od zawsze?

Tak. Z tym żydostwem to dochodziło do bardzo śmiesznych sytuacji. Mama zawsze mówiła, że nie należy popijać mięsa mlekiem, bo od tego może boleć brzuch. Nie wiedziałem, dlaczego ona ciągle to powtarza, a jak przyjechałem do Szwecji i zobaczyłem, że wszyscy piją mleko do obiadu, to byłem zdziwiony. Taka znana zasada higieny osobistej i cały naród jej nie zna? Przecież oni zginą – myślałem. I wie pan co? Nie zginęli.

Kiedy się pan urodził?

Wyliczyłem, dokładnie dziewięć miesięcy po wojnie.

Tak świętowali zakończenie wojny?

Myślę, że raczej czekali. Mama już miała swoje lata. Jak tylko było można, od razu miała dziecko.

Gdzie pan się urodził?

Na Uralu. Stamtąd przyjechaliśmy do Łodzi, a po czterech latach przeprowadziliśmy się do Warszawy, na ulicę Mazowiecką.

Gdzie pan chodził do szkoły?

Koło nas była szkoła, ale tam mieli religię, więc chodziłem trochę dalej do szkoły TPD imienia Dąbrowskiego, żebym nie musiał wychodzić z klasy w trakcie lekcji religii.

Koledzy wiedzieli, że pan jest Żydem?

Moi koledzy się tym nie zajmowali. W młodszych klasach byli tacy, którzy mnie przezywali. Nie żeby mnie to jakoś bardzo dotknęło. Ktoś coś krzyknął i tyle. Każde żydowskie dziecko w Polsce coś takiego przeżyło. Dla nich Żydem był każdy, kto nie chodził do kościoła. To nie miało nic wspólnego z krwią, z wyjątkiem przelanej krwi Jezusa, która skapywała nam z nosa albo na nos.

W którym roku pan zrobił maturę?

W 1964. I poszedłem na ekonomię polityczną. Chciałem pójść na socjologię albo na filozofię, ale nastąpił twardy odpór ze strony rodziców: gdybyś chciał wyjechać, to z tego się nie utrzymasz.

Mieli w głowie taką ewentualność?

Cały czas.

To był plan tylko dla pana czy dla was wszystkich?

A skąd ja mogę wiedzieć? Gdy wyjeżdżałem, to powiedziałem do moich rodziców, żeby zostali. Byli już po sześćdziesiątce, byli starzy. Co wam mogą zrobić na emeryturze? – mówiłem. Tata powiedział, że to byłoby podzielenie rodziny, i tym zamknął mi usta.

Wiedział pan, do czego ojciec się odnosi?

A czy ja na głupiego wyglądam?

Znał pan ich wojenną historię?

Za dużo nie opowiadali, ale wiedziałem, że uciekli do Rosji… i zostawili całą rodzinę… i wszyscy poszli do Treblinki.

W którym roku skończył pan studia?

W 1969.

I wtedy wszyscy złożyliście papiery o wyjazd?

To jest bardziej skomplikowane. Wyjechałem w październiku, a jeszcze w lipcu albo w sierpniu wziąłem ślub z bardzo młodą dziewczyną. Ona się nie paliła do żeniaczki, ale powiedziałem jej, że jedziemy do Szwecji, a tam nie wiadomo, jak będzie. Może nas podzielą? A może mnie wyślą do kopalni? Nie wiedziałem, jak będzie. Zadzwonili z Ministerstwa Spraw Wewnętrznych i oznajmili, że u rodziców to jeszcze trochę potrwa. Odparłem, że w takim razie ja też poczekam, ale powiedzieli, że nie polecają czekania, że lepiej, żebym już jechał, bo nie wiadomo, co będzie dalej. To pojechałem.

Jak się rodziła w pana głowie decyzja o wyjeździe?

To trwało dosyć długo, bo ja nie bardzo chciałem wyjeżdżać. Jeszcze panu muszę historię o mamie opowiedzieć, ale to może trochę później. Na studiach miałem stypendium naukowe dla najlepszych studentów. Gdy dziekan je wręczał, powiedział: zakładamy, że pan nie zniknie po studiach, tylko zostanie na naszym wydziale i dla dobra Uniwersytetu… Kiedy skończyłem studia, to tego dziekana już nie było, był jakiś następny. Wchodzę do niego i mówię, że obiecałem i chcę zostać na wydziale. Stwierdził, że sprawdzi, a potem mnie wezwał do siebie. To chyba nawet nie był dziekan. Powiedział mi, że organizacja partyjna się nie zgadza, żebym pracował z młodzieżą. On chciał być taki uczciwy i zachować twarz: mógłbym panu powiedzieć coś innego, ale powiem prawdę. Nikt nie lubi widzieć siebie jako…

Skurwysyna.

Właśnie. Głupi nie był, więc wolał mi dać znać, że to nie jego wina: pan rozumie, ja muszę. Całą tę drogę przechodziłem z jednym kolegą. Wymyśliliśmy, że się przekwalifikujemy, i poszliśmy do ośrodka cyfrowego, czyli komputerowego. Oni się ucieszyli: świetnie, natychmiast was bierzemy. Później nas wezwali i powiedzieli, że niestety, ale organizacja partyjna się nie zgodziła, żeby nam dali pracę.

Pan był w coś zamieszany w sześćdziesiątym ósmym?

W nic. Ta sprawa z mamą, o której panu później opowiem, nam wystarczała. W nic nie byłem zamieszany, ale byłem w fatalnym miejscu. Wszyscy inni byli zamieszani. Mój wydział zamknięto za rozróby i kazali składać papiery od nowa. Dużo moich kolegów się nie dostało. Politycznie to było bardzo niedobre miejsce. W końcu odezwał się do mnie dziekan czy prodziekan i powiedział, że znalazł dla mnie pracę. Miałem prowadzić spis ośrodków cyfrowych na świecie. No – pomyślałem sobie – będę tu siedział całe życie i spisywał ośrodki cyfrowe na świecie. Raczej nie chciałem tego robić. To mnie ostatecznie przekonało do wyjazdu.

Bezpośrednim powodem był brak możliwości znalezienia pracy?

To była kropla, która przepełniła czarę, a co było bezpośrednim powodem, to ja nie wiem.

No ale to pan wyjechał, nie ja.

No tak, wyjechałem, ale nigdy nie podawałem powodów. Człowiek jest skomplikowaną istotą, ma złożone życie emocjonalne. Nie da się tak prosto powiedzieć.

Wielu pana znajomych wtedy wyjechało?

Środowisko powoli znikało, ciągle chodziłem na Dworzec Gdański kogoś żegnać. Ale miałem też polskie środowisko, nie byłem kompletnie sam.

A jaka jest historia pana mamy?

Mamę oskarżono o obrazę narodu polskiego.

W sześćdziesiątym ósmym?

Tak. Ile szczegółów pan chce?

Dużo.

Będziemy tu musieli siedzieć parę dni.

Damy radę.

Mama była szefową w szpitalnym laboratorium, miała dwie asystentki. Siedziała tam i śpiewała sobie pod nosem piosenkę: „napisał mi ją na bibulinie, że mnie tak kocha jak swoje świnie". Śpiewał to wtedy zespół ludowy Śląsk albo Mazowsze.

Może pan zacytować raz jeszcze? Poproszę.

„Na bibulinie, że mnie kocha jak swoje świnie, a ja mu na to na papióreczku, żeś się ześwinił, mój świnioreczku".

Jedna z tych asystentek doniosła, że mama zaśpiewała nie „swoje świnie", tylko „polskie świnie". A „polskie świnie" to jest to, co Niemcy mówili do Polaków w czasie wojny. Zrobiła się awantura i mamę wyrzucili z pracy. Wezwali do prokuratury i kazali się stawiać co drugi dzień na milicji, żeby nie uciekła z Polski. Jakby to wtedy w ogóle było możliwe. Wszyscy nam mówili, że jeśli teraz dojdzie do rozprawy, to ją wsadzą. Wiadomo było, że żaden sędzia nie odważy się jej puścić wolno. Trzeba było znaleźć adwokata. Spotkaliśmy na ulicy mamę mojego kolegi z klasy, która była wdową po sędzim Sądu Najwyższego. Obiecała pomóc. Po kilku dniach zgłosił się do taty adwokat i powiedział, że bardzo chętnie by pomógł, ale on jest członkiem komisji kodyfikacyjnej i mu powiedzieli, że on nie powinien w tę sprawę się angażować, jeśli dalej chce być jej członkiem. Z grubsza w tym samym czasie tata był na zebraniu partyjnym i tak bardzo się zdenerwował wrednymi wypowiedziami, które tam padały, że zapisał się do głosu.

Gdzie tata pracował?

W Komisji Planowania. I nagle do niego dotarło, że mama zaraz będzie w więzieniu, on nie ma adwokata i jeszcze go teraz wyrzucą z pracy. Bo to był automat, jak się pan zapisywał do głosu, to pana natychmiast wyrzucali z partii, z pracy i czasami jeszcze z mieszkania. Ochłonął trochę, siedzi i się martwi. Podszedł do niego jakiś towarzysz i mówi: towarzyszu Markowski, do kogo wy będziecie mówić? Przecież to nie ma sensu. Nie mówcie w ogóle. A tata mu na to: ale ja się już zapisałem do głosu. Pójdę i wycofam – powiedział ten facet. Poszedł i wycofał. Byli różni ludzie, porządni i nieporządni. Tata utrzymał pracę do samego końca.

A co było z mamą?

Z mamą to było bardzo skomplikowane. Ja byłem młody, ale głupi i czułem odpowiedzialność. Postanowiłem coś zrobić. Wymyśliłem, że władze partyjne nie wiedzą, co się dzieje, co wyprawia motłoch na dole. Że trzeba im powiedzieć. Zadzwoniłem do pierwszego męża mojej ciotki. On był z Biura Politycznego, zresztą ten drugi też. Zadzwoniłem do centrali i poprosiłem, że chcę z nim prywatnie rozmawiać. O dziwo, mnie połączyli. Przedstawiłem się i powiedziałem, że chcę do niego przyjść. Zgodził się i poszedłem. To było dla mnie duże przeżycie. Wszystko mu opowiadałem, a on słuchał, słuchał i ja bardzo szybko się zorientowałem, że on wszystko wie, ale nic nie może albo nie chce zrobić. Na koniec mi powiedział rzecz, która mnie zmroziła: no, w najgorszym razie to pójdziemy do towarzysza Witaszewskiego, bo Witaszewski jest przynajmniej komunistą. Witaszewski to był taki znany stalinowiec, który mówił, że rewizjonistów to będziemy bić rurkami od gazu, żeby ich pozabijać. Dlatego mówili o nim „generał gazrurka". Jak to wszystko usłyszałem, to się rozpłakałem w jego ramię. Szlochałem mu na tę jego koszulę, pewnie mu ją całą zaśliniłem. I wie pan, co on zrobił? Poklepał mnie i powiedział: to wzmacnia. Miałem na ten temat inne zdanie. Potem postanowiłem iść do drugiego męża cioci – był ambasadorem w Londynie.

Jeszcze pan nie zrozumiał?

Nie, ale tamtego właśnie wyrzucili z partii, więc nie było już o czym mówić. Straciłem resztki nadziei, a mama cały czas powtarzała, że nas wszystkich wsadzą tu do obozu. Na początku w to nie wierzyłem, ale jak zaczęli wsadzać moich kolegów, jednego za drugim, to zacząłem się porządnie bać. Od lat chodziłem do lekarzy i jadłem różne pastylki – byłem bardzo nerwowy. Kiedyś nawet moja lekarka zaproponowała mi, żebym przestał brać te leki i żebym poszedł do kliniki nerwic. Wtedy się nie zgodziłem, ale teraz pomyślałem, że będzie jak znalazł. Proszę bardzo, skierowanie Pruszków Wschodni – Tworki. Pojechałem pociągiem i wylądowałem w miejscu symbolu, zostałem „wariatem z Tworek". Przyjęli mnie na oddział otwarty. Nie pojechałem, żeby się leczyć, lecz żeby uciec od tego wszystkiego. Ale chodziłem na wszystkie terapie i pilnowałem, żeby tylko nic nie powiedzieć. To nie było łatwe, ale się udało. Gdy zostawiłem tatę z całym tym kotłem i mamą meldującą się co drugi dzień na milicji... Bardzo mu było ciężko i ktoś im doradził, by mamę też umieścić w szpitalu psychiatrycznym. Tata wezwał pogotowie, mama nie musiała nic udawać, była kompletnym wrakiem. Zawieźli ją do Tworek, ale na oddział zamknięty. Tam był taki regulamin, który pozwalał rodzinie odwiedzać chorych na oddziale zamkniętym, więc ja codziennie z mojego oddziału otwartego szedłem do mamy i chodziliśmy sobie na spacery. Dyskutowaliśmy o różnych rzeczach, bardzo to wszystko było dramatyczne. Odbyła się pierwsza rozprawa mamy, ale z powodu złego stanu zdrowia została przesunięta o niecały rok. Wdowa po sędzim Sądu Najwyższego dowiedziała się, że ciągle nie mamy adwokata, znalazła następnego. To był stary endek, ale już na emeryturze, więc się nie bał i podjął się tej sprawy. Po trzech miesiącach powiedzieli mamie w Tworkach, że dłużej już jej nie mogą trzymać. Wiedzieli, co jest grane, ale dłużej nie mogli.

A pan ile czasu tam spędził?

Też trzy miesiące, ale mi się nigdzie nie spieszyło, wydział miałem zamknięty. Musiałem się bardzo pilnować, chociaż i tak było łatwiej niż w Warszawie. Wznowili proces mamy, to ciocia zadzwoniła do swojego pierwszego męża i dowiedziała się od niego, żeby nic nie robić, bo wyrok będzie w zawieszeniu, a potem będzie amnestia na 22 lipca i wtedy ją skreślą z rejestrów. I tak też się stało.

I dopiero wtedy złożyliście podanie o wyjazd?

Tak, bo przedtem w ogóle nie było żadnej szansy. To jednak nie jest koniec tej historii. Po procesie i po uzyskaniu dokumentów na wyjazd moja mama powiedziała, że nigdzie nie jedzie.

Dlaczego?

Nie chciała. Kochała swój kraj. Ja też nie uważam, że mnie wygnali z Polski. Wyjechałem, bo chciałem. Nigdy się nie czułem fizycznie zagrożony, to mama uważała, że skończymy w obozach. Ja w to nie wierzyłem.

Nie czuł pan, że zaszczuli pana mamę?

Oczywiście, że czułem. To nie koniec tego, co z nią zrobili. Brakowało jej pół roku do emerytury. Poszła do pośrednictwa pracy. Powiedzieli jej, że jest praca w szpitalu ginekologicznym dla kobiet, które mają gruźlicę. Powiedziała, że miała gruźlicę i nie chce tam pracować. Oni na to: nie musi pani pracować, jak pani nie chce. Poszła, pracowała i zaraziła się gruźlicą. Musiałem pójść do szwedzkiej ambasady pytać, czy wpuszczą osobę z gruźlicą. Wiedziałem, że Amerykanie nie wpuszczali z zakaźnymi chorobami. Facet w ambasadzie powiedział mi, że jak królewski rząd daje wizę, to królewski rząd potem się zajmuje ludźmi. I tak się stało. Przyjechali na początku 1970 roku, dwa lata ją tutaj leczyli z tej gruźlicy. Dziesięć lat po przyjeździe mama dostała list od koleżanki ze swojego szpitala. Pisała, że ta asystentka, która na nią doniosła, prosi, żeby mamę przeprosić. Mówi, że to nie była jej wina. Sekretarz organizacji partyjnej kazała jej skłamać. Wie pan, co mnie najbardziej w tej historii interesuje? Dlaczego prosiła o przeproszenie mamy.

Może miała wyrzuty sumienia?

Trzeba próbować uwierzyć, że tacy ludzie mają wyrzuty sumienia. Na szczęście mieliśmy już inne sprawy na głowie.

Przywiózł pan do Szwecji swój dyplom?

Tak.

Musiał pan zapłacić za studia?

Nie ja, rodzice. Rozmawiałem z mamą o tym właśnie w Tworkach. Brałem pod uwagę nieskończenie studiów po to, by nie trzeba było za nie płacić. Mama uważała, że akurat dyplom powinienem mieć.

Przydał się?

Tak, bo poszedłem tutaj na studia doktoranckie, a bez dyplomu to by się nie udało.

Pracował pan jako ekonomista?

Tak, całe życie zawodowe byłem ekonomistą.

Wyjeżdżając z Polski, czuł się pan Polakiem?

Nie tylko Polakiem. Ja wierzyłem w wyższość systemu socjalistycznego nad innymi. O tym, co się zdarzyło w Polsce, myślałem w kategorii zakrętasa historycznego, który z czasem się wyprostuje, ale wcześniej mnie zgniecie, a ja nie chcę być nawozem historii. Bardzo dużo czasu mi zajęło zrozumienie, że to jednak nie jest dobry pomysł.

A ile czasu panu zajęło, by poczuć się w Szwecji u siebie?

Jeśli chodzi o kulturę, to do dzisiaj nie czuję się tu u siebie, a jeśli chodzi o równe prawa, to bardzo szybko.

Mówi pan o Szwedach: „oni"?

Nie, i strasznie mnie irytuje, gdy inni tak mówią.

A mówi pan: „my, Szwedzi"?

Nigdy.

Co panu zabrał sześćdziesiąty ósmy rok?

Nic. O czym my mówimy?

Mówimy o tym, co się rozpętało po Marcu, o tym, że wyjechało wtedy z Polski kilkanaście tysięcy ludzi.

Zmieniło się moje życie. Znalazłem ostatnio w papierach cioci zdjęcie z mojego ślubu, a na odwrocie był tekst napisany moją ręką: „mojej kochanej cioci, na pamiątkę dobrych czasów". Bo wtedy się skończyły dobre czasy. W Polsce zaszczuwano różnych ludzi, w równych albo w nierównych odstępach czasu. To był czas, kiedy my zostaliśmy narodem wybranym. Wybranym przez MSW. Nie chciałem być wybrany przez MSW, więc uciekłem do Tworek, a później jeszcze dalej.

Krystyna Flato

Sztokholm, Szwecja

Do Polski wróciliśmy dopiero w 1964 roku.

Skąd?

Z Chin. Ojciec był tam pracownikiem ambasady. Wróciłam z rodzicami, bo brat zdecydował się studiować fizykę w Moskwie.

Ile miałaś lat?

Piętnaście. Mówiłam i pisałam po polsku i po rosyjsku, ale po polsku z terminologii szkolnej byłam słaba. W Pekinie chodziłam do rosyjskiej szkoły.

Mówiłaś po chińsku?

Tak.

Do jakiej szkoły rodzice cię posłali po przyjeździe?

Do szkoły numer 37 imienia Dąbrowskiego, bo były tam klasy eksperymentalne z językiem rosyjskim.

Byliście wtedy Żydami?

Nie wiedziałam, kto to są Żydzi, w życiu o czymś takim nie słyszałam. Przed naszym wyjazdem do Chin rzadko bywałam na podwórku, mama starała się mnie i brata chronić.

Przed czym?

Ojciec siedział w więzieniu, nie chciała, żebyśmy się dowiedzieli.

A co wam mówiła?

Że tata jest w Szklanej Górze. Byłam mała, brzmiało poetycko, to uwierzyłam.

Gdzie mieszkaliście?

Belwederska 44.

Dobry adres.

Nie myślałam wtedy o tym. Wróciliśmy, poszłam do Dąbrowskiego i byłam tam dosyć popularna, zapraszali mnie na wszystkie prywatki. Byłam tą dziewczynką, która „przyjechała z Chin". Na jednej z prywatek podszedł do mnie kolega Edek Frankowski i zaprosił do tańca. To był rock and roll, nie znałam tego, bo w rosyjskiej szkole „burżuazyjne tańce" były zabronione. Nie chciałam tańczyć, więc staliśmy. Edek pogłaskał mnie po głowie i powiedział: masz takie ładne żydowskie włosy, zupełnie jak moja siostra. Co? – zapytałam zdziwiona. No przecież jesteś Żydówką, nie wiesz o tym? Nie wiedziałam.

Który to był rok?

Chyba 1965. Jak nie wiesz, to zapytaj swoich rodziców – powiedział. Poszłam i zapytałam mamy. Wiesz, jaką dostałam odpowiedź? Twoja babcia była Żydówką. I tyle. Ani która, ani co to znaczy, ani czy my też jesteśmy Żydami. Jeszcze dorzuciła, że nie przypuszczali z tatą, że kiedykolwiek przyjdę z takim pytaniem.

Co pomyślałaś?

Dzisiaj myślę, że to było czystą głupotą, bo przecież byliśmy w Polsce.

A wtedy?

Miałam bałagan w głowie. Następnego dnia ukrywałam się w szkole przed dwoma kolegami, z którymi spotykałam się na każdej przerwie. Oni byli z innej klasy. Nie wiedziałam, co mam z tym fantem zrobić. Co im powiedzieć.

A ci koledzy…

Adam i Kuba. W końcu mnie dorwali i zapytali, dlaczego ich unikam. Wiecie, nie wiem, jak wam to powiedzieć, okazało się, że jestem… Kim jesteś? – pytają. – O co chodzi? No, że jestem Żydówką – odpowiadam. W życiu nie widziałam, żeby się ktoś tak śmiał. Wyli i turlali się po podłodze. Dopiero teraz się dowiedziałaś? Myśmy od zawsze wiedzieli. Dlaczego mi nie powiedzieliście? To chyba było oczywiste – odpowiedzieli. Poczekaj na nas po lekcji, coś ci pokażemy. I w taki sposób pierwszy raz znalazłam się w klubie TSKŻ na Nowogrodzkiej.

Wiedziałaś, że jest taki klub?

Skąd! Weszliśmy tam i musiałam się zapisać. Powiedziałam, że nie podam nazwiska. Któryś z nich wymyślił, że się będę nazywała Kajner. W klubie byłam Krystyną Kajner. Weszliśmy na górę, było raczej pustawo. Poszliśmy w głąb, tam gdzie później był klub Babel. Siedziała dziewczyna z czarnymi włosami i wypukłymi oczami. Chłopcy pokazali na nią i powiedzieli: popatrz, tak wygląda Żydówka.

Pamiętasz ją?

Oczywiście. To była Sara, jej ojciec był jidyszystą, pisał w „Fołks Sztyme". Zostałyśmy koleżankami.

Spodobało ci się tam?

Na początku nie wiedziałam, co o tym myśleć, a później zrobiło się bardzo fajnie. Chodziłam na dyskusje i potańcówki.

Powiedziałaś rodzicom, że zapisałaś się do TSKŻ?

Oni mi nie powiedzieli, to ja też nie miałam w tej sprawie wobec nich żadnych zobowiązań.

Maturę zrobiłaś w liceum Dąbrowskiego?

Po roku przenieśli mnie do szkoły, która była bliżej domu. Kiedyś mieściła się na Parkowej i tam właśnie chodziłam przed wyjazdem do Chin. Po naszym powrocie była już na ulicy Dolnej i była imienia Dobiszewskiego. Dali mnie do tej klasy, z której wyjechałam. Tam były wszystkie moje koleżanki z podwórka: Wanda, Ela, Maja... Spotkałyśmy się ponownie w dziesiątej klasie. Nie miałam żadnych wspomnień sprzed wyjazdu, a one pamiętały wszystko. W 1957 dużo Żydów wyjechało do Izraela, a ze mną było coś innego, więc zostałam w ich pamięci. Stworzyłyśmy grupę i nazwałyśmy ją Babiniec. Było nas sześć czy siedem dziewczyn, które bez przerwy były razem. Gdy szłyśmy do szkoły, to któraś przychodziła po mnie, potem szłyśmy po kolejną, kolejną... Gdy wracałyśmy, podejmowałyśmy decyzję, co chcemy robić. Jeżeli palić, to do Elki. Jeżeli jeść, to do mnie. Jeżeli chcemy czytać, to do Mai. Dzieliłyśmy się wszystkim, ubraniami, książkami, a nawet chłopakami.

Były wśród was, oprócz ciebie, inne Żydówki?

Wtedy o tym nie myślałam. Wandy mama była Żydówką, Eli ojciec był Żydem, Mai obydwoje rodzice byli Żydami... W większości, rzeczywiście.

Kiedy robiłaś maturę?

W 1967, ale jeszcze przed tym wyrzucili mnie z klasy.

Za co?

Po radzieckiej szkole byłam nauczona być społecznie zaangażowaną. W Chinach byłam najpierw oktiabrianką, później pionierką, zastępową pionierek i wreszcie komsomolcem. Przyszłam do tej szkoły, a tam był Związek Młodzieży Socjalistycznej. Od razu się zapisałam. Były wybory i zostałam przewodniczącą. Jak mnie wybrali, to zaczęłam się bawić. Robiliśmy konkursy, quizy i właśnie pytania do tych quizów rozzłościły naszą polonistkę, panią Strzeszewską, która była przewodniczącą Podstawowej Organizacji Partyjnej w szkole. Przyszła na nasze zebranie i skreśliła mnie z bycia przewodniczącą. Ogłosiła nowe wybory. Wszyscy się grzecznie zgodzili, a potem znowu mnie wybrali. Wściekła się. To była wstrętna baba. Podjęła decyzję, że w następnym roku nie będę chodziła do tej klasy, i przeniosła mnie do równoległej, w której było dużo uczniów znad Wisły.

Jak to „znad Wisły"?

Z ulicy Czerniakowskiej i okolic. Mówili, że to była trochę bandycka okolica. Dzięki temu zaprzyjaźniłam się z nowymi ludźmi.

Zdałaś maturę w 1967 i poszłaś na studia?

Zdałam na socjologię na Uniwersytet Warszawski.

Chodziłaś wtedy jeszcze do TSKŻ?

Tak, na wszystkie większe dyskusje, na przykład na tę z Rakowskim. Byłam raz na koloniach kabaretów żydowskich w Jeleniej albo Zielonej Górze.

Zaczął się rok akademicki 1967/1968.

Na socjologii też był ZMS, to się zapisałam i zostałam przewodniczącą. Zapraszałam różnych ludzi, żeby nam opowiadali o historii ZMS.

Kogo zapraszałaś?

Szlajfera, Dajczgewanda, Lasotę, Toruńczyk i innych. Gdy zarząd ZMS się o tym dowiedział, to powiedzieli, że jeśli chcemy się czegoś dowiedzieć, oni bardzo chętnie nam przyślą prelegentów. Zgodziłam się na prelegentów, ale uważałam, że trzeba historię opowiedzieć ze wszystkich stron.

Znałaś tych, których zapraszałaś?

Znałam Irenę Lasotę, bo byłyśmy z jednego podwórka. Niedawno się dowiedziałam, że gdy mój ojciec siedział, jej tata kazał jej się mną opiekować na podwórku. I ja za nią biegałam, i wszystko po niej powtarzałam. Naśladowałam jej francuskie „r" i mimo że wcześniej mówiłam normalne „r", od wtedy mówię jak Irena. Znałam Basię Toruńczyk, bo jej ojciec był przyjacielem mojego taty. Obaj byli dąbrowszczakami. Nigdy nie należałam do „komandosów", ale trochę ich znałam i starałam się ściągać do nas na socjologię. Później były *Dziady*. Weszłam bez biletu, bo to już umiałam zrobić.

Jak?

Wchodzisz w tłum, pokazujesz bileterowi do tyłu, że tamci mają bilety, i szybko idziesz do przodu.

Działało?

Regularnie bywałam w filharmonii.

Jak było na *Dziadach*?

Klaskaliśmy, wznosiliśmy okrzyki, a po wszystkim poszliśmy zwartą grupą pod pomnik Mickiewicza. Z dzisiejszej perspektywy ta demonstracja wygląda absurdalnie, bo przecież w tamtej okolicy po spektaklu nikogo nie było. Złożyliśmy kwiaty i wtedy ktoś zaczął krzyczeć, że ZOMO, że budy i żebyśmy się trzymali pod ręce. Złapałam obcego człowieka i poczułam, że w rękawie ma pałkę. Byli już wtedy wśród nas, nie tylko w budach. Doszliśmy do Nowego Światu albo trochę dalej i tam nas otoczyli. Wepchnęli do tych bud i zawieźli na milicję. Przesłuchania wyglądały tak: jak się nazywasz? Jak się nazywają twoi rodzice? Jakie jest naprawdę twoje pochodzenie? Mówiłam, jak się nazywam, jak się nazywają moi rodzice i że mam pochodzenie polskie. I od nowa: jak się nazywasz? Jak się nazywają twoi rodzice? Jakie jest twoje pochodzenie? Pierwszy raz wtedy zobaczyłam, że oni oficjalnie szukają pochodzenia. Miałam koleżankę Bogusię. Ją też przesłuchiwali całą noc. Wiesz, co im powiedziała? Że jest Eskimosem, a według paragrafu takiego i takiego polskiej konstytucji jest się tym, do czego się człowiek poczuwa.

Długo cię tam trzymali?

Tylko noc.

Bałaś się?

Byłam za głupia, żeby się bać. Uważałam, że to jest interesujące.

Rodzicom powiedziałaś?

Chyba tak, bo nie było mnie całą noc. Byłam bardzo zaaferowana tym, co się wkoło działo. Wróciłam na wydział, trochę się uczyłam, a trochę zbierałam podpisy, by uwolnić zatrzymanych kolegów. Biegałam po Akademii Sztuk Pięknych, tam było fajnie, bo w każdej pracowni, do której weszłam, ludzie chętnie podpisywali. Chciało mi się. Robiliśmy coś, co miało ręce i nogi. Protestowaliśmy, by zmieniało się na lepsze. Wszystko się zgadzało, tylko wrogowie się nie zgadzali.

?

Ci, którzy zostali oskarżeni, nie powinni być oskarżani. Dowiadywałam się coraz więcej rzeczy. Na Parkowej spotkałam kolegę, opowiadam mu o uniwerku, a on nagle zadaje mi pytanie: wiesz, że nasi ojcowie razem siedzieli w więzieniu? Coś ty? – mówię. – Mój ojciec w więzieniu? Mój ojciec był w Szklanej Górze. Spojrzał na mnie jak na wariatkę i mi wszystko opowiedział. Jak ich torturowali i tak dalej. Byłam oszołomiona.

Rozmawiałaś o tym z ojcem?

Nigdy ze mną o tym nie rozmawiał.

Dlaczego?

Myślę, że chciał mnie chronić. To był bardzo fajny człowiek, o wszystkim można z nim było pogadać, ale nie o tym. Powiedział, że jak będę większa, to mi opowie. I nigdy nie stałam się większa.

Mamę pytałaś?

Uważałam, że jak tata nie mówi, to ona też nie powie.

Co się z tobą działo między przedstawieniem *Dziadów* a Marcem?

Wszystko się nakręcało. Podpisy, protesty, a potem nagle zrobił się 8 marca. Zamknęli wydział. Poszłam do dziekanatu. Jerzy Szacki był chyba wtedy dziekanem. Powiedział, żebym popracowała przez rok i wróciła powtórnie złożyć papiery.

Nie zostałaś przyjęta?

Nie. Dostawaliśmy taki papier do podpisania. Było na nim napisane, że odcinamy się od wichrzycieli marcowych i obiecujemy zajmować się tylko nauką. Nie podpisałam tego i wtedy dziekan powiedział, żebym poszła do pracy i wróciła za rok. Była nas, takich byłych studentów, spora grupa. Snuliśmy się po Nowym Świecie i Starym Mieście. Czasami piliśmy miód, czasami jakieś wino, szukaliśmy pracy. Było nas może osiem–dziesięć osób. Każdy, kto znalazł pracę, dowiadywał się następnego dnia, że nie może jej podjąć. Któregoś razu przechodzę Nowym Światem i widzę kartkę na radzieckiej księgarni: „poszukiwany sprzedawca z językiem rosyjskim". Kartka była po rosyjsku. Weszłam, zapytałam, skierowali mnie na piętro do kierowniczki, Rosjanki. Zaczynam mówić po rosyjsku: dzień dobry, przeczytałam kartkę na drzwiach... Masz pracę – mówi kierowniczka. To ja zaczynam jej tłumaczyć, że jestem studentką i pewnie musi gdzieś sprawdzić, czy może mnie zatrudnić. Popatrzyła na mnie, pokazała wała i powiedziała, że nikt jej nie będzie mówił, kogo może, a kogo nie może zatrudniać. I pracowałam tam do lata.

Wróciłaś po wakacjach na wydział?

Na początku lata poszłam do dziekana i powiedziałam, że pracowałam, a teraz chcę wrócić na studia. Spojrzał na mnie, jakbym spadła z konia: a co, to pani nie wie, że jest pani na tej liście? Ale mówił pan, że mam rok pracować... Jest pani na liście podżegaczy marcowych. Ma pani zakaz studiowania w Polsce przez najbliższe dziesięć lat. Wróciłam do domu i zaczęły się rozmowy o wyjeździe. Tata mówił, że studiować trzeba, gdy się jest młodym, a nie za dziesięć lat. Napisał do swojego przyjaciela, który był w Maquis*, a po wojnie przyjął francuskie obywatelstwo i ożenił się w Paryżu.

Jak się nazywał?

Przed wojną Abraham Grinberg, a później Pierre Grinberg.

Był lekarzem?

Znałeś go?

Gdy mieszkaliśmy we Francji, mama mnie do niego zaprowadziła. Laryngolog?

Tak. Żartujesz?

Nie. To było gdzieś w okolicach trzynastej dzielnicy.

To niesłychane, mieszkał w trzynastej. Załatwił mi pięcioletnią wizę studencką, co było w tamtych czasach cudem. Złożyłam podanie o paszport. Wezwali mnie do pałacu Mostowskich i powiedzieli, że z przyjemnością dadzą mi dokument podróży. Bawiliśmy się tak przez półtora miesiąca. Składałam, oni mnie wzywali. Tłumaczyli, że nie potrzebują, żebym jechała do Izraela, wystarczy tylko, jeśli napiszę, że

* Maquis – partyzancki francuski ruch oporu w czasie II wojny światowej.

tam się wybieram. I miałam się zrzec polskiego obywatelstwa. Wtedy wypuszczą mnie bez najmniejszego problemu. W końcu podpisałam i dostałam dokument podróży. Wymyślaliśmy sobie wtedy z moim chłopcem, że skończę studia i wrócę jako Francuzka. Będę wtedy mogła wyjść za polskiego obywatela i mieszkać w Polsce.

Twój chłopiec nie chciał wyjeżdżać?

Chyba nigdy tego nie rozważał.

To był żydowski chłopiec?

Tak. Staś Krajewski. Dzisiaj bardzo żydowski, ale wtedy nie. Zrobił się Żydem w międzyczasie.

Wyjechałaś...

Do Paryża. Nie znając francuskiego, mówiąc po polsku, rosyjsku, chińsku i angielsku. Mój dokument był ważny przez miesiąc, więc musiałam się spieszyć. Bez forsy, z jedną skrzynią, w której były głównie książki i trochę pościeli. Wsiadłam w pociąg i pojechałam. W Berlinie Wschodnim ktoś próbował się ukryć pod pociągiem. Ganiali go z psami po peronach. Było jak w najgorszych filmach o nazistach. Krzyk, psy, niemiecki. Chyba go w końcu złapali i ruszyliśmy do Paryża. Trzęsłam się ze strachu. W Paryżu odebrał mnie, znany ci, Pierre Grinberg z żoną. Podszedł i zapytał: Flato? Tak. A jak ci na imię? Krystyna. Jak porządna żydowska dziewczyna może się nazywać Krystyna? – spytał. Był oburzony. Dopiero później zrozumiałam, że jemu chodziło o to, że Krystyna pochodzi od Chrystusa. Byłam zdruzgotana. Zamiast powiedzieć mi: dzień dobry, jesteś tu mile widziana. Czułam się biedna, sama, bez rodziców, a on stoi i na mnie wrzeszczy. Pojechaliśmy do nich. Dostałam *chambre de bonne**, bardzo mi się podobało.

Kiedy to dokładnie było?

* *Chambre de bonne* (fr.) – dosłownie: pokój służącej, tu: samodzielna kawalerka.

Z Polski wyjechałam w urodziny taty, 27 czerwca 1969 roku. Poszłam do Alliance française, byłam tam dwa dni. Było gorąco, a ludzie mówili we wszystkich językach świata oprócz francuskiego. Wiedziałam, że w Paryżu jest kilku przyjaciół Stasia z matematyki, między innymi Stasiek Matwin i Włodek Sachs. Zadzwoniłam do Włodka, a on zaproponował, bym zostawiła Alliance française i pojechała z nimi do Prowansji. Tak zrobiłam. To było cudowne miejsce, prowadzone przez człowieka, który rozumiał, że wspólnota jest ważna. Coś pomiędzy komuną, kibucem a szkołą życia. Wspólna praca, wspólne jedzenie, rozmowy, otwartość... Tego mi wtedy trzeba było. Tam nauczyłam się francuskiego. Gdy wyjeżdżałam, wszyscy zebrali się na schodach i zaśpiewali mi pieśń, którą śpiewano w sześćdziesiątym ósmym Danielowi Cohn-Benditowi w Paryżu: „*Nous sommes tous des Juifs et des Allemands*"*, tyle że tym razem zaśpiewali: „*Nous sommes tous des Juif Polonais*"**, i to było bardzo wzruszające. Pojechałam do Paryża studiować.

Na jakie studia?

Przed wyjazdem z Warszawy tata zabrał mnie na poważną rozmowę do Łazienek. Wszystkie poważne rozmowy odbywały się w Łazienkach, bo w domu mieliśmy podsłuch. Kiedyś przyszedł do nas przyjaciel taty Komar. Przyprowadził jakiegoś faceta, który obszedł całe mieszkanie i wyjął około pięćdziesięciu mikrofonów. Później został poproszony, żeby je wszystkie z powrotem zainstalować. Lepsze to, bo teraz już chociaż wiedzieliśmy dokładnie, gdzie są.

* *Nous sommes tous des Juifs et des Allemands* (fr.) – Wszyscy jesteśmy niemieckimi Żydami. Hasło wykrzykiwane przez francuskich studentów w maju 1968 w obronie Daniela Cohn-Bendita, jednego z ich przywódców, prześladowanego przez francuskie władze. Rodzice Cohn-Bendita uciekli przed II wojną światową z Niemiec do Francji.

** *Nous sommes tous des Juif Polonais* (fr.) – Wszyscy jesteśmy polskimi Żydami.

O czym była rozmowa z tatą?

O tym, że jadę na Zachód, a tam nie wiadomo, jaka będzie sytuacja. Miałam wybrać sobie zawód, który będzie wszędzie potrzebny. Zawody humanistyczne zawsze są zależne od systemu. Sugerował, bym zajęła się czymś, co jest ważne dla świata, dla ziemi.

Co miał na myśli?

Biochemię, bo rozwiąże problem głodu na świecie. Zgodziłam się, choć to nigdy nie było w polu moich zainteresowań. Na maturze co prawda dostałam pięć z matematyki i z fizyki, ale nigdy nie myślałam, żeby iść w tę stronę. Wróciłam do Paryża i dostałam się na Uniwersytet Orsay – najlepszy ścisły uniwersytet w Paryżu. Zamieszkałam w żeńskim akademiku, bo nie było jeszcze wtedy koedukacyjnych. Dostałam pokój w korytarzu, gdzie schody były pośrodku, a kuchnia, łazienki i toalety na końcach. Otworzyłam drzwi od mojego pokoju i puściłam głośno płytę z *Mszą Kreolską*. Po dziesięciu minutach przyszła pierwsza dziewczyna. Usiadła, porozmawiałyśmy. Później przyszła druga, trzecia... Miałam już koleżanki.

Udawało ci się utrzymywać kontakt z rodzicami?

Nie stać mnie było na telefony. Pisaliśmy do siebie listy. Bardzo za nimi tęskniłam i wiedziałam, że już ich nigdy nie zobaczę. Takie wtedy były realia. Pomysł powrotu i ślubu ze Stasiem robił się coraz odleglejszy.

Brat był dalej w Moskwie?

Wrócił do Polski, zanim wyjechałam, i poszedł na fizykę w Warszawie. Wyjechał do Szwecji półtora roku po mnie. Po jego wyjeździe rodzice zaczęli składać podania o wyjazd i ciągle dostawali odmowy. Pisaliśmy listy do ONZ, do polskich władz i do innych instytucji. Nic nie przynosiło efektów. Mamie powiedzieli, że może wyjechać, ale sama, bo męża nie wypuszczą. Ponieważ nie chciała jechać sama, zostali.

Skończyłaś studia we Francji?

Poznałam w bardzo śmiesznych okolicznościach mężczyznę, który później został ojcem moich dzieci. Też z Polski. Szukałam ludzi, których obchodzi Europa Wschodnia, a takich można było wtedy znaleźć wyłącznie wśród trockistów. Zostałam zaproszona na IV Zjazd Międzynarodówki Trockistowskiej w Berlinie.

Pojechałaś?

Nie musiałam, bo on się odbywał w Paryżu, ten zjazd berliński. Przyjechało trochę ludzi ze Szwecji, wśród nich mój znajomy Adam, który mnie zapoznał ze swoim kolegą. I ten kolega został ojcem moich dzieci. Wtedy posługiwaliśmy się pseudonimami, bo to był czas bułgarskich parasolek, to nie były żarty, naprawdę zabijali ludzi. Chcieliśmy być razem, ale Francja nie chciała mieć cudzych uchodźców, łatwiej było nam zamieszkać w Szwecji. Pojechałam tam i wyszłam za Czecha.

Nie za trockistę?

Za Czecha, żeby móc tam zostać. Nie mówiłam ani słowa po szwedzku. Ubrałam się w chińską srebrzystą piżamę, jako strój ślubny, i poszliśmy do ratusza. Gdy ktoś mi powiedział: powiedz „ja", powiedziałam „ja" i zostałam żoną Czecha.

A co z rodzicami?

W 1972 postanowiliśmy się spotkać w Berlinie Wschodnim. Z Polski można tam było dojechać na dowód osobisty. Umówiliśmy się z moim chłopakiem, moim bratem i jego partnerką w Berlinie Zachodnim. Codziennie przychodziliśmy na Checkpoint Charlie i dostawaliśmy dokument, który uprawniał nas do przebywania po wschodniej stronie przez dwanaście godzin. Nie uznawali mojego dokumentu, na którym było napisane, że jestem bezpaństwowcem i uchodźcą. Codziennie rano stawałam przed okienkiem, facet przyglądał mi się bardzo uważnie, tak że paraliżowało mi twarz. Po godzinie dostawałam przepustkę i szliśmy do rodziców, którzy mieszkali u przyjaciela taty z Hiszpanii i z Chin, niemieckiego Żyda. Widzieliśmy się pierwszy raz od trzech lat. Tata miał trochę zmieniony wygląd i męczyła go straszna czkawka. Mówił, że to przepona, żebym się nie przejmowała. W tamtych czasach nie mówiło się pacjentom, że mają raka, ale on był z wykształcenia lekarzem i wiedział, że jest chory. Dlatego tak naciskał na to berlińskie spotkanie, wiedział, że już niedużo czasu mu zostało. Chyba nawet nie powiedział o tym mamie. Ostatnie spotkanie z rodzicami było dla mnie bardzo trudne. Czułam, że już go nigdy nie zobaczę, i nie mogłam go puścić. Strasznie płakałam. Wszyscy próbowali mnie uspokoić. Wszyscy oprócz ojca. Wróciliśmy do Sztokholmu, byłam bardzo zajęta studiami. Ciągle dzwonił telefon, ale to mój chłopak odbierał. W końcu telefon zadzwonił po raz kolejny, on nic nie mówił, zrobiło się cicho. W końcu powiedział, że mój ojciec umarł. Umarł dzień po naszym rozstaniu. Dostał krwotoku, wzięli go jeszcze w tym Berlinie do szpitala, ale nie udało się go uratować. Przerwałam studia, bo w dużej mierze robiłam to dla taty. Zatrudniłam się w magazynie z podręcznikami. Harowałam tam jak wół. To była praca fizyczna i nic poza tym, ale o to mi wtedy chodziło. Chciałam być tak zmęczona, by wrócić do domu i zasnąć, nie myśleć.

Wróciłaś na studia?

Wymyśliłam sposób, by sprytnie nauczyć się szwedzkiego. Poszłam na slawistykę, zrobiłam cztery semestry w ciągu jednego roku. Rosyjski znałam, polski znałam, uczyłam się tylko szwedzkiego. Później złożyłam podanie na medycynę i psychologię. Wcześniej przyjęli mnie na psychologię, to zostałam psychologiem.

Mama wyjechała z Polski?

Przyjechała chyba w grudniu 1972, pół roku po śmierci ojca. Wszystko zebrała, spakowała i wysłała, a resztę sprzedała. Przyjechała do Sztokholmu, a urnę z prochami ojca wysłała do Lundu, gdzie był mój brat. Później przenieśliśmy urnę, bo brat dużo podróżował, głównie między Göteborgiem a Sztokholmem. Obok miejsca, gdzie mieszkała mama, był trzynastowieczny kościółek protestancki z cmentarzem i tam tatę przenieśliśmy. To jest na północy Sztokholmu.

Chodzisz na grób taty, na protestancki cmentarz?

Nie, bo potem przenieśliśmy go na żydowski cmentarz.

Dużo podróżował po śmierci.

Tak, dzięki porządnej niemieckiej urnie z bakelitu. Gdyby uległa jakiemukolwiek uszkodzeniu, nie wolno by było jej ruszyć, a ponieważ jest niezniszczalna, tata podróżował po śmierci.

Co ci zabrał sześćdziesiąty ósmy?

Poczucie przynależności do własnego kraju.

Dzisiaj jesteś Polką?

Nie, broń Boże! Przestałam czuć się Polką. Zabrali mi to.

Jesteś teraz bardziej Żydówką niż wtedy, gdy wyjeżdżałaś z Polski?

Znacznie bardziej. Zanim się dobrze zorientowałam, że jestem Żydówką, już mnie stamtąd wyrzucili. Gdy się przygotowywałam do matury z polskiego, przerabiałam temat: II wojna światowa w literaturze polskiej. Czytałam Andrzejewskiego, Borowskiego i miałam taki moment paranoi. Patrzyłam na ludzi na ulicach i zastanawiałam się, czyby mnie wydali, gdyby teraz była wojna. Miałam przyjaciela na samym początku studiów. Nie miał nic wspólnego z Żydami. Kiedyś mnie pogładził po głowie i powiedział: ty moja mała Żydóweczko. Niedobrze mi się zrobiło i natychmiast zakończyłam znajomość. Jestem Żydówką, ale nie miałam historii, bo wszyscy członkowie rodzin moich rodziców zginęli.

Odzyskałaś tę historię?

Odzyskałam tożsamość. Mój sześcioletni syn Dawid przyszedł z przedszkola i zapytał: jestem Polakiem, bo moi rodzice są z Polski? Czy jestem Szwedem, bo urodziłem się w Szwecji? Ani jedno, ani drugie, synku – powiedziałam.

Trudno mi było mu to wszystko wytłumaczyć, zdecydowałam, że musi pójść do żydowskiej szkoły. Muszę mu przekazać coś, czego sama nie mam.

Poszedł?

Poszedł, wrócił i zapytał: a dlaczego my nie obchodzimy szabatu? Jak chcesz, możemy obchodzić szabat. Dowiedziałam się, jak się to robi, i obeszliśmy kilka szabatów. A dlaczego nie obchodzimy Pesach i Chanuki? Obeszliśmy Pesach i Chanukę. Dlaczego nie wierzymy w Boga? Ja w Boga nie wierzę, ale jeśli chcesz, możesz spróbować – powiedziałam. Trochę był zrezygnowany, ale w końcu zorientował się, że w szkole są dzieci ze Szwecji, z Holandii, z Rosji, z Węgier, Ameryki Łacińskiej, Francji i z wielu innych krajów i to, co ich łączy, to to, że są na różne sposoby Żydami. Mój syn przestał czuć się obco.

Tato, kiedy skończył się twój sześćdziesiąty ósmy rok?

Synku, rok się kończy w grudniu, ale rozumiem, że nie o to pytasz?

Dobrze wiesz, o co pytam.

Kiedyś myślałem, że skończył się w okolicach połowy lat siedemdziesiątych.

A dzisiaj co myślisz?

Że jeszcze się nie skończył.

Podziękowania

Mojemu Tacie, Marianowi Grynbergowi, za to, że zgodził się ze mną publicznie rozmawiać o naszym życiu.

Junonie Lamcha-Grynberg za to, że przy mnie jest.

Justynie Dąbrowskiej, mojej przyjaciółce i rozumiejącej redaktorce.

Pawłowi Łozińskiemu za nieocenione wsparcie i przyjaźń.

Mojemu Bratu, Marcinowi Grynbergowi, za to, że go mam i że mogę korzystać również z jego pamięci.

Moim dzieciom, Aleksowi i Tosi, za pełne zrozumienia towarzyszenie mi w pracy nad kolejną trudną dla nas wszystkich książką.

Suzy Sztajnberg, Majce i Ali Elczewskim, Naumowi i Basi Normanom, Krzysiowi Gutkowskiemu, Idzie Zagrzejewskiej i Marcie Kapełuś za to, że dzięki Wam udało mi się w komfortowych warunkach pracować przez długie miesiące.

Marzycielom i Rzemieślnikom za „dach nad głową" w najgorętszym okresie pracy nad książką.

Wszystkim, którzy zgodzili się opowiedzieć mi swoją historię i nie znaleźli się na stronach tej książki. Domyślam się, że część z Was poczuje rozczarowanie, bardzo przepraszam, ale chcę, żebyście wiedzieli, że nasze spotkania były dla mnie wielką lekcją historii. Dzięki Wam wiem i rozumiem więcej. Bez Was ta książka by nie powstała.

Wielkie podziękowania dla Stowarzyszenia Żydowski Instytut Historyczny oraz Muzeum Historii Żydów Polskich POLIN za grant, który umożliwił mi tak szeroką dokumentację i wielomiesięczną pracę nad tematem.

Polowanie na piątą kolumnę

W aktach sekretariatu Władysława Gomułki – gdzie przechowywano najważniejsze i najtajniejsze dokumenty – znajduje się teczka zatytułowana „Wydarzenia marcowe 1968". Jest w niej między innymi list pracownika Komitetu Nauki i Techniki. Urzędnik skarżył się, że niesprawiedliwie usunięto go z partii, prosił o interwencję i opisywał atmosferę panującą w Komitecie:

> Pracownicy są wystraszeni, wielu z nich zbiera kościelne metryki urodzenia, fotografie z pierwszej komunii [...]. Nawet członek egzekutywy, obecnie bardzo aktywny w szukaniu Żydów, posuwa się do tego, że głośno mówi o posiadanych dowodach swojej »aryjskości«. [...] Zgłosił się do mnie, do Biura [Kadr] towarzysz, młody inżynier, który oświadczył, co następuje. Działająca Komisja [Weryfikacyjna] zapytała go, czy jest Żydem, a na jego zaprzeczenia zażądała przedstawienia dowodów. W związku z tym towarzysz ten parę dni temu pojechał do Łodzi i ze swojej parafii wydostał metrykę chrztu swoją, swego ojca i matki [...], równocześnie opowiedział o rozmowie z księdzem, który żalił się, że obecnie ma nawał pracy, bo setki ludzi zgłasza[ją] się po metryki chrztu*.

Historię PRL-u opisać można jako dzieje uskoku tektonicznego. Napięcia społeczne, konflikty między rządzącymi a rządzonymi, antagonizmy wewnątrz elity władzy

* Materiały Władysława Gomułki, AAN, PZPR, 3015, k. 73.

narastały stopniowo i podskórnie, długo maskowane przez propagandowe opowieści o harmonii i dobrobycie. Skumulowana energia osiągała wreszcie punkt krytyczny i się uwalniała, co wstrząsało systemem politycznym. Socjolog Jakub Karpiński określił te nawracające kryzysy mianem „krótkich spięć".

Marzec na tle innych „polskich miesięcy" wyróżniał się szczególnie złożonym układem napierających sił. Bunt studentów, protest inteligencji, antysemicka czystka, rozgrywka partyjnej frakcji były niezależnymi procesami, które zbiegły się w czasie i wzajemnie wzmacniały. Chociaż kryzys roku 1968 nie miał tak krwawego przebiegu jak Czerwiec 1956 albo Grudzień 1970, na wiele sposobów odmienił życie całego społeczeństwa, a jego konsekwencje odczuwamy do dziś.

Lata sześćdziesiąte XX wieku to okres nazwany przez Tadeusza Różewicza „małą stabilizacją". W Polsce panowała atmosfera marazmu, towarzysząca życiu na niskim, lecz przewidywalnym poziomie. Rządy Władysława Gomułki dla większości oznaczały nudę, szarość i brak perspektyw. Społeczeństwo narzekało na niedostatek i kolejki, pomstowało na rząd i partię, ale jednocześnie w coraz większym stopniu utożsamiało się z doktryną socjalistyczną. Być może bardziej niż trudy codziennego życia doskwierało mu istnienie w państwie enklaw dobrobytu, sprzecznych z egalitarnymi hasłami. Jednocześnie formował się klimat polityczny sprzyjający postawom nacjonalistycznym i szowinistycznym. Propaganda nieustannie odwoływała się do heroicznej wizji dziejów, zgodnie z którą historia Polski była ciągiem bohaterskich czynów zwieńczonym narodzinami PRL-u. W programach szkolnych i przy okazji rocznicowych obchodów podkreślano, że dopiero komuniści zrealizowali testament Piastów: pokonali „odwiecznego niemieckiego wroga" i odzyskali utracone niegdyś ziemie zachodnie.

W oficjalnym przekazie szczególny nacisk kładziono na opisywanie wojennej martyrologii narodu. Akcentowano wyjątkowość polskiego bohaterstwa i polskich cierpień w czasie II wojny światowej; dużo mówiono o zasługach komunistycznej partyzantki, Armii Ludowej – w rzeczywistości organizacji nieporównanie mniej znaczącej niż Armia Krajowa.

Jednocześnie w szeregach PZPR rosło znaczenie frakcji skupionej wokół Mieczysława Moczara, od 1964 roku ministra spraw wewnętrznych i szefa centralnej organizacji kombatanckiej – ZBoWiD. Moczar i jego współpracownicy podkreślali swoją przynależność do Armii Ludowej: pisali wspomnieniowe książki o walkach z Niemcami, udzielali wywiadów, organizowali spotkania dawnych towarzyszy broni. Szeregi środowiska sympatyzującego z „partyzantami" rosły w szybkim tempie.

Zapleczem frakcji moczarowskiej okazali się działacze partyjni średniego szczebla, wojskowi i funkcjonariusze Służby Bezpieczeństwa. Ich światopogląd – często określany mianem narodowego komunizmu – stanowił połączenie szowinizmu z niechęcią do inteligencji i pogardą dla swobód obywatelskich. Ceniono dyscyplinę, żołnierską dosadność i posłuszeństwo. Zwolennicy Moczara należeli zwykle do pokolenia czterdziestolatków, zwanego też „pokoleniem ZMP" – gdy pod koniec lat czterdziestych XX wieku system się stabilizował, byli zbyt młodzi, aby zagwarantować sobie miejsce w strukturach władzy. Później kanały awansu zostały zablokowane; w połowie lat sześćdziesiątych najważniejsze stanowiska wciąż były zajęte przez przedwojennych komunistów. Ich młodsi koledzy z rosnącą niecierpliwością czekali na jakieś wielkie polityczne zawirowanie, które wreszcie otworzy im drogę do upragnionej kariery.

Chociaż antysemickich poglądów (wciąż jeszcze) nie wolno było głosić otwarcie, „partyzanci" i ich poplecznicy w prywatnych rozmowach dość jasno dawali do zrozumienia, że za przyczynę wszystkich nieszczęść PRL-u uważają Żydów, „panoszących się" we władzach partii i państwa. Były to po części resentymenty wywodzące się z czasów przedwojennej endeckiej propagandy, ale dużą rolę odegrała tu także rywalizacja między różnymi odłamami w ruchu komunistycznym w drugiej połowie lat czterdziestych. Władza trafiła wówczas w ręce przybyłych z Moskwy wraz z Armią Czerwoną działaczy, często pochodzenia żydowskiego. Ci komuniści, którzy podczas wojny walczyli z Niemcami w szeregach Armii Ludowej, padli ofiarą rozprawy z „odchyleniem prawicowo-nacjonalistycznym". Wielu trafiło do więzień i przeszło przez tortury. Moczar ocalił wolność za cenę upokarzającej samokrytyki złożonej na ręce Romana Zambrowskiego – żydowskiego komunisty, który wojnę spędził w ZSRR.

Antysemityzm „partyzantów" był też funkcją ich policyjnej mentalności, wszak wielu z nich działało w kontrwywiadzie wojskowym lub Służbie Bezpieczeństwa. Jak wynika z dokumentów Ministerstwa Spraw Wewnętrznych, instytucja ta – rutynowo sprawująca kontrolę nad wszystkimi krajowymi organizacjami mniejszości narodowych – od roku 1965 zaczęła ze wzmożoną uwagą śledzić poczynania Towarzystwa Społeczno-Kulturalnego Żydów w Polsce. Trzydziestotysięczna mniejszość żydowska była bowiem jedyną (oprócz garstki Greków) grupą etniczną powiązaną z państwem nienależącym do obozu socjalistycznego. W tej sytuacji Ministerstwo Spraw Wewnętrznych pieczołowicie odnotowywało wszelkie kontakty, jakie środowisko polskich Żydów utrzymywało z ambasadą Izraela i z istniejącymi na Zachodzie stowarzyszeniami żydowskimi, w stosunkach tych dostrzegając groźną dla państwa „penetrację ośrodków syjonistycznych"*.

* Protokół z posiedzenia Kolegium MSW w dniach 4 i 11 kwietnia 1967 roku, IPN BU, II/50, k. 174.

W tym samym czasie na Uniwersytecie Warszawskim coraz aktywniejszą działalność przejawiała grupa kontestujących studentów. Wielu z nich uczestniczyło wcześniej w spotkaniach Klubu Poszukiwaczy Sprzeczności – klubu dyskusyjnego młodzieży licealnej założonego przez Adama Michnika. Tematami debat – z czasem również nieformalnych, organizowanych w mieszkaniach prywatnych – były „białe plamy" w najnowszej historii, publicystyka emigracyjna (zwłaszcza z kręgu paryskiej „Kultury"), a także głośne książki zachodnich socjologów, filozofów i ekonomistów. Otwarcie mówiono o wadach ustroju PRL-u: zapaści gospodarczej, dystansie cywilizacyjnym dzielącym Polskę od Europy Zachodniej, braku wolności słowa.

Chociaż władze zakazały działalności Klubu, jego członkowie kontynuowali spotkania już jako studenci. Być może wtedy właśnie do środowiska przylgnęła nazwa „komandosi" – nikt właściwie nie wie, przez kogo wymyślona. Wielu kontestatorów zapisało się do Związku Młodzieży Socjalistycznej, później uczęszczali na spotkania studenckich ośrodków dyskusyjnych działających pod egidą tej organizacji. Chodziło o to, żeby skierować dyskusję na tory polityczne, wykorzystać zebranie do legalnego wyrażenia swojej opinii. „Ludzie przychodzili jak komandosi zrzucani ze spadochronów i wygłaszali różne obrazoburcze teksty, zgłaszali propozycje uchwał" – wspominał Mirosław Sawicki, jeden z uczestników tych spotkań.

Środowisko kontestatorów liczyło nie więcej niż kilkadziesiąt osób, nie była to zresztą jednolita organizacja, lecz luźny konglomerat różnych grup i kręgów towarzyskich. Nieformalnymi przywódcami cieszącymi się autorytetem wśród kolegów byli między innymi: Adam Michnik, Henryk Szlajfer, Józef Dajczgewand. „Komandosi" nie wypracowali własnego programu politycznego; grupę spajały wspólnota poglądów i krytycyzm wobec zastanej rzeczywistości.

Młodzi w przeważającej większości akceptowali socjalizm, jednak nie taki, jakim był, lecz – jakim być powinien. Z biegiem czasu swój sprzeciw wobec systemu wyrażali w coraz bardziej otwartych formach: zbierali podpisy pod petycjami i rozrzucali ulotki. Kiedy ich starsi przyjaciele Jacek Kuroń i Karol Modzelewski zostali aresztowani za kolportaż *Listu otwartego do Partii*, „komandosi" urządzili manifestację na korytarzach sądu.

Niektórzy „komandosi" wywodzili się z domów dygnitarskich, a ich rodzice stali na czele państwowych instytucji i kierowali departamentami w ministerstwach. W ich kręgach nie brakowało jednak też osób, które na studia przyjechały z prowincji i mieszkały w akademikach, często borykając się z biedą. Wielu kontestatorów pochodziło z zasymilowanych rodzin żydowskich (przed wojną często związanych z ruchem komunistycznym), co skwapliwie odnotowywała w swoich raportach Służba Bezpieczeństwa. Ludzie Moczara na razie tylko obserwowali rozwój sytuacji na Uniwersytecie Warszawskim (bez zgody władz partyjnych nie mogli interweniować na terenie uczelni), lecz bezczelność studentów działała im coraz mocniej na nerwy.

Dopiero nagły zwrot w sytuacji międzynarodowej stworzył od dawna wyczekiwaną koniunkturę dla „partyzantów". Konflikt izraelsko-arabski – z powodu błyskawicznego zwycięstwa Izraela zwany wojną sześciodniową – zburzył dotychczasowy układ sił między supermocarstwami. Dla ZSRR klęska strony arabskiej oznaczała dotkliwą porażkę polityczną i groziła utratą wpływów w regionie. Istniało niebezpieczeństwo, że w Egipcie i Syrii dojdzie do rozruchów społecznych i obalenia prosowieckich rządów. Wojna nadszarpnęła też prestiż Moskwy – zarówno armia egipska, jak i syryjska były uzbrojone w radziecki sprzęt i wyszkolone przez radzieckich dowódców. Pod naciskiem Kremla PRL wraz z pozostałymi państwami Układu Warszawskiego (wyłamała się tylko Rumunia) zerwał stosunki dyplomatyczne z Izraelem i potępił „syjonistyczną agresję". Mało kto zdawał sobie wówczas sprawę, że właśnie rozpoczyna się nowy rozdział w historii Polski.

Rychło okazało się, że obiektem krytyki stał się nie tylko rząd w Tel Awiwie. 19 czerwca 1967 roku Władysław Gomułka, przemawiając na otwarciu Kongresu Związków Zawodowych, oznajmił, że Izrael ma w Polsce ukrytych sprzymierzeńców gotowych zdradzić dotychczasową ojczyznę. „Stoimy na stanowisku, że każdy obywatel Polski powinien mieć tylko jedną ojczyznę – Polskę Ludową. [...] Nie chcemy piątej kolumny w Polsce", oświadczył pierwszy sekretarz w wystąpieniu transmitowanym na cały kraj.

Nigdy nie dowiemy się, jakimi motywami kierował się szef partii; wiadomo jednak, jak odczytano jego słowa: wszyscy Żydzi są zakonspirowanymi wrogami. Dla części społeczeństwa było to antysemickie oszczerstwo, inni przyjęli przemówienie z entuzjazmem i satysfakcją. Pozostaje faktem, że Gomułka wsparł swoim autorytetem te środowiska, które od dłuższego czasu spragnione były czystki w elitach władzy.

Antoni Słonimski sarkastycznie stwierdził później, że rozumie, iż Polak powinien mieć jedną ojczyznę, ale nie potrafi pojąć, dlaczego ma nią być Egipt. Dla polskich Żydów zaczynał się zły czas. Wielu słuchało przemówienia Gomułki z przerażeniem, nieraz spotęgowanym dramatycznymi doświadczeniami czasów wojny.

W drugim tygodniu czerwca 1967 większość Polaków po raz pierwszy zetknęła się ze słowem „syjonizm". Gazety donosiły o „syjonistycznym blitzkriegu", a określenia „syjonizm", „imperializm", „agresja" wymieniano jednym tchem. W redakcjach pojawiła się konsternacja spowodowana wątpliwościami dotyczącymi nie tylko znaczenia, ale nawet pisowni nieznanego dotąd wyrazu.

„Tato, jak się pisze »syjonista«: przez »i« czy przez »j«? – pytał bohater popularnego wówczas dowcipu. – Nie wiem, synu, ale przed wojną pisało się przez »Ż«”.

Pierwszy akt czystki rozegrał się już latem 1967 roku – dotknął niektóre redakcje, a zwłaszcza szeregi armii. W ciągu kilku tygodni czerwca i lipca rozpętała się burza oskarżeń i degradacji. Młodsi oficerowie – przy cichej aprobacie części generałów – wzięli się do tropienia „syjonistów” w dowództwach korpusów i Sztabie Generalnym. Podczas specjalnych zebrań partyjnych zwołanych w związku z przemówieniem Gomułki domagano się wyrzucenia z wojska osób o „sympatiach proizraelskich”; przy tej okazji załatwiano wiele prywatnych porachunków i otwierano sobie drogę do awansów. Co najmniej stu oficerów – także noszących dystynkcje generalskie – zostało w tym okresie usuniętych z armii.

Na początku roku 1968 nastroje polityczne wśród studentów Uniwersytetu Warszawskiego osiągnęły temperaturę wrzenia. „Komandosi” protestowali przeciwko decyzji władz o zdjęciu z afisza *Dziadów* wystawianych w Teatrze Narodowym. Rozklejali ulotki, zbierali podpisy, urządzili też pierwszą od wielu lat uliczną manifestację. Władze odpowiedziały represjami, a dwaj najaktywniejsi kontestatorzy, Michnik i Szlajfer, zostali relegowani z uczelni.

Dla „komandosów” było oczywiste, że muszą wystąpić w obronie kolegów. Wszyscy zgodzili się, że brak zdecydowanego i spektakularnego protestu ośmieli władze i będzie oznaczał kres jakiejkolwiek niezależnej działalności na Uniwersytecie. Pomysł zorganizowania wiecu na terenie uczelni był już rozważany od jakiegoś czasu, teraz nadszedł moment, by wcielić go w życie. Manifestację zwołano na 8 marca. „Wiec w obronie swobód demokratycznych – głosiły ulotki rozrzucane na stołecznych uczelniach. – Piątek godz. 12. Dziedziniec UW. Precz z represjami! Autonomia Uniwersytetu zagrożona!”

Początkowo wiec przebiegał spokojnie. Irena Lasota odczytała zgromadzonym projekt rezolucji, w której domagano się przywrócenia Michnikowi i Szlajferowi praw studenta, a także umorzenia postępowania dyscyplinarnego wobec innych protestujących. Kilkutysięczny tłum przyjął postulaty oklaskami. Odśpiewano hymn narodowy i zebranie zdawało się mieć ku końcowi.

Wtedy otworzyła się główna brama i od strony Krakowskiego Przedmieścia zaczęły wjeżdżać autobusy wypełnione mężczyznami w średnim wieku. Był to – jak głosiła później propaganda – „aktyw robotniczy". Dziwaczna bojówka podszywająca się pod robotników miała imitować głos oburzonego społeczeństwa – oto zdrowy trzon narodu przybył ukrócić inteligenckie fanaberie. Mężczyźni byli agresywni i, jak twierdzą świadkowie, podpici. Otoczyli uczestników wiecu szpalerem i zaczęli wyciągać z tłumu pojedynczych studentów, którym odbierali dokumenty i zamykali w autokarach.

Po dwóch godzinach nastąpił atak milicji. Kompania Zmotoryzowanych Odwodów Milicji Obywatelskiej (ZOMO) wkroczyła od strony Krakowskiego Przedmieścia, a grupa Ochotniczej Rezerwy Milicji Obywatelskiej (ORMO) – cywili z biało-czerwonymi opaskami na rękawach – natarła od strony Oboźnej. Studenci znaleźli się w potrzasku. Wyjątkowo groźną bronią okazały się krótkie pałki używane przez bojówkarzy – pocięte na kawałki kable średniego napięcia, które z czasem wyginały się od bicia. A bito wyjątkowo mocno, z furią, chociaż studenci nie stawiali oporu. Świadkowie zapamiętali, że dojrzali mężczyźni o nalanych twarzach ze szczególnym upodobaniem atakowali studentki.

Brutalna napaść sprawiła, że ideały wąskiego kręgu „komandosów" stały się naraz wspólną sprawą społeczności akademickiej. Studenci, którzy znaleźli się na wiecu na skutek zbiegu okoliczności, poczuli się członkami wielkiej wspólnoty kontestatorów. Opowieści o spacyfikowaniu wiecu obiegły cały kraj i wznieciły protesty i manifestacje. W całym kraju studenci, a także młodzi robotnicy, urzędnicy oraz uczniowie zaczęli domagać się poszanowania konstytucji, rzeczywistej wolności słowa, prawa do manifestacji. Do końca marca w manifestacjach i wiecach wzięło udział blisko pięćdziesiąt tysięcy młodych ludzi. Demonstracje, często zakończone gwałtownymi walkami z milicją, miały miejsce również w miastach, gdzie w ogóle nie było szkół wyższych. Jednocześnie na politechnikach i uniwersytetach organizowano strajki, drukowano manifesty i ulotki, domagano się utworzenia niezależnej od władzy samorządnej organizacji młodzieżowej. Uczestnicy tych protestów, z czasem nazwani „pokoleniem marcowym", będą później zakładać Komitet Obrony Robotników, współtworzyć „Solidarność" i nadawać ton opozycji lat osiemdziesiątych.

Kryzys wewnętrzny spowodowany młodzieżowym buntem uaktywnił „antysyjonistyczne" resentymenty w szeregach partii. Impulsem mobilizującym szeregi „partyzantów" stało się przemówienie Józefa Kępy na spotkaniu z „aktywem warszawskiej organizacji partyjnej". Szef stołecznych struktur PZPR podkreślił, że „organizatorzy rozróbek to obywatele polscy pochodzenia żydowskiego", i roztoczył przed słuchaczami wizję spisku: oto dzieci stalinowskich dygnitarzy, a zarazem bywalcy żydowskiego klubu Babel wzniecają burdy uliczne, aby utorować rodzicom powrót do władzy. „Nie pozwolimy też na to, aby syjoniści szukali dla siebie ochrony, zarzucając innym antysemityzm – grzmiał Kępa. – Potrzebna jest czujność polityczna, ofensywna postawa"*.

* J. Kępa, *Co się kryje za ulicznymi awanturami?*, „Trybuna Ludu", 12.03.1968.

Nazajutrz, 12 marca, Polskie Radio nadało komunikat Polskiej Agencji Prasowej o usunięciu ze stanowisk grupy wysokich urzędników państwowych kojarzonych z liberalnym skrzydłem PZPR. Było to zdarzenie wyjątkowe. Przetasowania w komunistycznej elicie władzy odbywały się do tej pory w tajemnicy przed opinią publiczną. Informacje o masowych dymisjach podawano jedynie w okresach przesileń politycznych. Konsekwencje komunikatu były o wiele bardziej doniosłe, niżby to wynikało z jego treści. Rzucono hasło do rozpoczęcia czystki – tym razem zakrojonej na znacznie większą skalę niż latem 1967 roku.

Już od wtorku 12 marca gazety, radio i telewizja informowały o masówkach w zakładach pracy, podczas których załogi domagały się „zapewnienia spokoju i wyciągnięcia konsekwencji wobec inspiratorów zajść", „ukarania wichrzycieli i ich inspiratorów, bankrutów politycznych", „zdecydowanego położenia kresu wszelkiej szkodliwej dla nas działalności i ostatecznego rozprawienia się z nieodpowiedzialnymi bankrutami politycznymi". „Jeśli nie potrafią wychować własnych dzieci, to nie możemy pozwolić, by kierowali naszą pracą" – głosiły rezolucje.

Robotnicze wiece nie miały oczywiście w sobie nic ze spontaniczności – były spektaklem wyreżyserowanym przez działaczy PZPR z komitetów zakładowych i dzielnicowych. Uczestnikom manifestacji wręczano tablice z hasłami: „Oczyścić partię z syjonistów", „Syjoniści do Dajana", „Praca, nauka, spokój", „Więcej dzieci robotników na wyższe uczelnie", „Studenci do nauki, literaci do pióra". Wydarzenia następnych tygodni i miesięcy rozgrywały się przy akompaniamencie intensywnej kampanii propagandowej mającej wykrzesać w społeczeństwie nienawiść do polskich Żydów i rzekomo uprzywilejowanej inteligencji.

Sam Gomułka wystąpił publicznie dopiero 19 marca, dziesięć dni od wybuchu kryzysu. Radio i telewizja transmitowały wystąpienie pierwszego sekretarza przed trzytysięcznym tłumem działaczy partyjnych. Kilkugodzinne przemówienie rozczarowało zarówno studentów, jak stronników Moczara. „W ciągu ostatnich dziesięciu dni zaszły w kraju ważne wydarzenia – zagaił Gomułka. – Niemała część młodzieży studenckiej w Warszawie, a także w innych ośrodkach akademickich w kraju została oszukana i sprowadzona przez wrogie socjalizmowi siły na fałszywą drogę"*.

Słowa te przekreśliły nadzieje protestujących studentów na zawarcie ugody z władzą, a zarazem pogrzebały autorytet partii wśród młodzieży akademickiej. Nie był to też jednak ten ton, na który liczyło kierownictwo Służby Bezpieczeństwa wraz ze swoimi partyjnymi sojusznikami. Gomułka powtórzył co prawda główne tezy marcowej propagandy, ale porównanie referatu z „antysyjonistycznymi" głosami ówczesnej propagandy pokazuje, iż starał się odwrócić uwagę zgromadzonych od „problemu żydowskiego".

Jednak nabierającą rozpędu czystkę nie tak łatwo już było zatrzymać. Do Komitetu Centralnego, radia i telewizji szerokim strumieniem płynęły donosy podpisywane przez „uczciwych obywateli" lub „grono nauczycielskie". Wymieniano nazwiska „kosmopolitów" i „członków salonów towarzysko-literackich". Domagano się „oczyszczenia naszych uczelni ze szkodników".

Autorzy anonimów mówili wprost to, co „Trybuna Ludu" i „Żołnierz Wolności" sugerowały między wierszami: „To jest żydowska robota, Żydzi w Polsce się panoszą. [...] po 1945 roku napchało się Żydów na najlepsze stanowiska, i to wysokie". Usłużnie wskazywano kolejne ofiary: „W Ministerstwie Komunikacji jest też sporo pasożytów żydowskich, należy dobrze prześledzić i usunąć Żydów, żeby w Polsce

* W. Gomułka, *Stanowisko partii – zgodne z wolą narodu*, „Trybuna Ludu", 20.03.1968.

rządził Polak. Jest taki żydowski sługus w Ministerstwie Komunikacji, naczelnik od telefonów B. [tu pełne nazwisko], też trzeba mu się przypatrzeć"*.

Nawet pełne otwarcie archiwów nie pozwala dziś na oszacowanie rozmiarów antysemickiej czystki z tych kilku wiosennych miesięcy. Wiadomo, że z centralnych urzędów i instytucji państwowych, takich jak Ministerstwo Spraw Zagranicznych, Państwowe Wydawnictwo Naukowe, Instytut Badań Jądrowych, Ministerstwo Handlu Zagranicznego i Urząd Rezerw Państwowych, wyrzucono blisko pięćset osób. Do liczby tej należy dodać kilkudziesięciu wykładowców usuniętych z wyższych uczelni.

Rozprawa z domniemanymi syjonistami odbywała się jednak nie tylko w Warszawie. Nie mniej gwałtownie przebiegała czystka na prowincji, choć jej ofiary pozostają najczęściej anonimowe. Historyk Włodzimierz Suleja sporządził bilans zwolnień na terenie Dolnego Śląska. Pod zarzutami takimi jak „zajmowanie stanowiska sprzecznego z polityką partii", „sympatie syjonistyczne" lub „antypolskie nastawienie" wyrzucono z pracy między innymi dyrektora wrocławskiego Pafawagu, dyrektora Zakładów Górniczych Konrad, kierownika bolesławieckich Zakładów Elektrycznych, dyrektora Państwowego Domu Towarowego w Kłodzku, dyrektora Zakładów Porcelany Elektrotechnicznej w Ciechowie, dyrektora Szpitala Rejonowego w Brzegu Dolnym, wicedyrektora wołowskiego oddziału PKS, kierownika Grupy Remontowo-Budowlanej w Brzegu Dolnym, prezesa Spółdzielni Szczeciniarsko-Szczotkarskiej w Dzierżoniowie, kierownika restauracji w Zgorzelcu, dyrektora Zasadniczej Szkoły Budowlanej w Bolesławcu. W jednym tylko

* *Opinie o wydarzeniach na Bliskim Wschodzie*, biuletyn wewnętrzny Biura Listów Polskiego Radia i Telewizji, Dział Dokumentacji Aktowej TVP, 1208/1.

województwie – wrocławskim – uważanym za w niewielkim stopniu dotknięte czystką – zwolniono kilkadziesiąt osób zajmujących stanowiska kierownicze*. Ofiarami czystki padli też jednak (a może nawet przede wszystkim) polscy Żydzi niezwiązani z komunistyczną elitą władzy: naukowcy, lekarze, prawnicy, aktorzy, inżynierowie, nauczyciele. Piętnowanie „syjonistów" i pozbawianie ich stanowisk wszędzie przebiegało według zbliżonego, niemal rutynowego, scenariusza. W instytucjach całego kraju zorganizowano dziesiątki tysięcy zebrań podstawowych organizacji partyjnych, najczęściej „w trybie rozszerzonym", to znaczy również z udziałem pracowników bezpartyjnych.

Przebieg tych posiedzeń był charakterystyczny. W wielu wspomnieniach i relacjach przewija się podobny motyw: oto z inicjatywą rozliczania występowali ludzie dotąd pozostający w cieniu. Mało zdolni badacze, pozbawieni talentu dziennikarze, mierni urzędnicy, osoby unikające publicznych wystąpień – naraz zabierali głos i z wyraźną pasją ujawniali, kto w danej instytucji „wyraża uznanie dla agresji Izraela", jest „dwulicowy" lub „zajmuje niegodną członka partii postawę moralną". Mówcy umiejętnie podchwytywali ton „antysyjonistycznej" propagandy, a także wykazywali się dogłębną znajomością życia rodzinnego i biografii atakowanych kolegów. Znali szczegóły, o których nie pisano nawet w ankietach personalnych. Wiedzieli, kto ma krewnych w Izraelu, kto dostaje paczki z zagranicy, czyje dziecko zostało zatrzymane przez milicję podczas studenckich protestów. „Dzieci nie wiedziały, że jestem pochodzenia żydowskiego, sąsiedzi też nie, ale Departament Kadr wiedział" – pisał w skardze wyrzucony z wojska oficer Sztabu Generalnego.

* W. Suleja, *Dolnośląski Marzec '68. Anatomia protestu*, Warszawa 2006, s. 247, 248.

„Kampania nienawiści blokuje hamulce krytycyzmu i wstydu i pozwala nam wszystkim nasze ciemne podejrzenia i antypatie odreagować do końca – mówił na konferencji poświęconej wydarzeniom roku 1968 Jerzy Jedlicki. – Jest to wielka sprawa: teraz nawet już najtępszy adiunkt będzie przekonany, że nie został dotąd akademikiem, ponieważ zagrodziła mu drogę, monopolizując dla siebie wszystkie zaszczyty i stanowiska, klika Kołakowskiego i Baczki"*.

Głosy w obronie atakowanych należały do rzadkości. Większość pracowników milczała – nie przyłączając się do ataku, lecz również mu się nie przeciwstawiając. Trudno po latach rozstrzygnąć, czy była to bierność ludzi sparaliżowanych strachem, czy też po cichu zadowolonych z obrotu sprawy. Wydaje się jednak, że entuzjastów rozliczeń było stosunkowo niewielu. Kto chciał przyłączyć się do nagonki, robił to bez oporów. Reszta nie zabierała głosu, przekonana zapewne, że ewentualny protest nikomu nie pomoże, a im z pewnością zaszkodzi. Logika ta nakazywała głosować za rezolucjami druzgocącymi życiorysy kolegów.

„Cała ta wrzawa wokół syjonizmu, agresji Izraela itp. stała się okazją dla różnych szuj, które załatwiają swoje interesy. Na ogół są to beztalencia, które nagle odkryły, że na drodze ich kariery stoją Żydzi" – pisał Mieczysław Rakowski**. Zawiść i drzemiąca w niejednym potrzeba odwetu za życiowe niepowodzenia stanowiły paliwo dla marcowej czystki.

Walce z „syjonistycznym zagrożeniem" towarzyszyły też przetasowania na szczytach władzy. Na posiedzeniu Biura Politycznego z 8 kwietnia podjęto kilkanaście decyzji personalnych dotyczących powołania i odwołania ministrów oraz wiceministrów. Ze stanowiska przewodniczącego Rady Państwa ustąpił Edward Ochab, oficjalnie ze względu na stan

* J. Jedlicki, *Organizowanie nienawiści*, „Res Publica" 1988, nr 4, s. 50.

** M. Rakowski, *Dzienniki polityczne 1967–1968*, Warszawa 1999, s. 83.

zdrowia, a faktycznie w proteście przeciwko szerzeniu się antysemityzmu w partii. Na zwolnione przez Ochaba stanowisko powołano Mariana Spychalskiego. Był to jednak awans pozorny, tak zwany kopniak w górę, szef Ministerstwa Obrony Narodowej bowiem obejmował funkcję pozbawioną politycznego znaczenia, tracąc władzę nad wojskiem. Nowym ministrem obrony został Wojciech Jaruzelski.

Jednocześnie władze partii zdecydowały, aby „MSW i MSZ opracowały instrukcję w sprawie wyjazdu z Polski obywateli pochodzenia żydowskiego, którzy zgłoszą chęć wyemigrowania". Rozpoczynał się ostatni w historii exodus Żydów z Polski.

Decyzja Biura Politycznego stała się podstawą do sporządzenia przez Służbę Bezpieczeństwa stosownych instrukcji i wytycznych mówiących, jak odróżnić Żydów od Polaków. Władzom zależało na stworzeniu pozorów, że „syjoniści" opuszczają Polskę dobrowolnie, co potwierdzałoby propagandową tezę o istnieniu w kraju „piątej kolumny", złożonej z nielojalnych obywateli. W rzeczywistości wyjazdy przypominały raczej deportacje, chociaż w miejsce przymusu fizycznego stosowano bardziej wyrafinowany – psychologiczny i materialny.

Polscy Żydzi – a w każdym razie ludzie za nich uznani przez oficerów SB – tracili szansę na normalne życie w PRL-u. Wyrzucano ich z pracy, pozbawiano emerytury. Na drzwiach pojawiały się napisy antysemickie, w nocy dzwoniły telefony z pogróżkami.

Motywy skłaniające do emigracji były zróżnicowane, chociaż przeważały obawa o przyszłość swoją i bliskich, chęć wykonywania wybranego zawodu (ważne zwłaszcza dla relegowanych studentów), lęk przed fizyczną napaścią. W starszym pokoleniu wracały dramatyczne wspomnienia z czasów Zagłady. Większość ofiar czystki w pośpiechu rozważała różne możliwości – z polskiej wspólnoty narodowej zostali wykluczeni w sposób administracyjny i często nie mieli jeszcze pomysłu na nową tożsamość. Strategie postępowania powstawały *ad hoc*, często jako wynik splotu okoliczności.

Blisko połowa wyjeżdżających zwlekała do ostatniej chwili. Zdecydowała się ubiegać o pozwolenie na wyjazd dopiero latem 1969 roku, gdy ogłoszono decyzję władz, że wnioski emigracyjne będą przyjmowane tylko do września. Część opuszczających Polskę postanowiła wyjechać, bo wcześniej wyemigrowali wszyscy przyjaciele, inni wyjeżdżali, żeby nie rozdzielać się z rodziną. Decyzje o emigracji lub pozostaniu zapadały w dramatycznych okolicznościach – były to decyzje nieodwracalne, które zaważyć miały na dalszym życiu. Spodziewano się (na ogół słusznie), że komunistyczne władze nie pozwolą wyjeżdżającym odwiedzać Polski, a z chwilą zakończenia przyjmowania wniosków ich bliscy bezpowrotnie stracą szansę na wyjazd.

Pożegnaniom na Dworcu Gdańskim, skąd odjeżdżały pociągi do Wiednia – pierwszego przystanku na emigracyjnym szlaku – towarzyszyło poczucie, że jest to rozstanie na zawsze. W myśl obowiązujących przepisów opuszczający Polskę Żydzi musieli zrzec się obywatelstwa, w zamian otrzymywali dokument podróży, pozwalający na jednokrotne przekroczenie polskiej granicy.

Przygotowania do wyjazdu były czasochłonne. Należało zdobyć promesę wizy, wydawaną przez ambasadę holenderską, po czerwcu 1967 roku reprezentującą interesy Izraela w PRL-u. Następnie wyjeżdżający musieli oddać – bez odszkodowania – mieszkania wraz z wyposażeniem. Nie mogli wywozić pieniędzy, toteż z myślą o nowym życiu gromadzili dobra uchodzące w Polsce za luksusowe: dywany, telewizory, kryształy, futra. Zabierane w podróż przedmioty musiały nosić ślady używania, inaczej konfiskowane były przez celników, więc ubrania trzeba było szybko „znosić", a dywany „zadeptać". Niektórzy wyjeżdżający Żydzi zapamiętali słowa otuchy i gesty solidarności ze strony polskich przyjaciół i sąsiadów, ale częściej zdarzało im się słyszeć drwiny – „nareszcie się stąd wyniesiecie". Musieli też oganiać się od niechcianych kupców pragnących za bezcen (a czasem i za darmo) przejąć dorobek ich życia – „bo i tak tego ze sobą nie zabierzecie".

W latach 1968–1971 kraj opuściło trzynaście tysięcy polskich Żydów. Następstwa Marca dla polskiej nauki i kultury były katastrofalne: na emigrację udało się blisko pół tysiąca wykładowców akademickich, dwustu dziennikarzy, stu muzyków, kilkudziesięciu aktorów i filmowców. Ofiarami „antysyjonistycznej" nagonki byli nie tylko Polacy pochodzenia żydowskiego, lecz także elity intelektualne kraju. 25 marca Polska Agencja Prasowa podała informację, że minister oświaty i szkolnictwa wyższego Henryk Jabłoński podpisał decyzję o zwolnieniu ze stanowisk na Uniwersytecie Warszawskim sześciorga pracowników: Bronisława Baczki, Marii Hirszowicz, Leszka Kołakowskiego, Stefana Morawskiego i Zygmunta Baumana z Wydziału Filozoficznego oraz Włodzimierza Brusa z Wydziału Ekonomii Politycznej. Pracę stracili też Janina Zakrzewska z Wydziału Prawa (w poprzednich latach występowała jako obrończyni Adama Michnika przed uniwersytecką komisją dyscyplinarną) oraz Stefan Żółkiewski, sekretarz Pierwszego Wydziału Polskiej Akademii Nauk. Kilka dni później władze sformułowały nowe wytyczne dla cenzury. Twórcy i badacze, których partia uznała za najbardziej niebezpiecznych (między innymi: Leszek Kołakowski, Paweł Jasienica, Stefan Kisielewski, Antoni Słonimski), zostali skazani na publiczny niebyt.

Długofalowe konsekwencje Marca wiążą się też z oficjalnym przyzwoleniem na antysemityzm. Propaganda sterowana przez „partyzantów" umiejętnie wykorzystywała antyżydowskie uprzedzenia. Podsycała je i uczyła, że okazywanie pogardy wobec obcych może być sposobem na zrobienie kariery. „Antysyjonizm" powielał wzory upowszechnione w retoryce Obozu Narodowo-Radykalnego i endecji: „Żydzi to ekskluzywna wspólnota, knująca spisek przeciw swoim naiwnym dobroczyńcom – Polakom".

Jak wspominał po latach Tadeusz Konwicki: „Inny naród się wtedy pokazał, plemię tłustych pułkowników, ubeków. [...] Ten nieszczęsny Moczar na czymś zagrał, dotknął jakiegoś organu, jakiegoś gruczołu strasznie rozjątrzonego. Ślad krzywdy wyrządzonej wtedy naszemu społeczeństwu zostanie na wiele dziesiątków lat"*.

Piotr Osęka,
dr hab., prof. Instytutu Studiów Politycznych PAN

* K. Bielas, J. Szczerba, *Pamiętam, że było gorąco. Rozmowa z Tadeuszem Konwickim*, Kraków 2001, s. 56.

Spis treści

Polecamy także:

Mikołaj Grynberg
Oskarżam Auschwitz. Opowieści rodzinne

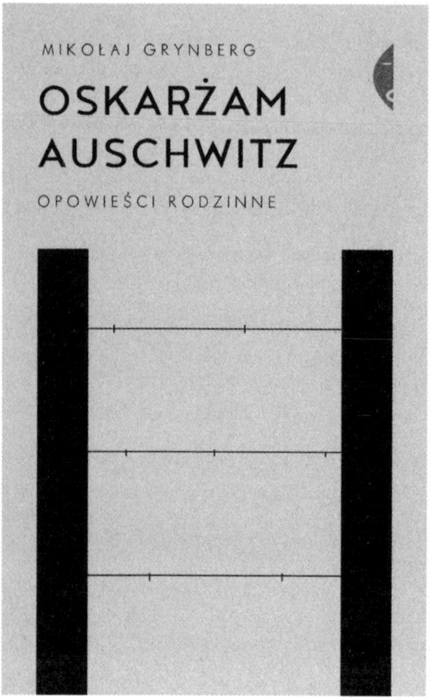

Spotykają się w Nowym Jorku, Warszawie, Tel Awiwie. Łączy ich to, że mieli nie istnieć. Że są Żydami i zostali wychowani przez ocalałych z Holokaustu. Także to, że w większości nigdy nie poznali wielu ze swych najbliższych.

Oskarżam Auschwitz. Opowieści rodzinne to wybór dwudziestu kilku rozmów, które autor przeprowadził z dziećmi ocalałych z Holokaustu. Dają one przenikliwy, poruszający obraz przeżyć rozmówców, dotykając tematów często przemilczanych: odkrywania historii rodzinnych, życia w cieniu cierpienia rodziców, bólu z powodu utraty najbliższych, a przede wszystkim potrzeby bycia zrozumianym i poszukiwania bliskości. Głosy te tworzą chór, któremu sile trudno się oprzeć, a jednocześnie są zaproszeniem do dialogu na tematy dotąd rzadko poruszane poza wąskim gronem.

Mikołaj Grynberg
Ocaleni z XX wieku

Chciałbym, żeby wypowiedzi ludzi, z którymi rozmawiałem, były nie tylko świadectwem, ale również przeciwwagą dla wielu tekstów naukowych dotyczących Zagłady. Nie neguję potrzeby naukowych opracowań, uważam jednak, że nic nie ma większej siły niż bezpośredni przekaz. Dla mnie, wychowanego wśród Ocalonych, jest on ponad wszystko.

Zbliża się moment, kiedy nie będziemy już mogli porozmawiać ze Świadkami. Na spotkania z częścią osób, z którymi byłem umówiony, już nie zdążyłem. Część z tych, którzy mnie przyjęli, namawiała mnie do pośpiechu: „Jak sobie wybrałeś takie stare obiekty, to się teraz spiesz". Spieszyłem się i zdążyłem, ale bardzo dobrze wiem, że pamięć, której do teraz strzegli oni, przechodzi pod naszą opiekę.

Autor

WYDAWNICTWO CZARNE SP. Z O.O.
czarne.com.pl

Sekretariat: ul. Kołłątaja 14, III p., 38-300 Gorlice
tel. +48 18 353 58 93, fax +48 18 352 04 75
mateusz@czarne.com.pl, tomasz@czarne.com.pl
dominik@czarne.com.pl, ewa@czarne.com.pl
edyta@czarne.com.pl

Redakcja: Wołowiec 11, 38-307 Sękowa
redakcja@czarne.com.pl

Sekretarz redakcji: malgorzata@czarne.com.pl

Dział promocji: ul. Marszałkowska 43/1, 00-648 Warszawa
tel./fax +48 22 621 10 48
agnieszka@czarne.com.pl, dorota@czarne.com.pl
zofia@czarne.com.pl, marcjanna@czarne.com.pl
magda.jobko@czarne.com.pl

Dział marketingu: lukasz.sobolewski@czarne.com.pl

Dział sprzedaży: piotr.baginski@czarne.com.pl
agnieszka.wilczak@czarne.com.pl, honorata@czarne.com.pl

Audiobooki i e-booki: anna@czarne.com.pl

Skład: d2d.pl
ul. Sienkiewicza 9/14, 30-033 Kraków
tel. +48 12 432 08 52, info@d2d.pl

Druk i oprawa: Drukarnia ABEDIK
ul. Gutenberga 5, 62-023 Żerniki k. Poznania
tel. +48 61 624 61 00

Wołowiec 2018
Wydanie I
Ark. wyd. 14,1; ark. druk. 25